陳玉蘭／主編

武義文獻叢編·何德潤卷

上

中華書局

圖書在版編目（CIP）數據

武義文獻叢編.何德潤卷/陳玉蘭主編. —北京:中華書局,
2019.7
ISBN 978-7-101-13773-6

Ⅰ.武… Ⅱ.陳… Ⅲ.地方文獻–匯編–武義縣 Ⅳ.K295.54

中國版本圖書館 CIP 數據核字(2019)第 033280 號

書　　名	武義文獻叢編·何德潤卷(全三册)
主　　編	陳玉蘭
責任編輯	郭時羽
裝幀設計	周　玉
出版發行	中華書局
	(北京市豐臺區太平橋西里 38 號　100073)
	http://www.zhbc.com.cn
	E-mail:zhbc@zhbc.com.cn
印　　刷	北京瑞古冠中印刷廠
版　　次	2019 年 7 月北京第 1 版
	2019 年 7 月北京第 1 次印刷
規　　格	開本/880×1230 毫米　1/32
	印張 60⅝　插頁 9　字數 1500 千字
印　　數	1-1000 册
國際書號	ISBN 978-7-101-13773-6
定　　價	298.00 元

煙月山房詩集卷一
　　　　武義何德潤君慎

南湖讀書

門前平遠山屐後瀠洄水庭竹裁修篁清風偶然起
主人居其中明窗几塵務謝閉關良朋迎倒屐
酒熟罇絑注茶烹石鼎裏證心論古人各各求其是
久之神與游自覺不可已

讀浮圖詩集

萬古清芬挹奇發菊山坐中名士集褉上涌痕班
品軼風塵外詩留宇宙間煙花三月路勝事亟追攀

《烟月山房詩集》書影

武義何德潤若慎

記

遊九女廟記

余讀慕昹王先生詩知九女廟缺於邑志而收於郡乘
然其事終不得厓略同治甲子秋八月望余宿從兄樸
齋廬詢九女事兄曰相傳有盧氏者鬻子男有女子九
人念適人則父母缺養乃約誓不嫁孕遇異人授以丹
訣送仙去今所謂九女歈者上昇處也或曰蛻骨藏焉
時銅漏初下月明如畫偕遊廟中蕭瑟畫像出廟門里
許是有盧家井詩所謂井畔荒燕陳迹盡也不數武
樹木陰沉若突若阜兄曰此九一縷自叢

武川備考卷一

邑人何德潤君慎甫輯

星野考

分野

黃帝分星次斗十一度至婺女七度曰須女又曰
星紀於辰在丑周禮保章氏注星紀屬吳越分西
漢天文志羣牛婺女揚州後漢志自斗十一度至
婺女七度一名須女曰星紀之次晉志自南斗十
二度至須女七度為星紀於辰在丑吳越之分野

武川星野考　分野

一

武川備考

長山何龍麐簽

《武川備考》書影

武義何德潤君慎

禹廟迎神送神辭

林菲菲兮水溶溶稬柚香兮秭柏叢王之來兮靈宮大稭元冕兮晬其容祉春
兮穜火紅賽秋兮黍稷豐村鼓兮簜擎紛恍惚兮王羽醫明德兮焉窮
　　　右迎神

王之去兮遲遲驅馬風兮旐霓舟龍兮駕蜦奠桂醑兮揚靈旗醉飽兮何歸陵寢
松柏兮元氣熊羆鶬鼓兮袞思倀舞兮停庵祥風習習兮廿雨瀰瀰楅我壽我
兮無蕃期
　　　右送神　李大樁

擬古

烏生八九子子多不相識黃口勞母哺大嘴爭母食欲稱翠烏心終竭老烏血
顧兒羽毛豐飛鳴各自適反哺雖難期獪望哉其翼
青青園中葵衛足蔽朝曦太陽雖云烈不見枯根枝下有灌溉力上有雨露滋

蘇州華興印書局代印

《吟花館詩鈔》書影

右頁：

光緒己丑春月

武川詩鈔

少霞題

左頁：

武川詩鈔卷一

邑人何德潤君慎輯

宸翰

唐與中諤余……

昭宗皇帝　雖煙初名傑又名敏聖宗第七子在位
廟號曰宗聖穆景文孝皇帝十六年……

賜倉部侍郎徐鉉

解組歸田履舄輕　天將五福景康寧　四朝人物推
耆舊萬古清風在典型　郊野亦能知有道朝廷久
欲訪遺經帝城此後瞻依近　長儔南孤望極星

宸翰

康熙

《武川詩鈔》書影

光緒己丑孟春

武川文鈔

少可隸

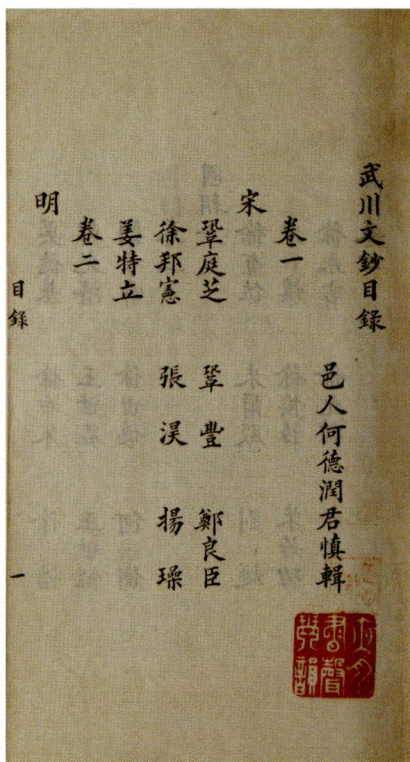

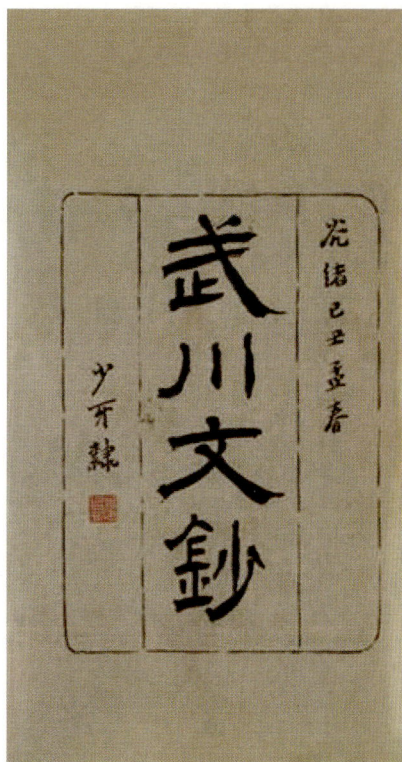

《武川文鈔》書影

武義文獻叢編序

　　若夫武義形勢,固四封巖邑:東臨婺城,西接三衢,南通温麗,北指義烏。玲瓏石鵝衆山,環匝似屏障;白水熟溪諸水,縈繞如流蘇。牛巖有江南九寨之景,仙家獨得其宜居;俞源傳陰陽八卦之奇,匠師各逞以矩矱。清水之灣,温泉汩汩,爲華東榜首;龍崗之下,瑩石剡剡,稱東洋首富。遥望壺峰,標城郭之勝,直上蒼穹;近覽廊橋,集風雲之思,沉吟今古。而今青山叠翠,美景州域盛譽;綠水澄碧,藍天不著霾霧。家從游覽之選,時來青衿名儒;人往宜居之區,仰羡重樓峻宇。吁咄哉! 履其境者,孰不心動? 臨其土者,誰不足駐?

　　於是乎支道士施法降雨,顯靈於藤湖;阮遥集著屐來游,隱迹乎白陽。劉元靖講藝論道,紫微構堂;舒元興勤學苦讀,書臺留芳。其文獻與時興替,未滯後於他鄉。至若宋鼎忽移餘杭,北士紛渡錢塘。徐氏來居履坦,宅建白洋之上;鞏氏卜遷泉溪,祠落太平之疆。武邑文脉,庭芝肇開一方;弘學黌宇,鐘磬長鳴石倉。啓武川以先覺,綿麗澤之儒邦。是時也聖學勃興,三家鼎立相當:考亭招徒武夷,東萊開筵東陽;二陸鼓缶金溪,鵝湖會講争長。於是乎吕氏龛爹明招,五世魂歸武陽;祖謙廬舍設筵,生徒時來時往;會集諸家異同,《左氏博議》登場。仲至上舍高第,著述《東平》;仲同委心師門,勤政邵陽。文子紹熙魁甲,《東軒》之詩有集;渭禮文書告身,瑰寶之價無量。伯恭賦《綠映》之作,亭下傳響;會之哦八章之咏,追踪瓣香。群士慕義向善,競登門牆。麗澤之生徒,復有一夔唐卿;寒泉之傳人,亦見徐劉葉楊。經義修身,庶幾二程復張;書禮治家,遽莫鄒魯重光。

觀夫武義著述於斯爲盛,才人節勵志高;大册自此繼出,學士焚香繼晷。舉其大較,聊陳珪寶:項善敬《易》見"臆斷",楊簡文《書》名"融注";朱天德《茆》求古音,鞏庭芝《麟》稽法路。夢龍從"訓蒙"習六藝,字字璣珠;徐斌以"人名"考《四書》,句句達詁。鞏豐之集腋成裘,《耳目》終成志;張淏之據時手錄,《雲谷》乃有書。邦憲以妙解《周官》,憲章文武;楊邁乃輯集《墨迹》,名賢繫譜。尚禮《孝烈》之編,天地震撼;世英《粹摭》之精,良莠分舉。叔鼎《醫方說約》,岐黃是圖;程達善事《惠政》,繫民之瘼。短長《梅山續集》,唯特立擅美;百咏《梅花集句》,則楊子呈都。成招標注《博議》,會通朱陸;聲遠寸心《惜陰》,陶鑄當途。德潤獨修《備考》,文獻可徵;繼哦《烟月》,史乘以補。凡經史子集,色色齊備;詩賦雜篇,種種精博。吁咄哉!覽其書者,孰不嗟嘆?思其賢者,誰不企慕?

粵自甲午之歲,武義縣人民政府與浙江師範大學合作,編纂《武義文獻叢編》大型叢書,首期爲《何德潤卷》。江南文化研究中心主任陳玉蘭教授任主編、人文學院教授崔小敬任副主編,預其事者則有陳年福、鄒偉平,朱方笑、王文政、慈波、曾禮軍、王芳、孫巧雲、潘菊妃、范雅婷。歷四寒暑,至戊戌歲末始克竣局。若黄卷之勘,館藏之訂;文獻之輯,甲乙之定;版本之辨,玄秘之清;苦其煩冗,勞其困憊。諸君籌劃贊襄,周旋經營;惟其編務繁劇,叢脞莫名。董司獨任,莫與之京。兹復年增月積,日屏夜盈。爬羅剔抉,刮垢磨瑩。發條例,立章程。數載埋首,一旦成功。將付剞劂,問序來請。嘉其好學深思,著述劬勤;釆以媛姝舊説,汰粗瀝精。貢獻明招文化,傳承浙學青燈。故樂爲之而不辭,且願拓其疆垧,邃其貫通,進乎大庭。由此發軔懸車,二期繼承;三期是望,庶無休停。是爲序,七十六翁黄靈庚作於己亥歲新正。

總　目

第一册

第二册

第三册

編纂説明

　　《武義文獻叢編》爲武義地方文獻之彙編，彙輯歷代武義人的著述或流寓之士寫武義的文獻，加以整理，點校出版。此爲初編，主要收何德潤著述文獻。

　　武義，舊又名武成，雅稱武川。關於其建置時間，有三國吳赤烏和唐武則天天授年間兩説，何德潤《武川備考》以前説爲是。其辯正有曰："《嘉慶志》以晋、宋、齊《州郡志》'東陽郡'下無武義，斷爲唐天授始置。然考《唐書·地理志》'武成上本武義'，玩一'本'字，則是原有武義可知。而樂史《太平寰宇記》、歐陽忞《輿地廣記》所云'吳赤烏始置者'，不爲無據。"該邑歷史悠久，山明水秀，風俗淳樸，民重耕讀，雖僻居八婺一隅，却涵深蘊厚。其文化承紹浙學精神，綿延不斷，炳炳烺烺，燦然可觀。這一方面得益於南宋吕祖謙講學、著述於邑東明招山，大批文人學者響應影隨，負笈而歸，流風餘韵，不絶於今，從而使該邑成爲浙學的一大發源地和傳播重鎮；另一方面當歸功於晚清該邑名士何德潤。何氏以麗澤（吕祖謙講學地，南宋四大書院之一）後學自居，祖述義理，一意著述，在倡率、引領武義風雅，整理、編存地方文獻，總結、弘揚武義精神文化方面身體力行，貢獻卓著，爲武義優秀歷史文化的傳承和賡續奠定了堅實的基礎。

　　何德潤（1838—1911），字君慎，號芰亭，又號浣花子、天山子，武義南湖人。祖上世代業儒。《清代硃卷集成》中收有何德潤拔貢卷,其中載有何家世代先祖身份,其嫡系世祖中,始祖思進公、五世祖濟公、六世祖興公、八世祖世靖公、九世祖文清公、十一世祖起貢公、十二世祖邵興公皆爲茂才,其中世靖公、文清公、起貢公推爲飲賓。旁系先祖中有庠生 25 人、飲賓 19 人、太學生 16 人、監生 6 人、貢生 3 人、訓導 3 人、知縣 2 人、巡檢 2 人、縣丞 1 人。德潤生而穎悟,七歲入塾讀書,勤學不倦,過目不忘。十二歲父卒,家道中落,以"家落曾經劫,書存不算貧"自寬,黽勉讀書,以繼父志。自謂"生平無所嗜好,唯以書自娛","耕硯無田聊代穡,鈔書吞紙且忘飢",有"食字蟲"之譽。咸豐乙卯,德潤十八歲,補博士弟子員。越二年,太平軍攻陷武義,德潤闔家十餘口輾轉避亂郭洞、白溪等處。三年始歸,債臺高築,索逋者無虛日。於是盡質其母之奩、田以償,不足則期以坐館舌耕。同治六年食廩餼,十二年以拔萃貢成均,不幸旋丁內艱,故未與廷試。光緒十二年考取八旗官學教習,又以家貧,無資北上就職,故在鄉里講學授徒以終。何德潤的功名之念就這樣在時運多艱、命途多舛、生計堪虞的現實人生中消解殆盡,於是轉而治學。"風塵僕僕不遑居,行李一肩半是書","有錢還買酒,無事只觀書","門無迎客屣,人在讀書床","故人別我空相憶,盡日傭書只自眠",甚而至於"鈔書幾脫腕,論史欲迴腸"。然而也正是這種以坐館爲生、以傭書爲業的人生,成就了他的名山事業。

何德潤重土愛鄉,承傳金華學脉,專心著述,崇尚實學,注重功用,是武義歷史上存留著述最多的一位,也是晚清婺籍文獻學家中首屈一指的人物,是八婺歷史文化中一張極有份量的名片;其著述與思想,更是武義一份極其珍貴的文化遺產。其學術文化貢獻主要有:

(一)創作性情詩文,體察生民之氣息和脉動。何德潤的文學創作各體皆備,有手自編録的詩文集稿本——《烟月山房詩集》十卷(今存七卷)、《烟月山房文集》十一卷(今存三卷)及《烟月山房外集》等傳世。其中詩歌直面現實，貼近生活，感情真切，語言樸實，風格清新，韵律嚴整，達到了較高的藝術水準。另有未收入詩文集的《武川寇難詩草》一卷，是爲數不多的保存完好、全面反映武川一域太平軍之亂的作品，尤可珍視。《詩草》通過對武義戰亂始末的文學化還原，對地區動亂的全景式再現，以小邑見大局，爲太平軍之亂的歷史剖析和當代解讀，提供了生動、鮮活的詩歌體、叙事化文本，與文集中《武義鄉勇討賊檄》《雙溪義守局討賊檄》等篇目互文見義，足供關心相關史實者參考。另有所編《吟花館詩鈔》，結集了何德潤及其詩友傅良弼、江芳、郭鑾、徐家驥、郭祖汾、胡心瑗等七人投贈唱和之作，人各一卷，除可資晚清民間文人結社研究之參考外，從中也可見出作爲蕞爾小邑的武義晚清並不寥落的詩壇概况。

（二）致力理學研究，體現儒者的史識和哲思。武義爲宋明理學重鎮，何德潤對吕學及以吕祖謙爲代表的明招文化情有獨鍾，在詩义中反復條陳縷述、歌咏唱嘆，而對與吕祖謙、朱熹有關的學術資料，蒐輯尤其不遺餘力。至如《尊聖録》二十卷，應當是何德潤畢生從事理學史研究的重要成果。從現存後八卷“紀年”、“世系”、“弟子”、“配從”、“文贊”等内容看，蒐輯的是歷代與孔子事迹相關的資料，述及孔子行年和世系、孔廟歷史和沿革、孔門弟子及儒學傳承等。該書在吸收他人成果的基礎上，時時參以己意，内容豐富、完備。此書或爲何德潤爲撰寫儒學史而準備的資料彙編，惜乎已缺其大半，無法得見完璧。

（三）撰寫私修方志，記録鄉邦之人文和地理。除了兩次短暫的應試經歷外，何德潤踪迹極少離開鄉里，故詩文中觸目可見的都是對家鄉人文、地理、方物的鍾情與禮敬，《武川備考》更是何德潤私人窮二十年之力所修的武義志乘。私修縣志，在金華地區，何德潤屬首創，也是僅有的一例。爲撰修此志，何氏遍搜載籍，鈎隱抉

微，跋山涉水，奔走各地，親自蒐集資料，實地考察訪問。此書體例
謹嚴，對武義舊志略者增詳、缺者補苴、正訛糾謬，體現出私人修志
備而不論的特色。全書總分十二卷，即星野考，地輿考，建置考，風
俗考，食貨考，祭祀考，職官考，選舉考，人物考，藝文考，金石考，祥
異考、大事考、雜事考，對武義政治、經濟、社會、文化、山川地理等
方方面面進行系統的梳理與記載，對晚清太平天國前後的歷史記
載尤爲詳細，所輯録的武義“藝文”也極爲豐富，對於該邑清代歷史
及地方人文研究，都是極重要的參考文獻。武義縣自清嘉慶九年
以後，官方未曾修志，此志正可以彌補其缺。

（四）蒐輯地方文獻，溯洄文脉之淵源和流變。何氏所編《武
川詩鈔》《武川文鈔》分別是武義地方詩（包括詞）、文總集。兩書體
例近似，皆分“正集”、“外集”及“附録”或“補編”，各十七卷。“正
集”所收皆武義人作，“外集”雖非出於武義人之手，卻是曾經寄寓
武義或者所作詩文内容與武義相關者，“補編”則收録兩書成編後
新發現的作品。兩書徵引詩文極爲廣泛，有輯自宗譜者，有鈔自方
志者，有選自詩文别集者，有録自古碑石刻者，皆注明出處，所蒐輯
的歷代武義詩文可謂完備。《武川詩鈔》收詩始自唐孟浩然，共收
詩人三百四十餘位，詩一千五百餘首。《武川文鈔》收文始自宋鞏
庭芝，共收作者一百零四位，文章三百五十餘篇。武義詩文賴此以
傳。兩書爲捫摸武義文脉提供了清晰的綫索，實乃其地學術文化
研究必不可少、且不可多得的文獻。

綜上所述，整理、出版何德潤著述文獻，對於挖掘武義深厚的
歷史文化底藴，理清武義歷史文化脉絡，塑造武義歷史文化品牌，
都將起到積極的推動作用。武義縣委、縣政府非常重視地方文化
建設，將何德潤著述的整理與出版作爲“《武義文獻叢編》編纂項
目”的首期工程，作爲武義縣全方位文化建設的一個非常關鍵的著
力點，正是基於避免地方文化建設中傳統文化綜合性能“取之不

敷,應用不勝"現象的一種考慮。在習總書記一再强調"中華優秀文化是中華民族突出優勢,是我們最深厚的文化軟實力"的背景下,實施這樣的地方文獻整理工程正當其時。

何德潤著述文獻生前大都未曾刻印,遺稿多有散佚。本編所録,爲僅存者,共計九種,分别是:何氏撰著《武川寇難詩草》一卷、《烟月山房詩集》七卷、《烟月山房文集》三卷、《烟月山房外集》六卷、《尊聖録》二十卷存後八卷、《武川備考》十二卷;所編《吟花館詩鈔》七卷、《武川詩鈔》十七卷、《武川文鈔》十七卷。而據《石城何氏宗譜》所收何韶撰《芝亭先生傳》,何氏所著另有《律賦》三卷、《武川叢書》正續編一百十三卷、《天地元音》六卷、《木訥山房雜録》六卷、《樵餘客話》六卷、《易學引悟》十二卷及《武川恒言》、《南湖讀書雜録》等,皆未之見,尚有待尋訪。

本編所録何氏著述,除《武川寇難詩草》《吟花館詩鈔》僅見刊本外,其餘皆據稿抄本整理。稿抄本大都已影印收録於黄靈庚、陶誠華主編的《重修金華叢書》中,今據以爲藍本,凡有可疑問處,則據原稿本核校,以免錯訛。爲盡可能保存稿本之樣貌,原有序跋等不加移易,一仍其舊。凡有不見於現存稿抄本的何氏佚作,則從其他文獻中輯出,補遺於《烟月山房外集》之後,並注明出處。凡不見於原本的相關傳記、序跋,亦從方志、宗譜、他人别集中輯出,附録於全集之末,以資參證。

本編整理工作,由陳玉蘭、崔小敬、陳年福任其事。整理過程中,曾得孫巧雲、范雅婷等襄助資料查尋,朱鵬、鄒偉平、王文政、朱方笑等地方專家多次參與體例討論,又蒙金華市文物局汪希燕、謝鋭等爲本項目的資料收集提供方便,在此一並表示感謝。尤其還要感謝中華書局相關領導的支持,李保民先生、郭時羽女史以及上海古籍出版社祝伊湄女史等,爲本書的編校付出了許多心血。

　　此項文獻整理工程得到了多方的關心和幫助，但因何氏著作散佚嚴重，稿鈔本文獻辨識不易，再加校點者聞見、水平有限，整理工作中遺漏、錯誤定當不免，敬祈專家、讀者批評指正。

　　　　　　　　　　　　陳玉蘭
　　　　　　　　於浙江師範大學江南文化研究中心

編纂凡例

一、本書爲何德潤存世著作首次全面輯集與整理之成果。何氏著述頗豐，散佚不少，本書務求其"全"。除收錄現存著作外，凡何氏散佚之作，亦盡可能從其他文獻中輯出，補遺附錄於相關著作之後，並注明出處。

二、本書按照何德潤著述内容，分爲自撰詩文和編纂文獻兩類。自撰詩文列於全集之首，編纂文獻以經、史、子、集編次。同類著述，大體按撰著時間先後編次。

三、本書精擇點校之底本與參校本。底本原則上用稿本、最早刊行本、手定本或自刊本；參校本用集中所徵引本集，但校底本是非，不校異同。出校原則：以對校、本校、他校爲主，謹慎使用理校。校記務求明瞭簡練，不作繁瑣考證。

四、本書力圖體現何德潤著述原貌，原本序跋仍舊，不加移易。不見於原著的相關序跋，輯佚補遺，附錄於全書之後。原著相關眉批保留，移錄於相應句段之後，並加注明。

五、本書不輕易改動底本。如人名、地名、專門術語等前後不一者，仍襲其舊；然酌情羅列諸本异同，以便參考。

六、底本中明顯的錯別字及常見异體字、古今字、俗體字等均徑改爲正字，不出校；個別特殊情况則予以保留。無從查明辨認的殘缺字與模糊字，以□代替一字，依字數標出；無從計數者，用文字加以説明。

七、本集采用通行繁體字横排，校注用頁下注。凡原底本中的雙行夾注，改用單行小號字排印。

八、本集采用國家規範現代漢語標點符號。主要使用逗號、頓號、句號、問號、書名號等，慎用分號、冒號、引號、破折號、間隔號、省略號、感嘆號等。

九、本集所録各書之前，均撰校點説明，介紹該書内容，所據底本、參校本及其他有關情况。

十、本編前附編纂説明、編纂凡例。編纂説明簡述《武義文獻叢編》編纂宗旨及何德潤其人其事，評述何氏其生平經歷、學術成就及地位、影響等。書後附録相關傳記及序跋、評論，皆注明出處。

武川寇難詩草

〔清〕何德潤　撰

陳玉蘭　校點

校點説明

陳玉蘭

　　《武川寇難詩草》是何德潤青年時期作品，是以詩歌記録太平軍戰况的珍貴文獻，有詩史價值。

　　此所謂“寇難”，指咸豐十一年（1861）四月至同治二年（1863）正月間太平軍之亂給武義帶來的灾難。關於太平天國運動之性質，學界尚多爭議，然不管如何定性，但凡戰亂，總是對生靈的戕害，於百姓創深痛巨。何况太平軍構難武義時，已是運動後期，初心不復，無所約束，擾民爲甚。何德潤爲戰亂親歷者，作爲傳統士人，面對排儒反孔之异質文化的進犯，自然是持排斥立場而目之爲寇仇的。

　　該集一卷，有七言律詩六十首，記録何氏避“寇”期間之聞見及反思。所述太平軍構難武義始末頗詳。咸豐十一年四月十六日，太平軍以周春爲首進犯武義；僅七日，武義城陷。“粵寇”自此盤踞城鄉，所至屠戮鄉民、焚燒房屋、擄掠壯夫、奸淫婦女、搜牢村莊、勒民貢獻，“荼毒莫此爲甚”。武義乃蕞爾小邑，縣府無所防備，官兵無暇施救，然邑民雖有因恫恐而輸金獻粟投誠亂軍之輩，却更多奮起自救者。《詩草》中“莫謂飢疲民力弱，搴旗斬將出耕農”、“纔放穉鋤又荷戈，吾曹絶口不言和”等句，正説明與太平軍對陣者之身份。鄉勇倚巖塹爲城垣，畫隴畦作疆場，慷慨赴難者前仆後繼。然因未經訓練，故青衿多飲刃，勇士多喪元，以至“鄉號太平，難平者

3

塵飛水沸;邑稱武義,仗義者腘陷胸摧"。如此相水火者凡二十月。至同治二年正月,武義方爲官軍收復。長時間的戰亂,致民生凋敝,百姓流離,邑内一派蕭煞淒慘景象。

"寇難"之際,何德潤避地其間,轉徙顛連,憂患飽經。亂後回首,發爲歌詩,抒寫義憤;復加詩注,編題記事。自失守至克復,種種灾難,縷述敷陳,剴切詳明。如寫亂軍洗劫鄉村是"如梳如薙更如篦",寫殺戮慘酷至"武陽川水血成溝",寫鄉民遭虐時"被驅真不異於雞",寫亂軍施暴而"百尺長繩拽棟梁",更有"食肉嘔將心有血,剥膚忍使面無皮"(注:賊好啖人心肝,剥人皮),"紫鳳懸來柳外椿"(注:裸婦人,剖而懸諸木)等等,尤爲驚心悚目,慘絕人寰。除批判亂軍惡行外,作者於義士烈婦事迹,也一唱三嘆,再三致意;而對禍亂之由、消弭之術的追尋和深思,尤其值得注意。

《詩草》於宏觀叙事的歷史範式之外,補綴了彈丸小邑於社會大變故中的生活畫卷,具體而微,以小見大,客觀地展現了所謂"起義"對平民百姓的真實影響,十分鮮活而富有個性。

該集前有光緒丁亥俞樾序、同治甲子王庭揚序、同治丙寅湯松序、同治九年王建中序。俞樾以之與元人周霆震《石初集》、郭鈺《静思集》相提並論,謂三者异曲同工,皆"君子作歌,維以告哀"者。集末有署名"天山子"的何德潤自序,述其作詩之情由。何德潤對此集極爲自珍,其《烟月山房詩集》卷六有《五月中自郡城歸以書簏寄便舟舟人失事詩稿皆漂沉》一詩,中有"曾經大序騷壇老(注:《寇難詩》俞曲園先生作序),豈謂多言河伯欺。……幸叨同志鈔傳早,大半殘零异昔時",以及"莫是神交締詩主(注:人言破簏撈自詩主村,村有杜少陵祠,故以詩主名),敢云心史付幽人。龍宫似代操删訂,鴻爪相留本幻真。他日重編前稿在,芙蕖出水更清新"等句,頗可見出此集之流傳經過及作者以少陵詩史自擬的自我定位。

該集有清光緒丁亥刊本,見收於黄靈庚、陶誠華主編《重修金

華叢書》中，兹據以點校。另有清同治九年庚午刻本，藏中國社科
院文學所；民國二十七年鉛印《太平天國叢書》本，中國國家圖書
館、復旦大學圖書館、南京圖書館皆有收藏。

武川寇難詩草目録

武川寇難詩草序

　　余嘗讀元人周霆震所撰《石初集》，郭鈺所撰《靜思集》，叙述至正中兵戈饑饉、轉徙流離之狀，未嘗不嘆曰：此所謂君子作歌，維以告哀者乎！咸豐之季，粵賊驛騷遍海内，而吾浙終受其毒。金華所屬有武義縣者，亦巖邑也，自咸豐十一年四月失守，至同治二年正月收復，綿歷二十月之久。人民之辛苦墊隘，爲已甚矣。其邑人何君慎明經，爲七言詩六十首以紀之，殆與《石初》諸集异曲而同工乎？後之讀者，勿徒賞其詞句之工，而追尋夫禍亂之由，以深思夫銷弭之術，庶有得以詩人告哀之義也夫。

丁亥六月曲園俞樾

姚孟起　題

叙

　　鄉號太平，難平者塵飛水沸；邑稱武義，仗義者胆陷胸摧。時
難年荒，置之勿復道也；男忠婦烈，不言將何述焉！余門人何君慎，
生少逢辰，思多抽乙。我心有主，援手無從。乃攄行國之謠，用代
窮途之哭。既洽聞而殫見，亦援古以證今。以吾長一日之年，爲爾
定全編之稿。挑燈欲改，如照烽烟；擊節堪吟，恍聞鼙鼓。五十里
山河破碎，付慷慨之羽聲；六十章珠玉綴聯，感忠貞而眦裂。敢云
風雅，聊同流寇之瑣聞；若采星軺，定備蕪城之故事。

　　　　同治甲子天中節後一日柳堂王庭揚題

9

序

　　余耳熟何生君慎名，望衡對宇，未嘗過從也。壬戌夏五，始覿面於白陽舟中，爾時寇盜充斥，無由晤語。甲子，郡城同寓，所談者八股而已。乙丑，客宣慈，舌耕俞川，與君慎所館僅隔數十武，乃得聯牀論詩矣。余生平格格不諧俗，君慎謬推余以前輩，余亦不自知何以與之莫逆也。君慎有《寇難詩》六十首，自失守至克復，種種灾難頗爲詳悉，而於義士烈婦尤一唱三嘆焉。屬余點定，余羸老也，可重任乎！姑爲綴序於簡端。嗚呼！昇平四載矣，挑燈讀之，猶想見舟中邂逅、戎馬倉皇時也。

　　　　　同治丙寅嘉平月溪南老人應濤湯松序

10

叙

　　《尚書》載舜之告后夔曰："詩言志。"志者,性情也,言所以正性情也。故《毛詩》分比、興、賦而降,篇什長短,厥體不一,概謂之曰"詩"。惟七字律詩始於盛唐,中、晚爲稍具,於宋稱極備。迨至有明,凡勸酬贈復,非是勿作。然而勸酬贈復易爲力,流離瑣尾難於工也。我武於浙爲蕞爾邑,辛酉遭寇難,賊勢猖狂,卒難撲滅,人事遷變,未易挽回。比時或激烈遭害,或負固相抗,或貞操致殞,或逐臭蒙休。夫諸芳踪,不容任其埋没;若輩劣迹,焉得代爲隱藏? 時際昇平,意欲綴而記之,以備采覽,却自知腹枵而擱筆焉。歲庚午,訪何生君慎於俞川山館,談及之,即出避地時所作寇難七律六十章,編題記事,剴切詳明;借此寫彼,工力悉敵。早固知其饒於腹笥也,而更有以驗其性情之正矣。

同治九年又小春薪齋王建中題

11

武川寇難詩一卷目録

邑人何德潤君慎著

七律六十首

參閲　歙縣胡　炳莘園
　　　金華江　芳芷馨
　　　同邑傅良弼商嵒
　　　　方倬圭謹仝

校刊　宣平俞作豐紹堂
　　　金華鄭春禧梅村
　　　同邑周景熙磻溪
　　　　湯顯球杏舫
　　　　湯顯瑛梅卿

武川寇難詩草

武 成 失 守

殺氣西來南復東，蚩尤旗指婺星中。論文尚試肩門士，用武旋
興伏莽戎。咸豐十一年四月十六日，邑令惠世揚肩門課士，案未發而賊至。
寇起黃巾誰禦敵，謀懸絳市各爭功。二十日獲賊諜，七人誅於市，官給
賞錢。分明不是官軍至，錯認都揩醉眼矇。廿三日，賊僞作官兵，入北
門，武義失守。

鄉 勇 討 賊

羽檄星馳報夕烽，征袍勞我玉纖縫。常山陣勢蛇添畫，上國邊
疆豕拒封。萬井公徒多客氣，一天雷雨洗軍容。共懷義憤揮戈起，
南郭西門繞數重。

城 下 敗 仗

背城一戰奈何降，終日戈矛聽擊撞。怒氣雲騰文塔址，奔流濤
湧熟溪杠。奪門力竭仍開鑰，泅水身輕不用艭。陷脰摧胸成底事，
空留義烈鎮鄉邦。四月廿五日雞初鳴，小南勇攻大南門。日晡，大南勇與
賊戰於南郭。日中，西勇破西門，轉戰至城隍廟，不克。東鄉勇渡王思灘，入

13

熟溪橋，賊伏發，勇浮水而逸。日昃，小南勇鏖戰於南湖阪，追至誥山文塔址。是日雨甚，火器不發，死者相枕。而庠生徐發祥、徐寶琛，武生徐志忻，監生包恒足、湯志銳，童生徐學禮，胥吏管金有，死尤烈。

屠 戮 人 民

殺人如草乃今知，霍霍磨刀倍笑嬉。食肉嘔將心有血，剝膚忍使面無皮。賊好啖人心肝、剝人皮。動云修福生多苦，殺老人曰修福。才送歸家命已危。殺婦人曰送你歸家。舊鬼煩冤新鬼哭，相聞豈但夜深時。

焚 燒 房 屋

赤彪乘勢逞炎威，餘燼猶能徹夜輝。隋苑千年螢點點，咸陽三月草菲菲。犬憐門破環牆吠，燕苦巢空傍樹飛。安得銀河伸手挽，燎原洗盡甲兵稀。

擄 掠 民 夫

爲俘爲馘總由渠，祗乞殘生白刃餘。貫索星連嗟命薄，鐵索貫項，囚於密室。泉刀貨取作奇居。勒金取贖。征人已化歸遼鶴，愁婦猶思得水魚。縱使還鄉真有日，艱辛也僅免誅鋤。

紅 顏 薄 命

牙床空復繫流蘇，大半春閨付夢孤。翠柳眉愁藏葉底，匿箐莽倖免者。白蓮心苦拆花趺。賊帶去，必解足。無言嫣氏終留楚，在賊館者。待贖文姬已陷胡。贖回者。何似深林烏鵲穩，雙雙對對自携雛。

搜 牢 村 莊

令催五鼓聽鳴鷄，衝陣先鋒一隊齊。賊搜鄉曰打先鋒。落月凄
涼旗影閃，斜陽慘澹馬聲嘶。庭空只剩清陰拂，家破都無長物携。
記得古人曾道及，如梳如薙更如箆。

勒 民 供 獻

沿門題遍半扉柴，僞令門書順字。朘我脂膏飼虎豺。不爲無依
詎汝媚，欲持正議奈時乖。齏鹽擔荷兼牛酒，金幣窮搜及鳳釵。賊
勒民金帛牛酒、乾菜鹽豉、婦人首飾，謂之安民進貢。最是逢迎堪痛恨，百
般檢括走荒街。僞鄉官檢括媚賊。

白 溪 僞 館

陽巖減色杏花開，陽巖，山名。年少周郎策馬來。踞邑賊周春使
其姪杏設館於白溪，謂之把卡。署篆華堂羞美職，生員有受僞職者。綉
鞵暗地托良媒。婦女爲賊綉鞋。慣親言語兒童化，賊呼官兵爲妖，
呼鄉勇爲土匪，卡旁小兒效之。招到忠魂父子哀。白溪武生徐志忻及
子金鏞率勇攻城。因白溪水漲，轉渡王思灘，入熟溪橋，戰死南郭。賊不
悉其詳，以爲南鄉勇，故與白溪通和。惟有溪光終不改，清流自古洗
氛埃。

僞 設 門 牌

紛争却説太平春，天國何嘗天與人。賊自稱太平天國。詭寄聊

將欺鼠輩，册圖那肯獻魚鱗。勒民開丁口，民以假名應之。無端名目興軍旅，不盡誅求索米薪。僞設軍師、旅帥、司馬、百長，勒民輪供。轉念皇朝恩澤渥，狂奴約束詎能馴。

南勇敗仗

明湖水沸湧紅雲，横繞東皋盡楚氛。四月晦，賊焚南湖。五月初，焚東皋。就死冠猶衝髮怒，前生香豈斷頭焚。千家壂逆收殘骨，一隊旗飄識敗軍。草檄陳琳何處去，徒留墨寶挹餘芬。庠生陳常工書法，與其子培桐禦賊於泉溪，戰敗，均死之。

雙坑敗仗

編籬植竹倚牆垣，那識羝羊竟觸藩。野曠何人舂水碓，火攻有術克金村。雙坑勇築砦於黄金碓，以竹爲藩。五月十一日，賊自南湖延燒二十餘里，掠水碓後，焚金村，擄男女二百餘，坑殺之。舞風蒲劍難祛鬼，著雨楊花悵斷魂。賊掠人老者曰楊國老，婦人曰楊國婆。可是英靈垂眷佑，神龍回首拒江豚。賊馬至回龍廟忽仆，勇燃鳥槍擊之，賊乃退。

花旗賊竄

真覺感時花濺泪，何須問訊竹平安。赤狐跳躍黄狐伏，丹鳥養羞白鳥殘。茭道鋪前長絡繹，下楊汛外任盤桓。最憐遠近嫣紅落，一染風塵那忍看。五月十五日，花旗賊自宣平入邑，西下楊汛，繞南而東，至茭道鋪，沿途掠婦女。凡五日，入永康界。

屯 丁 固 守

內宄囂騰雜外奸，游騎如織往來間。儻非戰士持矛戟，直使窮黎刈草菅。踞城賊自近郭掠遠鄉，花旗賊自遠鄉掠近郭。幸郭洞、雙坑、嶺下、白革、青溪、夏川、王占諸砦聯絡守禦，民得稍延殘喘。運會劫中旋遇劫，南山失火，燒死二十許人。白溪口橋圮，溺死三數人。心思山上更生山。金巖、玉洞，避難者山無容趾。藉茲死守延殘喘，晝夜登陴耐歲艱。

東 北 遭 掠

幻出騰空離恨天，無家別後見何年。五月廿一日，花旗賊自永康出沒邑東北，大掠三日。亭荒莫問金貂換，金貂亭在明招山。水涸徒留石牯眠。牯牛石在范家溪中。錯認雕梁棲幕燕，周杏令白溪婦女入偋館，免遭花旗賊毒。人頗信之，然已與賊雜居矣。漫罹密網出林鳶。周杏謂安民地方人不得入山，入山即爲土匪。迨花旗賊猝至，皆坐而待擄。故鄉一去稀消息，望月南樓那夕圓。

王 占 勝 仗

危關峻嶺矗神霄，鳥道羊腸絕采樵。王占險阻可守。烈火藥攻烏喙毒，居人善放鳥槍。凌波步惜鳳頭翹。王占水口編木爲橋，一女子蹌踉過，舄陷縫中，賊尾及。陳日清掀女子出，賊刺日清，傷股。日清反擊，殺賊二人。軍非娘子擘紅粉，有蒼哥者，妻女皆習技擊，每戰，率健婦成一隊。戰有屯丁獨白描。拳師數人，能空手入白刃。直使狐虺逃不暇，乘勝搗穴奈途遙。六月中，賊攻王占大敗，勇追奔數里。

西 勇 敗 仗

者番野戰嘆鋒交，累卵無完又覆巢。新婦祠前聽婦哭，白姆勇
與賊戰於新婦祠，敗。大家山下怨家拋。杳渠勇築砦於大家山，六月十七
日，賊破之。悲風颯颯吹巖隖，落照昏昏下樹梢。焚畠隖，掠松樹下。
奚翅人民打草殺，真成里黨瓜蔓鈔。

西 勇 再 敗

劍鋒擊缺氣猶豪，撫頸阿誰爲砍刀。殘卒抱傷人未起，新廬待
搆劫重遭。夢驚胡蝶山都破，險失烏龍嶺不高。獨有格天純孝在，
擎天一柱自堅牢。六月廿六日，西勇再敗。賊自烏龍嶺掠胡蝶山，焚彭
宅、馬府、下紅露等處。孝里王祠神主盡燬，惟孝子主子然存。

雙 坑 勝 仗

纔放穮鋤又荷戈，吾曹絕口不言和。隨風竹葉飄青斾，滿地梅
花點綠莎。建青旗於竹林，砦外設梅花椿。仗節人期閭典史，典史鄆愷
在砦。餉兵糧運漢蕭何。廩生童紹彬捐金，監生賀金門捋粟。本朝火德
能燒賊，笑殺群酋赴火蛾。七月朔，賊攻雙坑，不克，賊死於銃砲甚衆。

郭 洞 勝 仗

海麟院落聽悲箝，海麟院，郭洞勇內砦在焉。戰鼓鼕鼕院外撾。
四野壁堅屯細柳，萬人槍急舞梨花。非矜拔幟期成隊，祭旗於社廟。
忍嚲先疇免唱沙。郭洞何祠嚳祭田供軍餉。認得粵西戎首隖，髑髏污

血髮影影。七月朔，郭洞勇獲廣西老賊數十人，誅之。

嶺下勝仗

狂踪四出太披猖，幾使耕畦變戰場。兵氣姬山瞻赫赫，鼓音菊水聽湯湯。菊水源出菊姬山。射人先馬馳何疾，賊攻嶺下，勇發石，擊傷賊馬。勇士喪元死不忘。賊執徐老春，使向導，春不屈，罵賊死。遙聆西風吹畫角，嶺頭日落半山黄。

龍門防守

不因禹鑿始稱名，峽作關門石作城。人附青雲登躍鯉，我思赤手掣長鯨。空山刁斗風傳響，峭壁旗槍日添明。鉛影紅流林際落，渾疑點額起雷聲。龍門嶺，界雙坑，嶺下，自桔入邑間道。

赴省請兵

何郎舞劍別長亭，曠野愁看鬼火青。書寄蠟丸通竹素，人離虎穴拜槐廳。攀轅望去師如雨，捧檄歸來道戴星。懸想昇平昕夕近，兵舡可是速揚舲。武生何丙榮，奉邑令惠世揚手簡赴省請兵。巡撫王有林調張觀察軍自桔入援，檄西南鄉勇蓄銳俱發。

刈掠田禾

種秧煮豆兆先徵，記得童謡遍地興。初童謡云：一粒星，子零零。兩粒星，挂油瓶。油瓶漏，好炒豆。炒豆香，甑中央。説者謂一粒星，戊午彗也。兩粒星，辛酉彗也。挂油瓶，家猶貧也。子零，衰落也。漏，陋也。炒豆香,鈔鬧鄉也。好炒豆,耗鈔鬧也。甑中央,言兩次賊來皆四月,正種秧時也。樹藝未全耕綉野,青黃強半委花塍。一肩鞭策斜陽落,賊繩繫被掠者,臨以鞭撻,驅使刈禾。五夜鐮刀新月昇。難民晝匿山,宵出刈。何俟凶年兵後有,當前已失粟如陵。

城中穢亂

八門晝閉漏聲悠,城有九門,賊止開東。堞影高懸箇箇頭。殺人,懸首城上。少媱朝張兼暮李,掠婦女,轉相鬻賣。華庭繫馬亦牽牛。神祠公廨皆繫牛馬。有葵可嗛人初死,殺人,呼犬食。無柩能完鬼也愁。發附郭冢,取棺築城。誰謂秦餘風物在,武陽川水血成溝。

鄉里荒蕪

那有炊烟出翳陰,荒村但見馬駸駸。歸鄉才到還驚盜,故里雖存已變林。蛛網空閨連草冑,蟲巢破瓦藉苔吟。多情祇有天涯月,尚照頹垣入夜深。

山栖景況

北山之北南山南,林密山深可解驂。坳處編茅人下榻,閒時采苦客携籃。束薪暮負歸樵徑,汲水朝炊覓石潭。鶴唳風聲眠不穩,驚烽夜夜照雲嵐。

官軍消息

聞說桓侯號令嚴,此來可是救窮檐。競催箛鼓蒼山下,隱見旌麾石柱尖。七月初，張觀察自梧劄石柱街。消息分明通堡砦，傳喧格外壯韜鈐。擒王擒賊須臾事，星夜前途莫久淹。

彗 星 始 隱

千杯祝汝長星酒，象緯流光月半銜。人類真如夷草木，天心也似掃槍攙。五月中見，七月初隱。願將珠璧三階合，更頌君臣一德咸。此夕登高瞻將曜，森森武庫碧雲緘。

官 軍 別 調

旁午軍書路不通，官兵於我馬牛風。省垣戒嚴，張軍赴援。豈緣僻陋人民棄，應悔昇平伍籍空。大吏何謀能食肉，窮鄉無計靖飛蓬。最憐久旱瞻雲起，其雨分明又見虹。

郭 洞 再 勝

青袍紬被裹重重，恍惚紅衣下碧峰。七月十七日，偽將楊才晨壓郭洞砦，及申不退。我勇以青被裹巨木自高峰舁下，賊驚呼曰：大礮子來矣！遂遁。中必疊雙稱妙手，躍逾三百豈傷胸。廿三日，賊又逼砦。我勇何老高從賊密處發槍，中必疊雙。偽先鋒李德利先登，我勇何土富躍出砦外，擊殺之。是日，斬賊五十餘。我男惟老昴中賊鉛，卒。祗今勇士看臨陣，自昔義鄉能折衝。咸豐戊午，賊至，山寇老楊哥聚黨行劫，郭洞勇斬平之。賊退，邑令宋蘭亭表爲義鄉。莫謂飢疲民力弱，搴旗斬將出耕農。

嶺 下 砦 破

熱血奚從灑一腔，拔山無力鼎徒扛。紅羊劫起蓮中火，八月初

21

七日，賊破嶺下砦，破之。紫鳳懸來柳外樁。裸婦人，剖而懸諸木。俎豆三間留石室，湯祠楹柱皆石，火不能焚。田廬十里裂蓬窗。延燒徐村、王村、古竹等處。昏鴉古木蒼涼甚，菊水潺湲下短矼。

三寨拒賊 夏川、青溪、白革

不任南村賊馬馳，夏川倡義獨先之。山登白革憑依固，水渡青溪截擊宜。便是攻韓救趙日，無非犄晉角戎時。聲援互應資長策，鼎足平分峙遠陲。

貞 烈 幽 芳

地老天荒志弗違，那知海立與山飛。雲英兵解天仙子，月夜魂招洛水妃。竹節留筠偏斷爛，花心不死故芳菲。何人更把畫眉史，一廣搜羅表繡幃。罵賊被害者：祝海揚妻何、徐長賢妻湯、倪錫武妻高、倪錫彰妻何、倪錫三妻徐、方秉隆妻傅；又高氏，德貴女。遇賊赴水死者：李作孚妻朱、李金保妻徐、徐卓典妻鍾、徐漢清妻陳；江氏，永茂女；丁氏姊妹，掌珠女。又有姊妹二人，溺死香渠；又有金華女子，溺死里蘭橋下，而姓氏不可考矣。

仁 村 偽 館

滾滾塵埃起里閭，仁村竟使不仁居。偽將龔和、龔美把卡仁村。購將武士千金賞，懸偽賞格，購請兵武生何丙榮。打盡文人一網除。索紳袗入卡。羨卒驚聞門有馬，傾杯又說食無魚。挨户供應。閒登雙玉巖前望，烽火通宵遠照墟。

夏 川 寨 破

奔騰萬馬出雲衢，閒道何嘗備不虞。九月初，賊一自縉雲攻夏川山後，一自永康攻山前，破之。詎意教猱升古木，偽將范壽興，短小輕捷，人呼范猴子，緣木攀崖而入。終嗟拙兔守空株。關君門户生終舍，武生李聯芳殺賊數人，闔門殉難。擲我頭顱死豈愚。庠生李福箕巷戰死。好是重陽風雨近，更無人在插茱萸。

二 砦 勇 潰

膽落隣村失鼓鼙，被驅真不异於鷄。賊破夏川，遂破白革、青溪。覆舟山菓看禽啄，覆舟山出石果，白革堡在其旁。石佛橋霜印馬蹄。掠男女百餘，擠之石佛橋下。火挾融風吹勢猛，花經狂雨怯頭低。夕陽秋柳空營在，誰吊冤魂古道西。

蘇 陽 勝 仗

尋梅何事涉岡厓，九月十五日，蘇陽勇與賊戰於梅岡頭，獲勝。斗絶天窗不可階。天窗，山名。反正人揮新骨朵，降盜某，教勇以鐵骨朵擊賊。領兵官繫舊牙牌。金華協鎮常明在砦。成林狼筅鈎騏駿，如堵雁翎刺虎豺。有軍士教勇以狼筅拒賊馬，以短刀隊守隘口。戰罷歸來還解甲，桑麻仍復理生涯。

白 溪 偽 市

居然列肆傍溪開，賣國牙行得得來。小物都緣通貿易，群凶倍好入山隈。賊初搜掠，惟擇其尤者。自開市賣買，則足紈不留矣。香偷帳下花生色，人有降賊者，與周杏之婦通，席捲而逃。利覓刀頭人爲財。僞鄉官從中取利。日暮空街何所見，狐狸踪迹遍蒿萊。

窮 搜 山 谷

冬日嚴寒雨雪頻，桃源何處避強秦。冬至日，賊窮搜西山四十餘里。薜蘿山鬼偏迷客，雉兔罝羅竟罔民。只有洞天尋不到，惟農洞金公巖不敢上。并教接壤禍相因。搜及宣平之俞源、大萊、小妃。荒荒草樹雲封裏，一受虛驚累此身。賊搜山，佯作小兒呼母聲、婦女笑言聲，匿者喜而出，遂被獲。又以長矛刺箐莽中，曰這箇曰那箇，匿者驚而出，又獲。

蒜 陽 屢 勝

幾於一隊掃千軍，攻擊喧爭孰解紛。十一月十三日，踞郡賊、踞宣平賊合攻蒜陽，均擊却之。結髮從戎驚欲翦，獲廣西老賊十人，髮長及地，誅之。愁眉火起駭如焚。勇放鳥槍，睨視其杪，賊驚呼爲眉毛銃。懸鈴善爲落花護，十二月，賊過西鄉，勇邀擊，奪婦女放還。要路欣將行李分。賊自宣平入金華，勇邀奪其輜重。我願諸君須慎重，休教輕敵誤辛勤。

勒 民 開 壕

城上黃旗向日翻，引流城下水渾渾。賊遍插黃旗，勒民開壕。五人爲伍編苛法，三女成奸慘淑媛。賊編東鄉户，五家以一長率之，出丁供役。又日取三婦人館伴。日月西來龍氣斷，松雲北拒馬蹄奔。自日月山，繞北嶺松雲，鑿斷龍脉。刀踞在頸鋤持手，落照寒風聽峽猿。

僞筵演劇

城頭夜月照凋殘，一曲管絃星未闌。十二月，賊演戲，慶僞主洪秀泉生日。獨使伶人存面目，義伶李菲春，登場罵賊，被戕。緣何處士没心肝。生監充僞官者，舞拜其旁。幾家野哭招魂葬，若輩登場拭眼觀。此是江山聲入破，聞來陡覺髮衝冠。

諜報回營

客自衢防夜款關，傳宣哀詔泪潸潸。探子自衢州回，恭聞大行哀詔。虎多僻壤皇靈遠，龍去昇天臣吏攀。四海更生新德意，十年不靖舊凶頑。中興直許寬心俟，掃蕩東南轉瞬間。

剿燒僞館

擾得村莊夜不眠，奚容鼠竊久盤旋。軍謀劫楚登床夕，兵法擒吴乘雪天。同治元年正月廿四夜大雪，蘇陽勇燒仁村僞卡。殃及池魚何暇顧，火延徐祠。焚延厩馬欲争牽。奪龔美馬。凶人究竟無生理，此際攻心已洞穿。龔和中鉛，洞胸死。

賊隊更换

拒虎進狼緣底事，一番來去一番囂。渾疑越寇當全退，那識荆氛尚未消。正月廿七日，周春别竄。廿八日，周明才、楊宫春、鄒世經竄邑。馮道迎降鈔粉本，范蠡下策訪妖嬈。僞鄉官迎降，導賊娶婦。輸金括粟成規在，囈語喧嘩聽詰朝。

蔴 陽 砦 破

丁冬徹夜聽征鐃，終歲勤勞一日抛。不死我猶能殺賊，捐生誰復惜焚巢。盡申才見義旗倒，停午還聞戰鼓敲。二月初十日，賊攻蔴陽，自雞鳴至日昃，破之。勇皆巷戰，旋被焚。只是軍官無一策，空將濺血滿荒郊。砦垂破，砦長秉柏求計於常協鎮。常股栗不能語，旋爲賊獲。而秉柏手刃數賊，戰死。

郭 洞 砦 破

負郭空談膽氣豪，民疲財絀劫仍遭。二月十四日，賊破郭洞砦。閉門無士爲題鳳，拆鳳池書院。入海何人竟釣鼇。鼇峰塔，勇瞭望所。燕國早思遷重器，秦軍尚欲賦同袍。賊招降，不屈。雖當敗北猶成列，擁護春閨奪路逃。勇戰且走，帶眷逃後山。

雙 坑 勇 潰

一陣民兵散鸑鷟，從今莫敢說干戈。輔車終是相依好，二月十五日，賊從郭洞越山入。家室其如失所何。雨打芭蕉聲似泣，搜芭蕉阬。雪飛潭水影侵波。民皆避大雪潭。衹堪遯世爲生計，險阻深藏覓曲阿。

賊 營 花 燭

諸營破盡志驕誇，遂有閒情戀落花。步障重重圍謝女，賊楊宮春娶謝氏女，群賊呼爲大嫂。令門嫂嫂托楊家。伊誰首建和親議，使我心存怨耦嗟。不識五經都掃地，追隨猶自送香車。僞官有以諸生充者。

拆 毀 房 屋

劫灰不盡又蒙殃，百尺長繩拽棟梁。客已無家歸故里，人從何處認他鄉。藥爐火熾丹初就，賊取磚煎硝。間架錢輸贖未妨。勒民取贖。回首笙歌羅綺院，童童但見數株桑。

輔 賊 掠 鄉

稽較嶺中班馬鳴，忽聞游騎滿前程。沿途惟草和根煮，到處無家就野營。三月十六日，僞輔王楊輔清竄入稽較嶺，掠小南鄉，時三十里無人烟。驛畔多人呼客返，踞城賊鄒世經於驛橋，奪所掠二百餘人放之。溪邊終夜奪舟聲。賊渡熟溪，五日夜个絕。鴻飛自合青冥去，休使銜蘆誤翼輕。謂難民。

賊 春 復 竄

獸蹄鳥迹遍郊坰，吞噬前番幾度經。五月，賊周春復入邑南。生入國門歸不得，前被擄者長練繫拘。眼看鄉里涕徒零。有心曾脫蛇吞象，無意旋逢水遇萍。有前年脫賊今又被擄者。嚇殺巖前風景惡，嚇殺巖，在菊姬山旁賊屯處。沉沉月黑又風腥。

花 旗 又 擾

六月炎炎暑氣蒸，悲哉吊客集飛蠅。窮檐依昔家懸磬，屠伯重來骨若陵。六月，花旗賊掠西鄉。風墮紅英羞對面，對子奸母，縛夫淫妻，謂之當面做。天呼碧落痛填膺。逢人便殺，謂之替天收拾；搜人而殺，謂之代天打發。古槐蔽日陰森處，吟斷哀蟬怨不勝。

再 請 官 兵

聞說蒼山地已收，七月中，提督銜漳州總鎮克克巴圖魯林文，察克處州駐庫頭。誰人不欲賦同仇。諸生吳賓笙、賀金門請兵。兵談王猛捫蟣蝨，拔貢千爲傑陳進兵五利之説。糧運孔明牽木牛。職員何起鳳辦餉。破竹無妨看小怯，九月，兵出哨破竹圍，敗仗。登臺要自裕奇謀。兵皆臺灣屯丁。陣雲高覆南峰頂，殺氣騰騰瑞氣浮。

緱 山 勝 仗

義旗高建插遥岑，豈畏黃巾賊若林。神女龍游瞻妙相，緱山有龍女祠，每與賊接仗，必見光怪。緱山鶴唳激哀音。設局於白鶴廟。戲傳超距爭投石，賊戴几自蔽，勇發石擊破之。捷獻轅門重賞金。勇擒賊獻林軍門，獲重賞，士氣益奮。從此西南稍復業，昇平拭目望蒼黔。

官 軍 勝 仗

捷音頃刻報村南，露布傳宣一月三。猛將如雲排夾岸，皇天有霧隱晴嵐。山頭誘伏兵佯退，谷口橫衝戰半酣。士飽馬騰酋首縮，萬人鼓舞拜征驂。初，林軍門使都司林志忠、游擊賴安邦營李村溪上，協鎮白瑛營王山頭。十一月十八日，賊搗營，大霧瀰漫，我軍偪遁，賊進隘。霧消，白瑛下山橫擊之，林志忠繞賊後、賴安邦攻賊前，賊大敗。我軍斬首千餘級，獲器械如山。賊酋皆負傷失馬。自是，官軍游徼日至，城下賊有去志矣。

武成克復 同治二年正月十三日

喪亂三年嘆久淹，而今始可慰閭閻。信深却使遲疑起，喜極翻教痛恨添。地似幽囚瞻日月，人如老病救針砭。山歸檢點芒鞵俟，虎口餘生聖澤霑。

自 述 鄙 懷

自甘遯迹寄深巖，報國無才轉愧凡。但願干戈天下息，何妨薪木故園芟。艱難百折身猶在，争戰三年口欲緘。偶爾揮毫書數幅，窗前風雨響松杉。

武川寇難詩後序

　　烏虖！武川之難，尚忍言也夫！粵寇之陷邑也，殺戮淫掠，執難終日。於是義旗一麾，雲集雷行，戰南湖，衝驛橋，屯詰山，破西門，豈不欲滅此而朝食哉！何意大雨傾盆，火攻難施，兼之勝爭負遁，訓練未經，遂使青衿飲刃於登陣，勇士喪元於衝陣。天乎冤哉！賊乘其驚疑，虛聲恫喝。茫茫白溪，攪之先濁。輸金獻粟，污命僞朝。由是邑人自相水火，仗義者鄙議和，行權者嗤守拙。賊狡益啓，勇怒益增。西之義守砦，曰王占，曰蘇陽，曰緱山。南則菊山孤峙，龍門扼要，郭洞、雙坑脣齒相聯，夏川、白革、青溪鼎足三分。以鑿井耕田之衆，從持矛礪刃之軍。倚岊塈爲城垣，畫隴畦作疆場。少婦鬻釵，稚子餉饁。雖云辛苦，亦較勝於搖尾乞憐者矣。我武於浙東一彈丸地，然考之在昔，鸐子鳴鉦，將軍失劍，文忠殉國，孝子復讐，其流風所被，足以廉頑而立懦。矧皇朝深恩厚澤，二百餘年，入人至深，以故明知其非敵，而不忍坐視。衆志成城，亦期夫蓄銳俱發，殲厥渠魁也。無如曠日持久，民力不贍，砦破矣，勇潰矣。賊揚揚得意，子女玉帛恣其大欲，縋幽鑿險，搜括不遺餘力。別隊之寇，乘其危而肆其毒；一切僞官脅從，如火添薪、如虎附翼。川流血而皆紅，草從風以盡靡。所謂一片乾净土，奚存乎！幸而大軍克復，小醜犇逃。緩須臾毋死，復見官威儀矣。然而青燐白骨、灾氓病人，生死同悲，輒唤奈何！悲夫！流離三年，支撐百計。前則攻城而不克，後則守鄉而不終。士之義，民之勇，男之忠，女之烈，究何裨於萬一？惟長留義憤在人間而已矣。於戲！武川之難，尚忍無言也夫！僕寓居雙坑，知之稔，故言之詳。夏蟲秋蟬，感時而鳴。日月既多，合得六十首，非敢效子美之樂府、仲宣之登樓也，聊遣吟興，用綴時事云爾。

天山子自序

烟月山房詩集
烟月山房文集

〔清〕何德潤　撰

陳玉蘭　校點

校點説明

陳玉蘭

　　《烟月山房詩集　烟月山房文集》是何德潤自編詩文集，未刊，有鈔本傳世。

　　據《石城何氏宗譜》所收何韶撰《芰亭先生傳》，何德潤有《烟月山房詩集》十卷、《文集》十一卷。據《文瀾學報》第二卷第三四期《浙江文獻展覽會專號》第 239 頁至 240 頁著録，《烟月山房詩文集》凡十三卷，五册，有抄本"武義民教館藏"。凡文六卷，一百五十四篇，三册；詩七卷，六白二十九首，二册；其中《文集》第六卷有《武義鄉勇討賊檄》及《雙溪義守局討賊檄》二文，可供關心太平軍文獻者參觀。然兩文現存鈔本未之見。

　　今所見抄本《詩集》存七卷、《文集》存三卷。其中《烟月山房詩集》由何德潤於光緒辛卯（1891）初夏自訂，收録咸豐己未（1859）至光緒庚寅（1890）古近各體詩凡六百二十九首，以創作先後爲次，繫年編排，分爲七卷。卷一收咸豐己未（1859）至同治甲子（1864）間詩五十一首；卷二收同治乙丑（1865）至壬申（1872）間詩一百零一首；卷三收光緒乙亥（1875）至己卯（1879）間詩一百首；卷四收光緒庚辰（1880）至癸未（1883）間詩一百首；卷五收光緒甲申（1884）、乙酉（1885）兩年間詩一百十三首；卷六收光緒丙戌（1886）、丁亥（1887）兩年間詩八十三首；卷七收光緒戊子（1888）至庚寅（1890）間詩八十一首。何德潤詩另有《武川寇難詩草》單行，記太平軍構難武義(咸豐十一年四月至同治二年正月,即 1861—1863)始末,係亂平後回憶之作。另外,《吟花館詩鈔》也收有何德潤詩一卷。

從編年收錄情況看,《詩鈔》收何德潤歷年詩歌較爲完整,僅光緒癸酉(1873)、甲戌(1874)兩年詩闕如,對何氏人生歷程記錄較爲全面。何氏生經離亂,遭遇坎坷,一生窮愁,但鄉梓之情深摯,篤於友朋之誼,關心世事,同情百姓,求爲世用而不得,一意文獻著述,讀其詩作,可見爲人。如以《絶糧》《乞米》《典田》《拔釵》《鬻珠》《亂後歸家白日鬼哭》等記窮愁之況,以《聞警》《到家嘆》《迎官軍》《刈禾行》《減租謠》《剥牛嘆》等寫世亂民艱,以《朱吕講院重修落成奉安栗主紀事》《朱子手書吕墓殘碑》《謁阮遥集墓》《登玩珠山》《月毂》《胡蝶山》等咏人文勝迹。其詩記爲人索債狀有曰:"剥啄叩門去復來,雁行債主立蒼苔。劇憐净几明窗下,惹得多人坐不回。"然窮愁而不改"書蟲"故態,自云"惟稱妙手故空空,書味療飢氣自雄","腐儒拙謀生,怡情惟詩酒"。他盛贊鄉賢吕祖謙"南渡衣冠傳北學,中原文獻屬東萊"的業績,崇尚其經世致用之學,也曾咏歌"自古窮經須致用,就徵莫漫負蒲輪"而離鄉北上。但在"千金買駿馬,追電能行遠。又恐蹶霜蹄,何如驢背穩"的猶疑中,深感"長安漫道居非易,一事無成已半年",因而"飛騰願在寸心違,南望鄉關策蹇歸"。其游旅書寫頗能代表晚近鄉間下層士人對劇烈變化中的外部世界的認知。如《自富春舍舟登岸至錢塘途次即景》:"螺螄步裏午風寒,電綫新穿拭目看。水外桅檣城外樹,兩邊林立夾江干。"《航海》:"乾坤浮半壁,夷夏劃重洋。"《申江》:"澄清黄埔水,波急挾流渾。蔽日春帆駛,腥風海氣昏。居人攙異服,估客半夷言。别有關心處,繁華且漫論。"《法領事公署》:"仁慈周萬國,奚止法蘭西。慕義初依宇,來同竟借棲。疊宫瞻日近,鳳闕壓雲低。寄語天驕子,朝廷法令齊。"此類詩作,表現了對世事的好奇、憂念,也難免識見的局限。其詩長於叙事,尤工長篇,有唐老杜、醉吟之遺。

該詩集有光緒丙申安徽督學李端遇序，見於《石城何氏宗譜》卷之庚。

今所見《烟月山房文集》僅存三卷，即卷三"記"十二篇、"碑"四篇、"行狀"二篇，卷四"傳"二十九篇，卷五"書"三篇、"祭文"四篇、"銘"一篇、"贊"四篇、"跋"九篇；前所謂第六卷《武義鄉勇討賊檄》及《雙溪義守局討賊檄》等文未見。何德潤文另有《烟月山房外集》六卷，爲何德潤自撰時文與試帖之結集，另行著録解題。此詩文集中"碑"、"記"，如《弧溪玉帶橋碑》《萬名橋碑》《禹王廟記》《南湖廟記》《龔氏山堂記》等，皆有關鄉邦地理人文；所爲"行狀"、"祭文"，如《王柳堂先生行狀》《祭王柳堂先生文》等，所記多師友行實，可與詩歌相參證，而"傳"中尤多爲"寇難"中死難的節婦烈士寫照者，可見作者乃深於情而重乎義者也。

何德潤《烟月山房詩集　烟月山房文集》現存鈔本藏武義縣圖書館，黄靈庚、陶誠華主編《重修金華叢書》據以影印，兹據以點校。

何德潤詩文多有散佚，在整理過程中，編者留意相關宗譜文獻，輯得何氏詩文若干，作爲"補遺"，附於此集之後。

烟月山房詩集目録

武義何德潤君慎

卷四 光緒庚辰、辛巳、壬午、癸未

古近體詩百首

卷五　光緒甲申、乙酉

古近體詩百十三首

卷六 光緒丙戌、丁亥
古近體詩八十三首

卷七　光緒戊子、己丑、庚寅
古近體詩八十一首

合六百二十九首　辛卯初夏芰亭自訂

烟月山房詩集卷一

咸豐己未、庚申、辛酉　同治壬戌、癸亥、甲子

南　湖　讀　書

門前平遠山，屋後瀁洄水。庭竹栽修篁，清風偶然起。主人居其中，明窗兼净几。塵務謝閉關，良朋迎倒屣。酒熟糟床注，茶烹石鼎裏。證心論古人，各各求其是。久之神與游，自覺不可已。

讀《浮園詩集》

萬古清芬挹，奇香發菊山。坐中名士集，襟上酒痕斑。品軼風塵外，詩留宇宙間。烟花三月路，勝事孰追攀。

何人堪學步，嬌女却能詩。廣大白居易，風流杜牧之。一壺生足樂，八座世奚知。不受崇高累，清狂亦我師。

鞏山堂先生故居

步自泉溪外，言尋古哲居。人來南渡後，學出北方初。金柱追游屐，明招緬讀書。只今瞻仰處，道氣藹鄉閭。

遺集今何在，伊人不可逢。水香花繞岸，山静寺鳴鐘。百里徵文獻，群儒奉瞀宗。裴回空巷畔，昨斷白雲封。

和朱荇舫先生武林夜泊原韵 名有章，麗水人

夜静魚龍浪拍天，行舟繫在緑陰邊。春風十里明湖水，皓月三更故吏船。宇宙無端騰殺氣，江鄉何處可安眠。他時應有王郎到，且掉輕航獨自旋。王郎，其婿也。荇舫艤舟覓之，聞警而還。

聞　警

昏黑城門闢，啾啾烏夜啼。警烽天地裂，積雨山河低。唳鶴兼談虎，方東倐到西。熟溪清不極，斗覺沸污泥。

觀　奔

本是驚弓鳥，奚堪矰繳來。家移雞犬盡，路失耄倪哀。大雨連朝注，空城徹夜開。劇憐鶯燕侶，斂翼傍山隈。

喜伯父脱賊歸

策蹇循歸道，遙聞背後呼。如云吾伯至，俟仗爾躬扶。頓使疑心起，何如泪眼枯。相看同感泣，辛苦賊中無。

賊内良辛苦，幽囚兩月中。辛酉四月廿三日陷賊，六月廿一日脱歸。血悲埋地碧，火起滿城紅。咫尺家猶近，天涯路未通。縋垣身一躍，始得脱樊籠。

死去原安命，生還轉自危。親朋争問慰，老病嘆衰遲。大造扶君子，中興見盛時。欣欣言不盡，訴與兔毫知。

閨　詞

儂家世守翰墨香，儂貌灼灼生容光。十三學梳蟬鬢薄，十五學畫蛾眉長。倩影幾曾離保姆，玉質終日居蘭房。時變事違風塵苦，避近相逢避不遑。胡乃深深前致意，贈儂竟以雙玉璫。紅豆寄情鶯與燕，緑綺奏曲鳳求凰。投梭隣女能折齒，有夫羅敷自采桑。章臺攀柳君家婦，金門待詔儂家郎。不字之貞惟待字，擲君玉璫還君筐。

得王柳堂夫子音問

客到夜方中，一函音問通。青燈知我喜，格外綴花紅。

玩月寄雲山兄 名尤

秋老天如鏡，清光逗竹籬。遥憐君寂寞，月下立多時。

答雲山兄近況

李膺莫接也登龍，余居龍門山。踏破征鞿山萬重。阿嬭未衰能健飯，瘦妻因亂不修容。存亡人命危朝露，戰鬪營壘燿夕烽。争似君居深谷穩，桃源無路白雲封。

答童蓮塘先生感懷原韻

索居幸有德音聞，漱露高吟絶俗氛。别燕經秋都作客，征鴻何

47

日更同群。飄零念攬風前葉，契闊神馳嶺上雲。但願諸軍時報捷，準堪晤語盡紛紜。

晚 過 王 思 灘

日落灘聲泛，人稀客路長。遍村無吠犬，何處是安鄉。晚氣蒸禾綠，餘暉掠岸黃。中流舟一葉，偷渡正倉皇。

山　棲

草草山坪上，誅茅小築成。望雲歸葛塔，聽雨到蕉坑。葛塔、蕉坑，皆地名。家以貧而樂，人從死裏生。問天天不語，何日可休兵。

移　寓

風塵僕僕不遑居，行李一肩半是書。宇宙窮途投足了，東南群盜落毛如。誰家新客非賒米，到處租房盡典裾。但得少安謀息轍，未妨天地一蘧廬。

歸途苦 時有脱賊歸者，爲余談行路之難，因作此并下首。

籠鳥思本枝，逸獸返故林。矧余本良士，安忍棄此心。用計甌脱歸，間道歷嶮岑。月黑豺虎出，澗水流哀音。哀音一何苦，乍聽淚如雨。忽逢將軍者，面縛跽幕府。問訊非交通，乃得免鼙鼓。既出其和門，鄉勇逢村塢。云是賊中人，反接繫上樹。一摑一血痕，乞命惟呼父。萬一獲殘生，如魚脱罔罟。沿丐向窮黎，舉足皆焦土。□□何處村，鬼火亂平原。夜來啼與哭，游魂自煩冤。他鄉已如此，故鄉尚何言。行行近故里，悲喜瞻柴門。幸將污穢洗，自覺故我存。嗚呼行路難，不知幾晨昏。

到 家 嘆

脱賊方歸家，無家何處歸。老母骨已朽，生妻去空闈。昔年隣比屋，經亂居人稀。狐狸游空巷，藤蔓絡破扉。突來一老叟，身穿百結衣。向余問游子，痛余寒與飢。余亦哀其老，雙泪對面揮。借問亡母隴，傍人指石磯。赤足跽抔土，罪矣缺甘肥。不見一烏哺，但見群烏飛。在賊思還家，到家萬事非。安用生亂世，長歌懷采薇。

吊諸生陳常父子

曲湖波沸魚龍驚，栅列長堤背水營。八日相持互勝負，一家自靖勵忠貞。染營曲湖，自四月廿三日至五月朔，爲賊攻破，死之。獻之紹父書同美，常工書法，子培桐紹其學。卞壺携兒義共成。嗚咽泉溪流恨處，老猿嘯雨激哀聲。

吊諸生徐寶光

衝天義憤恨難平，拋却琴書事甲兵。漫道泰山危累卵，祇憑赤手掣長鯨。腐儒休笑馬前死，國士難甘城下盟。一命小臣猶仗節，何人更説太輕生。

吊武生徐志忻父子

北門管鑰失嚴城，一隊東來破賊營。父子同心能守死，國家多難敢偷生。追風馬急弓弦絶，入地根盤橋梓榮。莫謂英雄難用武，澤宮端的表威名。

吊太學生包恒足

一身技擊擅專精，上國觀光擢衆英。義比陳東殲宋市，勇如狼瞫入秦營。丈夫不畏摧胸死，志士終慚屈膝生。千載定傳包老字，謂曾抗敵没南城。

吊屯丁何老高

通都大邑豎旛降，祇剩山氓赴戰場。妻子一空塵外累，狐虺雙死馬前僵。健兒自負渾身膽，毒手誰攖半段槍。多少搢紳皆瑟縮，休談此事等尋常。
夙昔專精善火攻，時艱幹濟奮從戎。共稱白額曾擒虎，獨矢丹心欲搏熊。賈勇早招強敵忌，遺言尚勗後人忠。鼇峰塔下英魂在，碧血霜林染古楓。高無妻子，有勇力，壯時曾殪一虎。拒賊於鼇峰塔下，發火槍，必貫兩賊。爲飛鉛傷顱而死。〔死〕之時囑諸勇勿降，其義勇如此。

過 仙 景 橋

笠結夫須戴首輕，沿溪細草伴人行。微雨纔霑山翠濕，好風旋向稻花生。潆洄湍水魚成隊，陰翳高槐鳥自鳴。天許吾曹非附熱，故將雲氣掩新晴。

喜徐奪標脱賊 名錦

嚶嚶喜雀傍檐鳴，報道伊人出賊營。中允不忘唐社稷，蘇卿已

返漢邊城。紅顔少婦憐夫瘦,白髮慈親仗爾生。我也忝居知己列,
迎門一笑愜幽情。

宿陳玉環女士故居 有序

　　女士聰慧能詩,與余母家有中表親。余十齡隨母歸寧,女
士亦至焉,兩小無猜,分案學書,翦紙、交綫,靡不共之。先君
子爲余繫紅絲之盟,未幾,卒,年僅十六。其家以繡枕遺余,有
句云:"偎暖春風面,橫波秋水眸。"則自作詩也。今六七年矣,
避亂移家,適宿其居,憮然成咏。

玉環一缺不重圓,芳訊無端繞紫烟。青鳥雖靈疇遣使,碧雲有
路自通天。幾番秋草榮枯換,半放春花萎落憐。明月一簾纖影上,
依稀猶似黛眉妍。

依稀猶似黛眉妍,腹痛芳華二八年。錦破璇璣愁斷絶,書飛鴻
雁悵因緣。轉思竹馬繞床戲,記取繡鴛縫枕鮮。兵燹倉皇都不在,
朅來空復撫遺鈿。

朅來空復撫遺鈿,天女拈花已悟禪。風動簾幃聲細細,燈明鏡
匣影娟娟。本因無事翻成夢,未免多情且自眠。又是匆匆忙裏過,
玉環一缺不重圓。

賊　　退

　　皇帝二年春,月正十三日。大地回春陽,遥天開霽色。官軍乘
勝圍,駭走么麼賊。盤踞已三載,游魂稽天罰。憶當城初陷,鄉兵
攻不克。烽火環四方,蕭條無家室。矯矯青衿生,腐屍委荆棘。悼
悼諸鄉團,夜刁敲金鈸。荒原草再青,恨血埋成碧。秋柳蒙烟衰,
春花落泥泣。傷心慨風塵,不忍談忠烈。賤子遭艱虞,入山匿深

穴。中夜登頂觀，悲楚肝腸裂。鐵冷吹陰風，夜鬼叫涼月。徹曉下深巖，間道踏積雪。一步一回頭，恐人認故轍。明遠《蕪城賦》，子美《垂老別》。霎時胸臆填，欲吟還捫舌。久矣前事忘，且將灾害述。義旗建南方，飛檄盾磨墨。書生短後衣，執戈仗群力。恨無手掣鯨，獸散嗟奔北。厥後西南鄉，築營依峛岇。抗守一年餘，招降終不屈。雙坑土堡高，而余其間蠱。或爲作軍書，諜報乘馳駟。或爲紀義士，怒豎衝冠髮。或爲表貞魂，石堅竹多節。見見與聞聞，付之一枝筆。奈何積久疲，終遭其破滅。哀哉此鄉人，人力亦云竭。草廬熱赤尨，鷄豚付饕餮。呻吟老寡婦，俘囚盡倪鯗。余身如轉蓬，一任狂風掣。初居大樹下，村名。添丁稍堪悦。伯父第三子生。再徙管氏居，管宅。舊姻見收恤。三遷葛塔中，主人賢且直。姓管名兆外。顧婦謀斗酒，呼女治鮮食。小樓竹床皽，衾裯紛羅列。爲余搆蝸廬，位置龍潭窟。藉茲嵐翠青，飲茲巖泉潔。陳生何殷勤，指囷贈稻稷。太學生陳金印贈粟。健僕偷刈禾，制梃可使撻。繞田排屯丁，賊氣爲先奪。余田在南湖阪，附郭，賊騎充斥。工人李士宏領郭洞雙坑勇排列阡陌，乘夜收刈。禾分三成，一與鄉勇，一與工人，一歸田主。自嗟滯窮途，鶉衣綻百結。大母白皤皤，兒歸開腷臆。辛酉六月伯父脱賊。四旬餘慈親，辛苦不停織。上爲姑服勞，下爲兒提挈。瓶罍嗟久懸，曷以酬罔極。仲弟朝牧牛，予季宵結襪。采苦如采薇，山多苦菜，可煮食。筐盈復衣纈。雖曰非桃源，聊足藏吾拙。忽起衆蛟螭，寒潭波沸熱。賊自栝蒼來，水從龍門決。龍門嶺，自栝入邑間道。移家去匆匆，遂與龍女訣。從茲類浮萍，波流隨出没。予弟初完姻，洞天作繡闥。壬戌四月，弟合巹。樓山茅爲檐，傍野草作薝。倏南倏又西，行止無定迹。恭聞聖天子，新政敷威德。兩宮皇太后，垂簾莅金闕。籲天乞將星，早臨牛女域。庶幾睹承平，庸以安反側。否極泰運亨，官軍屯古栝。其俗好鬼神，其人善馳突。軍門林文察，領臺灣勇駐劄李村。大纛飄軍門，馬絡黃金垺。火雲亘層空，旌旂舒箕翼。莽莽李家莊，村名。虓虎聲喊叱。督辦軍中需，輸將搜秔秫。騰騰擊鼓鼙，烏烏吹篳篥。怯以蓄英鋒，勇以見大敵。滿望官威儀，收復在頃刻。此時余臥病，伏枕惟嘔泄。腹痛爲新喪，伯父卒。吞聲長嗚咽。一女僅周齡，早已棄襁褓。一女初識字，染瘧寒而慄。臨危牽娘衣，再生願依膝。下床呼耶嗁，願耶無惻惻。嗚呼天女身，化作維摩詰。寘之勿復道，瘡痍未瘳疾。念彼執殳人，赤心思報國。出營望鄉山，有家歸不得。東南待肅清，朝廷需俊傑。而我一儒生，奚須空嘆息。須臾露布宣，喜氣眉間溢。一戰使賊驚，再戰賊不出。游魚笑釜中，頭顱懸一一。夜半相駭奔，群狐一齊逸。大軍駐荒城，余亦歸蓬蓽。故園劫秦灰，營巢手据拮。痛定旋思痛，三年事詳悉。却幸叨天恩，凶中尚帶吉。丈夫刃不攖，女子身不失。轉念居深山，中宵夢怵惕。所悲殉義人，榮旌帝手敕。庶酬養士恩，留作懦夫式。尤願熊羆師，直向金陵逼。掃蕩諸妖氛，金甌圓不缺。歷遍境崎嶇，泰階平在即。

賃　　屋

不作梁鴻隱，偏於廡下宜。庭荒春去早，棟析燕來遲。失路經三載，巢林借一枝。青青牆畔草，蘇息漸紛披。

祀　　先

離亂疏時祀，言歸設影堂。遺容昇佛劫，先德裕書香。幸賸諸孫在，奚憂世業荒。中興逢聖代，永永奉烝嘗。

謁　　聖

劫後殘編在，微忱寄拜經。采芹循故沚，流水酌餘馨。大道皇王霸，斯文日月星。愚蒙邀佑啓，亘古在天靈。

迎軍官

破屋三間暫寄身，忽聞箛鼓響湖濱。麻鞵尚可朝天子，衣褐何妨說大人。官借行窩聊作座，兵游空巷也嫌貧。犒師却愧無長物，一任旌麾往復頻。

絕　糧

臘盡歲除風雪天，荒村乏酒度殘年。撐腸萬卷書空在，枵腹千家釜欲懸。儒豈神仙翻辟穀，節非寒食却無烟。固窮自分吾生事，莫爲嗟來受世憐。

乞　米

四民覺得士尤窮，寶窖都隨杵柚空。非敢希人周五秉，但教作粥號雙弓。臣如方朔飢堪笑，帖學真卿字未工。君看繁華吳市鬧，吹簫那識是豪雄。

典　田

書田那可望秋收，矧復生涯拙自謀。疏廣賜金曾未買，顏淵負郭也難留。論文偏致五窮集，割地空懷六國羞。若輩錙銖工權算，姑教放爾出人頭。

拔　釵

偏欲同謀及婦人，卿卿巧喚啓箱頻。無金賣賦空勞我，有玉搔頭且鬻鄰。割愛忍拋光照屋，銷愁却好酒沽春。從茲椎髻荆裙稱，錯認鴻妻是後身。

鬻　珠

典却貂裘搜盡奩，痴獃可賣奈人嫌。年荒粟貴珠偏賤，運蹇貧侵病又兼。隣舍女郎低估直，吾家娘子重清廉。但期堂上羹湯備，底事明璫兩鬢添。

謁　先　隴

拋離墳墓已三年，今日重來倍黯然。悲喜無端交集處，松楸陰覆白雲天。

省　曾　祖　墓

零落諸孫在，絲鈎祖業留。起家如有日，誓必服先疇。

省先伯父新攢

恩以撫孤重，生平願未酬。吞聲不成泣，隴鳥助啾啾。

省先大母新攢

滔滔白水自翻瀾，滿目藤蘿絡墓門。三載亂離曾脱劫，半生辛苦爲詒孫。養需今日原非過，平未多時已不存。猶憶床前諄囑際，空囊破釜幾晨昏。

無食可謀況藥鑪，刀圭半匕入唇無。東隣鬻産嫌田下，中夜啜糜嗟粒麤。如此艱荒真益病，奈何天地不憐孤。至今白蝶錢飛紙，寂寞音容那處呼。

亂後歸家白日鬼哭各村皆設盂蘭盆會余村貧無力飯僧乃設祭於路用慰冤魂并告以詩

明月一輪升，陰風冷於冰。有物啾啾叫，頻呼不一應。出門看落葉，歷亂飛秋螣。毋乃諸冤魂，長空有所憑。人生與人死，途异理同徵。薄言酌杯酒，揭諦詩代僧。卓哉殉難者，義旗建高陵。攻城比虓虎，逐賊如揚鷹。云何天不佑，孔隙爲賊乘。頭可將軍斷，血爲侍中凝。閨閣標貞操，白璧非污蠅。空梁懸錦帶，流水沈瀰澂。更或詈狂賊，刀飛身裂繒。男忠偕女義，正氣半天凌。旌書下故里，春秋永嘗烝。死而得其所，勝於生者能。瑜珈開佛國，上乘此宜登。其次爲平民，坐守産之恒。斗然狂氛起，寸衷寒戰兢。游魚思脱罟，驚鳥偏逢矰。嗟爾血污者，茫茫歸未曾。彭殤同息瞬，蜉蝣笑鯤鵬。神仙尸亦解，圓寂佛長薨。矧復兵戈亂，尊官歿行媵。返真歸大化，慎勿徒悲憎。外此被戮辱，等諸無譏鄲。假威恣淫掠，恃勢何驕矜。鼕鼓軍門裏，神火中射堋。强梁或爲厲，取用多精宏。咄咄若輩死，固亦分所應。天誅示王法，幽明共創懲。死悟本來性，當載出彪薆。嗚呼賢與否，代汝一一稱。墨波灑甘露，筆花綴香燈。儒書得解脱，似比梵經勝。恒河沙世界，極樂同超昇。鬼車駕鬼馬，幽冥聽挽軡。海島居羅刹，仙醪釀如澠。酆都聚夜叉，赤髮披髤鬙。燒汝一束錘，汝往其得朋。毋爲兹墟擾，求食戀豆登。不然東海東，神荼下崚嶒。不然南天南，雷鼓擊鼕鼕。六丁與六甲，劍戟莽飛騰。風霆一齊到，魂魄皆摧崩。行矣如律令，趁此月半稜。

狗　　熊

有熊有熊形似狗，眈眈白日官街走。噬人狒狒跳出林，吮血狉狉據在阜。初猶乘月藏荒畦，漸且嘯風窺户牖。大者如馬小如羊，披髮長嘷獅子吼。毛腥蹄快磨齒牙，赤子無辜充其口。天生此物何爲乎，使獸食人阿誰咎。獬豸老詿不敢言，麒麟大聖多仁厚。兵燹孑遺餘周黎，轉使戾氣鍾林藪。皇帝中興驪虞來，洗盡龍城殄九醜。猛虎渡河非偶然，德化端歸九江守。

挽漢傑兄 光佐

昔年不死龍門峰，避亂龍門山，五日不食。今日真成韋布終。福澤隨人良有數，文章憎命却能窮。青春寡婦顔如雪，黄口孤雛哭向風。遥望邙山蓬顆裏，那知埋没幾英雄。

挽　雲　山　兄

噫吁嘻呼，哀哉！巫陽下招修文之士上鈞天，赤脚仙人持絳節，紅塵渺渺一去年萬千。憶君生存日，壯志凌紫烟。銀河滌腸胃，雲錦襄瑶篇。浮丘之袖洪厓肩，上元寶笈皆陳編。宜乎升皇路，霓裳舞羽紛蹁躚。而何還丹未九轉，蒼龍白虎徒流鉛。噫吁嘻呼，哀哉！天若有情，兩世孤寡胡不相矜憐！君母冰霜質，矢志在青年。藉君爲立後，如何早游仙！君性本伉直，規戒出天然。忽焉歿矣，誰糾余愆？噫嘻！吾欲排閶風，叫閶闔，遍乞慧業文人伸脚插破火中蓮！

烟月山房詩集卷二

同治乙丑、丙寅、丁卯、戊辰、己巳、庚午、辛未、壬申

慈母五十生朝

維竹之貞，經冬而春。淑人之守，君子之身。　　維松之茂，虯龍其枝。君子之德，淑人之儀。　　維此暮春，介我春酒。天錫遐齡，而康而壽。　　溶溶湖水，其平如井。潭潭清門，晝長春永。　　穆穆北堂，言酌霞觴。願福無方，而壽無疆。

又七律一首

紅旭瞳曨照北堂，桐華判作壽華香。兵戈幸遂如天福，菽水歡承愛日長。節勵半生人漸老，家持五秩境粗康。但期歲戲臨茲會，頻挹春醪慶奉觴。

送羅雨樵明府 子森

滿縣栽花各向榮，蟠桃仙李擁前旌。地霑春雨三年渥，人挹和風兩袖清。下邑凋零需錦製，不才落拓及青晴。幾回欲繫公家馬，忍聽驪歌又送行。

游 子 吟

　　游踪何落落，臨別又依依。豈爲詩書誤，翻教定省稀。家貧欣
母健，膳早囑妻飢。轉恐親憐我，頻頻説早歸。

烏龍嶺古壘

　　　即燕山嶺。前明剿栝寇於此，改名烏龍嶺。今壘石猶存。

　　落日群峰迴，蕭蕭古戰場。疑兵空草木，歷劫幾滄桑。風雨聲
嘶馬，藤蘿影卧槍。斷殘山頂石，俯瞰水湯湯。

都 司 廟

　　　近孝里一里許，祀明陶忠烈、脱指揮、周千户，亦曰三忠廟。

　　西流十里水幽深，古迹都司尚可尋。太叔未舒平盜志，伏波竟
慰裹屍心。月明燐火嘷山鬼，風動靈旗下野禽。欲覓當年埋碧處，
松杉覆屋緑成陰。

　　近來又見寇烽紅，感慨時艱异世同。地下芳隣偕兩美，謂王孝子、
俞烈婦。門前古額表三忠。沉埋荒隴殘戈在，耕者往往得殘戟。芘彧
秋禾戰馬空。獨有英靈長不泯，奇香忽發土花中。田土時作硫黄氣。

胡 蝶 山

　　胡蝶山前胡蝶飛，胡蝶山下行人歸。行人駐馬頻回首，劍氣衝
天罩翠微。劍光電，仇讎死，仇死仇悲父定喜。不殘朽骨惜餘生，
碎首公庭兒死矣。嶙峋山石白如霜，至今過者瞻輝光。我來正逢

春日暮，無數胡蝶紛飛揚。澄潔羊塘水可掬，蒼青鶯嶺花猶馥。草色已迷誅仇區，啼鵑如聞孤兒哭。山畔綽楔標雲間，我欲去時馬又還。胡蝶亦如人眷戀，飛來飛去飛滿山。

里 蘭 橋

誰繼成梁者？黿鼉駕已空。斜陽山色外，亂石水聲中。花岸停征轡，春流悵斷虹。却憑忠信意，厲揭試波風。

俞 川 即 事

我豈爲師好，人因文字緣。山深雲氣厚，草秀露華鮮。流水交雙潤，生涯寄一氊。却慚新作客，萬事懶居前。

山 行

嵐烟豁盡午曦紅，睍睆春禽語谷中。行到雲深山欲阻，小橋流水又相通。

柬 人 借 書

聞説曹倉富，荆州恨見遲。敢云開眼界，亦欲牖心思。行秘分餘笈，空囊缺一瓶。濟陽有江禄，愛護想無疑。

歲暮爲索債人所迫

無疑難使鬼，煮字或忘飢。風雪漫天候，親朋窘我時。固窮應落拓,下策任凌欺。更展來年限,瓜生可及期。

姻家有惑婦言而乖倫理者拈此示之
每首句引古樂府語

烏生八九子,子多不相識。黃口勞母哺,大觜争母食。已稱群
烏心,猶竭老烏血。願兒羽毛豐,飛鳴各自適。反哺不可期,猶望
戢其翼。

青青園中葵,衛足蔽朝曦。太陽雖云烈,不見枯根枝。下有灌
溉力,上有雨露滋。刈葵莫傷本,煮豆莫然其。自來同根生,一氣
盛與衰。

日出東南隅,照耀綺窗中。綺窗明如鏡,旭影入檻紅。静聽聲
亂叫,啾啾寂群雄。宴息一以深,脅制遂無窮。伊誰主家政,試問
祝鷄翁。

雙　玉　巖

屹起西方氣象雄,何年鑿破玉玲瓏。月流瓊宇雙扉白,日射天
門四扇紅。下界川原鋪廣漠,上方鐘磬落遥空。游鳧飛到最高處,
咳唾聲疑帝座通。

雙巖燒香竹枝詞

年來許願欲燒香,恰值秋天一味涼。未識老姑同去否,探詢預
囑小姑娘。

孤虚王相揀良時,説與東鄰處子知。相約明朝須早早,高燒銀
燭畫雙眉。

鵝黃襖子布裙紅,搖曳金蓮怯曉風。徑滑難行偏迫促,回頭嬌詈小奚童。

氤氳寶鴨看香添,擲罷盃玟又掣籤。索解有人言不得,羞紅隱暈上眉尖。

宛若西方自在身,珊珊環珮出風塵。小姑怕説歸期近,偏羨仙姝不字人。

聞説泥丸蜕骨封,大家都去認仙踪。心頭記嫁官人好,驀到西廊去擊鐘。

結隊香雲下晚山,林梢新月上眉彎。歸來取酒斟夫婿,説是名山求子還。

金 公 巖

昔作桃源隱,今披蕙蒕叢。飛橋懸縹紗,天闕啓凌空。巖溅晴疑雨,山坳絶復通。香鱸如衛士,側立洞門東。石徑難容足,捫蘿踏綠苔。風搖山木吼,霧捲洞天開。潒水清堪掬,籬牆缺欲隤。昇平猶未久,但願莫重來。

方巖燒香竹枝詞

會龍橋下却香車,簇玉搖珠破嶺霞。倦倚闌干思小住,倩郎整理鬢邊花。

神前細語祝喃喃,抅地湘裙六幅藍。忽憶心頭無限事,幾回欲訴又糊含。

漫山晴日弄花陰,洞府門前斂拜深。萬朵蓮花呈妙相,幾生修得到觀音。

飄如仙子下遥空,一角斜陽掠面紅。買得新花時樣巧,歸來分朵與隣東。

紀　夢 有序

　　丁卯正月十四日，夢侍先君子游瓊樓玉闕，萬花圍繞。先
君子曰："此芙蓉城也。"醒而异之，紀以詩。

　　少孤久矣渺音容，誰料魂歸午夜鐘。世外鯉庭趨杖履，空中雉
堞幻芙蓉。花香醒後猶疑染，仙境人間未易逢。起視影堂仍寂寞，
欲親謦欬竟奚從。

望　　雲

　　明發無情思，登樓望白雲。八口飢寒迫，孤身意緒紛。草細含
春長，烏雛傍母欣。何當依膝下，目斷遠山曛。

夕次義烏縣

　　日落長天晚，城頭望遠墟。青巖冥霧靄，繡水隱芙蕖。南渡忠
言在，先秦孝感餘。流風應未艾，吊古一歔欷。

口　占

　　不嫁浮雲婿，焉知別况真。慚余常作客，賴汝耐安貧。紅葉津
頭樹，梅花驛畔人。思隨新月上，夜夜滿冰輪。

染　紅　詞

　　一畦翠草曉風香，采采春閨執懿筐。只許佳人親手摘，花如儂

面却羞郎。

碾磴層層子細研，微芳兩袖動蹁躚。不知幾費閨中力，才得風容色澤鮮。

幾番搓捻碎叢葩，咬出丹漿分外嘉。淡拌烏梅濃拌水，不濃不淡比桃花。

日暖芳園綽約姿，秋千架上曬晴曦。高懸累幅濃陰畔，彷彿彤雲天半垂。

姑老蹣跚背鞠躬，不隨新婦喜穿紅。算來還是頭繩好，添些朱絲椎髻中。

纔轉鵝黃又淺緋，慵酸兩腕倚簾幃。回頭笑向小姑説，輸爾來年作嫁衣。

染 綠 詞

促織長鳴下錦機，秋風懍洌入簾幃。倩郎廣取綠柴料，九月關心應授衣。

手持刀斸漫相猜，先刮絲絲木屑來。今夜浸沉教浹洽，明朝攤破故園苔。

鏡臺未暇早梳妝，凍綠還宜趁曉霜。幾度摩抄顏色好，還添綵綫兩三行。

反覆紛披玉手寒，草頭零露未曾乾。小姑牽袖呼阿嬭，也把花巾試染看。

燕尾溪流淺水濱，一回淘洗一回新。爲郎裁作合歡被，莫作長途襆被人。

齊紈蜀錦不須誇，一掬清波萬縷麻。儘有綺羅生未解，蓬門只此已繁華。

哭王柳堂師

　　鳴陽樓，鐘聲悲。鐘聲何所悲？悲處是吾師。散灘頭，水聲凄。水聲何所凄？凄處是吾思。夫子行誼高且古，仙骨未許流俗知。或腐或迂或書癡，本來妬極翻嘲譏。至於真意感雅俗，無愚無智同推之。乃識吾人有定論，正在蓋棺身歿時。請看今日訃音達，譽者嗟嘆毀者疑。嗚呼！胡天不相假，驊騮中道難驅馳。重陽風雨何凄其，斷琴故劍垂空帷。識與不識皆涕洟，而況小子懷恩私。

挽湯應濤 松

　　昨夜夢君來，黯然若言別。曉起方疑慮，訃音已哽噎。嗚呼我與君，從茲真永訣。君年兩倍余，下交節嘗折。以我作項斯，到處逢人說。自謂得知心，晚年堪怡悦。同客宣慈鄉，行邁歷霜雪。扶筇游洞天，西山景共閲。君生不諧俗，無人與交結。獨於我忻忻，譽爲後來傑。聯床論新詩，青燈三更徹。恍若目前事，念之肝腸裂。君壽登古稀，月圓終有缺。顧我獨凄凉，魂夢更迷迭。揮涕抒哀情，臨風當一醱。

悼俞合志 士心

　　秋雨何酸辛，秋風入幕頻。那知長別恨，轉在少年人。道合師生契，仙游夢幻因。遺文不堪覽，一覽涕沾巾。

田　家

　　中禾猶未刈，早禾先已黃。今年雨水足，到處慶豐穰。門前綠陰茂,童童數株桑。雌雞伏雛小,喔喔啄籬旁。鐮刀磨新月,荷擔趁夕陽。田頭收十斛,比户計千倉。下以養父母,上以完秋糧。

秋糧方待納,有吏持符行。符上書欠户,一一田夫名。群雞飛上樹,隣犬亂聞聲。田夫旁舍匿,田婦當門迎。曰儂聞舊例,六月早停征。吏曰咄阿嫂,追捕等用兵。搢紳尚縲紲,而況汝柴荆。吏言未及己,田婦神魂驚。剥兒身上衣,鬻錢賂狰獰。奪女口中食,治具作湯羹。吏去田夫入,相對泣寒蛬。

夫婦不須泣,輸將當早完。催科官府事,豈爲貧家寬。況逢歲豐穰,婦子有餘歡。秔香炊玉粒,薦新報社壇。其次供宗祖,餘以充饔餐。豐年多飽煗,睡夢亦得安。夢中迎循吏,竹馬同瞻觀。

雨

一樣長宵雨,深閨聽最清。喚將兒女話,説着旅人征。衾冷難成夢,房空倍有聲。此時行客館,也自攪離情。

到　　家

行過下楊驛,直指里蘭橋。穩泛湖波淥,方舟蕩短橈。
隨身具雨蓋,擔背負詩囊。入室詢慈母,平安拜北堂。
供養阿婦早,索果女兒癡。暫慰今飢渴,渾忘古別離。

歲暮即事

惟稱妙手故空空,書味療飢氣自雄。縱是年來頻大有,硯田無歉也無豐。

剥啄叩門去復來,雁行債主立蒼苔。劇憐净几明窗下,惹得多人坐不回。

　　左支右絀費經營，來往空煩兩送迎。自笑身非陳後主，無愁天子閉愁城。

　　儒冠不誤自昂藏，劍氣難同銀氣香。安得雨錢遍天下，普教寒士盡眉揚。

咏　史

　　馬謖失機思先帝，舉山既反祭張齡。臨危始覺良謀驗，只是當時如不聽。

　　榻下趙王垓下身，一般兒女兩酸辛。劇憐日後爲人彘，不及騅前虞美人。

　　藍玉臨刑善長老，景隆小子失兵機。何如留取老成將，彈壓金陵燕子飛。

　　前明將帥惟知撫，南宋君臣只議和。遂使中原陸沉盡，不堪憑吊舊山河。

　　並建親賢變舊章，長卿未免由貲郎。自從納粟秦廷始，錢入西園有濫觴。

勸　內

　　劇憐一摘悵瓜疇，萱佩宜男未解憂。我本無才何致忌，卿緣多病莫兼愁。覺來前事都如夢，拭過啼痕且自休。東閣官梅終結子，離離行復綴枝頭。

酬潘蓉軒 祖厚

　　丰姿真濯柳，静直更如蓮。蒼嶺推名輩，黃門美少年。詩催新雨後，客到午風前。語及台山勝，神游百丈巔。

台山諸咏

步雲梯

濛濛香霧罩花蹊，穿破烟霞路不迷。足下風雲雙鳥繞，頭回霄漢萬山低。何人藥熟登仙去，有客懷同步履齊。漫道距天纔咫尺，想應平地起丹梯。

來翠亭

四圍屏嶂盡空冥，位置乾坤一草亭。屋角禽來穿樹綠，嶺頭客去映衫青。蔚藍面面高垂幕，巖翠陰陰半入櫺。貪得上方多景致，扶筇小憩不曾停。

雙樹門

不知闔闢幾乾坤，石作高墉竹作藩。雨露平分新綽楔，風霆對鎖古靈根。曾經鳳集非題字，何事僧敲始閉門。自有叢神司管鑰，朝陽破曉月黃昏。

伏虎石

不見當年一隻虎，但看者箇一拳石。長風嘯谷寂青林，落月空山留白額。没羽精誠技入神，贈田好事人遺迹。世間多少視眈眈，擬起禪師詢秘策。

天然池

巖隈一掬浸詩脾，活潑源頭已在兹。底事甘霖增石乳，自然明月照瑤池。水原似智非關鑿，性不猶湍莫便移。人力無庸天巧見，觀瀾別有會心時。

挂榜巖

巨靈撐掌捧瑤函，鳥篆隃糜淡不鐫。評定洞天誰甲乙，分明福

地考仙凡。入林風馬千門走，出谷雲一品銜①。龍虎飛騰懷際會，
漫將抱負老廊巖。

懸　鏡　屏

天然金屋啓巖櫺，鼓鑄洪鑪闢五丁。閱世興亡山骨在，因人好
醜客心惺。芙蓉春月妝娥素，草樹秋霜拭女青。到此炎涼態都盡，
石交誰與訂忘形。

顯　聖　巖

聞説當年挂衲衫，行游跨虎下高巖。峰從靈鷲飛時幻，影向摩
師面處巉。想像袈裟披薜荔，依稀錫杖卓松杉。本來色相空皆了，
却着鴻痕在俗凡。

卓　錫　泉

何年飛錫下雲邊，陡覺心源月印川。法界應滋三昧水，空山恍
出百重泉。不須名將佩刀刺，只在高僧挂杖穿。我欲煎茶談古迹，
何當汲取露華鮮。

翻　經　石

誦罷楞嚴滿殿香，點頭猶自説苔廊。能言或記傳燈録，下拜應
參象教王。蝸篆成文疑卍字，雨風難壞是剛②。如今石畔商颷起，
恍惚梵音出佛堂。

盂　鉢　峰

炭借陰陽銅萬物，憑空鑄出一盤盂。晨敲石佛風如棒，夜募天
厨露似珠。山谷何曾需飯顆，古今若箇是傳徒。只堪捧住仙人掌，
法食闍黎施到無。

接　引　松

深山不解逢迎事，古樹非因俗客緣。但看成陰移夏社，直教接

①　此句疑脱一字。
②　此句疑脱一字。

引到西天。四圍老幹招提外，萬壑濤聲覺路前。且與高僧依蔭坐，偶談名理异參禪。

羅漢松

奇植疑來西竺中，阿羅十八尚遺踪。盤根劫歷塵根斷，香葉陰分貝葉濃。有子都堪成佛果，本心自是悦禪宗。孫枝也傍菩提樹，不羨秦皇爵級封。

牧 牛 詞

牧牛兒，何辛苦！朝朝暮暮牽群牛，歷盡山林芳草塢。老牸崛強難着鞭，新犢破犁懶耕田。不鞭牛，牛輒走，蹂躪禾稼如齕草。一鞭牛，牛穷鳴，主人嘖嘖聞嘆聲。鞭與不鞭兩未得，牧子仰天長太息，人生艱難是寄食。

望 雨 謡

望雨雨欲來，南山殷殷遥聞雷。望雨雨不至，時有掣電從空起。信如農夫言，大旱年歲多雨意。官望雨，仰青天，朝夕焚香壇墠前。吏望雨，目微偏，勉强從人瞻雲烟。商賈望雨還可憐，忖度斗米值幾錢。惟有田父望欲哭，一家性命懸五穀。四月早耀新，即使登場已果他人腹，況乎醫瘠又無肉。噫吁嘻乎！上帝非不仁，豈無膏澤霑郊闉？雨師驕惰龍師慫，無由慰藉諸窮民。

和王薪齋韵 建中

山 蘭

巖壑無人也自華，蘭亭記借作王家。山高故自消凡艷，香老偏能發异花。樵徑雲深誰贈佩,洞天春到獨抽芽。幾回尋向翠微裏,不遇同心不着葩。

水　竹

性本通方質喜圓,前身尚記出山邊。曾棲老鳳留佳客,似化游龍浴細漣。大節奚愁隨水逝,清流却結此君緣。只因誤灑湘妃泪,惹得詩人憶麗娟。

和王薪齋徐敬亭雙巖詩 徐名增熙

名山與詩人,冥搜恣所適。巍然雙玉巖,仙境塵凡隔。夏屋大渠渠,氣象涵千百。我曩游其中,秋陽減炎赫。欲盡峰巒奇,奈爲長途役。石壁懶留題,山靈應我惜。今誦琅玕篇,頓覺煩襟釋。徐君金閨彦,王丈餐霞客。結交素心人,脱略無形迹。斗然發清興,同尋幾兩屐。西成熟禾积,芃彧覆阡陌。恰好乘晚涼,清陰落古石。行行重行行,新月林梢白。林生何殷勤,甕酒謀永夕。朝發白姆村,漸入漸逼窄。諸洞空山腰,佛像輝金碧。踏蘚兼捫蘿,搜出烟霞窟。洞既名雙玉,詩尤稱合璧。韵事羨君新,舊游愧我癖。我游與君殊,危巔升百尺。但領其大略,餘情皆棄擲。何如公等游,從容無促迫。摩抄讀古碑,携茶飲瓊液。有如荆與關,攬勝入畫册。和章聊博粲,聯吟助悦懌。擱筆憶洞天,松花飛几席。

古　意

莽莽長干上,游絲復飛絮。絲絮相糾纏,難繫客帆去。
竟夕不成寐,忽夢到漁陽。曉鐘警夢破,依舊冷牙床。
偶取瑶琴彈,聲聲斷復續。豈無弦外音,難盡心中曲。
旭日纔東升,明月又西圓。却怪女媧氏,不補離恨天。

辛未除夕慈母房中燈花盛開

三十餘年玉不瑕，貞心比燭更光華。看今綴玉釵頭上，預卜聖朝旌節花。

高爇銀釭度歲華，多同好語道家家。金蓮炬結仙芝樣，判作蘐闈福壽花。

直到更深影愈嘉，東皇有意報吾家。來年上苑春風度，好囑兒郎去折花。

却 金 亭

不見廉明吏，亭空夕照侵。臣心盟白水，父老謝黄金。春日桑麻茂，東郊樹木陰。損人肥己語，嘆息到如今。

蠟 屐 亭

阮客清游遍，高踪此地經。苔留雙屐緑，山帶六朝青。荒址無人覓，幽花自在馨。我曾携一緉，也欲踏巖扃。

金 貂 亭

志已忘天下，奚須冠服留。有司曾奏劾，長醉自銷愁。山作糟丘老，雲疑酒氣浮。插貂江左滿，果否建勳猷。

朱 吕 講 院

白鹿書移麗澤停，天開勝境聚群英。一山攬盡東南秀，二子端因孔孟生。化雨滴階滋瑞草，春風滿谷語流鶯。後人未解尊崇意，提擧句當説不清。二賢栗主題官階未當，不如稱謚稱子。

此邦文獻溯遺踪，菜舍丁辰祭祀隆。山下清泉流活潑，祠前文筆卓高空。著書非落言詮迹，講學不争門户雄。幾欲執鞭從未得，低回悵望白雲東。

玩 珠 山

黄帝升天騎髯龍，頷前珠墮懸高空。離朱已老象罔死，無人采捕還天宫。罡風吹下化山石，峙作明招山前峰。群壑蜿蜒争攫拏，戲玩上清璧與琼。夔舞龍飛趨剧吷，鳳翥鸞翔撲嵸嵘。東萊夫子朅然至，靈珠手握開群蒙。誅茅建亭於其上，徵詩首及弟子豐。高軒過處紫陽到，文昌寶麗天南東。爾時天若別境界，騰輝凝采蘭桂叢。雪巘夜光明月白，雲車乘照曦馭紅。講堂叅攷巾箱書，記事都藏石室中。今來數過五百歲，圓明無滯玉玲瓏。亭址就荒芳躅在，山輝川媚氣熊熊。偶然乘興一登陟，徑寸心源若可通。自笑還珠徒買櫝，經年篆刻嗤雕蟲。吟詩慚愧投瓦礫，辜負此山主人翁。

和王薪齋游明招原韵

兩代名流共一山，高風千古有誰攀。泉聲嵐影空濛裏，酒趣書香想象間。客坐禪床聊習静，僧歸隴畝却無閒。願君老健長如此，準備芒鞵再踏還。

午睡間夢與王薪齋鍾春華登白陽山賦詩覺來僅記碧落風聲一聯因足成之

豈緣好句覓西堂，結習詩魔想未忘。碧落風聲摇日影，白溪水色漾山光。夢魂猶自聯同志，清興何因合异方。時春華館仁村，距二十里。胡蝶蒙莊鹿列子，寓言始信不荒唐。

八　咏　樓

溪流燕尾繞城奔，城上高樓凌紫閣。八咏文章終古在，六朝太守幾人存。山含宿雨迷前浦，樹帶歸雲擁遠村。當日風徽今已往，模糊詩刻斷碑捫。

烟月山房詩集卷三

光緒乙亥、丙子、丁丑、戊寅、己卯

宿佑人先生故居 諱元啓

昔年鴻博老詞壇，今見文孫亦足歡。十里春風山郭暖，一庭舊雨酒杯寬。展圖空對先型拜，秉燭頻搜遺集看。有錄亢宗傳手澤，披吟漏盡五更殘。

讀　史

偏鍾王氣歷多年，割據神州半壁天。五代公卿多習武，六朝儒學雜談玄。中邦最好平淮策，北學何妨野史傳。莽莽山河都破碎，令人撫卷一凄然。

重游俞川

青氈如故映青衫，有客天涯往復還。溪月多情頻照水，隴雲無意又歸山。漆膠舊契尋前度，桃李新陰盼此間。邃密深沉期各盡，功夫莫付與閑閑。

桂林軒吊俞渭川 廷璜

頻年向此借荆州，風雨晦明讀未休。三萬牙籤依舊在，無人更上曝書樓。

鄴架無籤勞我檢，曹倉不鑰任人開。只今轉憶當年事，花落斜陽影砌苔。

壽王薪齋丈六十

雙玉青濛濛，琪花落巖紅。孕靈毓奇傑，齒老詩逾工。今晨開綺席，觥稱紅露中。紅露村，丈所居。長歌聊侑酒，情私語至公。蓋論性情雅，大可壽者一。維俗不可醫，古人嘆痼疾。咄咄老子身，身煩心自逸。倚花亦憐香，愛酒時種秫。雅趣凝休和，爽致涵安諡。更論富詞章，丈叵壽者二。弱冠多才智，奏刀中小試。詩律細晚年，騷壇樹赤幟。爛漫皆天真，未嘗矜詞致。白傅與輞川，品格堪位置。龍女徵有信，劉隴辨有記。侃侃闢邪教，一劍誅妖魅。奇哉十一點，搜神及土地。月明緱山笙，歌吹開冥戲。龍女五事，俱見丈自著《閒雜録》中。憑仗筆如椽，録盡洞冥事。詩老多大年，矧兼胞與志。白石鹿和橋，堊牆萬名庵。當年嗟斷虹，徒駭馬驂①。百丈波濤静，七春辛苦諳。朱吳携二妙，興作功相參。萬名橋，舊名鹿和。丈偕朱城吳廷燎募工重建，并築庵，凡七年。推此援天下，斯民同苦甘。即論宏濟心，大壽宜享三。薄俗難具論，驕吝生求忮。城府藏胸中，口蜜腹多刺。丈夫殊不然，近人在平易。坐此人爭迎，在家反如寄。規戒陳直言，雖和無側媚。自謂我性辛，那知人心醉。丈和

---

① 此句疑脱一字。

人詩有"君性安和我性辛"句。即此古道交，丈壽遂及四。我年纔半丈，鮮民無恃怙。乃登逸耕堂，堂額名。姑容瞻仙姆。淑配，余再從姑。上更有老姑，健唶能齧脯。美哉三代人，融洩樂誰伍。伯康老弟兄，向平了嫁娶。坐享天倫樂，丈壽已逾五。人生良獨難，康強臚五福。病渴長卿貧，諄諄趙孟促。何如丈一身，瀟灑無拘束。登山日陟巘，論古宵篝燭。暖日弄春蘤，清風插秋菊。作戲還逢場，偏與少年逐。具此精神王，丈壽不止六。從玆七八九，期頤福消受。記否丈鬌齡，與我先君厚，至今我鄉間，説丈猶在口。豈獨兼親串，更兼父執友。今時《孝烈編》，訂正勞妙手。他年修邑乘，文獻需詩叟。況復石闌干，橋工當善後。丈事方無窮，丈年定不朽。使我到丈年，更斟千鍾酒。壽酒斟千鍾，壽並玉巖崇。巖花照酒卮，花香酒正醲。持此區區意，作詩寄郵筒。丈見當噢飯，大笑聲隆隆。當詫此狂生，道着老髯翁。

千樂齋五十徵詩即用其韵應之 爲傑

立德與立言，古人稱不朽。當使行義高，非獨年華久。我嗟時世間，蠅營而狗苟。素履誠多虧，耄耋顔尤厚。庸福豢庸人，年高孔之醜。誰與學業純，清福耐消受。懿惟老明經，胸中羅萬有。天降謫仙身，八齡萬里走。原籍河南，八歲侍父謫居邑城。生少饒聰明，經史皆上口。弱冠貢樹香，無能出其右。劉蕡雖下第，壯志奚曾負。杜牧喜談兵，屯營謁細柳。兩赴金陵大營獻策。氣豪才更雄，數奇運不偶。坐使封侯相，暫焉棲農畝。奉檄歡未騰，藿藜養慈母。且喜頭角兒，端賴持家婦。美哉原思貧，不喪其所守。偃室事非公，趨炎詎炙手。庭閒可張羅，厨儉唯唶韭。問渠何遣興，惟有詩千首。倚杵山房編，詩集名。龍虎聲吟吼。問渠何適情，惟飲千鍾酒。生不願黃金，但願呼紅友。講席名山開，理致資分剖。學易占靈蓍,寡過希无咎。皎然雕麗姿,那染紅塵垢。八月天氣清,壽星明南斗。新居僑培風,遷居培風精舍。祥飆盈户牖。諸公製錦屏,壽祝如岡阜。顧我誠不才,拔萃慚非耦。遲君廿四春,中間隔辛酉。忝爲問字人,同趨珠履後。文齡夢錫三,箕疇福衍九。恰届服官年,冷官選到否? 五十當富貴,猶早磻溪叟。定卜告身來,旦夕懸墨綬。好培天下英,上答仁聖后。事業無窮期,精神勵抖擻。榮世偕傳世,兩爲斯人壽。

題俞母王孺人小影 王薪齋妹

鬱鬱不凋松,亭亭有筠竹。桃李雖艷穠,漫山轉粗俗。婉彼閨中彦,靜嘉溫且淑。淡不御鉛華,富不矜綺縠。事姑和妯娌,佐外撫骨肉。爾來五十年,事事成邊幅。妙手能傳神,慈柔藹眉目。豈惟瞻母儀,兼以儲遐福。庶幾緑窗嬌,德容企芳躅。

題貳尹查荇橋看劍引杯小影 炳堃

精金肝膽玉精神,教埶添毫爲寫真。恰憶風林纖月句,渾疑子美是前身。

記否當年駐赤城,軍中寘酒請長纓。貳尹曾平台寇。如今漸就昇平日,潦倒尊前説斬鯨。

心事光明三尺知,豪情直擬劃蛟螭。牛刀可割無人用,想見沉酣起舞時。

丞尉一官聊宦游,梅公那可老糟丘。莫言神物沉埋盡,深夜有人看斗牛。

英雄未老奈愁何,石畔奚堪置太阿。圖中劍横石上。我亦飄蓬琴劍者,摩挲高唱醉時歌。

挽童關關

天女維摩夢幻身，左芬才思本妍新。豈緣識字無清福，不那游仙問鳳因。玉未生烟偏減色，花能解語總傷春。他年武義編詩録，閨秀應傳咏絮人。

婺城雜感

斗牛躔勝地，分野屬天孫。文定家風在，東萊講院存。士猶栖白屋，客已作朱門。儘日青氊坐，無愁也斷魂。

有客來相訪，因人亦遠游。春花香旅館，夜雨夢孤舟。詩紀紅羊劫，杯盈緑螘浮。與君同未遇，感慨一搔頭。千樂齋訪余郡寓，點定《寇難詩草》，因與之同舟回武川。

太守開詩社，詞人各建壇。高樓賡八咏，儒吏坐三官。趙太守課士於八咏樓，以金華令偕兩學博監試。技藝干名易，文書闖道難。慚非風雅士，青眼誤相看。余詩見賞太守，有風雅之目。

火雲蒸溽暑，返照逼東牆。時有薰風至，渾忘夏日長。鈔書幾脱腕，論史欲回腸。自笑趨炎客，何須覓納涼。

敦樸説吾宗，斯來邂逅逢。家四香學博見訪。塊壘須下酒，城府不生胸。世已浮華盡，君真灝氣鍾。當年曾拜母，追憶更奚從。四香今爲永康學，數年前來訪，曾謁先慈。

客感何時了，秋懷獨自深。酒如求趙璧，詩且鏤顔金。天浄雲應薄，宵長月欲沉。劇憐燈燼後，唧唧聽蟲吟。

秋老蟬初咽，庭空鳥有聲。讀書尋樂事，涉世識人情。細草隨風靡，閒花得地榮。伊惟松柏質，獨守歲寒盟。

荏苒光陰速，遲遲歲欲終。脅肩無夏病，頭腦太冬烘。漏曉窗瞻白，天寒火撥紅。年來猶故我，閑坐感飄蓬。

慣作長征客，匆匆度歲華。思親空洒淚，憐弟未宜家。雨聽清宵永，雲看白日斜。鬌眉軀七尺，底事向天涯。

聞　角

聞説天台路，潢池弄盜兵。笳吹營月落，鼓急陣雲橫。循吏誠能擢，么麼不足平。那堪三五夕，畫角起邊聲。

後　街

後街人迹少，非種滿荒區。春去花無色，巢危鳥自呼。風遺小鄒魯，世本古唐虞。誰效夷言者，應憐聖道蕪。

斐　園

俞琴舫新搆書齋，屬題。

昔游斐園中，瀰漫萬竿竹。芟刈置軒窗，惟留一半綠。問渠意云何，誅鋤毋乃酷。答言君子多，未必皆相睦。黨論交紛爭，有如朔洛蜀。用舍誠得宜，真儒無拘束。所以披清風，置此三間屋。中有書連床，時還隨意讀。讀到淇泉章，依然竹在目。

斐園今何有，生徒樂昕夕。恰與此君宜，佳士無勞覓。不然竹菁菁，無人反岑寂。讀書奚所師，師竹良已得。猗猗蘊文章，節節當修飭。雨露滋靈根，一年一度碧。新篁筍纔抽，舊幹籜已釋。新舊迭相催，韶華莫我益。寄語園中人，及時須努力。

抖晦氣竹枝詞

月正十四慶元宵，燈火輝煌粉黛嬌。但看新年月如鏡，都晦氣一時消①。

新年拜罷賀姑嫜，屈指消灾此夜當。武俗正月十三、十四、十五，僧道在各社廟梵誦，謂之消灾會。爲語東鄰新新婦，俗以新娶者爲新新婦。大家領去拜城隍。諺云：正月十四，到城隍廟抖晦氣。

晚妝欲卸又重凝，幾度出門却未曾。街市游人紛不了，情郎送我讀書燈。

人海沸騰正糾紛，弓鞵緩步未隨群。幾回惹得旁觀認，故銀燈照繡裙②。

妹妹姐姐玉不如，神前歈拜集羅裙。回頭更替小姑祝，嫁箇官人會讀書。

一般擺式一般妝，筵席鋪排列數行。古玩新花都瞧過，就中爥愛兩鴛鴦。

花陰移拂上簷楹，春夜星雲分外清。但願郎心明到底，何須向晦感儂情。

鄉村少婦重荆釵，生長不曾識到街。也向家堂香火裏，喃喃私語下庭階。

秉爥歸來月滿天，恰逢女伴袂相聯。齊聲共問羹湯事，準備明朝小過年。俗以正月十五日爲小過年。

送　窮　鬼

金錢一束爇船頭，窮士偏爲窮鬼謀。長在窮家無所藉，不如轉到富家游。

寂寞寒門車馬稀，却憐窮鬼獨相依。算來也是知心友，今日送

---

① 此句疑脱一字。
② 此句疑脱一字。

君何處歸。

佛家滿地佈黄金，石點仙翁巧更深。惟有閻羅關節絶，請君此
去結同心。

輕 薄 兒

輕薄兒，何碌碌，十斛麥初收，一卷書不讀。千場縱博揮千金，
人前猶誇金滿屋。夕宿北里朝平康，蘇蘇蓮蓮争飛觴。駝峰象白猩
唇羹，厭飫犀筯偶一嘗。別有芙蓉妙藥誇，竹几銅燈生光華。祛睡
漫云變晝草，眠香判作助情花。一年一年家風變，變在暗中渠不見。
豈獨傷財兼害身，倏忽白髮移青春。請看冬月練裙子，都是朱門狹
邪人。祖宗蓄積爲孫子，誰遺金反累爾[①]。自來驕奢出紈袴，黄金用
盡不如故。人生倚伏誠難料，天道滿盈自取惡。輕薄兒，胡不悟！

銅 君 語

銅山鑄出青銅錢，地象方兮天法圓。此物於人最有用，渠不能
言我代傳。不願入達官寶藏庫，膏脂吮膏哭一路。不願入富家床
頭下，徒爲兒孫作牛馬。所希贈與讀書人，交易常與聖賢親。購得
石渠天禄籍，問將洙泗豐嬀津。長使雙目明如鏡，不獨上口兼修
身。能修身，莫厭貧。

宗 子

古人立宗子，凡事必稟令。小宗繫大宗，宗法何其正。今人立

---

① 此句疑脱一字。

族長，以年不以德。所擧非其人，醜正而惡直。乾餱小惠祠堂開，長老叱咤聲如雷。排解漫云紓紛難，賄賂就中獲貨財。翻手作雲覆手雨，富皆左袒貧莫哀。宗祖法嚴孫子壞，族長得毋爲罪魁。我有一言告世族，立長必使詩書讀。能斷大事讀書人，可以治己方治民。與其濫，不如缺，不信請看田舍翁，事事鹵莽而滅裂。

偃 之 室

不敢謁官府，人或嗤我貧。不敢托公事，人又嫌我真。我真我貧我自適，豈誇重道能重身。君不見輕裘肥馬薦士，勢壓州縣聲名起。吞人不搖牙，咀人不擊齒。大紳一言，村氓齊止；大紳一笑，村氓齊喜。縱教退後多譏彈，那敢當前偶訾毁。此時回天兼轉日，孰料豪雄一朝失。今日太守昨故人，方知怨惡由親暱。卓哉子羽居武城，非公不至子游室。

挽俞石庭同年 諱兆麟

春雨垂垂泪欲盈，訃音未審我先驚。豈將鄉貢終韓愈，偏厄詔年嘆賈生。雙澗雲迷溪水澀，六峰月落屋梁傾。石庭居宣平俞川，地有雙溪、六峰，其堂曰六峰拱秀軒。丹旐別有傷心處，草樹凄寒鳥不鳴。

書 舍 八 咏

暮鼓晨鐘比，聽玆轆轆聲。鷄聞應起舞，魚躍可支更。逸響敲花寂，餘音夏月明。提醒黄卷士，作氣奮前程。梆聲
寶鴨氤氳處，清宵肄雅剛。一鑪司漏刻，三炷爇更香。火候青

烟認，功夫白晝償。他年携滿袖，風味此先嘗。香炷

別設龍團品，香從舌本回。人充無渴害，我待有朋來。遏惡探湯戒，詞源沸水開。甌新茶熟候，一鶴立蒼苔。茶甌

盥漱鷄鳴起，天風曉帶寒。銅匜支石徑，髤架傍花闌。薇露吟詩好，蘭湯滌慮看。作新非一日，警戒準商盤。匜架

夜伴書帷裏，長才對短檠。常輝心耿耿，久照德明明。報喜花應發，登科草欲成。致君存大志，不覺熱中情。燈檠

不脱村夫子，氍乎奈汝何。英雄能使老，坐臥總憑他。板冷趨炎少，身閒觸惱多。原來金馬客，也向此中過。氍席

是字終須惜，承筐莫棄捐。紅箋三寸貼，綠竹一籃懸。拉雜皆書氣，收藏入故編。寶罏焚未了，光燭斗奎天。字筐

尺本依書案，爲方警坐隅。雅宜君子怒，用戒小人儒。謝口嗤貧士，迎神异大巫。何當持手板，榮向玉階趨。戒尺

有　客

有客衡門敲，空齋破寂寥。倒屣迎之入，列坐俯堂坳。問客何所修，茹素無庸庖。問客何所求，求我大筆描。名山白蓮社，琉璃耀九霄。相煩爲序説，萬人庶見招。我本儒家子，禪悦异若曹。爲君下轉語，一一堪解嘲。茫茫大化中，人生一鳴蜩。名教有樂地，象教何紛囂。長生希漢武，神仙不相邀。臺城餓梁主，捨身身竟抛。彼以帝王力，尚難得逍遥。而況吾儕拙，妄念升雲軺。如君皈依佛，宜上凌扶揺。緣何無羽翼，依舊栖蓬茅。升天天無階，雷轟而風號。問佛佛無語，泥塑而木雕。非緇亦非黃，究竟徒勞焦。明明妖姬侍，却云遠蘭椒。明明畜牧具，却云屏鷺刀。得毋肆冥冥，或且飾昭昭。此語傷忠厚，此理自并包。我且爲客歌，客且聆我謡。生老病死苦，時至奚能逃。牛羊豕鷄鶩，會逢即佳肴。

房中鼓琴瑟，遠勝梵唄嘈。宗廟陳牲醴，遠勝禪酥糕。詩禮肄周孔，遠勝囌吽呶。俯仰泯愧怍，遠勝栴檀燒。恭維聖天子，王政垂律條。齋匭法無赦，如蛾赴飛熛。近年粟米賤，農夫或警警。豈以無益事，坐竭民脂膏。破君琉璃燈，付諸洪波濤。請君務本業，勿爲邪説撓。庶幾游化日，含哺頌神堯。語半客自去，窗外風颾颾。

宿 隴 山

嶺南冬温嶺北寒，一披羊裘一袷單。山下晴明山上雪，天氣轉移真奇絶。噫吁嘻乎奇哉！英英白雲出山隈。我宿隴中居士家，堂中滾滾雲似牛頭來。須臾瀰漫楹柱蔽，對面不見人，但聞人語響喧豗。渾疑置身青雲上，仙人作伴相追陪。眠雲自古寄幽興，此宵竟臥白雲堆。徹曉雲亦歸山去，山雪霏霏撥不開。其中直是雲世界，岡巒盡化金銀臺。主人爲我勸杯酒，我嘆此景未曾有。別時回望白雲多，雲迷雪積行人走。

觀 虎

有异虎至俞川者，人競觀。錢畫師曰：是豹也，非虎也。余聞一笑。

慘澹陰風毛髮豎，驀地競談一隻虎。俄聞射殺急縛來，旋相驚快千人聚。窈窕紅閨羞出門，踆踆奔走爭先睹。何况耄倪及僕僮，巷無居人觀如堵。那知南山隱霧文，分明白額殊山君。贏得畫師開口笑，無端皮相徒紛紛。都緣信耳不信目，所以人云而亦云。吁嗟乎，圖驥難索驥，畫龍龍不至。古今貌取皆相類，我勸畫師勿復議。果能一嘯威生風，莫謂斯世無青瞳。

游 寶 泉 巖

客不乘驄馬,偏游向寶泉。竹陰春塢雪,梅瘦暮山烟。止水一泓静,清風曠世傳。蒼茫無限意,空悵碧雲天。山有碧天庵。

謝潘蓉軒贈成化窑水滴

珍重花甆眎索居,官窑猶認勝朝餘。金甌國破空懷古,水滴年深伴讀書。研露應滋銅雀瓦,漱芳不數玉蟾蜍。成宏文格遥難即,相對清供益愧余。

周磻溪獲銅雀瓦硯 名景熙

銅臺故址吊斜陽,片瓦遺留在墨莊。撫硯追懷當日事,東風借便與周郎。

繡 嫁 衣

貧女爲人繡嫁衣,衣成却被人扯破。金針早度由他拈,壓綫空勞自我作。誰憐巧樣費心思,莫是綺羅好驕惰。停針不語情徒傷,低頭仍向閨中坐。

四 十 自 述

少壯猶無幾,今年忽四旬。多情天未老,有酒我長春。家落曾經劫,書存不算貧。會須商舊學,莫負丈夫身。

亦識蹉跎誤，功夫補在勤。縱然非見惡，仍是愧無聞。道味嘗甘苦，吾心澹戚欣。抗懷千古事，砥立望青雲。

新　婦　山

誰家妙淑老巖阿，屹立烟霄認髻螺。苔髮凝霜秋警鶴，黛眉映月冷留蛾。臺荒寡婦聲名在，石化望夫幽怨多。莫是當年湘淚結，如今灑作雨滂沱。

龍　女　祠

薄暮游西郊，霜林踏樸樕。古廟塑仙媛，云是龍宮淑。中廷一堵牆，似恐窺人目。弦月隱雲中，微露蛾眉蹙。翠羽輝明璫，水氣凝芳馥。聞説三斷湫，奇境開深谷。八部天龍王，應自携眷屬。何年貌真真，肖形奉林麓。神帷垂鮫綃，珍羞薦虯肉。但願請阿耶，甘霖生百穀。洞庭水茫茫，柳毅書誰續。雖有董大夫，齊諧非實録。

晤鍾範齋 逢吉

浮萍無定踪，行雲無定迹。人生離合亦何常，那不令人長相憶。憶昔婺州城南八咏樓，與君新沾緑螘浮。雲軒較少菊坡長，菊坡，徐文溶。雲軒，家兄文綺。君也飛觴坐上頭。芙蓉晴翠簷前挹，雙溪春水窗外流。興來姆戰嚴觴政，折取花枝當酒籌。沉酣縱談輕富貴，狂歌舞劍嘯王侯。山西欲落半銜日，喧呶歸來興未休。此時相歡復相約，準擬重來尋春酌。那知明歲游郡城，紛紛世事佳期錯。別來七度櫻桃花，君復去鄉我離家。劉阮欲返天台杳，空教洞口思胡麻。今日與君逢旅館，冬窗多雨天偏暖。起居重憶舊吟身，不知幾秋又幾春。雲軒异地不可晤，哀哉菊坡作古人。羨君皤皤猶未老，時談舊事傷懷抱。江東暮雲渭北樹，此後思君又何處。知交雖在半凋零，邂逅且欣今日遇。君固飲量洪，余亦吟情多。舊感新愁姑置却，且倒筵上金叵羅。

長江烟雨石屏歌 有序

屏高二尺許，博四尺，厚可四分。厥質青，厥文波濤洶湧，有一瀉千里勢。遠岸烟雨冥濛，樵磴、茅舍隱約可睹。中流一葉舟，宛浮水上。誠雅玩也。考傳志，零陵出石屏，有烟雲雪月景，大可四五尺。點蒼山，白質，黑文，有山水草木形，可琢爲屏。而階州北峽之石，黑理，質青，人物、溪橋、水石、山林，尤與此屏近。舊爲孫氏物，丁丑嘉平，余門人俞紹堂購以示余。余名之口“長江烟雨”，而作此歌。

補天鍊石稽媧皇，鍊餘雲母歸巖[①]。年深仍復完本質，倒影萬里江流長。長江浩淼紛雲樹，雲根浸石苔花古。何年巧匠雕爲屏，斗覺空堂驚風雨。蒼茫野色天暮開，浦溆舟向中流回。咫尺便能蓄勢遠，畫工縮手化工來。零陵峰巒絢采色，點蒼山高黑如墨。都遜青質兼黝文，此產疑是階州北。記昨一炬咸陽宮，商盤周鼎罹烟烽。呵護有靈一片石，江波能撲兵火紅。金盡床頭因鬻此，欲捨不捨憐貧士。江山半壁嗟孫郎，流水高山契俞子。是日同雲飛雪花，呵凍作歌復咨嗟。珍玩原須好事人，古董應歸賞鑒家。嗚呼！洞天一品、袖中東海眼不見，對此也足供小院。山石尚爾標英華，文章況於人中彦。

---

① 此句疑脱一字。

紅　梅

冰肌匪受鉛華侵，偶帶姿容瘦不禁。白雪滿山紅一點，從知天地重丹心。

山　丹

神仙丹未熟，依舊滯紅塵。香意三春暮，朱顏一日新。看花猶在色，對酒可憐人。寄語穠華質，休誇點絳唇。

送　別

滾滾長江浪，萋萋細草多。客心悲道路，春夢繞關河。酒向花前醉，鶯聽樹外歌。平安如有信，莫等秋鴻過。

出　門

出門何惘惘，囑付記佳人。不問郎歸早，偏言妾夢頻。壯游家作客，小別舊如新。去去重回首，鶯花惜晚春。

栽　松

生意青堪掬，龍鱗尚未成。種移羅漢果，人抱歲寒盟。雨露無私澤，風濤可待聲。根盤兼節錯，培養趁春榮。

祠堂栽樹

寢廟傍城南，庭空想何物。移取故園松，鋤雲新劚扢。枝柯才把盈，老氣瞻森鬱。趁茲雨露零，好藉春風拂。他年蔭滿堂，虬龍看蟠屈。

昔年已栽桂，今茲又栽松。桂爲天香發，松乃君子容。有如不朽士，立德與立功。去秋新花綴，奇芬月下逢。攀桂有先兆，應受大夫封。孫枝由祖德，餘蔭撫吾宗。栽樹莫動搖，動搖傷樹根。澆花戒多汲，多汲竭水源。幹培枝自茂，葉盛本彌敦。交柯皆內附，所貴綠陰繁。養育誠無倦，棟梁出其門。勿翦與勿伐，作詩勗諸孫。

息　訟　篇

長老非尊官，寢堂非聽棘。爭辯尋常事，未訟何言息。豈知辯論煩，相競淆曲直。勢將納矢金，防閑貴先得。自來親誼衰，周旋都矯飾。忿小由幹餱，若輩遂唧唧。嗟我一家人，睢麟匪鬼蜮。蠻觸何須紛，雄心宜自抑。失足游公門，猾胥滋狡匿。所獲無豪茫，所喪盈千億。大易垂險剛，安貞在不克。爝火撲星星，燎原早滅熄。人人親其親，天下無徽纆。

春晚寄懷王丈薪齋

閒窗兀坐轉淒涼，刳復懷人日正長。流水無心空自去，落花有意爲誰香。浮踪泛泛新萍綠，春色依依嫩柳黃。只覺離群多別感，應憐明月下西牆。

子規樹上試啼新，似借春風喚去頻。聽雨天教增客感，停雲我欲望伊人。三分花事愁將暮，九十韶華待送春。寄語輞川摩詰老，近來何以慰吟身。

酬薪齋丈韵

十里連紅杏，觀花各一方。薪齋館下楊，余館俞川，相距十里。斲輪推老手，索筆愧枯腸。樹遠鶯啼隔，簾重燕入妨。蓬山雖恨阻，轉訝在同鄉。

已逾寒食節，繡陌茁新秧。游絮牽琴榻，飛花臥墨床。思春應有夢，無事又成忙。倘許高軒過，挑燈改舊章。

游　　山

何以攄佳興，逢山且復游。花深無蝶到，泉古共雲幽。老樹抽生意，斜陽起暮愁。隔岡樵唱近，天籟發清謳。

酬長沙皮鹿門同年韵 錫瑞

家世天中孰可攀，詞鋒嶽嶽重於山。應憐蘭茝思紉佩，爲采絲麻不棄菅。浙學慚承麗澤派，楚才高仰沅湘間。波蒼雲白遥無極，惟有寸心長往還。

聞携琴劍此邦游，投分叨交第一流。風雅詩懷趨鯉對，循良政幸庇鴻猷。夜清如水人銷夏，月上疏桐客感秋。爲有苔岑聯臭味，蕉窗更藉慰離愁。

辭　　席

迂拙疏時務，乾坤一腐儒。祇從花下飲，不向府中趨。僻性生來懶，狂踪到處齟。漫云矜氣節，錯怪高陽徒。

游金柱山觀水簾

每欲登攀事輒牽，茲來恰趁艷陽天。可人風景春三月，繫我懷
思宋四賢。古寺雲深花自在，空山木老鳥知還。原期此地爲樵子，
却遇樵夫話夙緣。

巖厂幽深水噴霽，隨風珠玉落纖纖。白雲如縷千絲挂，紅日成
陰一桁添。爲有源流參活潑，非從險僻誤沉潛。銀鈎不揭高人杳，
寂寞山扃自下簾。

清　溪

春來岸草綠萋萋，十里花香送馬蹄。嵐影涵波浮遠近，堰流分
水界東西。蒼涼夕照空斜樹，罨畫長林莽夾溪。根觸行人歸思起，
沿途不住子規啼。

倉　部　祠

古廟荒涼自閉門，因緣香火至今存。倉曹不爲長官屈，使者休
誇節度尊。豈獨醲渠興水利，合從匡國吊忠魂。松杉如故豐碑舊，
長共溪流繞遠村。

石　佛　山

青山非學佛，古石默無言。影静臨流水，花拈悟鈍根。空林誰
嘯阮，此事合推袁。山有阮居士墓，袁絜齋作志銘。幽寂人何在，春深
草樹繁。

雙溪即事

雙澗交流水自潛，當年避亂幾嘗艱。讀書幸遇中興世，訪友欣從故道還。晤徐子良。新雨過林抽野筍，香風滿谷賞春山。嬌癡小女離家久，錯認親顏是客顏。余幼女爲徐家童養媳。

挽俞明經贊廷 思襄

境豐身屢厄，立志不終移。未死仍修德，平生慣喫虧。解推三黨滿，長厚萬人知。定有孤寒泪，春歸暮雨垂。九年如一日，臭味我相親。鮑叔誠知己，山公善拔人。風塵青眼認，感激赤心真。灑盡英雄涕，窮途盡滿巾。

借 病

借病疏慵適，偷閒遂不忙。門無迎客屐，人在讀書床。虹影明殘雨，蟬聲曳夕陽。偶然花徑步，静裏挹幽香。

紀 旱

蕞爾望農祥，災祲總可傷。有風飛雹白，無麥捲雲黄。能吏勤催歛，奸胥説抗糧。鉦聲轟入耳，供張遍窮鄉。

端陽雨脚絶，流水不盈科。就燥花收露，隨乾墨斷波。車聲凄月落，火氣挾風過。只有天孫渡，盈盈尚隔河。

祈雨施何術，迎龍也有因。旗槍十八社，蔬菜二三旬。拜借官紳重，詞投府縣頻。無年非吉語，取厭莫多陳。西十八社歲旱，設壇寶巖寺。父老齋宿拜禱,寺僧供蔬果,朝夕拜,有雨則止。二三十日不雨,乃詣各山潭迎龍。旗鼓槍砲數千人,請官拜龍,因投旱狀。

六月終無雨,新秋雨未澇。中禾猶待澤,早穀間登場。時過恩難感,心憂力不强。炎炎時疫起,比戶覓醫忙。

噎噎明星夜,荒荒落日村。螟蟊收剩穗,夫婦吊冤魂。中央灣人因旱蟲夫婦雉經死。食盡奚論命,天高自不言。一聲雷鼓急,震壞舊衙門。己卯七月朔,武義衙儀門震壞。

刈　禾　行

鷄冠花紫菊花黃,嚴凝天氣零繁霜。去年晚稻已入窖,今年中禾未登場。不是田家懶收穫,炎炎六月天亢暘。稻孫樓前羣屬目,頭青猶冀二青償。豐隆雨師太驕惰,綠章沉擱聞玉皇。直到焦枯始布澤,半生半死畦隴旁。老農扶杖到阡陌,謂此空秕難上倉。也知難上舍,爭奈無宿糧。但得半粒米,勝如飽粃糠。較諸顆粒無收者,轉悲爲喜心徬徨。吁嗟乎!前年刈早樂有餘,今年刈遲苦無儲。不知放下鐮刀後,冬來糧食竟如何。

減　租　謠

減租謠,勸富人,勸富乃所以郵貧。貧人經年食,不敵富一春。非必抑殷戶,請言田家苦。季春事,分秧塗泥沒脛股。炎暑芟蓼荼,汗血淋下土。盤中一粒黍,辛勤費幾許。倉中一粒粟,忙到無處所。歲事值偏災,皇天久不雨。車戽連昕宵,枯焦竟何補。坐此歉收成,盈餘莫盡取。可使貧家逋幾肩,不須逾額盈百千。富人告糴猶堪延,貧人絕食誰矜憐。君不見,刈稻猶未了,比戶已斷炊朝烟。烏虖!乾坤中處予藐然,忍令兄弟皆顛連。

紀湯溪令趙舜臣定亂 名煦

預作移薪計，周防厝火燔。隻身探虎穴，一郡定鴻垣。月落蠻溪静，雲清古峒屯。上官雖不喜，百姓自知恩。

書婁敬傳後

漢火方炎熾，婁敬議和親。嗟哉始作俑，此公太不仁。貽謀一以失，後世乃相因。娟娟王明妃，白草傷青春。唐代亦和蕃，南宋羞稱臣。原其所自起，邪説誰敷陳。當斬蛇劍①，曷不斬佞人。

---

① 此句疑脱一字。

烟月山房詩集卷四

光緒庚辰、辛巳、壬午、癸未

春 日 飲 酒

三萬六千日，當春有幾回？如何忙裏過，而不撥之開。富貴花風換，功名草露催。閑情無所着，且復試新醅。

野 居

懶去觀城市，年來愛野居。有錢還買酒，無事只觀書。牆缺移花補，庭空惜草鋤。亦知營世務，自忖奈迂疏。

漫 興

平林罨畫夕陽西，流水無聲鳥自啼。貪看前村紅杏發，不知身過一重溪。

斐園小集李紫霞_蔚用笠翁法白水
煮筍作飯期王薪齋丈不至

坐對芳園竹一叢，間鋤筍蕨出林①。清貧誰復希文可，家法偏能紹笠翁。豈謂管城無肉相，却留渭畝在胸中。輞川摩詰因何事，旳望雲天悵斷鴻。

讀　朱　子　集

一生心血四書裏，七聖淵源三代中。只論文章醇莫比，瓣香豈獨在南豐。

萬言劄子瀝忠腸，君德根由語更長。黼座高深能聽納，孝宗應是古賢王。

東南半壁占山河，未復中原夜枕戈。讜論一篇流涕序，願君絕口不言和。

兩州辛苦救灾痍，就道單車屏從儀。中有一言須記取，根勘當早莫稍遲。

吞珠行 _{有序}

邑諸生鄭淦女，字宣平茂才俞士渭。俞卒，女誓不更適。媒妁至，泣白其父拒之。尋得疾，夢俞携其手去。醒，吞珠死，距俞亡百日。時光緒六年夏六月。

一串珠，繫羅襦，兒雖在室已許夫。珠串一，鮫人泣，兒夫不天

---

① 此句有脱字。

卒夭疾。珠一串，心一綫，天上人間會相見。雙珠落玉盤，盤傾一
珠單。珠串猶在手，籔籔雙泪彈。彈珠不禁雙泪垂，吞珠猶是吞泪
時。吞而死，誰家子？氏鄭父秀士。父愛兒，掌上珠。天何如？命
何如？珠可碎，盟不渝。生未識郎面，夢魂苦昏眩。襴衫頂帽郎，
向兒訴所願。俞姓士渭名，家住宣平縣。季子許徐君，墓門挂寶
劍。人生投分重一言，南山可移心不變。金童携手玉女昇，神仙那
向紅塵戀。醒視手中珠，珠彩猶爛絢。珠簾寂，殉郎死，一百日。
百日三生舊因緣，日月明珠雙麗天。不似珠翠粉黛妍，大義茫茫珠
沉淵。安得好事人，爲作合昏墓。墓門不生花，定生三珠樹。

俞 川 早 發

夙昔饒游興，遲遲願恐違。秋風催早客，山月引征衣。隝隔鷄
聲小，林疏馬影稀。一重岡已過，曙色尚熹微。

叠 行 嶺

步出西宅外，行行漸偪仄。四面環危厓，兩山峙石壁。磴道修
蛇盤，樵徑中間闢。回首瞻烟村，屋瓦魚鱗積。野遠樹如齊，瀑飛
流似帛。直疑摩星辰，去天纔咫尺。嶺上有草堂，少住定喘息。

清 風 嶺

才過青山巔，又上清風嶺。清風來自天，送我凌倒影。我亦學
御風，登雲足力騁。石橫樹枝樛，禽啼幽谷静。竹老粉生衣，楓古
瘤成蔭。遠崖若有人，可望不可請。疑是浮休翁，在此汲丹井。清
風送下山，習習振衣領。

宣　平　縣

宣慈名古里，明代始分官。映郭環栽柳，無城險借山。田稀皆下下，吏隱自閑閑。雅化徵風物，小邾曹檜間。

石　門　嶺

曲徑開鳥道，奇險闢石門。摳衣翠微上，苔踏兼蘿捫。山草繞秋露，嶺雲擁朝暾。修蛇澗流細，元熊怪石蹲。崎嶇仄且滑，欲傍無籬藩。同伴有捷足，矯輕如飛猿。渠在嶺上呼，我應嶺下言。遙遙不可辨，惟聞有聲喧。直達芒鞵破，才得穿雲根。

宿　三　港

暝色漸黃昏，遙峰一抹痕。空山安草舍，流水繞柴門。酒薄沽逾少，衾寒夢不溫。鷄鳴人喚渡，問路向前村。

山　行

望望宣陽去，宣陽行路難。石從山下聚，天向井中看。鼠級才容足，蛛絲或冒冠。平生常作客，到此也長嘆。

嶺　行

奇峰環不盡，斗絕矗雲端。未數秦關險，從知蜀道難。孤亭橫半嶺，峭壁阻重巒。忘却來時路，回頭隱翠攢。

鼠窠道中

峰回路轉幾縈彎，引入深叢步步艱。人際有年常缺米，鼠非同穴亦名山。曙雲未破哀猿嘯，落日猶存倦鳥還。却羨居人生長慣，往來更不露愁顏。

曳　坑

才逾峻嶺又山行，不辨宣陽第幾程。落葉鋪花堆廢徑，急流擁石下深阬。每因高處還滋懼，歷盡危途始見平。我憶古人一語好，曾云出險道心生。

曳　嶺

青泥何盤盤，云有十八折。一折一換形，疑是神鬼設。漸高脚力疲，氣向胸中結。欲喘不自持，能言皆捫舌。半嶺觀諸山，紛紛兒孫列。長松老如龍，坐蔭資玩閱。木末下斜陽，群壑互明滅。日暮猿哀啼，林深虎留迹。措足平穩區，乃以免蹉跌。

宿槁嶺庵

更難尋旅店，聊寄古庵中。樹影禪關月，秋聲客榻風。支更憑宿鳥，破曉逐征鴻。預恐前途險，徐行囑僕僮。

蓮　城

處士星文認，金甌此扼關。遙嵐高峙塔，古堞半依山。俗美唐風險，糧輕勝國頒。陣雲浮郭外，落照大旗殷。時總兵出屯城外。

劉文成公祠

中原鼙鼓起，逐鹿各紛紛。漠北淪殘日，江東望瑞雲。文章王宋集，摧廓楚吳軍。瞻仰豐碑古，空山掠夕曛。

一代勳庸舊，千秋俎豆新。子房直國傑，諸葛是天民。道遠蒼山廻，名聞栝水鄰。劇憐遺集在，到處動咨詢。

每慨從龍佐，常懷捧日功。談天非術數，論相失英雄。讒慝人何在，君臣契未終。徘徊祠宇畔，落木響秋風。

登萬象山烟雨樓

日落高峰澹不收，碧山紅樹豁吟眸。剛纔天末雲生處，一雁飛過烟雨樓。

南　明　山

清游南郊外，淥水泛輕航。磴曲穿雲出，花深帶寺藏。汲泉懷抱朴，尋洞認高陽。恨少仙人舄，飛空渡石梁。

石　梁

石梁高不極，飛翠落遙空。上界開瓊宇，仙梯卧玉虹。崖磨題欲遍，澗絶路偏通。自有蓬萊客，冷然此御風。

靈崇臺

絕頂青雲路,仙臺倚石端。風光天外落,山色眼中看。憑眺饒幽趣,登臨縱大觀。征鴻何縹緲,應自接飛鸞。

洞溪寺

勝地游來遍,尋幽到洞溪。川環雙水合,樓聳四山低。道氣招仙鶴,禪心馥木犀。昔年懷隱士,寂寞夕陽西。

三巖

不到三巖去,幾虛此壯游。四山黃葉落,一徑白雲幽。石聳林梢出,泉香壁罅流。雨巖銘大筆,太守足千秋。"雨巖"兩大字,唐李邕書。

既到三巖去,花崖認古碑。燒餘空樹活,倒挂古藤垂。留客僧烹茗,談心友論詩。禪床趺坐處,不覺日西移。

自處州返宣平

上山山如迎,下山山如送。人行山亦行,嵐翠眼前貢。古峽環危厓,此身如入甕。悠然不見人,山鳥時一哢。

水淺不浮舟,岸頹難造梁。誰作石矼者,亂石鎮汪洋。彳亍一以失,宛在水中央。平地亦如此,千金戒垂堂。

我過破橋峽,載懷脫指揮。我入老竹村,又謁章候祠。二公能殺賊,血食在於茲。人生有至性,馬革當裹屍。一死爲國殤,方是好男兒。吊古激義憤，流涕滿山陂。

臘月朔陪祭吕成公祠

麗澤先賢杳，壺山講院存。嚴祠陳俎豆，臘酒薦蘋蘩。物薄心
彌斂，人遥道自尊。却慚分末席，何以闡微言。

送湯慎臺明府 佶昭

熙朝文獻溯睢陽，儒吏家風世澤長。天許神君臨僻陋，人歌衆
母感慈祥。蒲鞭影落琴堂静，竹册芬延藝圃芳。更有萬民稱頌處，
舊年銀價减徵糧。

保障繭絲非易言，絃歌且聽武城喧。壺山有喜春開甕，熟水無
波畫掩門。考課自甘書下下，存心只爲子元元。牛刀小試方期月，
父老攀留悵去轅。

春 游 壺 山

咫尺壺山近，疏慵向未游。花當春爛漫，天助客風流。百里開
中界，孤亭踞上頭。緣崖聊小憩，且復恣冥搜。

東風吹繡谷，錦翠闢新晴。古寺遥藏隖，浮嵐半壓城。西來一
水静，南望衆山平。澄碧龍湫水，甘霖想自生。

後 山 吟

步出城東門，遥指後山路。蓬顆堆纍纍，云是昔人墓。當年
逞豪華，流光不可住。蕭蕭白楊間，長夜無覺寤。立馬方踟蹰，

老父向余訴。豪家賢子孫，攘奪他人厝。生爲田宅營，死取鄉隣惡。有知鬼不安，後人毋乃誤。我既聞斯言，長嘆諸紈袴。人生貴清貧，守分安吾素。若矜使鬼錢，恐干神明怒。茫茫身後謀，滄桑改無數。石棹雕三年，於今已不固。人客山主人，嗟哉胡不悟。

暮春寄王薪齋丈

自從去臘和吟篇，荏苒春歸又一年。啼破鷦鴣芳草地，團飛蝴蝶落花天。故人別我空相憶，儘日傭書只自眠。聞説彦方頗老健，鋤雲新種一畦烟。

懷君不獨我思新，代寄郵筒子細詢。重耳爲甥須舅輔，杜陵有妹念兄貧。謂其甥倩余寄母手書。一叢竹待延佳士，三春花飛餞暮春。鶯燕賮騰時漸晚，高軒可是動征輪。

上元記否同游約，有約不來空自嘆。一別冬兼春雪盡，三更風助雨窗寒。客愁仍綰青楊柳，書圃添我白牡丹。更得素蘭爲益友，同心可叶待君看。

嫁　　女

曉日輝煌升自東，香車早到畫堂中。丹楓紅葉深秋景，裙布荊釵處士風。泪洒瘦妻因惜別，奩開嬌女不求豐。阿耶有語從頭説，容止德言兼婦功。

兩家門户總相宜，各守清貧力不支。豈謂繁華隨俗例，且欣教訓賴姑慈。向平才慰半分願，德曜看齊八字眉。但囑柔嘉成婦道，嬌憨不比對娘時。

宣 德 盤 歌

有客示我黃金盤,寶光瑟栗璨芒寒。款識猶存宣德字,特鐫內用雙龍蟠。我憶□朝全盛日,銀甕金根符瑞出。高皇提劍安金甌,成祖定都輝琫珌。一再傳來皇業昌,昇平天子開明堂。富庶自同漢文景,治安恍睹周成康。幾暇留神製彝器,青銅遠自殊方至。不須承露擎金仙,奚容瑪瑙誇頒賜。御筆偶拈錦堂春,調鶯戲蝶詞清新。上方什襲留佳玩,聖子神孫傳無垠。豈知滄桑一朝變,流寇烽火照畿甸。燕京晝閉鐘簴移,孝陵夜哭金盌見。遂令此物落人間,苔痕雖蝕土花斑。若使九鼎非重遷,內庭供奉見應難。摩挲懷古長嘆息,不惟其器惟其德。君不見,宣銅宣鑪待品評,日新何似湯盤銘。

無 礙 寺 小 坐

禪關打坐時,一箇蒲團大。日影似可中,不覺移窗外。

碧　　山

孝子師韓仰斗先生故居也。

四山圍繞一渠長,教孝何人不可忘。芳草坡外尋古徑,鷓鴣聲裏繫斜陽。遺詩數卷心情在,老屋三間俎豆香。獨惜雲礽太零落,賢豪繼起阿誰當。

別後寄王薪齋丈

邇來數日共盤桓,小別方知相見歡。溪水綠翻風不定,園花紅

滴露初乾。客投舊主疏狂恕，人到中年聚會難。此後何時重把晤，
空教清夢繞更闌。

有　吏

有吏夜捉人，小婦明朝説。云是儂家郎，田園素守拙。舊年欠
賠糧，公差肆饕餮。與錢一貫餘，方免索牽鐵。今年殊不然，威如
電光掣。一貫累十貫，壑谷難填穴。偶不遂所求，長練信手擎。吞
聲不敢啼，垂泪與郎別。願郎到公庭，莫受官挫折。願官早釋放，
莫長繫縲絏。稚子年四齡，老姑衣百結。矧復四月天，良苗莽桀
桀。芸籽當及時，衣食又掂据。賠累良所甘，使用泉已竭。不如鬻
儂身，救一家殘缺。嗚呼不忍言，言之肝腸裂。望雲哭一聲，聲向
九天徹。

聞王薪齋足疾小愈詩以代柬

老年不比少年狂，世路行難躄未妨。可是近來新展步，扶筇影
拂陌頭楊。

藝蘭室咏蘭

直向幽人誇策勳，階前一望綠於雲。花枝欲萏還留剪，香氣習
聞如不聞。便是無言終益友，那堪贈別更離群。年年飽受風和露，
寂寞蕭齋我與君。

芭蕉鳳尾映清幽，風雨晦明賞未休。無事不妨紉雜佩，有時且
憶絮晨羞。客來乍覺善人入，香淡定邀君子留，爲愛離騷偏不讀，
讀時政恐惹閒愁。

佳人覿面正相當，態度婀娜帶健剛。豈慮化茅移淑質，合教與蕙媲奇芳。百端調護春盈幄，一股清芬月照床。自笑此身如蛺蝶，朝游花徑夜眠香。

既滋九畹足盤桓，且喜邇來添素蘭。粉黛從知紅艷易，文章終是白描難。春陰曉罩雲猶淡，秋色晨鋪露未乾。不染繁華爲俗客，同心莫作等閑看。

竟體芳華合讓渠，功夫培植幾年餘。興王擢用香應遠，空谷無人態自如。分得靈根栽瓦鉢，養成倩影拂階除。春歸更有蘭蓀在，恍似佳兒讀父書。

哭弟及民

幾許慘愁總不知，知時已是奈何時。那堪桂苑探花日，竟作姜床裂被期。千里遙遙猶未了，一身悵悵欲何之。人生最苦惟離別，忍使生離作死離。

消息歸家怯問人，家人不語更傷神。嘆渠抱病醫空付，望我登科情益真。盡室愁容迎遠客，雙眸泪點落孤身。最憐兒少渾無識，衰絰纍然索果頻。

貧家兄弟倍相憐，拮据經營年復年。賣賦金添藏窖粟，取禾糶助買書錢。原期鴒難聯雙翼，爭奈狼忙失一肩。我未成名君不起，秋風雁泪滿江天。

九月廿四日夢亡弟

不死無能見，中宵宛若親。同胞關至性，執手悟前因。夢亡弟執予手。春草枯無句，秋風冷嚲晨。茫茫九泉裏，疑幻復疑真。

貧 家 女

貧家女難嫁，此語古曾留。妝儉憐雲薄，姿妍對月羞。高門矜國色，寒舍寡良儔。自分甘清苦，無須怨蹇修。

酬王薪齋丈病中見寄韵

冬窗空復撚吟髭，才不如人福亦殊。白髮公猶偕弟健，黑頭我嘆兄孤①。溪雲帶濕風偏勁，山霧曾開日未鋪。聞説病魔欺老境，近來可是得瘳無。

哭 王 薪 齋 丈

早渡熟溪舟，忽逢王氏子。束髮垂白麻，未言先驚視。問爾何匆匆，答言耶不起。嗚呼老先生，從兹永訣矣。猶記前月中，訪君君憑几。臥病殊春容，吐辭暢條理。手録金華詩，風雅傳鄉里。我詩呈君覽，覽之顏色喜。謂者箇後生，頗可稱佳士。尋復示教言，其言猶在耳。識見拓高明，襟懷消粗鄙。箴我性卞急，韋佩弦當弛。哀我雁行孤，花蕚萎玉藥。我約公明春，張燈六街裏。那知玉樓召，赴修天宫史。末俗多浮夸，老成存正軌。胡天不憖遺，付之東流水。大雅久不作，鄭衛紛紅紫。胡君不少延，棄死如敝屣。君文定可傳，君壽七旬邇。生前泯愧怍，身後奚垢訾。獨令我心傷，知心更誰是。不忍更摘詞，惻惻何能已。

_____

① 此句疑脱一字。

悼　新　育

君悲我弟是秋時，今我悲君又弟悲。一刻炎凉移世態，兩家生死剩孤兒。支絀誰憑將伯助，清貧各賴阿娘慈。凄凄風雪催年盡，驚落梅花冷北枝。

人　　情

人情不可測，可測是人情。慕勢同肝膽，深交異死生。佩居空自贈，下石暗相傾，獨有延陵劍，長懸宿草塋。

武義新樂府

開　壽　筵

壽筵開，群賓來，車馬僕從雜輿台，分別酒筵列酒杯。祝翁壽，齊開口，願翁天長而地久。錦屏文字推巨手，立德立功合之立言三不朽。主人竟夕臚清歡，如此稱揚古所難。那知西家之壽軸，依然李戴而張冠。

抖　晦　氣

春花馨，春月清。春宵未三更，姊妹相結伴，齊向神祠行。花燈滿街市，笙歌接前程。一天星斗鏡磨瑩，不愛向晦愛向明。老姑蹣跚去也未，儂替姑嫜抖晦氣。

壺　山　燈

壺山燈，起山下。一點紅，赫於赭。壺山燈，延山半。滿天星，影凌亂。壺山燈，遍山中。照巖壑，繞燭龍。壺山燈，至山頂。上上頭，光炯炯。綿岡亘麓長數里，赤帝大纛當空起。燦爛

花月輝三更，別有天地在壺裏。村人近年慶豐登，大家來看壺
山燈。

迎 田 燭

迎田燭，村人競將豐年卜。楮爲花兮竹爲心，一炬紅蓮大於
木。行畦隴，走平陸，一田不到爭不伏。問渠何以成風俗，答言照
處田多穀。那知穀多價偏低，數金幾可買十斛。坐此傷吾農，空負
天公雨水足。昔苦荒，今苦熟。所願催租人，光明照蔀屋。

端 午 船

城隍廟裏鬧龍舟，不在水中放，偏在地上游。五月五日，驅五
兵出。巫覡勸駕，拍案一叱。睢陽相公貌猙獰，手執鐵撾尾船行。
顯佑城隍押其後，鉦鼓儀仗擁旗旄。直至東門外，推船下水俾與蛟
龍爭。毋爲人間小兒驚，商午船，送出城。

午 時 茶

五月一日不可晴，鬼王晒藥使人驚。五月五日不可雨，藥王晒
藥開藥圃。是日買藥遍人家，陳皮厚朴兼麥芽，檳榔枳殼及山查。
不名藥，偏名茶，消食愈風頗足嘉。些須小恙，無須請醫至。君不
見，前村官醫殊矜貴，立方不過此幾味。

點 地 燈

地燈紅光及，輪回六道中。地燈青普放，慈光及幽冥。幽冥餓
鬼聚下土，九泉窅深誰救苦。長人羅剎守圜扉，輕年不將天日睹。
聞者從此發深仁，七七九九數前因。家家插地然小燭，但鬼照兮不
照人。餓鬼猶冥冥，餓人自昭昭。緣何朱門酒肉臭，不使窮黎惠一
瓢。餓鬼此時良足藥，餓人他日填溝壑。不爲鬼，照不著。

殿 門 開

殿門開，姑姑姐姐結伴來。去年蠶熟謝蠶娘，今年茶熟更燒
香。東廊擊鐘，保佑姑翁。西廊擊鼓，解脫辛苦。擊鼓擊鐘各轟
然，廟祝已有賽神錢。小姑嬌癡隨母後，也添一香祝母壽。

宗祠宴

武俗重家祠，春秋各設祭。一豕與一羊，年年沿定例。紳矜皆衣冠，父老叙行第。胙頒餕神惠，醉飽相釅醳。緦麻無服親，從此聯宗系。祭日祠門開，常時祠門閉。族人有紛爭，告訴趁此際。族長解其紛，地親情無蔽。融融笑語中，油然生孝弟。

祭清明

門前楊柳枝，厨中桃花粥。家家拜先塋，處處成風俗。陳設品物近如何？子瞻之筍右軍鵝。筍價輕，鵝價重。上臘飼鵝，今春待用。散宴即就荒隴前，醉飽笑語聽譁然。獨有孤兒顔色戚，去年陪耶上冢來，今年耶在墓中寂。

踏車

彌旬無雨雨不足，車翻陂塘塘欲覆。犖犖確確飲六龍，車名。田婦裁被作布篷。布篷破碎炎暉漏，照徹田夫滿身紅。咿嚘嘔啞水輪激，五更月落聲如笛。高田龜拆就焦枯，低田稍可分餘瀝。那知田枯塘亦枯，水似涕流僅滴滴。忽聞隴頭遠傳呼，縣官出廠催新租，差保火速追亡逋。

迎龍

我聞古者土龍能致雨，又聞瓶圍妖蟇童擊鼓。焚厬燒貒久相傳，迎龍之俗説武川。節過分龍雨聲絶，下隰高原龜拆裂。陂池水既枯，車軸鐵亦折。社公集神鴉，里老先供茶。供茶三日無雨意，翦帛揚旗四鄉起。嗚嗚畫角鳴如泣，深谷岩湫無不至。巫覡喃喃咒山潭，儺雖古禮近於戲。去時帖黃歸時紅，舁到縣門請拜龍。縣官麻衣三叩首，灾呈已入胥吏手。歸來請龍社祠，依舊驕陽光四馳。可憐綠草夜夜奏，龍宮幽深總不知。

采茶

采茶須采穀雨前，茶細氣味鮮。采茶莫采芒種後，茶粗難適口。粗茶可賣不值錢，細茶價昂不自煎。只留雲霧茶最貴，烹與老姑嘗珍味。良人前月去浮梁，賣茶布作衣裳[①]。衣破兒莫惡，耶歸爲兒做布袴。

糶早穀

才分秧，便糶穀。錢入手，穀未熟。熟不熟，年難卜。爲醫瘡，遂剜肉。待刈穫，輸豪族。收一斗，糶十斛。放鐮胥吏里長頭，生不種田穀滿簏。

賣澱青

澱青生陰地，其利倍禾稼。刈之霜降前，種之在初夏。掘塘浸綠莖，色待石灰化。裝簍江干步，貴賤聽時價。邑人土著重離鄉，爲賣新澱游蘇杭。獨有關卡當要路，停船且復關下住，子細莫觸稅官怒。

收苞蘿

深山收苞蘿，其粒大於穄。幹修穗復多，因風動搖曳。山人作餅磨粉細，適口聊復勝粗糲。朝種苞蘿，暮種苞蘿，可憐儘日棲岩阿。收者不知種者苦，但誇白粲黃粱多。

迎胡公

集賢學士宋兵部，鄉鄉奉之爲社主。八月收穫畢農功，迎神報賽遍村隖。俟之功，名宦中；俟之德，人未識。家家但説免丁錢，應受香烟年萬千。丁錢免前代，至今留遺愛。民報循吏何其隆，試看村村迎胡公。

轉面

三日爲新婦，轉面見阿娘。阿娘復愛女，早早備茶湯。阿娘問女，好過日子。女答姑慈，阿娘色喜。阿弟踆踆索果向姊，外庭姊夫雙雙來矣。雙雙來兮雙雙歸，比翼鴛鴦成對飛。阿娘送女搴綉闈，明年接汝莫嫌遲。

---

① 此句疑脱一字。

平 安 戲

十月禾,既登場,麥得微雨菜凌霜,烏桕榨油作燭良。且演村曲頌君王。猶記咸豐年十一,四野烽烟空九室。梨園子弟散如烟,男呻女吟氣蕭瑟。如今幸得慶昇平,一曲笙歌戞月明。一日蜡,百日澤。觀社祠,空巷陌。父老獨有言在先,但可看戲莫賭錢。

余讀張丹村先生《金華新樂府》,愛其詞意,不忍釋手。因就武川風俗,演爲十九首。適張郡伯以土風雜咏命觀風,題錄以呈。評云:古音古節,用意大有關係。因登之,以銘知己之感。

偶　成

鎮日簾櫳鎖不開,薰風拂拂入簾來。隔簾返照烘如火,花影輕移古石隈。

挹香樓即事

授經自合聚英才,寂寞朋儕久不回。却剩嬌憨女弟子,早携詩卷插花來。

晨 起 看 花

晨起了無慮,偶然陟花徑。昨夜急雨過,含苞皆發孕。朝曦隔高峰,殘月挂松磴。萬籟寂不聞,空山一聲磬。惟有花嬝嬝,風搖性自定。清香不媚人,聞者心堪證。持此意區區,欲折向誰贈。

贈方守經 秉緯

九峰山色翠連天，宵映弧溪月半圓。此境結廬車馬寂，挑燈教子冶裘傳。家雖無事興常早，官不催租納自先。却好荒畦勤種秫，醉時力作醉時眠。

我記前年策蹇行，西郊樹隱夕陽明。訪人水竹空山外，留客梅花紙帳清。酒盡千杯歡故友，詩敲一字付門生。謂其子倬圭，從余游。只今又是深秋候，根觸黃英悵別情。

偕江芷馨 芳傅商巖 良弼 游雙玉下山逢徐子良 家驥 便共宿銅泉里

洞天才覽遍，又復故人逢。秋水浮萍合，連山積翠重。古今幾緉屨，宇宙一孤筇。正可聯床話，論詩到曉鐘。

余一短襖已多年所每欲易之而未果讀吳穀人先生敝裘補綴十斤重壓倒詩人山字肩句不覺失笑因拈此

新衣未忍做衣捐，屈指算來三十年。兵燹兩番撐傲骨，鄉闈八次壓吟肩。曾同休戚情難割，慣鎮嚴寒體自便。慈母當年親補綴，針針認得意纏綿。

歲　晚　雜　感

自來民以食爲天，足國足民謀孰先。宋室未停交子務，漢家終賴算緡錢。喜勤科歛惟能吏，得遇平康是有年。君看律回寒谷暖，幾村傍早起炊烟。

偏隅百里子男封，强半居人菽米供。豈謂錢多來善賈，翻教粟賤轉傷農。民貧畢竟商停貨，俗儉憑何布易賨。市利有時無處岡，漫矜術妙斷登龍。

風光不似去年時，閒坐悲人也自悲。天地不仁生物雜，詞章無價值錢遲。士窮合遜商工賈，臘盡空餘文字詩。酒債儳貰忙未了，偷閑去賞早梅枝。

醉　司　令

事事糊塗仙，盃觴安置灶觚前。近來莫過矜明察，好帶酒容朝九天。

錢　蟲

不過么麼質，生來却好錢。搔頭惟計利，鑽縫豈愁堅。捫處銅嫌臭，虹時鐵欲穿。脂膏都吮盡，湯沐遂相煎。

錢　鬼

九府陰幽地，輪回又祟人。金仙疑出世，銅穴認前身。椎算生無迹，營謀死認真。輸錢天帝庫，援例作財神。

美　人　蕉

一捻輕盈綠勻影，不須點絳啓朱唇。若教雪裏王維畫，判作天寒翠袖人。

何年化作楚纖腰，玉立亭亭認綠蕉。莫是芳心抽不盡，乍留倩影過窗綃。

烟月山房詩集卷五
光緒甲申、乙酉

初 春 對 雪

海外冰猶壯,中天暖早回。寒颷空舞雪,色暝暗侵梅。報國需時彥,籌邊急將才。腐儒徒感激,相對酌春醅。

剥 牛 嘆

春來雪積壓茅屋,虎不伸腰蝟毛縮。老牸力盡心畏寒,圈中長臥鳴如哭。曾爲主人墾綠疇,曾爲主人致紅粟。春風芳草年復年,三年一度生黃犢。黃犢他家賣作錢,黃金又充主人簏。去冬荷軛疲於耕,幾經童豎鞭且撲。不再問喘知陰陽,不再懸書助誦讀。犬馬微勞邀蓋帷,勞愈難酬恩難沐。東鄰西舍呼屠牛,頃刻奏刀解肌肉。燒骨糞田成膏腴,灰身尚能生百穀。可憐功成身不生,君不聞漢家粗定誅韓彭。

偕江芷馨傅商岩游明招

郊原雨過早曦紅,竹杖芒鞵路指東。地有賢豪思往□,人隨山水共春風。禪房寂寂花三徑,講院荒荒草一叢。古迹年深搜不盡,携朋直上翠微中。

踏 青 竹 枝 詞

今年不比往年春，陌上花開簇簇新。正好踏青花外去，東鄰約
過又西鄰。

裊裊亭亭不動埃，幾曾蹴損路旁苔。只緣貪着新鞵窄，欲向前
來轉後來。

那邊游客正成群，爲障嬌羞兩路分。偏是東風最輕薄，吹花故
故颭羅裙。

笑語香風一隊皆，柳陰穿過更雲涯。剛纔小住無人處，拾却松
毛墊綉鞵。

鶯簧宛轉語喃喃，鬥草尋芳試共探。轉是小鬟贏得着，青青一
捻認宜男。

驀見斜陽下遠巒，忙尋歸路到晴灘。大家背向城頭外，省得行
人當面看。

口　　占

好景最宜三月辰，年年底事役征塵。長途贏得桃花笑，不笑春
風笑旅人。

三月五日夢偕郭子琳鑾游海寧舟中聯句子
琳得一江春水句余得十里桃花句醒後足成示子琳

吟魂飛渡海寧州，入耳洪濤聽未休。十里桃花明遠岸，一江春
水挽回舟。不妨幻境成真境，豈謂清游等卧游。君覽新詩應絕倒，

消融宿疾可痊瘳。時子琳患病。

雜　興

柴門傍流水，稻花香繞屋。飛飛紅蜻蜓，時或歇修竹。報道
先生歸，童稚逢迎速。大者荷長鑱，牽來小黃犢。小者問字奇，
索果返書塾。到家翻如客，家人轉敬肅。鄰翁喜告余，今年歲
大熟。

腐儒拙謀生，怡情惟詩酒。長夏納晚凉，引杯開窗牖。嫦娥偏
解事，娟娟上花影。花影覆池荷，風露香蓮藕。明月偕清風，正須
傾一斗。若論明朝事，且待今宵後。

猶子年十六，釋經聊負耒。春晚知分秧，夏初勤灌溉。早禾熟
新秋，磨鐮隨人刈。識字教餘閒，在雨及向晦。近得傳響訣，拊掌
堪言代。上口頗聱牙，摸索能酬對。也資家庭歡，因復加訓誨。內
則孝孀親，外則恭前輩。凡事善讓人，恂恂重謙退。古之農如士，
貴無市井態。

皇天佑昌運，十雨兼五風。東南千里沃，禾黍生芃芃。征徭快
建吏，拾穗歡兒童。近來海防急，捍禦勞元戎。粵南連閩嶠，飛礮
滄波紅。戰守藉士卒，糧糒由氓農。倘非粟米足，如何軍儲充。不
見四五月，鄰境民洶洶。米價偶昂貴，暴客萌山中。秋成幸大熟，
內外靖交訌。旨哉杜老句，憂國願年豐。

遣　悶

家人頗善病，下士本無愁。半夜開雙眼，單心掛兩頭。舊新攪
藥裹，拉雜竇茶甌。偶然逢小愈，善後又宜謀。

謀事無長策，何如謀道嘉。金風秋柳色，珠露晚荷花。使鬼錢

雛竭，怡神酒漫賒。病魔也嫌苦，再不到貧□。

亡弟大祥

亦欲悲懷遣，臨期轉自煎。凄凄存一个，忽忽已三年。桂老經秋雨，鴻孤唳遠天。無知小猶子，束髮揀紅鮮。

五里亭即事

過五里亭，偶遺詩囊。去亭里許，憶及追尋。亭有賣餅女子，爲余拾取，便問内插五色花箋何用？余答以此吾輩寫詩物。女還囊，笑抽一箋，作花樣。余遂揀數幅贈之，稱謝而行。

自笑年來忒善忘，花陰誤擲舊詩囊。敢希合浦珠還速，衹有回波曲奏忙。皓齒笑詢居士佩，紅箋幸惹美人香。也堪遺作繡鴛譜，巧樣教描時世妝。

道不拾遺古所難，古風却見渥顏丹。長亭五里秋風柳，弱質一枝春日蘭。多感秦庭完玉璧，應憐李賀嘔心肝。荷包從此彌珍重，爲得阿嬌另眼看。

過鄭氏居借得康熙年修邑志二本

百里圖經久散亡，柴門幸剩舊緗囊。秋風茅屋吹空塢，晴日花陰拂短牆。展卷知經江令筆，邑令江留篇修。遺編却獲鄭公鄉。若教他歲修邑志，此是尋源溯濫觴。

宫怨寄徐子良

子良列優等，尚待廩缺。

頻年買賦在長門，水落難收怨覆盆。今日官家邀一顧，仍教隨例遲承恩。

芭 蕉 詞

誰分情種苗根苗，窺影紗窗魂也銷。莫是天公偏好事，特生一捻美人蕉。

尤雲殢雨任風梳，藉甚聲名女校書。近日不知緣底事，芭蕉牆外閉門居。

那日插花新上頭，鬢雲如漆月如鈎。逢迎未慣驚生客，時借芭蕉半掩羞。

纏頭一曲贈千金，公子王孫競賞音。獨有長卿家四壁，彈弦挑動芭蕉心。

豆羹魁芋總相宜，記否宵深作餂時。只爲欲親薌澤甚，不嫌餘飯口唇脂。

偷將月下結良因，流水桃花得問津。儂自愛才郎愛色，相逢更莫負青春。

雙燕交栖樂畫梁，結盟不蒸斷頭香。感郎先感郎賢閫，一點江梅從未嘗。

百囀珠喉金酒鐘，若非悦己那爲容。人前未便分明説，但説芭蕉是箇儂。

贏得郎歡客又嫌，持鋤故意入園覘。嗔郎生事愛郎解，依舊芭蕉綠傍檐。

萬籟無聲漏鼓催，蕉窗徙倚待郎來。知渠慣識門前徑，故滅銀燈門半開。

書法詩歌兩擅場，功名倩語習文章。他時官重施行馬，可許再窺黄四娘。

那年情定到今年，妾爲憐才不爲錢。莫以囊空便羞澀，有需何惜鬻花鈿。

知友吟朋來到無，牽連親捧水烟壺。輞川也是風流種，每寫芭蕉入畫圖。

芭蕉自此浪傳名，夜夜喧闐風雨聲。十八曲中花一朵，薛濤壓倒錦官城。

萬歲千秋説莫愁，老天偏不恕風流。斜封一尺朱符下，消息猶通暗地不。

無情草木也凋殘，豈獨所歡也永歡。鑽院秋風斜陽外，芭蕉空向粉牆看。

芭蕉如故綠芳園，只是游人莫到門。參破空中無色偈，便堪懺悔舊情根。

自古歡娱幾到頭，轉因情摯轉生愁。風塵海内尋知己，巾幗端推第一流。

我本無緣識面遲，聽人艷説玉交枝。年來綺語未刪盡，又賦芭蕉本事詩。

賀徐子良新居

子良作屋如作詩，取村富有心忘疲。君慎作詩未作屋，豈無基地少材木。坐此輸君一着先，誅茅闢土思前年。屋上青山屋下水，左右修竹羅清妍。就中位置琴書酒，此外俗事都無緣。問君何日喬木選，菊花酒熟重陽天。閒携妻孥就花飲，秋空月皎明娟娟。轉恐君心過綜覈，談空説有宵難眠。頌禱不襲尋常語，但願日日揮濤箋。譬如一箇詩題好，我吟未就君成篇。也是儕輩快心事，勝游廣厦間萬千。竹頭木屑毋棄捐，尚丏餘剩充簷椽。他時我築焚修所，伐木直到君山巔。事在後時尚難究，今且吟詩賀新構，君見定當飯噢驟。

題處士李質齋遺像 諱文彬

家訓閣處士居。上空啼烏，西風無賴吹庭梧。久不見君見君圖，彷彿生前半白鬚。不受儻來功名污，自甘終老布衣儒。不喜身向尊官趨，縱招以旌足音無。世尚奔競嘲公迂，公非迂者乃丈夫，逸民獨行斯人徒。

李　公　祠

在邑南泉溪，祀宋李忠定，俗呼李皇廟。

嚴祠高峙曲湖濱，依舊河山景又新。零落江南誰定策？飛揚漠北獨宗臣。還京有計先遭耿，款敵開端莫怪秦。若使天心佑恢復，廓摧掃蕩自躬親。

朝堂總不喜干戈，半壁偏安奈若何。齊愈奸回雖見戮，魏公劾奏況其佗。艱危天下一身繫，閒散孤臣幾歲多。最苦洞霄宮觀禄，金魚玉帶老烟蘿。

平蕪軒溪洞扉開，曾引西山夕照來。象簡如瞻先帝賜，燕山空問使人回。歲時伏臘留香火，佐命中興緬相才。二聖未歸公已老，神鴉淒切助秋哀。

鞏　家　井

說是鴻儒宅，尋幽到井邊。疏花三徑靜，活水一泓鮮。南渡心源濬，東平道胍傳。不教隨邑改，終古此寒泉。

萬　載　巷

鞏山堂先生故里。今訛爲馬宅巷。

中原文獻溯先聲，井里雖存畦隴平。寥落寒山空對牖，蒼茫返照自斜楹。遺書待覓一分在，陋巷猶傳萬載名。只是餘風未銷歇，水流花放曲湖清。

問　新　娘

也須記到那年時，盡日拈針繡幕垂。幸得檀郎邀一顧，可堪矜寵露嬌癡。

漫　興

東風開桃李，桃李藉東風。受恩不知報，自矜灼灼紅。
桃李受東風，東風培桃李。桃李本無言，東風吹不止。

別　俞　川

十九年來踪迹停，六峰山色看分明。如今拋却名山去，道是無情轉有情。

祭　詩

祭詩不祭詩中史，憂國憂民自苦爾。祭詩不祭詩中仙，斗酒百篇豈偶然。溫柔敦厚垂至教，正變貞淫都搜討。千秋廣大開法門，祭詩當祭尼山老。三百十五删定餘，後來作者阿誰如。合吾命意吾方取，卓犖或反嗤紆徐。俗更分唐與宋①，出此入彼無所統。欲將子面如吾面，區區門户多聚訟。豈知詩以理性情，牛鐸何害宫商鳴。若謂綺麗無珍貴，國風何有鄭衛聲。更或矯枉旋過正，美人香草嫵吟咏。專求細碎忘洪謨，且喜柔靡鄙盤硬。若此俱是見一偏，其論雖佳無取焉。特爇心香通一瓣，拜經有例尊文宣。南湖湖淥清且漣，敢云上溯銀河淵。芹香酒熟陳華筵，聖靈啓牖垂遺編。膏丐馥沾散宴先，期與同人飲福受胙，一一陪列吟壇邊。

雜　詩

雨露繁百昌，而反生荆棘。雷火轟枯枝，樹木何隱慝。善惡刑賞殊，吾欲叩天闕。上天固無言，民彝示物則。善自行所安，惡自不可即。君子求諸己，毋爲果報惑。

昔有善走者，窮高忘顛危。探窟驚虎豹，入林搏熊羆。偶然得捷徑，匍匐力趨之。一朝失跬步，蹉跌骨如糜。陟險求崇高，毋太自愚癡。所以古至人，中道行通逵。車債無仲尼，舟覆非伯夷。

東鄰有彼姝，雪膚玉不如。偶因采桑出，觀者盈路隅。良媒不見收，贈饁無金珠。西鄰有醜女，蓬垢衣羅襦。委禽一何早，年紀十三餘。女亦無醜好，嫁亦無遲早。富貴艷人情，貧賤何足道。十

年貞不字,坐令紅顏老。

　　飲食與男女,人生大欲存。聖王緣制禮,亦不斷情根。云何矯其正,絕口不論①。退而省其私,却自踰短垣。飾昭偏諱冥,清夜心難捫。靖節千載人,不諱《閒情賦》。人情鬱不宣,天下乃多故。

章烈婦　續溪章洪焌室沈氏

　　夫亡矣,妾無子。姑存矣,妾難死。屢死不死死豈輕,殉義非殉情。忍死竟死泰山重,天柱纖手捧。後立志方舒,粒絕七日餘。可憶笄年初,大誼通詩書。貞心縱自天生定,扶持也由學復性。臣道妻道今古同,臨難苟免嗤英雄。有生可舍死不朽,歌薇奈歇千載後。噫吁嘻乎章烈婦。

偕江芷馨傅商岩郭纘元訪徐子良新居　纘元名祖汾

　　雨霽春山鳥乍呼,東風送暖客來初。迎賓早闢花三徑,問路還沿水一渠。友到形忘元似淡,屋因書積轉無餘。何當乞取仙人術,縮地更休嘆索居。

春雪聯句　時宿子良家

　　報道春庭雪又飛,潤。途長竊恐拂征衣。子良。此宵且向燈下卜,商岩。未曉何妨玉屑飛。芷馨。水暖雙溪偏帶雨,潤。梅開半樹待生暉。子良。定知明早晴光逗,商岩。好洗塵氛共賦歸。芷馨。

---

① 此句疑脫一字。

送傅商巖游吴

幽居難愜意,襆被向天涯。一棹平江月,三春吴苑花。謀生甘跋踄,作客漫豪奢。更祝歸囊厚,書船重米家。

送胡莘園之闔門 炳

才識胡生面,匆匆又遠游。春江新短棹,花月古長洲。客夢青山隔,離情碧水流。便鴻如可覓,好遞寄書郵。

中秋飲吟花館賞月

一輪皓魄净長天,叢桂香中敞綺筵。今夜秋光千里共,何人好事十分圓。且抛俗務金罍外,還證心期玉鏡前。願與朋儕同領取,引杯邀月醉年年。

九日天階景壁樓登高

秋色盈天地,山容自古今。昔人曾賞覽,我輩又登臨。葉落風初勁,樓高日未沉。良辰聯勝友,滿引酒頻斟。

斟遍千杯酒,銷除萬古愁。雲霄數毛羽,身世一沙鷗。不共黄花老,奚輕白璧投。百年三萬六,可醉幾番秋。

重陽登北嶺會飲聯句

拈鬮爲次,限陽字韵。

夙有登臨約,貽善邵有穀。同人幾度商。良人當此日,芷馨。

佳節況重陽。北郭看山瘦，價庵王樹屏。東籬送酒忙。風高憑落帽，子薇程以道。樓峻妙飛觴。虛檻延清景，子琳。逸峰隱淡妝。嶺頭焦尚綠，商岩。谷口菊才黃。竹徑輕搖翠，潤。松林老鬱蒼。放懷天地濶，子良。得意笑言忘。玉液呈壺觴，續元。瓊宮煥斗筐。定僧權作主，少牙鮑德籲。游客自成行。磴曲鐘聲漫，貽善。雲廻雁影翔。泉琴咽石澗，芷馨。荷蓋斁銀塘。遍插茱萸好，價庵。新搓橘柚香。題糕慚筆妙，子薇。擊鉢引箋長。交締十朋似，子琳。時逢九月剛。多情具鷄黍，商岩。餘韵挹柴桑。醉後談猶劇，潤。歌酣興益狂。振衣凌遠岫，子良。縱目飽秋光。白下卞家樹，續元。藍田崔氏莊。明年期再會，少牙。留迹待平章。貽善。

補赴會考

唐代重明經，鄉貢稱進士。前明垂令典，選拔此嚆矢。進途一以開，後世咸準此。伊余一紀前，濫竽偶然爾。試院揭曉歸，阿嬭疾不起。哀哀臨含殮，終天失所恃。迨當服闋時，會考期過矣。栗碌到如今，後進踵接趾。七八月之間，補闕當在是。詎知冒風寒，病魔纏窮鬼。塞翁甘失馬，使君空拊髀。事會適再逢，衢嚴擢英偉。宰邑賢大夫，曰可隨彼美。一誤莫再誤，匏瓜繫吾豈。吾族諸長老，資斧代謀匱。芬菲吟花館，群花粲玉蘂。探花通消息，纈花作任使。伴花假輕裘，惜花餽糕餌。隱花先勸駕，言語有條理。品花懶出門，送行良有以。贏得護花忙，笑口日張哆。更勞花主人，爲余整行李。百須無不具，適用皆稱己。感此意孔厚，火速出鄉里。巍巍富春山，袞袞之江水。輕舟蕩溯風，鳳艖聊栖止。憲司未懸牌，偷閑度冬暑。可以泛明湖，可以覽城市。旅夢殊紛紜，客感雜悲喜。問我何所求，功名一張紙。

舟 中 即 景

不盡長川水，離家第一程。山隨帆影轉，風逐櫓聲輕。落日生鄉思，停雲感友情。閑愁拋未得，撩亂聽榔鳴。

即 事

依稀暝色滿雲端，斜繫輕舟避急湍。新月乍明山影落，疏星不動水紋寒。家無擔石游偏遠，夢繞鄉關睡未安。地僻村遥鷄唱寂，祗憑啼鳥報更闌。

自雙溪至蘭溪

曉發雙溪驛，萍踪逐水遷。人行龍舌嘴，客坐馬頭船。旅思騰朝旭，江聲落暮烟。今宵停泊處，簫笛月便娟。

蘭 溪 税 務

遠望津頭旗影翻，設關水國不須門。吾儕漫道儒官貴，今日方知権史尊。自是能臣籌善策，惟聞估客有煩言。前途正復多盤詰，未便乘風馳小艑。

女 步 蘭溪下有村名女步

袞袞川流去，舟停水不停。雁聲寒遠渚，漁火亂疏星。每爲浮名誤，還教世事經。殘更猶未報，客夢半忪惺。

空江饒景致,夜色暗平原。照水哥窰火,凌波女步村。朔風吹櫓冷,寒氣變衾溫。翻羨山氓樂,經年不出門。

漫　　興

江鷗浴日翻輕浪,山鳥怯風啼午晴。我亦船頭聊泛覽,片帆遥指睦州城。

日影斜懸山半邊,浮圖高踞兩峰巔。分明一幅雲林畫,添些漁翁放小船。

才出東關第一重,水光山色碧溶溶。大家子細搖雙櫓,七里灘頭説進龍。

釣臺懷古

危崖臨綠波,上下涵空碧。巍然兩臺①,山半依岜刿。上有千年松,旁蔭幽人宅。俯瞰舟往來,紛紛名利客。免俗余未能,漫云介於石。木落疏寒林,天空冥鴻翻。仰視浮雲飛,古懷生胸臆。

自從孔孟没,仁義不復論。矯矯嚴子陵,懷輔寄微言。炎運當中興,真人起親藩。賈馮吴鄧耿,雲臺擁至尊。云何羊裘叟,泥塗視冕軒。從知天子貴,要自故人存。鄴侯亦高士,白衣躡君門。一以勵奇節,一以救黎元。讀書泥陳迹,有若蝨處褌。

承平樂釣游,衰危當慟哭。誰與登西臺,悲風號林木。忠孝文狀元,厄運遭百六。魂兮不歸來,大招兹山麓。孤臣一點泪,血染湘江竹。義憤盈乾坤,曠代留芳躅。我欲拜豐碑,汲江薦寒菊。

可憐趙王孫,一仕一隱淪。昆季寂無語,相逢此水濱。淮右聘

---

① 此句疑脱一字。

賢士，伊尹出有莘。突見崇臺上，狂笑脫冠巾。翊運自王佐，高尚
自逸民。豈謂三代下，天子皆得臣。所以范老子，作堂樹貞珉。桐
江一竿絲，釣出不辱身。亮節扶千祀，詎徒培漢人。蒼蒼山色古，
滔滔水聲鄰。昔賢今在否，斜日捲江濆。

自富春舍舟登岸至錢塘途次即景

豈畏風波便舍舟，貪看山色媚前頭。剛纔風利還收纜，已過春
江第一樓。

未妨緩步賽乘軒，日滿冬山趁午暄。亦有漁郎資問訊，沿溪錯
認入桃源。

半村冷落半柴關，幾曲青山路幾彎。燕子山頭飛雁去，只留雲
影覆空山。

前村問路遇歸樵，何處鋪亭可接腰。道是那邊茅店近，今宵且
宿丁家橋。

喔喔鷄鳴落落星，詰朝露滑曉霜零。漫嫌冬景蕭條甚，一帶松
林不斷青。

大柱街接小柱街，六和塔影渺雲厓。凝眸遙望長干里，隱隱桅
杆傍岸排。

昇平無事警鄉邦，安穩輕帆放畫艭。但願年年風浪息，何妨空
堡鎮平江。

螺螄步裏午風寒，電綫新穿拭目看。水外桅檣城外樹，兩邊林
立夾江干。

吳 山 懷 古

武林城市皆平鋪，突起秀阜東南隅。氣象雄踞涵千百，左襟長

江右控湖。我來登眺發幽思,記昔南宋皇王都。駐驆原爲恢復計,
豈料和議爲嘉謨。墳成螺螄名將屈,堂鬥蟋蟀庸臣愚。翻令狂虜
生侈念,敢繪《立馬吳山圖》。此山當年包禁籞,承恩細草迎鑾輿。
湖山夜夜張燈火,如燕巢幕相怡愉。皋亭軍進江潮退,坐令鐵馬馳
通衢。太廟巷裏變白屋,宗陽宫中移青蒲。何況兹山故廷闕,改易
神院棲僧巫。葉落冬林山赤立,時露山骨稜廉觚。第一峰頭掠夕
照,珠斿羽葆光有無。吁嗟乎!盛衰倚伏成何事,寒烟一抹橫
山嵎。

游　西　湖

　　水光山色面面通,畫船相唤有舵工。却嫌眼界未空潤,買得瓜
皮不用篷。

　　空明五色水中央,恍惚珠宫耀錦裳。舟子教儂須着眼,最難得
見是湖光。

　　岳王祠下暫停舟,好撫南枝墓樹青。驀遇箇儂風趣甚,廊西特
地拜銀瓶。

　　空亭不見鶴飛來,冷落孤山訪早梅。漫説冬寒花信緩,墓前已
有半枝開。

　　湖邊山畔徑縈紆,信步穿雲縱所如。直到林深幽絶處,玉泉又
好去觀魚。

　　雲林老衲善談經,大衆齊來傾耳聽。獨我曾聞孔子戒,翻身出
坐冷泉亭。

　　修竹通泉曲復長,尋詩一路到韜光。試登絶頂觀滄海,愁思無
端接混茫。

　　朔風吹盡柳花枝,露出山川本色時。若把冬湖比西子,亂頭粗
服轉相宜。

繁華滿眼盡句留，瞥見茅廬景致幽。但喜雕欄通九曲，不知身在小瀛洲。

外湖泛過裏湖探，酒館茶樓間草庵。最好放舟堤畔去，六橋風景已逾三。

歸途茅步把舟開，依舊無篷任往回。可惜天公慳雪意，不然又向斷橋來。

直浮一葉劈湖心，四面湖波映遠林。吩咐舟人寬撥棹，雷峰尚未夕陽沉。

孝　泉

南渡遺踪不可尋，孝泉一勺尚清深。兩宮未返臣先死，三字含冤女共沉。獨使秦頭能壓日，漫云高廟本無心。金甌半缺銀瓶在，贏得居人説到今。

岳　武　穆　墓

亦識偏安局，其如撻伐張。不成三字獄，定拓兩河疆。天意資強虜，奸謀重廟堂。淒淒霞嶺畔，忠氣鬱山蒼。骨收隗義士，墓托賈宜人。千古冤昭雪，十年功苦辛。武官不怕死，天子轉稱臣。獨有南枝樹，湖山永抱春。

于　忠　肅　墓

陰雲鬱鬱覆雞籠，冤獄南朝三字同。良史誰明立儲誤，諸君自詡奪門功。淒涼舊主遷西內，辛苦上皇歸虜中。籍李誅藍家法在，例須成事戮孤忠。

林 和 靖 墓

妻梅與子鶴,生平頗枯槁。便作封禪書,也向孤山老。

錢 王 祠

　龍飛鳳舞到錢塘,天目山高苕水長。吳越英雄成霸業,中原歷數待真王。鐵幢風勁射潮弩,石鏡雲開衣錦鄉。數百年來香火盛,好憑湖渌繞紅牆。

蘇 小 小 墓

　湖上多古墳,荒荒没芳草。西泠一抔土,猶傳蘇小小。岳王于公外,艷説此窈窕。誰與結同心,湖山留墓表。油壁不逢①,香車亦已渺。流水漂桃花,夕陽散飛鳥。凄凄多情思,空嗟美人老。

錢 江 夜 泊

　停泊之江畔,霜風向曉凄。月鋪波面闊,天入海門低。客夢花迷蝶,人心水照犀。寒潮平不起,浩渺浙東西。

禽 言

　脊令脊②,載飛載鳴,有何急難,使人聞之涕縱橫?古者孤竹

---

① 此句疑脱一字。
② 句末疑缺"令"字。

與延陵，獨能讓國揚大名。今人兄死弟不葬，一棺草草需友生。豈
無粟滿窖？豈無金滿籯？奈何乎不思鴻雁，徒憐燕鶯？哀哉！父
母生此子，不如生脊令。

　　姑惡姑不惡，婦聽錯。姑惡姑則惡，由姑作。昔年新婦今年
姑，憑君取記本來無。子細孝恭勤婦職，姑心仁慈萌有日，新婦頗
有回天力。

　　子規子規，夜半啼血徒爾爲！鳩亦呼其婦，燕亦哺其兒，奈何
三更發幽憤，啾啾唧唧驚空枝。褒姒驪姬諒聞之，棄適立庶知不
知？得毋血枯本性移。子規子規，夜半啼血徒爾爲！

　　行不得也哥哥！耶孃生我，骨肉無多。如今白髮各皤皤，鴻雁
已離網，鳥雀猶張羅。記否垂髫日，嬉戲相協①。

---

　　① 此句疑有缺字。

烟月山房詩集卷六

光緒丙戌、丁亥

將赴都門別吟花館諸友

聖代文章重，儒生際遇新。公車馳日下，客路役風塵。灼灼花含笑，依依柳送春。離悰抛未得，況復別同人。

多感諸君厚，春來爲我忙。幽蘭空谷采，小草出山香。賦愧金門獻，才憑玉尺量。臨歧懷密語，努力致虞唐。

和鄧子珣鍾玉孝廉偕曹愚溪礦成大令會勘金星山途中口占原韵

風拂春旗柳影斜，沿途髦秀擁星車。山民解識長官意，爲助詩清只獻茶。

濛濛細雨渥花蹊，叫斷春風杜宇啼。但願村氓循舊轍，何須新法創橋西。

來游君子异前年，携得瑤圖證洞天。汲古心源澄到底，出山猶是在山泉。

花紅草碧遍山中，宦橐琴囊兩不豐。却羨詩成珠玉在，慚投瓦礫頌清風。

自蘭溪赴壽昌口占

水西門外喚舟聲，菱角塘前夕照明。一路山花紅不了，春風吹到壽昌城。

壽昌謁湯慎臺明府

爲訪騷壇老，途長不厭艱。乘桴通一水，繞郭列群山。花滿衙逾静，風清吏自閒。挑燈談未了，妙語解人顔。

主人笑留客，茅舍竹爲籬。如水臣心談，居山吏隱宜。訟庭敷草色，夜雨潤花枝。新咏玉臺體，風流亦我師。

望 皋 亭 山

才説皋亭眼忽開，古懷耿耿寄崔嵬。只今春日黄鶯語，記昔秋風白雁來。南國山河危累卵，北朝軍馬疾銜枚。不知潮水緣何事，也入海門去不回。

舟 中 偶 成

瓜皮斜繫小橋西，春水溶溶罨畫溪。撩亂鄉心才置却，杜鵑又雜鷓鴣啼。

穿橋舟傍緑楊汀，兩岸柔桑着色青。料得紅閨蠶事急，提籠上箔幾經①。

---

① 此句疑脱一字。

舟　過　石　門

蕩槳鼓棹一帆輕，遥望烟闐旅思生。小艇穿橋齊入浦，長川通海半環城。幾家漁舍村連郭，兩岸鵑啼雨乍晴。客路不知時序换，送春聽徹曉鐘聲。時四月朔。

宋黄勉齋先生監酒税處

磊石門前路，舟行見古碑。四朝留舊迹，十字勒新詞。碑大書"宋黄勉齋先生監酒税處"十字。道學無須禁，卑官儘可爲。倘登廟堂上，醉飽世雍熙。

可惜南朝季，伊人道不行。只留閑散職，却繫大儒名。石浦雲初起，兒溪水有聲。艤舟芳草岸，論古悵吟情。

東坡三過題詩處

東坡三過處，我亦片帆來。往迹平蕪盡，長天夕照開。風輕吹岸曲，碑古卧雲限。陡覺幽懷發，伊人重溯洄。

舟　次　閒　眺

偶倚篷窗望，吟情即目間。浮沉惟藉水，平曠更無山。叉港通橋小，圩田逐岸彎。勞勞行役子，却羡野鷗閒。

申　　江

澄清黄浦水，波急挾流渾。蔽日春帆駛，腥風海氣昏。居人攙异服，估客半夷言。別有關心處，繁華且漫論。

航　海

大海東流去，茫茫客思長。乾坤浮半壁，夷夏劃重洋。無浪清
於鏡，何人巧用航。懷柔勞聖代，履險一康莊。

天　津

析木津頭望，紛紛泊遠航。能臣籌足國，時務重通商。柳蔭沙
灘市，花飛蕃店牆。咽喉南北地，自古有嚴防。

北　通　州

艖子船寬稱客身，通衢輻輳亦通津。水無一里不三折，地近九
重攢四民。落帽相逢知北俗，北俗三月後不戴帽。升車未慣笑南人。
淒涼土堃眠難穩，準備明朝入帝閽。

都門寄吟花館友

竟爲虛名誤，馳驅出故鄉。鮮花明遠驛，碧草襯輕裝。十二年
華迅，余選拔已十二年。三千客路長。記從東郭別，同人送余東門外。
云受朔風涼。淥水曾翻瀲，春江倏到杭。烏邪喧過壩，出艮山門，過
壩。蠻語聽談洋。至申江，寓洋涇橋。文物中西共，繁囂耳目忙。孤
帆指滄海，片紙定舟航。買輪船票。卦象風兼火，輪蹄士雜商。聲
聲吹篳篥，開輪船，吹管爲號。滾滾泛艅艎。雲霧迷空闊，乾坤入混
茫。清流浮玉色，清水洋。黑水變銀潢。黑水洋。幸得波臣助，居然

澤國康。津頭屯驛騎，沽口急兵防。大沽口有天津巡海防兵。林紫生新竹，紫竹林，輪船停泊處。村青覆綠楊。楊村。櫓搖通境裏，棹換濟河旁。通州河，名通濟。塵染衣難素，沙飛日蔽黃。衢真名輻輳，谷似歷車箱。自通州易車。行矣遵王道，巍然仰閭闍。司閽殊武健，入都門，守兵索酒錢。天市近文昌。金華館在東大市，中有文昌閣，即余寓房。若鳥同栖木，如蜂各占房。銷沉浮白醉，氛翳軟紅香。恒代人豪傑，幽燕氣慨慷。月橋蘆子曉，烟樹薊門蒼。炊爨憐煤爐，療飢借餅嘗。壯游何落落，顯宦自昂昂。別久情偏戀，家遙夢轉荒。故交豈寥廓，异地挹芬芳。慚愧才能劣，騫騰志意強。北鴻南鼓翅，寄語訴離腸。

天　　街

天街袞袞拂香塵，選佛場中插此身。白髮江湖來魏闕，紅妝燕趙盼佳人。西山隱翠籠雲現，南海圓荷出水新。自古窮經須致用，就徵莫漫負蒲輪。

金　魚　池

勞勞車馬帶塵飛，偶過方塘踏夕暉。人向箇中尋至樂，魚從何處得真機。荇蒲蘸水香連岸，槐柳臨風影拂衣。一幅江南佳景畫，旅懷對此可忘歸。

天龍寺　郡人停厝所

淒涼古寺綠槐高，東角西圍鳥夜號。都是當年名利客，一抔荒土亂蓬蒿。

開化寺 亦郡人攢園

荒荒香刹草萋萋，平遠黃沙送馬蹄。一抹斷烟華表冷，哀禽自叫夕陽西。

法領事公署

仁慈周萬國，奚止法蘭西。慕義初依宇，來同竟借棲。畢宮瞻日近，鳳闕壓雲低。寄語天驕子，朝廷法令齊。

登陶然亭

陶然亭迴傍瑤臺，此日登臨眼界開。魏闕雲連雙鳳起，圓壇日擁六龍回。經綸雷雨思良佐，斧藻乾坤擢俊才。遙望西山佳氣繞，五陵瑞色自天來。

卷葹閣

萬里天山雪，歸來自脫簪。直臣終苦口，名士固抽心。老屋三間在，遺詩一卷吟。伊人何處覓，閣外夕陽沉。

思　陵

東林黨興君子死，信王孤立作天子。十七年中數十相，天下大事可知已。劇憐一樹海棠花，二王公主都無家。傷心忍聽孝陵哭，冬青樹老啼昏鴉。

端　陽

一般佳節屆天中，纔到他鄉便不同。艾葉如分南國綠，榴花自愛北平紅。詩賡萬楚曾觀妓，人吊三閭獨效忠。却憶家居閑放學，龍舟競渡鬧兒童。

驅　車　曲

暮驅車，到黃昏。朝驅車，趁朝暾。朝朝暮暮，驅車貴人門。貴人日旰猶未起，大權旁落歸閹①。得錢閹者喜，許君家耶門下士，還須鵠立馬厩中。遲遲貴人會客矣，問渠胡爲然，熱中相熬煎。鶤鵬擊水三萬里，吹噓也藉風來天。一朝貴人賜顏色，直上青雲生羽翼。論交宜與金張親，攀援最憑許史力。歸來意氣殊揚揚，同時流輩羨未得。從此三節兩生日，炭金贄儀無休歇。昔時骨何傲，邇來膝自屈。清夜忖度心難捫，莫更逢人談氣節。車斑斑，長安大道間，前者去，後者還。天路茫茫不可攀，徒令馬通沒脛泥沾鬣，使我不得開心顏。吁嗟！紇干山頭凍殺雀，何不歸飛生處樂！

七夕與黃孝廉堯卿飲 卿虁

與君同失意，佳節泛仙醴。燕市秋揮扇，烏橋月刷翎。功名無一事，沉醉羨雙星。巧拙皆逢運，天孫懶乞靈。

出　都

北闕上書空復然，西風無賴緊歸鞭。槐開燕市花初落，柳拂金臺影欲遷。故我何加添白髮，先生依舊付青氈。長安漫道居非易，一事無成已半年。

飛騰願在寸心違，南望鄉關策蹇歸。天闕猶思瞻象緯，京塵未忍浣征衣。許身稷契詩空付，唾手燕雲事已非。回首樂游原上望，猶貪風景最芳菲。

口　占

生平詩學孟，此日恰騎驢。不必風兼雪，凄涼獨有余。

千金買駿馬，追電能行遠。又恐蹶霜蹄，何如驢背穩。

烟　臺

東溟深不極，陡起一嶒嶸。舟楫通天末，乾坤付浪淘。水寒山骨瘦，人立海波高。日夕舵樓望，南迴見斗杓。

烟臺停泊處，不覺五晨昏。番舶舟中市，巖居化外村。成山半月影，齊界一烟痕。但祝南風順，平安駛海門。

海上中秋寄吟花館友

一芥舟浮渤澥東，驚心節序忽秋中。金波袞袞天無岸，玉宇沉沉海有風。家爲別離思子美，人非遷謫學坡公。尚餘燕市蒲萄酒，乘興傾壺倩孰同。

　　却憶去年當此夕,吟花館裏酒杯傾。何期萬里悲秋客,獨向三更看月明。天地自浮艫舳穩,星雲不動海波平。遙知綺席故人滿,説報郵籤第幾程。

海 上 雜 感

　　吾聞鴻濛初,水包天地表。定位分兩儀,山峙水環繞。衆派東歸墟,渾渾復浩浩。何人創輪船,飛行凌絶島。廣可容千人,高欲塞蒼昊。置之滄溟中,天空一飛鳥。人言輪船大,我言輪船小。

　　古人智創物,刳木以爲舟。用以資利涉,巧不盡冥搜。三皇及五帝,渾樸可自由。神仙侈秦代,徐福生狡謀。童男及童女,東溟付悠悠。漢開西南夷,地僅到東甌。唐皇征句驪,大旗海上浮。宋末航海策,廟堂不見收。元人始海運,滄海駕糧艘。明初嚴海禁,中外界鴻溝。聖朝輿圖廣,直到天盡頭。遂令泰西子,製此大輪艘。通商日以遠,海防日以周。閩嶠延交廣,營壘無時休。利興樊旋伏,害至策須優。吾欲訴真宰,填此洪波流。

　　西人掌舟政,中人隸獲臧。厨爨及糞除,賤役一身當。西人向余言,我國皆富强。匈奴文法簡,所以强如狼。大漢文法繁,所以弱如羊。余方欲開説,通事睛轉眶。旋亂以他語,結轖在中膓。安得談天口,縱橫學蘇張。

　　昔我未來時,頻聞先達言。一入輪船内,頭眩心中煩。黑龍攪海底,簸蕩天地昏。嘔吐及泄利,此身任風掀。感此怖殺儂,幾欲返南轅。泊乎游海上,居然慶天恩。空明水如鏡,安静風不翻。遠望滄溟闊,接天遥無垠。有時翔飛鳥,雲表一金鵾。可以資懸眺,可以暢吟魂。乃知貴目見,耳聞且漫論。矜張太險阻,欲進轉無門。爲學亦如是,身歷道始尊。

偕黄堯卿游西湖

半年相逐滯京華，今日同游興倍賒。北地曾酤燕市酒，西湖又賞虎林花。最佳山水聊停棹，已近鄉關倍憶家。明早離亭一樽醁，與君分手隔天涯。

九日偕吟花館友登天階景壁樓

萬里歸來客，登臨興更多。京塵衣尚黦，秋色鏡新磨。勳業銷槃澗，文章愧卷阿。黄花香對酒，醉影舞婆娑。

文　王　鼎　歌

青螺山人周景熙持周鼎，任我縱觀丐我辭。風塵潰洞昏俗眼，三代法物焉能知。但覺摩抄古懷發，想見當年鳳鳴岐。底有古篆其文曰，魯公作文王尊彝。魯本作鹵亦作衣，《古文尚書》證何疑。仲子生手堪旁引，叔重立説非吾欺。斥鹵剛鹵地名异，袞州濱海還相宜。宋人斷斷失古意，魚頭參政徒爾爲。此篆大約沿商代，應是同姓初封時。元公佐政藩少皥，作器薦考倡諸姬。蒲鼎及蕭歌周頌，於穆宗廟清緝熙。驪山烽火秦虐焰，神物呵護無殘墮。假如魯叟游秦國，當同攲器生嘆噫。宣和天子工搜古，仲忽早獻彰神奇。爾來七百有餘歲，滄桑代更沉川湄。吾邑詩人揚州客，鼎爲朱菊山侍父宦維揚時所得。乃復購得珍藏之。什襲縢櫝詒孫子，紅羊劫落田家籬。傖父茫昧將棄擲，寇難，鼎落南山民家。夜有光怪，將椎碎鑄釜，西村人供家堂神，買以焚香。山人一見力保持。携歸拂拭土花蝕，古色斑斕光陸離。畢郢荒蕪雜榛棘，豐

145

鎬想像薦酏粢,慚余才薄筆難扛。安能濡染揮淋漓,率爾操觚作
嚆矢,遍告大雅代徵詩。嗚呼！寶惜康瓠棄周鼎,此語由來古所
悲。果使賞鑒有特識,行見胡簋登堂基。矧兹家相舊制作,顯承
謨烈長丕丕。

和江芷馨四十自述

江令生花筆,髫年已不群。人懷金錯贈,香古玉臺薰。一畫書
郵壁,偏師張楚軍。只今强仕日,高義薄層雲。

聞説雙星會,瓜筵續續開。久香花四壁,豪飲酒千杯。市隱賢
豪寄,羹調宰相才。猗與求也藝,從政待時來。

和郭子琳四十自述

護花侍者年四十,折簡相招群英集。浪憑仙客偷蟠桃,且
共詞人飲米汁。侍者學語便知詩,貧無立錐富篇什。家住芙蓉
山下村,褐來壯游居我邑。吟花館裏聯吟朋,傾肝披膽同呼吸。
轉覺魏徵生嫵媚,未妨長孺多戇直。踏青頗攬春蘤香,登高不
辭秋露裛。乘興擲筆干雲霄,巨刃摩天水流峽。若使作頌登明
堂,藻繪乾坤資闔闢。只今年當强仕期,劇憐爵未沾半級。坐
此詩學工於窮,垂橐倒懸錢不入。紈袴庸庸誰過問,惟有心知
相歡洽。烹魚沽酒冬圍爐,筍芽出土梅開蠟。會須一傾金叵
羅,直到期頤更執樞。今來古往何悠悠,人生歲月驚如流。唯
能詩者自壽耇,性情敦厚天所優。君不見,百有餘歲能吟之韋
蘇州。

題羅稷臣明府六十自咏詩册後 家穡①

吏道高追漢，詩才盛際唐。由來韜略重，不獨歲年長。花滿壺山秀，春流熟水香。何期蠶績外，又見五雲裳。

讀罷還三復，餘芬沁入脾。千秋銘竹葉，一字早梅師。南楚荆披日，西湖菊泛時。文星臨寶婺，僻邑沐光儀。

地角風斯下，文心日就蕪。得吟公鉅製，如見古醇儒。騁秘抽絲繭，神明式履舄。鮀生求斧削，故弄向班輸。

送胡莘園挈眷之吴

清輝香霧旅愁新，豈稱江南花月春。子美無家應惜別，裴航得偶自相因。吾宗偏選浮雲婿，客夢轉添行雨人。此去畫眉資巧樣，姑蘇臺畔柳痕勻。

又 以茶及醃豚蹄贐行

臨歧未及話離情，卿尚倚裝余已行。不是浮梁偏買得，生風聊復助詩清。

片帆風順馳如飛，熟水津頭望落暉。操得豚蹄頻暗祝，來年燕子抱雛歸。

五月中自郡城歸以書簏寄便舟舟人失事詩稿皆漂沉

敝帚千金自護持，中流莫救一壺危。曾經大序騷壇老，《寇難

---

① 家穡，《吟花館詩鈔》卷首作"嘉穡"。

詩》,俞曲園先生作序。豈謂多言河伯欺。落水何人懷晋帖,橄江無
術出歐碑。幸叨同志鈔傳早,大半殘零异昔時。

　　舍舟登陸失匆匆,自笑年來命太窮。作客應憐生計薄,著書又
逐浪花空。癡迷魂夢思珠浦,慰藉旁觀説塞翁。却惹吟壇諸好友,
代余憤懑訴東風。

　　空還敝籭帶沙塵,消息連番問水濱。沿溪尋訪,僅獲破籭。莫是
神交締詩主,人言破籭撈自詩主村,村有杜少陵祠,故以詩主名。敢云心
史付幽人。龍宫似代操删訂,鴻爪相留本幻真。他日重編前稿在,
芙蕖出水更清新。

冒雨登九峰巖

　　天氣陰晴兩不定,游山不顧路泥濘。雲出山上雨山中,樵磴細
流水没脛。須臾雲捲天容開,我身已在九峰頂。蘭竹含潤披巖崖,
果蔬帶濕生畦町。杜宇亂啼花亂發,閒坐古石平倕倕。下視廣漠
諸溪流,水光閃日何明炯。指點始知邑乘疏,某水滙某訛相並。方
騁目力雨旋來,欲窮山奥天不肯。下山未半山霧收,回望晴天萬
里迥。

築先隴成感賦

　　抔土纔成轉愴然,貧家作事倍堪憐。爲封馬鬣崇三版,待卜牛
眠近廿年。記剩東萊書尚在,庵名佚老迹都湮。先隴新卜油井頭佚
老庵基旁。松楸幸附英賢躅,賽讀青囊玉尺篇。

　　馥郁家風官閣梅,孫枝全賴舊栽培。南湖飲水留清節,北闕上
書慚不才。未博韓公諛墓作,空教子厚志瓻來。那堪回首權攢日,
杜宇棠梨歲歲哀。

失怙鬖齡總可傷，銅盤尚記餉書堂。昌黎先歿小韓子，涑水孤存老伯康。草滿荒郊千古恨，花開旌節九原香。前郡伯趙公申報先妣孝節。更餘一事心驚處，十歲猶眠大母床。

未啓殯宮先泪枯，附棺事事莫糊塗。凄涼玉露空霑薄，蕭颯金風早逗梧。死不出鄉經訓在，山堪埋骨世人迂。紛騰一任庸流議，成法惟遵墓大夫。穴法先祖居中，先伯考右，妣氏以班祔，二庶妣分列旁。

須知地理皆天理，莫爲先人誤後人。孫子應懷宗祖德，吉凶自與否藏因。讀書不喜曾文迪，卜兆偏逢郭景純。郭子琳爲余卜地。但願千秋萬歲後，年年麥飯薦時新。

哭　次　女

珠沉玉碎可如何，老眼旋枯泪涕沱。修短也知皆命在，劇憐生少已離窠。次女週歲，内人病，失乳，爲徐家童養媳。

記得前年看汝時，離家羞澀露嬌癡。如今歸省纔依膝，忍續女挐銘墓辭。

客中買得布衫緋，汝病阿耶尚未歸。物在那知人已去，空教令節送寒衣。

豈惟老我獨鍾情，姑舅閨中泪每盈。我尚强歡渠放哭，兩難忘處是聰明。

夙因莫向梵天誇，天女維摩已散花。願汝瑤池修慧業，來生休到貧儒家。

挽王价庵 樹屏

多時相契譜金蘭，一病秋楓葉落丹。年少何辜登鬼錄，吟花館友，君年最少。詩清有句賞騷壇。君詩有“山色寒烟裏，秋聲落葉中”句，爲同人欣賞。淒涼管鑰北門冷。君居北門。寂寞身家東野寒，愧我客中消息杳，未能臨賻更悲酸。

五十初度感賦

許大乾坤處藐然，前身似記童初天。風雲扼我成雙鬢，歲月磨人守一氊。未補蹉跎心怵惕，無多著作意纏綿。百齡已是逾强半，根觸遥情溯少年。

夢醒喚媳慶宜男，恍惚衣香影淺藍。先君子元配多病，屬纊時，每以無子爲念。迨先妣懷妊，大母夢亡媳抱兒至，醒後淺藍衣影猶在目。詰朝，誕潤。滿望認環徵夙慧，誰知提印作空談。千秋業兆行難副，生潤日，門外適有鬻鞦韆架者，伯父謂先君子曰：秋千者，反語千秋也。因咳名千秋。百藥名稱苦草諳。七歲就傅，頗善病。徐秬卣夫子戲潤爲李百藥。閑與家人詳舊事，一番詳說一懷慚。

兒寬經學王維詩，儒雅風流幸得師。受經於倪仁山夫子，學詩古文辭於王柳堂夫子。耕硯無田聊代穑，鈔書吞紙且忘飢。丹鉛自勉平生業，青眼偏邀大老知。疊受知於吳、徐、瞿、丁諸學使。前令湯序《吟花館詩》，曲園俞先生序《武川寇難詩草》。五十年來成底事，空添鏡裏白吟髭。

那年浩劫直紅羊，志續山棲險阻嘗。王粲登樓嘆逆旅，陳琳作檄鼓戎行。西南鄉勇與賊相持一年餘，余在雙溪砦曾作檄。中興漢運宜耽酒，吉夢周詩失弄璋。昇平後，舉一男，以痘瘍夭。痛定還思當日況，無端悲喜集衷腸。

時危門户守伶仃，疫癘兵戈幾度經。執緋三更衝賊馬，伯父浮厝時，賊騎充斥，工以夜舉。委禽兩次急原鴒。爲萬選弟完姻，新婦卒，又爲續弦。才欣榴實添紅子，萬選弟獲一男。又恨秋香落紫丁。壬午赴秋闈，及民弟卒。恤寡撫孤吾自分，年年竭蹶是居停。

琴劍頻年賦遠游，蒼山婺水陸兼舟。養花無術場師愧，彈鋏何人食羞①。漫謂鴻都尚經典，如今兔册傲王侯。寸心千古非容易，且締朋儕課進修。

也曾策蹇上京畿，天路驊騮蹴六騑。畢竟經生西席置，考取八旗官學教習。休誇上舍南雍依。挂帆滄海幸無恙，返轍風塵欲息機。贏得長途添白髮，從知四十九年非。

閑窗寫盡剡溪藤，掌故遺留愧未能。魯國無風徒綴頌，輯《武川詩鈔》。禪宗有録合傳燈。輯《武川文鈔》。轉憐散佚書經蠹，却笑生涯紙鑽蠅。可是貧兒稱暴富，此中得力藉良朋。

冬日晴烘麗早梅，交梨火棗果盈堆。世情但祝年華益，學力難禁歲序催。興到老夫詩寫就，歡騰猶子酒沽來。古人炳燭心逾熱，豈向芳筵漫引杯。

溪　　上

溪上生幽意，因緣動顧瞻。春來新水活，風逗漱紋添。花鴨無須打，淵魚任自潛。沙平芳草緑，對岸一茅檐。

望　　雪

雪積山河滿，凝寒肅野坰。一天同皎潔，萬類壓空冥。騷客頭添白，途人眼眩青。獨憐梅耐冷，水郭幾枝聲。

---

① 此句疑脱一字。

烟月山房詩集卷七
光緒戊子、己丑、庚寅

步　月

春風旖旎水平流，秉燭何妨作夜游。兩岸簫聲一江月，看花好上木蘭舟。

婁江即事

徑向芳筵醉，空江月欲斜。美人聊佐酒，老眼且看花。燈影更三點，衣香水一涯。宵深風露重，莫更聽琵琶。

送羅稷臣明府

記昔兒童竹馬迎，山深四月囀流鶯。去年四月署篆。早從虎帳襄文治，公以諸生從戎，屢立戰功。小試牛刀在武城。雨細栽花壺嶼秀，風和息浪熟溪平。儻非豈弟稱君子，載道何由聽頌聲。

莫訝蒲鞭道太寬，秦餘風物尚凋殘。年豐玉粒篝車滿，夜禁金吾衽席安。喫菜何人逞燕說，石鷲巖有唱宋人喫菜教者，公懲其酋，黨乃散。添籌有句誦騷壇。公六十自壽詩，士林傳雅。蒲團長老拈香祝，幾千年來佛是官。寬明招山智覺寺僧逷賦。

撫字政深心更優，不妨農事看工鳩。東京樓櫓繼宗澤，建衙署。南國絃歌化子游。興小學。太史荒墳纍五世，名山講席足千秋。時明招山修講院及呂墓。花銜正喜棠陰茂，底事驚傳繫馬留。

叔度風流歌暮來，唱驪無那暗相催。陽春奏曲書金薤，卜夏論詩序玉臺。公嘗和吟花館同人詩，又作《吟花館詩鈔》駢體序。落落天涯知己感，絲絲柳綫縮誰回。癡心擬向東風祝，約住仙舟不放開。

漫　　與

厭對孤燈坐，芳園暗攬芬。春風吹過雨，朗月豁微雲。夜色清如此，人聲悄不聞。裴回花徑外，別有古香薰。

寄胡莘園

契闊經年足別愁，相思一日直三秋。欲穿望眼吳山隔，不斷離情越水流。東閣吟梅慚水部，西樓望月憶蘇州。布帆若借金風便，香滿蓮涇擬泛舟。

重到金錢寺懷郭子琳

記曾携我友，來此佛圖中。溪柳兩番綠，園花一樣紅。去年方夏至，今日又春風。時序催人老，離愁況不窮。

朱呂講院重修落成奉安栗主紀事

鼎主東南學，馨香重薦羞。六朝山兩屐，晉阮遙集隱此，有蠟屐亭。二子道千秋。維昔炎神撫，宏開景運休。渡奇泥馬涉，統續泣麟憂。觴濫源濂洛,薪傳采崞鄒。紫陽八閩傑,朱子訪東萊於明招。
綠映一亭幽。東萊自明招游劉氏園綠映亭,有詩。芳躅邀停駕,高軒得
並驪。時來借蘭若,歲復省松楸。東萊先代葬明招,時來省墓,借寺講
學。左右山堂鞏,見鞏厚齋墓志。因緣戶部劉。見郭宜人墓志。武成
興講貫,越水萃從游。百里儒風拂,群賢化雨流。後人儀教澤,祠
宇傍林丘。菜向丁辰舍,年輪甲子周。康熙中,學博翁嵩年修。乾隆
中,邑令張人崧修。嘉慶道光,邑人士修。秦宮餘楚炬,咸豐辛酉寇火。
魯殿散商卣。太守今循吏,知府陳文騄捐修。文翁古匹儔。朱提捐
鶴俸,碧瓦蓋鼉樓。蠲潔明禋肅,牽牲典祀修。故家尚元氏,末裔
會陳留。阮、鞏二氏裔來助祭。爐篆香燒瓣,絲衣弁戴俅。伊余慚譾
陋,良友藉羅搜。蘭溪舉人鄧鍾玉輯《東萊弟子錄》。補闕須稽考,微言
貴繹紬。浮屠三宿戀,余偕同人九月廿八日到明招,十月一日始返。作
者七人求。初,講院祀朱呂,以鞏山堂栗齋配。道光邑令朱緒曾增祔呂子
約、洪無競、張成招、徐一夔。今考鞏峴及嶸,鄭良臣、劉粹中、敏中、允中、時
中,皆東萊弟子,竝祔主從祀。勝事追函丈,斯民勉德輶。雲峰瞻卓
卓,溪浪去悠悠。迹沒殘碑認,巖深老木樛。明招終不改,教澤紹
清脩。

朱子手書呂墓殘碑

空山木落秋林赤,太史坑前雲飛白。何人畚鍤深三泉,古碑出
土苔花積。摩挲尚可談前朝,八百年來此殘碣。半明半滅文依稀,
玉裂璧碎中破割。始知圖經付昧茫,何如深山一片石。吁嗟乎!
君之墓,朱某題,模糊點畫猶堪稽。翹首長空思遺迹,平蕪廢徑斜
陽西。碑已爲鍬鋤碎其半,尚“大”字半箇及“君之墓”三字,旁注“安朱熹題”
四字。按此可知,康熙《志》有“宋東萊呂成公”、嘉慶《志》“東萊先生呂伯恭之
墓”皆非是。

謁阮遥集墓

荒土一抔秋木凋,渾疑酒氣未全銷。高踪白下携雙屐,埋骨青山剩六朝。已付袈裟塵劫外,尚留碑碣姓名標。我來不敢蕤冠戴,只恐貽羞在解貂。

登玩珠山

四面渾無着,圓融最上頭。雲隨溪水逸,山對寺門秋。南宋懷芳躅,東平緬勝游。荒荒亭址在,風葉自颼飀。

月　谷

昔讀水心詩,曾記題月谷。兹遂明招游,永懷古芳躅。是時九月晦,清光閟林木。繁星天高寒,暗水滋蘭菊。五更雲端光,一抹豁炳煜。山曙風颼飀,濤響松謖謖。對此境虛明,更不羨濠濮。人心自有月,靈臺生胐朒。寒水照聖心,方塘波可掬。

呂墓咏古

太史高風不可攀,尚留遺迹覓烟鬟。商聲蕭瑟長林外,落木蒼涼古塚間。故國一墟京洛土,元堂三世婺州山。《東萊集》:"明招,婺之名山,予家三世葬焉。"只今剩有雙華表,苔蘚雲封石髪斑。

素車丹旐壽春來,呂好問自壽春改葬此。封邑天恩石竁開。謂申國夫人。南渡衣冠傳北學,中原文獻屬東萊。魚須有笏遺祠部,謂成公父。鸞鏡無光閟夜臺。謂成公三夫人。寂寞九京千載盡,啼雅枯木不勝哀。

頻年奇迹省楸松，有本儒脩厚責躬。卅里西流來活水，東溪水西流，繞明招山外。三千東魯紹休風。先生若使加年歲，道學何須判異同。子靜籲天陳亮哭，題碑又泣考亭翁。壙志書來泣大愚，劾奸一疏恨何如。再移遷客韶州路，千古難兄麗澤居。埋骨山中循族葬，易名身後博旌書。月明記取空山曲，道氣忠魂繞太虛。

生芻一束拜清芬，空谷荒荒草欲熏。妙筆猶傳真學士，真西山有《東萊大愚祠堂記》。英風合對阮將軍。鐘催智覺銜斜日，秋老明招黯暮雲。臨去幾番回首望，早梅殘菊古香聞。

偕方謹齋倬圭游寶泉巖

朝旭升東山，光晶向西射。清露竹梢凝，洗出萬个碧。行行穿竹根，興豪徑忘窄。曲磴十八盤，巖屛山露脊。俯視城市遥，遂覺囂塵隔。吾宗老太守，挂冠甘着屐。簪纓了不關，留兹林棲迹。至今數百年，空翠生蘭柏。庵旁山泉澄，試茶飲瓊液。清氣沁詩脾，天風吹兩腋。卬友方三拜，素有烟霞癖。裸身浴泉水，漱流更枕石。笑謂寶泉游，却非驄馬客。

偕方謹齋陶占元登雙玉巖搨宋咸淳鐘元
永鎮庵碑明石室禪庵碑無住定禪師塔銘因宿洞天

陡發登臨興，忙中轉自閑。紆途應訪友，襆被共游山。日落林梢晚，雲穿石磴彎。雙巖留古迹，策杖一躋攀。

捫碑還洒墨，因宿洞天中。暝色山頭黑，燈光佛面紅。宋元存點畫，金石想鎸礱。巖鳥殘更報，無須漏滴銅。

天光開一綫，早旭射巖西。鼠級危難下，禽巢冷不啼。余應沿白水，客或返烏溪。陶占元自烏溪返，余偕謹齋過白姆。分手長亭畔，歸來與古稽。

自雙玉巖山行至白姆見巖厂人家率占此

石室何年闢，山栖太古風。泉源生石罅，鷄犬吠雲中。徑絕穿窬怯，身勤衣食充。不如城市裏，十丈軟塵紅。

枕鐘山館別家公蔭 紹遜

經年結契得吾宗，到底葛藟根本同。八咏樓前千里月，雙溪驛畔一帆風。談心客倚輕裝外，分手情深不語中。此後枕邊鐘響逗，聲聲長憶婺城東。

題丐婦牽猴圖

牽猴女，誰家婦，楚楚丰姿頗不醜。風塵滿目行路難，胡爲曳裾長途走。似嫌王孫不歸來，故着香肩當襁負。游戲世界大神通，時呈小技餬予口。凭他驀山跳澗雄，綫索終落佗人手，此事尋常行處有。

題徐子良筆捶琴小影

丈夫生不能投筆取封侯，又不能凌雲畫日藻繢帝王州，徒抱一握毛錐子，知音世上殊悠悠。獨彈古調少人識，下筆空矜垂露秋。何如學作陽翟賈，琵琶羌笛嬌歌喉？何如買盡南山田，一字不識盈車簀？胡爲安絃復操縵，含毫窗下徒埋頭？豈知達人自有意，游心天外神與謀。有筆不肯寫兔册，有琴不肯彈鳳求，甘使世人紛嘲毁，高天厚地一詩囚。勞人思婦聞秋蛩，花明柳暗啼春鳩。乾坤許多等閑事，付與秃管恣窮搜。有時凝思偶未了，以筆捶琴不自由。却被畫師窺真相，謂此柳生古匹儔。人生適意自可樂，底須珥筆五鳳樓。君不見，琴畔一枝如椽筆，儼然兀坐徐南洲。

烘　書

卑濕長沙地，真成降謫居。梅黄三日雨，竹素一床書。緣壁紛蝸篆，開箱走蠹魚。火攻非上策，救急且如何。

苦　熱

清晨尚帶幾分涼，午晝無風花不香。剛欲移書西院坐，斜暉又復照東牆。

院宇沉沉鬱未開，坐搖紈扇起徘徊。捲簾思放清風入，却似故人期不來。

沉李浮瓜總不勝，火雲儘日壓檐蒸。無端根觸京華事，半壁街頭喚買冰。

三弓矮屋夾重檐，非學君平也下簾。幸是臣心淡如水，不然難免誤趨炎。

窮酸骨相未能無，火裹紅蓮造化鑪。却笑天公真好事，欲將熱客變寒儒。

大樹下徐祠八景

古籐弄月

籐棚無月色，辜負清宵永。籐月共千年，篩落光耿耿。夜分微飆生，彷彿花弄影。

修 竹 迎 薰

風來我不見，竹舞已在目。人謂竹迎風，我謂風迎竹。問竹竹不言，且歌南薰曲。

鼓 巘 春 雷

我昔讀周官，聞説有雷鼓。鼓山復聞雷，春聲盈村塢。究竟何處來，鼓所即雷所。

鉦 泉 秋 水

但見秋水澄，不聞銅鉦聲。秋風一以至，天籟偶然生。乃知造物巧，善鳴假之鳴。

野 碓 春 雲

宵春涼夏月，朝春高入雲。雲中人不見，但覺春聲聞。渾疑天倚杵，一氣付氤氳。

山 橋 積 雪

山徑人踪滅，漫大霏玉屑。誰爲驢背人，踏此景清絶。高人不出山，一任山積雪。

雙 溪 垂 釣

不問溪東西，隨意縱所如。其釣復非釣，況辨魴與鱮。君問垂釣樂，君看雙溪魚。

大 樹 聽 經

昔有尼山老，講禮大樹下。芳躅垂千秋，命名沿文雅。莫將貝多葉，誤傳到蓮社。

孝 子 篇

題七世祖允元處士家傳後。

高皇定鼎重忠孝，節義旌門令典垂。諸叔季乃萬曆乙酉篤生

159

我孝子。一解。總角髫齡，父授之經。千言日誦，可俟對大廷。親重名輕，力穡躬耕。依依膝下，千秋萬歲，願父長生。無何末疾攖。二解。攻之不治，母曰奈何？灸之不及，弟曰奈何？孝子曰然則爲之奈何？其請於天起沉痾。三解。父病，兒病。兒命，父命。乙夜號呼，百神司令。若有寐而告，鑒兒至性。四解。孝子立起，操刀長跽，剔肉刲肌，血流盈屝。進以羹湯，咽下病止。五解。股割，兒死，兒代父身。割股兒生，兒長侍親。毋謂傷父心，父算綿殘春。毋謂毀遺體，此體遺何人。六解。大夫曰：嗟，孝乃是邪！使者輶軒，聞之禁垣。天子曰：都，朕旌其廬。七解。當其時，明運衰，寇延綏，爛如糜。蔓延山谷，狼生貙羆。孝子有弟，曰：其禦之！匪義匪勇，乃兄孝所移。冠帶綵服①，綽楔門楣。融融洩洩，奉高堂娛嬉。八解。孝子有後，佳兒佳婦。兒貢於朝，巫陽下招。婉變獨旦，修眉細腰。耿逆叫嚚，窺伺阿嬌。斗然投身山椒，賊驚而跳，曰：犯孝節，干天怒。相率去，去毋搖女貞樹。九解。聖朝旌節，玉裂冰潔。烏虖一門，沐累代覃恩，不匱錫類，是乃古道所存。我爲作歌道辛苦，願我宗人義率祖。但救親，莫惜股。十解。

題徐文肅公趨朝圖

　　九天閶闔雲模糊，羕冠博帶中大夫。宵分待漏丹闕下，云是文肅趨朝圖。當日朝廷開兵釁，藉口復讎交鋒刃。徐柟奏劾心奸邪，佹甽矜張勢雄峻。開禧不與紹興同，沈決先幾中②。舉朝無語一臣語，想見辭陛攄孤忠。可惜一麾遶出守，鐫秩罷祠久復久。尚書舉代充郎官，天子召對容開口。又復想見早朝時，起視數問夜何其。

天下大事敗壞盡，今日更化良難爲。天不祚宋公早死，後來湖山付浪子。半閒堂中蟋蟀鳴，幹難河外鐵馬起。可憐江南白雁來，此日立朝何人哉！早得如公數十輩，行見日捧虞淵回。南宋山河無片土，魚口猶裂絹紋古。視營眉蹙頤雷垂，如見直臣心事苦。直臣自昔遭權臣，不移勢利能幾人。師友淵源成亮節，永嘉葉適傅良陳。書臺山高瞰城闕，壺山一抔埋忠骨。六百餘歲披瑤圖，故家還存魏徵笏。圖絹本，長六尺許，博三尺餘。上繪宮闕，雲氣繞之。文蕭望闕行，居中。前一人，提燈；後一人，捧笏。今存其裔明經俊秀家。又有遺笏一事，亦藏其家。

宋徐文忠公墓

面面居民塞不空，壩垣尚占地三弓。北城舊宅一抔土，南渡孤臣四尺封。華表全蕪芳樹緣，斷碑半仆夕陽紅。我來瞻拜鄉先達，吊古幽懷滿碧叢。

無路勒王問道行，焚書斬使恨難平。李陵矢盡終降虜，萇叔天違竟死兵。三日猶襃德祐詔，一軍皆没江陵營。臨湖門外波聲沸，誰爲招魂葬故城。

蓬顆山城表一丘，忠魂義魄自千秋。故家尚有雲礽在，典祀還將廟貌修。花園廟左方塑公像。早死九年文丞相，捐生雙縊趙知州。不須更作衣冠想，半壁江山頃刻休。

有録昭忠夙所聞，寒芒正氣愴蒿焄。萋萋春碧血埋草，颯颯立青鬼嘯墳。椒酒一杯酬義烈，花園百代挹清芬。丹心如在人何處，極目長空望斷雲。

偕郭子琳方謹齋湯斗齋宿雙玉洞天

好山兼好友，相值撥難開。春畫天留永，斜陽客帶來。烟雲生絶壑，竹柏鬱層嵬。可否徐公榻，猶堪下一回。元逸士徐元吉開山。

禪室依巖厂，巖高樹不齊。入山清夢穩，藏洞小樓低。晦近星疑月，時庚寅正月二十三日。晨催鳥代鷄。談心應促膝，恰好稱幽栖。

由雙巖至大慈寺

不識菩提路，山行借徑頻。鐘聲招遠客，鳥語報初春。人得偷閒趣，僧逢説法因。禪床聊小坐，轉自愧征塵。

北郭留別郭子琳

遠送多君意，風塵愧我忙。一渠春水綠，半畝菜花黄。衣食勞奔走，郵亭歷短長。臨歧更回首，無語益凄涼。

和李稼仙三十自嘲 樹藩

達夫四十始爲詩，君差十年詩已好。五十方能讀杜集，又訝學杜何其早。凌躒古人步詞壇，年華猶壯風格老。十洲外史君別號。著作多，反覆沈吟難草草。鬼才不是李長吉，仙才合稱謫仙筆。義山獺祭未爲工，君虞邊詩對若失。古文筆陣何離奇，昌黎嫡派李習之。筆可屈鐵勢未降，奇古又見李盱江。轉恨李廣遲封侯，李謩仙笛空自偷。空山無人長吟咏，坐令三公誤黑頭。天生俊才必有用，國家承平需雅頌。祭惟清廟朝明堂，山出器車地銀甕。照乘明珠詎暗投，待聘席珍定入貢。會見致身上青雲，豈惟佳句人傳諷。只今潦倒三十年，晚成大器非徒然。劍未出匣終成寶，玉不經磨豈曰堅。我老無能真負負，聊獻巴音當壽酒，使君聞之開笑口。

蓮峰山居

禪堂西畔講堂東，不是過中也可中。晝静疏簾延夜月，秋餘落葉舞春風。鐘聲點點三摩了，花影沉沉一徑空。我亦與僧偕寂寞，纔分儒釋便難同。

傅商巖自郡回途中寄詩拈此答之

魚緘遠遞手親開，知是雙溪買棹回。却恨春寒風力軟，吹花不到吹詩來。

讀罷佳章轉自疑，春川底事一帆飛。不知八咏樓前月，可許游人滿載歸。

玉帶腰圍硯歌

爲胡莘圍作，時胡寓吳門。

帝鴻紐玉治墨海，鼎湖龍去收异采。巨靈攝入巖腰間，松風吹解雙白環。鑱玉割雲人所難，君從何處得研山。吳江流水如碧玉，玻璪匣涵春波渌。一滴蟾蜍墨磨濃，賦手文心玉玲瓏。狼籍三灾眉應斂，犀靈一點心爲通。君不見，阿瞞御物銀帶參，窺伺僭竊徒貪婪。又不見，景炎丞相玉帶生，斑青繡紫輝瑤英。始知古物縣人重，矮桑鑄鐵亦何用。願君拂拭生光輝，珠玉詩成賽錦衣。偶然游到寒山寺，莫鎮山門空手歸。

静巖寺賞牡丹

菩提座下發天香，轉累山僧特舉觴。豈向空門誇富貴，還從世

163

外駐春光。吟朋不約萍踪合，勝集相逢酒興狂。直擬花前拚一醉，鐘聲那管逗斜陽。

月　　夜

明月中庭滿，悠然有所思。佳人千里隔，客況一身知。樹冷鵑啼徹，梁空燕睡遲。天涯同此夕，何處慰心期。

閒　　眺

偶眺芳園外，尋幽散步頻。蟻銜花片小，燕掠柳梢新。春水沙頭渡，烟村樹裏人。間閒桑十畝，自在老農身。

題帳額竹林七賢圖

孤鸞不事繡來工，寤寐高人欲與同。兩晉興亡清夢了，七賢想像臥游中。芙蓉帳静樽前月，翠竹林深世外風。芳躅都宜床下拜，只嫌鑽核有王戎。

即　　目

不定陰晴傍午時，門前寓目散幽思。山風吹雨細飄瓦，野鳥還巢匀哺兒。一片花飛春寂寂，連畦秧插水瀰瀰。那邊有箇騎牛豎，自拍新歌唱竹枝。

酬李稼仙見贈原韵

春去閑庭落盡花，此身泛泛等浮槎。忽傳好句儒君子，想見雄文古大家。旅悶雲開騰瑞日，詩情江上麗餘霞。盥薇一讀一低首，不數韓門冰柱乂。

長吟細細盡纖毫，金石鏗鏘叶玉璇。仙是長庚何恨謫，目無餘子不妨豪。青天鳳翥輝垂遠，碧海鯨翻浪跋高。我愧鷦鷯籬下寄，搏雲爭得共翔翩。

記得前年曾手披，卜商大序冠經師。識荆勞我懷芳躅，説項逢人誦好詩。富貴萬端存目笑，文章千古重心知。會當攫取王喬舄，飛訪仙家早晚時。

疏拙林泉自退身，謬承推重轉傷神。三生有契歡求友，一事無成報對人。岱嶽奚曾辭撮土，鹽車那得逐飛輪。欲裁偽體歸風雅，可許分明膚別真。

挽湯小園 定之

棗巖山名，小園之居。日薄暮雲飛，冷落寒烟極目時。小宋文章兄並弟，兄雨園，以詩鳴。季方行誼父詒兒。父春岑，邑宿儒。不羈野鶴誰能絆，到死春蠶剩有絲。小園與兄有《同氣留絲集》。最是難堪回首處，相逢客榻慣敲詩。

洒落吟懷引趣長，風情也逐少年狂。老饕自誚頻呼酒，食肉無能或乞糧。且惜窮愁磨歲月，轉憐矜重少篇章。我今更爲斯文哭，大雅幾人又忽忘。

口　　號

暮鼓晨鐘聽一年，詩家妙悟等參禪。若非遠地無堪語，底事聰明識大顛。

微言不出吾書中，頗不相同却許同。印月寒潭秋水淡，此心雲净自天空。

登 積 道 山

　　秋景霽長空,清氛薄林樾。天净白雲高,崚嶒露山骨。儻然婺
城南,烟霄撐突兀。上有梵王宮,象緯逼天闕。秉興偶一登,眼界
無壅闊。平疇錯山陽,青黄刈未歇。其東爲烏傷溪,蛇行出復
没①。北山秀芙蓉,水遥浮恍惚。斜陽下西岡,暮靄迷砠碑。忽憶
干戈紛,却及烟霞窟。謂耿逆偶將據此。空山闃無人,落葉飛白鷢。
螻蛄爾何能,聲聲如咽嗢。山下庵僧迎,煮茶香餯餶。出山尋來
徑,林梢挂涼月。

游 慧 明 巖

　　粉垣蔽嵒厂,隱隱雲端白。晴雨互晦明,山容變朝夕。旅寓蕭
寺中,開門望咫尺。暍來陟崇岡,坡陀逾阡陌。山腰搆精藍,梵音
寺。取徑忘偪窄。懸磴盤虚空,草樹疏山脊。遥聞丁丁聲,偶逢荷
樵客。指點到天門,危崖一罅谺。泉山在山清,銀濺垂冰液。中有
神龍湫,興雲施霖霂。惜哉洞天前,地不寬一席。何來女冠子,棄
世甘荒僻。是時冬景暮,遥峰看雪積。斜陽映新蟾,清輝光四射。
向晚朔風寒,催人下山屐。

雜　　感

　　搏雪作古佛,見者欲稽首。忽遇太陽光,究歸無何有。菩薩太

---

① “溪”字疑衍。古義烏江曾名烏傷溪。

神通，能具千眼手。幻相已如斯，況恃冰山久。西鄰有狂夫，奸慝善狡謀。言行兩不檢，生平積悔尤。一旦稍知悟，命盡歸山曲。君子大改過，遲暮身難續。所以古吉人，爲善日不足。

濟川川無航，登山山無糧。鳳凰無竹實，奚以鳴朝陽。健翮臨風起，便欲叩天閽。雷公擊其腦，電女笑其旁。咄哉蟻蝨臣，奈何不自量。

逢人稱知己，究竟無一人。不見市道交，矢口皆雷陳。利盡釁隙起，終必咎及身。繁花手自種，誰與歲寒共。青青松不凋，嚴冬彌增重。

烏生八九子，爭食群分離。昔爲一母雛，今爲各棲枝。烏窮呼斥鷃，飲啄爾共之。斥鷃不敢即，引吭前致辭。同氣尚不睦，無庸異類爲。

厭俗去學佛，學佛年復年。晨鐘鳴入定，暮鼓催坐禪。希心成正覺，接引昇西天。天龍豎一指，謂佛殊不然。子但循其迹，那得心印傳。

名山生靈藥，雲霧繞其巔。采之充服食，凡骨換神仙。惜哉及山半，徒擷衆芳鮮。非不悅耳目，羽化竟何年。求道力貴勇，入道心貴堅。一上又一上，上上上青天。

大哉聖人道，包羅涵萬有。三皇五帝來，一脉綿延久。嬴政棼天綱，豪英歧途走。竺書談苦空，修鍊各牝牡。莽莽宇宙間，紛騰爭勝負。牟尼與眸尼，依附尼山叟。巍然泰山高，竟生雙培塿。君子果有心，毋爲異説誘。

漢儒傳訓故，唐儒嫻詞章。宋儒闡性理，道分而鑣揚。彼我互相笑，或則多謗傷。大哉尼山老，浮天海汪洋。江淮與河漢，各自通舟航。當其歸墟時，翕受汙潦潢。人生有得力，入門各主張。寄言談道子，毋徒拘一方。

烟月山房文集目録

卷五

書

祭文

銘

贊

跋

烟月山房文集卷三

記

游九女墩記

　　余讀蓀畦王先生詩，知九女廟缺於邑志，而收於郡乘，然其事終不得厓略。同治甲子秋八月望，余宿從兄樸齋廬，詢九女事。兄曰："相傳有盧氏者，無子男，有女子九人，念適人則父母缺養，乃約誓不嫁。尋遇异人，授以丹訣，遂仙去。今所謂九女墩者，上昇處也，或曰蜕骨藏焉。"時銅漏初下，月明如畫，偕游廟中，肅瞻畫像。出廟門里許，是有盧家井，詩所謂"井畔荒蕪陳迹盡"也。不數武，見樹木陰沉，若突若阜，兄曰："此九女墩也。"青烟一縷，自叢中起，縹緲與月光相映。珊珊玉佩之靈，其萃於此乎？爲之低回憑吊者久之。夜將分，蟲聲聒耳，冷露侵袂，泉石淙錚，如琴筑交作，秋風桂香送我歸途。快哉，斯游也！

　　因之有感矣。養親，孝也；鍊丹，仙也。仙吾所不測，孝則吾知之矣。天上果有神仙，必人間忠孝之人爲之，而吐納之術不與焉。夫庸夫俗子之所艷而稱者，仙也；所習而忘者，孝也。以女之孝而仙，仙而孝者，祭於社，崇奉而獎勸焉，廟中九女，作古列女圖觀可也，而豈徒爲先輩詩下一注脚也哉！

游雙玉巖記

雙玉巖在西山中，傑然獨秀。入山有二道，一從白水，一從弧溪。弧溪，韓先生設教處，王孝子實出其門。過弧溪橋，循南溪行，遙望洞天呀然張口。十里許，至楊處士故居。處士名鷹，字方叔，姜梅山詩所謂劉巖處士也。更里許，歷小山坡。又里許，從山麓上，凡數折，見洞天。拗折益上，峭壁插前，轉不見洞天，而洞天在即矣。初入者諺云上洞，因厂置屋，軒房厨厠皆具有，小樓可榻可案。比而左者，俗呼下洞，大於數畝宮。石壁嵌小石，星星然如綴玉，如含珠，捫之有聲，偶爾咳唾，響震群谷中。有宋鐘、元明碑，尚可摹搨。立洞前，望向之所謂峭壁者，俯可見其頂，是曰銅釜寨。是時秋清氣爽，天宇高寒，日影晃漾，川流如蚯蠻，長虹低架，若浮水面。附近諸山，青林紅葉，自相點綴。遠山若蒼圭，若秀笏，兀如老衲，怒如將軍，高敞如瓊樓玉宇，畢獻奇於目睫。風聲、泉聲、禽聲、樹聲、蟋蛄聲，雜入耳根。叢桂幽香，鼻觀一清。徙倚蒼松古檜間，嗒然一笑，曾不知山之與我、我之與山也。

洞天宋以前蔽於榛莽，元末徐元吉始開山。吁！南山南，北山北，夫因有遺世而獨立者邪？抑爾時石人挑眼紅巾滿江南，獨能占山靈一席地爲焚修所，其所以寸心千古者，別有在邪？白雲在天，綠陰滿谷，爲低回久之。從者曰：左旋山背，可涉白水，盍一寓目？余曰：他日請念。

祠 堂 記

祠堂在城西南隅仙巖門，其向壬，其位丙，創自前明。奉進三府君爲百世不遷之宗，後世祔焉。入國朝，修葺者屢矣。咸豐戊午，粵寇陷邑，荒城一炬，吾祠焦土。己未，建寢五楹，未竟。辛酉，賊復踞。既收復，乃重興土木。基廣六丈有六尺，袤十有二丈尺之二。寢後有圃，前有序，東盥洗所，西更衣所。序外爲門屋三，夾以房。房有樓門翬飛，門外垣一堵，鑿便門二。祠之東舊爲列肆，毀於兵，重作之，取僦貲以充祭費。西偏新購徐氏園，圍六十丈有奇，其費取之彥一公祭田之所入。俊一公歲入粟百餘石，俊三公捐大木一本，俊八公歲得粟百餘石，盡捐之。經始同治丁卯秋八月，以己巳年冬十有二月落成。

《曲禮》曰：將營宮室，宗廟爲先。司馬文正公曰：水火盜賊，先救祠堂。今也，吾儕小人或未有閭廬，而兢兢惟祖宗之是亟，升祔有位，祝幣有所，緦麻無服之親有序，合子姓惇睦之忱，以事宗祖，即推祖宗慈惠之意以聯族人。吾知正倫理、篤恩義，必有勃然興者，我祖宗之德必不隨風霜兵燹俱銷矣！我祖宗之靈庶幾座抄城頭片石，顧而樂之，以降福後人矣！系之以詩，其辭曰：

何本韓裔，姬承黃後。散處江淮，音變于口。中原播越，遂籍龍泉。金章紫綬，冠貂珥蟬。折爵擔圭，顯于宋世。沄沄麗水，分支共系。宋滅元興，冑子恥之。棄家遠適，來隱于茲。曰進三公，實維鼻祖。指石城頭，築室環堵。潛踪韜晦，久而彌聲。有明中葉，始立廟庭。寇火轟天，榱崩垣倒。零露荒烟，遂煩再造。迺荷畚錘，迺度室堂。迺楹迺杙，迺茨迺牆。相厥基址，背城面市。相厥制度，飛甍結綺。壺峰浮翠，青入雕簷。北嶺松雲，列檻映簾。何以妥之，刲羊沃盤。春禴秋嘗，麥魚韭卵。昔分喪亂，瓦礫蒿萊。今也綴食，雲礽聿來。諸父昆弟，咸有喜色。燬而重成，是賴祖德。維祖有德，維宗有功。孝孫來思，勿替宗風。烏虖休哉，歷年六百，世二十餘，無窮宗祐，維人本祖。非孝無親，耳孫秉筆，敢告宗人。

汪公廟記

公諱正澤，姓汪，江西餘干人。乾隆乙丑進士，丁卯來宰我武，有惠政，邑人思慕之。廟在邑北鄉徐盈店，其地爲村要害處，堪輿家所云來龍也。壬申年間，豪右徐能静謀佔窀穸，村父老徐永傑、洪李應訴諸公，公親履視，判爲公産，永禁扦葬。豪乃寢謀。村人感公惠，作栗主於社之右，並版額曰"惠我"，以紀公迹，歲時奉祀勿衰。咸豐辛酉，粤寇陷邑，銅駝棘荆，莫過而問焉者。既昇平，村人以爲公祀不修，無以抒桐鄉召父之思。乃鳩工庀材，經始同治壬申年某月，越某月落成。走一介問記于余，余謂生有益於民，殁有惠於後，公祀宜矣。因記其所由，質諸村人，且爲异日志乘書循吏者嚆矢。

槐項氏新祠記

邑項氏，世稱槐項。相傳地有槐樹，因以名。或曰厥祖手植，如太原公故事。世系詳於譜，勿具論。祠創於明中葉，在城西法雲寺旁。寺前有渠，渠有石橋，項氏建也。國朝代經修葺，春秋祭享，蕭如虔如。咸豐戊午，粤寇踞城，寓人於室，毀傷薪木。收復後，繕而塈之。功甫就，辛酉全浙皆陷，賊踞邑者二載餘，則棟折榱崩，求如魯靈光之巋然獨存而不可得矣。既昇平，子姓過其墟，見其頹垣荒草，莫不愴然以悲，凄然以慕。而項氏世守投錢清操，故無富室。經費之繁，非可咄叱立辦，而又有城隍之役。初，宋時項公諱德者，禦賊於城隍祠，以死勤事，邑人尸祝之故城隍祠中，麗世爲項氏修葺。迨燬於寇，勉力鼎新，不忘先勣也。同治七年，智四公派華二六、華廿五有基一區，曰頭巷項宅，助建新祠，乃舍舊而是圖，鳩工

庀材，閱年，成寢五楹。光緒己卯，翼以兩序，左三楹，右如之，繚以
垣，闢以門，其中庭則尚有待也。費取先疇之所出，頻年積釀，始獲
完焉。

夫廟制廢，而宗祠興，非是無以矢木本水源之念，而聯其族屬。
況吾邑最重宗祠，魚菽之薦，以有事爲榮。月旦之評，以不齒於宗
爲辱。遭亂以來，雖修舉有先後，要其不忘祖則一也。今項祠斂貲
於十餘稔之前，而待成於十餘稔之後，合子姓之積忱，綿祖宗之世
守，雖改作而不憚勞焉，可不謂知所先務與人本乎！祖道始於親，
此其驗也。德潤不文，辱當事之請，爲志厥厓略，而繫之以詩，其
辭曰：

項本姬宗，故侯之支。受氏得姓，以國爲之。唐有仲山，清節
可師。投錢飲馬，滑水之湄。一化佐宋，佩魚紐龜。由栝溯閩，遂
宅于茲。維萬十公，後昆裕垂。是云鼻祖，本一末歧。鳩宗燕族，
前巷有祠。楚人一炬，栭榱無遺。改其舊所，卜此新規。三條之
巷，頭巷攸宜。有門有廡，有寢有基。孝孫來止，以展孝思。孝思
烝哉，祖德是維。祖德是維，孫謀是詒。自今伊始，日有孜孜。中
唐有甓，勿其已而。於戲休哉，止孝止慈。宗祊世守，儻載始斯。

慈基上人記

能仁氏教入中華，士之有托而逃者，或隱於浮屠，以自肆於佳
山水之間。既爲其術，則欲其有所成就，故緇白之清修苦行者，蔑
不丕勤誘導，猥附檀施。後人溯其迹，原其開山之功，時或不能忘。
而窺其初衷，蓋有所不得已也。

慈基上人俗姓朱，江西人。父某，宣平典史，遂家於宣。上人
幼業儒，限於籍，未赴試。生子女某某。會其子弗克負荷，悤焉棄
家，入邑西大慈寺爲僧，道行清高，戒律森嚴，人咸重之。金公巖，

宅幽勢阻，故金氏業，上人直售之。洞天中故有惠力寺，上人修之。道光某年，上人示寂。又數年，粤賊陷邑，依金公巖而免者數千人。賊退，新其庵以答嘉貺。楊君師震於佛龕右設上人位，徵余言爲記。余謂上人不得已而不已，賢於世之得已而不已者多矣。上人能詩（請），著有《空空集》，亂後不知所存藁。今列於記後者，土田之目而已。

楊際華茂才請夢記

夢者，想之所因也。幽求子曰：因舟念水，因水念魚。苟無因，則無夢矣。故至人無夢。然黄帝夢大風，殷宗夢傅説，孔子夢周公。匪特此也，瓊塊一歌，遂爲貍脈之祥。然則吉凶生死，其兆有先見者矣。

諸生楊君際華晚盲，回憶少年，如南柯一夢。顧好讀人詩文，嘗使兒輩誦之，暗聽而辨其是非。歲丙子，年七十有九矣，春正三日夜，方就枕，見衣冠士贈詩，方幅字槃槃大。其詞曰："葉落林殘赤，霜繁木易紅。高（望）〔城〕遥眺望，草色碧茸茸。"覺而曰：嘻！此何祥也？或曰：是嗣子功名兆也。或曰：否，葉落霜繁，於令爲秋，於文草加於高則蒿也。蒿里之歌，殆其兆乎！折林爲木，合木成林，離之皆八十。碧色，春草也，易而殘秋也。春秋殆止於八十矣。已而季子以上等補。林生向榮，廩缺。於是向之爲功名解者，曰林殘者，林缺也。木易者，楊也。俗以楊爲木易，其實非也。易，古陽字耳。詡詡然自以爲得巫咸之術矣。而明年夏五，君竟卒。君之未卒也，嘗爲余言。既寢疾，又命其子求余記。

夫夢由因生者也。人生至七八十歲，其精神血氣必漸形其衰憊。而盲者不見可欲，其心較靜，靜故虛，虛故靈。以虛靈之心，感衰憊之氣，而夢想因之，亦固其所。且夫禪家謂無顛倒夢想，而儒者之道夜以驗諸夢寐。君生平與物無忤，閭里稱爲長者，是必有獨契於心之妙焉。然則人亦積學力行，勘破夢覺一關可矣。而余斤斤習占夢之詞，猶未癡人説夢也。

光緒丁丑小春記。

禹 王 廟 記

大禹之祀遍天下，而吾武舊隸會稽，陵寢所在，崇奉彌虔，故禹廟又遍於村墟里落。諺有之曰：平水王，謂禹也。蓋其危微精一之傳，平地成天之績，非世俗所得窺。如蒼水玄夷、童律支祁、百蟲將軍之類，震世駭俗，凡吾儒所存而不論者，每驚奇於街談巷議間。然古今怪怪奇奇，何所不有。禹之稱神，如外書之説，非盡子虛矣。故鄉祀不可，以典祀，例也。邑西鄉後金村創建禹王廟，厥基卜之金華諸生鄭永清之田，而毗於里人某之畔。厥費緡如干，厥制楹三門一，經始年月日，落成年月日。倡議某某，勸捐某某，而祔祀七五神於下方焉。七五神者，獵師也。野獸害五種神能驅之，其略見《宣平志》。此迎貓祭虎之遺，亦三代之所不廢。而邑西鄙又與宣北鄰，故風俗自彼而此，而神亦因之。夫鬼神，依人而行者也。合斯人惇愨樸愿之忱，以求諸空虛冥漠之處，苟以爲神，誰不神之。縱禦災捍患未能彷彿古神聖於萬一，而沿八蜡以昭順成，覺伊耆氏一綫之遺於兹未墜，想夏后在天之靈或不吐也。此又因俗設教之一端矣。廟成，丐余記。余爲書其厓略，而以典祀爲主，示有尊也，且懼褻也。并作迎神送神辭以侑王，其辭曰：

林菲菲兮水溶溶，橘柚香兮梣柏叢。王之來兮靈宮，大輅玄冕兮晬其容。社春兮爟火紅，賽秋兮黍稷豐。村鼓兮鼕鼕，紛恍惚兮王躬，馨明德兮焉窮。右迎神王之去兮遲遲，馬風兮旌霓。舟龍兮駕螭，奠桂醑兮揚靈旗。
醉飽兮何歸，陵寢松柏兮元氣熊羆。簫管兮哀思，恨舞兮停麾。祥
風習習兮甘雨瀰瀰，福我壽我兮無盡期。右送神

南湖廟記

廟祀宋侍郎胡公，諱則，字子正，郡之永康人。事見《宋史》及
范文正公所撰墓志。而故老相傳公嘗奏免衢、婺丁身錢，故郡人祀
公者夥，然獨不書於史與墓志，何與？郡乘又言，南宋時寇逼方嚴，
賴公冥佑。廉訪使聞之朝，錫祠額曰"赫靈"。蓋公歷事宋太宗、真
宗、仁宗，勳勞著於生前，英靈留於身後。古之人所謂鄉先生，歿而
祭於社，洵不誣也。南湖廟，其始不可考。道光中，因其基廣侈輪
奐，創爲排比六楹。咸豐辛酉，燬於寇。克復後，前董事某某重建
左三楹。顧左支而右絀，非所以妥神也，今年紳耆何景溶、陳李錦、
何光漢、李登、元廷募衆醵金，復鳩右三楹之工。以德潤嘗從是役
後，而屬記焉。按里社之制，所以崇德報功，主之以鄉先達，并足使
人景仰奮興，而發其爲善之心，勃然不可遏。惟民和，故神降之福。
願吾里人勉求其所以爲人者，而不徒視爲禱祝之區，斯得之矣。光
緒元年月日。

重建南湖廟記

武川鄉祀，夏王而外，胡公爲多，誠有如康熙邑志所云，王不知
其何神，公不知其何爵者。顧其崇奉尸祝，亦由南鎮爲少子分封，
陵寢在望；武故隸會稽，而壤接古麗州。又胡公，永康人也。宋端
拱二年進士，歷仕許田尉、蘄州廣濟宰、憲州録曹。改秘書省著作
郎，署貝州節度觀察判官。知潯州，拜太常博士，提舉兩浙榷茶事。

知桐廬、永嘉郡，遷屯田員外郎，提舉江南路銀銅場鑄錢監。擢江
淮制置發運使，轉户部員外郎。入爲三司度支副使，賜金紫，除禮
部郎中、京西轉運使。移廣西路轉運使，以户部郎中充江淮制置發
運使。轉吏部郎中，改太常少卿，知玉山縣。移福唐郡，拜右諫議
大夫。知杭州，知池州，知永興軍。領河北都運轉使、給事中。入
權三司使，拜工部侍郎、集賢院學士。知陳州，進刑部，再牧餘杭，
加兵部侍郎致仕。公嘗有奏免衢、婺丁錢惠，以故覃宫崇侈，爆卜
雞牲，歲時伏臘勿衰。試進村氓一詢靈迹，則平水土者瞠目不知何
謂，而免丁錢者，婦孺能言。何以故？地平天成，大造之育物，戴履
者勿悉其功；若夫杯水救涸，則三農懽呼矣。宜乎嘉應福澤之封
號，藉藉唇吻也。或猶疑《夢溪筆談》所載丁晉公事，免丁錢又不書
於《宋史》本傳，論古者不無微詞。然文正志公墓，明言與權貴人
游，不過朋友始終之常，初非阿附者比。夷考《宋史》諸帝紀，免丁
身錢者不一而足，是又在讀書得問耳，烏足爲公累？然則鄉先生歿
而祭於社也，固宜。南湖，武南郭外，胡公廟與夏王祠對峙。廟不
知起何代，中樹石幢，深刻寶慶年號，然父老又言此廢蘭若中移來。
廟後豫章，數百年物，叢神所棲，香火鼎盛。昌黎不云乎？"偶然題
作木居士，便有無窮祈福人"。光緒辛巳十二月二十八日，樹爲火
燎，枝折廟壞，像設坍於瓦礫中，里人何體仁倡率捐貲，偕何賜吉、
何元廷、何李穡沿户醵金，經始年月，以其年月日落成，費　百緡
有奇。丐余記，余恐公之事迹湮昧勿彰，爲書其所見懸諸楹間，俾
知蠲徭免役之感人至深，足以垺俎豆於明德。而一切白馬赤蛇之
祥，幾於童律支祁，怪怪奇奇，等血食之綿，正非無故。因爲迎神送
神之曲，曰：

　　湖之岸兮波粼粼，采芳芷兮薦菰蕈。湖之山兮石齒齒，披薜荔
兮茂文梓。神之來兮風馬，雲中君兮紛紛而來下。歆嘉肴兮酒盈
尊，豐禾黍兮孳雞豚，驅疫癘兮洽天恩。右迎〔神〕

神既醉兮駕旋,耿景光兮霞鮮。民懷[1]息烽烟,父我母我兮歲歲年年。集禧祉兮無邊,世世兮賽報虔。右送神

鞏氏祠堂記[2]

鞏祠在邑南曲湖濱,山堂先生故居也。建置顛末略具邑乘,而舊譜殘缺,無可詳。縣宋迄今,歷朝四,年八百餘,世三十,綿綿延延,享祀勿替。咸、同間燬於寇,賢裔怒焉傷之,乃斂祭田之所入,復計丁釀錢,猶未足,善棠捐銀百兩,春喜捐甎瓦若干,光緒辛巳冬十月經始,癸未嘉平落成。寢之以楹計者三,序之以間計者八,廳事及門尚未遑也。明年春,屬德潤為記。

謹按:鞏氏系晉卿,或居元氏,或居山陽,漢唐代有顯人。宋南渡,諱庭芝者始遷邑南,以學化導,人則傚之,世所謂山堂先生也。考諱燾,奉議郎;妣梁氏太夫人。祖諱彥固,承議郎,賜緋魚袋。妣南華縣君宋氏、西華縣君郭氏。曾祖諱孝友,太子中舍,贈太尉;妣田氏,慶國太夫人。高祖諱繼明,大理評事;妣蘇氏,福昌縣君。大理之父圭,圭之父守一,際五代,皆不仕。世居元氏,是曰真定之鞏。奉議公依外家於須城,是曰東平之鞏,山堂先生由此出也。山堂先生生湘、法、沅。湘,中奉大夫,直龍圖閣,提舉亳州明道宮須城縣男。食邑三百戶,賜紫金魚袋。沅,承議郎。法,鄉貢進士。媲楊氏,以節著,生仲至、仲同。仲至諱豐,世所謂栗齋先生也。今之子姓環曲湖而居,有斌二、斌五之派,實皆仲至、仲同之裔。當亂離之後,獨能知所本,以宗祠為亟,可謂無忝祖考者矣。

夫盛德必百世祀。如山堂、栗齋兩先生,祀於鄉,祀於明招講

---

① 此處疑有脫文。
② 此文亦見《武川曲湖鞏氏》,民國戊辰重脩本,文字有差异,見《補遺》。

院，祀於武成書院，尸而祝之，正未有艾。而宗祠則木本水源，上追祖考，下逮孫子，昭穆升祔，尤爲一氣所貫注，雖經兵燹風霜，不斷如綫。而新廟巍煥，鳩宗合族，用展孝思，洵乎道氣之彌綸，有永無極也。德潤不文，爲書其日月，以副賢裔之望，并繫以詩。其辭曰：

真定三翬，武川則二。叢桂蔭深，篤生喆嗣。東平闡道，邑人化之。孫繩厥武，東萊是師。講堂書聲，明招南麓。紫陽來游，水簾寓目。師友淵源，涵泳聖涯。雲礽繼起，敦葦綿瓜。有堂巍然，交階交戶。簪笏冠纓，詩書樽俎。祖以及祖，孫以及孫。秋霜春露，苾藻薦蘩。楚炬秦灰，鞠爲茂草。基仍舊貫，室乃新造。孝孫來思，是蒸是嘗。匪但祖德，允紹書香。書香之久，祖德之厚。是曰儒宗，克昌于後。龍門雲聳，曲湖鏡清。於萬斯年，視此嚴祊。

鍾祠觀音樓記

祠堂之設，敦厥一本。非此族也，不列祀事。而宏閎鍾祠，獨爲樓於寢，以奉大士。考鍾譜，祠創自敬三公，厥姚吳氏成之。吳未笄時，已奉大士，以故厥子遵母言，添像設，由明迄今，香燈勿熄。而慈光所照，遠近祈禱，踵相續於祠，非一日也。咸豐辛酉燬於寇，同治戊辰復建之。光緒乙酉修譜，丐余記。余不習佛家言，蔑識大士之所由。抑嘗考諸説，莊嚴法相自畫魚籃觀音者，摹擬慈悲，瓔珞垂珠，狀如婦人女子。繇此，大士之奉於世者，遂有女像。而佛家大士，與仙家正陽子，尤爲俗所趨承。況合子姓慈孝之忱，誠愨綿固，感通冥漠，亦固其所。嗟夫，先人一念之貽，後嗣且引而弗替。然則箕裘弓冶之傳，閲數百年而益發其光者，又何如奮勉也。樓在寢中楹，翬飛斗拱，梯而登，旁奉文昌土地，大士居中云。

弧溪玉帶庵碑

邑西三十許里，有玉帶庵，襟山而帶水，石杠衝其前。水曰弧溪，發源於宣北，入邑西而南滙於熟溪。庵適當其隈，傍溪之步，可沿可泊，可枒而達於大川。其上流之地平夷廣衍，群山夾趨，一綫通流。至庵前，則束而曲，故形氣家言以爲水口云。庵之建置，逸於圖經，無可考。入劫後，棟折榱崩，僅存頹垣，而橋亦有石泐。虞人士愍之，爰醵金鳩工，經始年月，落成年月日。又以其餘購石而修橋，事竣，丐余記之。余謂玉帶鎮山門，大蘇佳話也。弧溪，亦西鄉孔道。九峰連翠，雙玉縈青，安知無文人學士來游來歌者。攬名勝於澗曲，賡叢林之韵事，於以補圖經之缺可也。乃爲書其緣起，勒之貞珉。若橋通行旅，庵奉香火，是則事之當然者，不具述云。

萬 名 橋 碑

熟溪，邑巨浸也。紅露阪當其上流，箭流駛疾，沙石相搏，不風而浪，病涉久矣。古有鳳林橋，國初何士昌改爲鹿和，尋圮。設略彴曰黄橋，而病涉如故。且從彭咸者歲以告，非改作焉不可。顧工鉅而費繁，非可咄嗟辦也。蓄念者久矣。道光丁未，始書捐鳩工，於咸豐壬子啓蟄而醵金，水潦降而畚鍤日至而惄，凡七年成。七墩下扣三泉，累石爲趺，圓洞以洩水，剡銳以迎流。崇三丈有六尺有六寸，修四十丈有奇，博丈有八尺寸之八。顔曰“萬名”，銘衆力也。更相地橋南，築室三楹，門如之，夾以房，曰萬名橋庵，以奉神禹。甫小就，而邑乘失考，局外撟蹩，重以戊午、辛酉之寇難，中輟者歲星一周，水漸齧北岸，駸駸乎蟻穴而鼉攻也。防不固，溪且越橋行。光緒紀元，乃復自橋西循洋游堰築堤五千餘丈，施闌干於橋上，而甃路於兩端。缺者以補，樸者以華。越明年丙子冬十有一月告成。

嗟乎！武川蕞爾邑，紅露阪又蕞爾之西偏也，縱不敵富平、洛陽爲要塞關津之所在，而肘窺信睦，襟接蒼甌，盈盈一水，實爲迷津。是役也，刷沙之工千，水倍之，圬又倍之，石甃之，計緡不下三萬。而曠日積三十年之久。於是化險爲夷，利濟行人，不其偉與！抑又聞之愚公移山，謀及子孫，丈夫沙波，憑在忠信。有志者竟成，天下事大抵如斯也邪。前董事邑人某某、宣平人某某。後董事某某，皆邑人；某某，皆宣平人也。而始之終之者，則邑諸生吳廷燎、王建中。

里蘭橋築堤修橋碑

里蘭橋，距縣治三十里許，栝蒼孔道，熟溪上流。左倚山，不假堤防。右平蕪齧水，而岸善崩，橫流旁馳，不由梁下行，沙石交淤，長虹虛設。故自楊悌二創建後，修之者有若楊君法才、俞君志俊，類皆以修堤爲亟。數十年來，又爲波臣所震蕩矣。某等過而慨之，醵金募捐，於橋右築長堤十丈有奇，港之塞者濬，石之泐者甃，凡厥費千緡。光緒年月鳩工，閱月而成，伻來請余記。按今之堤，古之坊也。其在禮曰祭坊，又曰：以舊坊爲無用而壞之者，必有水敗。後世曰堤，曰塘，曰堰，曰斜捍，厥名不一，要皆沿其遺意，爲成民濟物之用。顧費繁則難任，力衆則難集，頹岸斷虹，病涉者纍纍。是擧也，先斂己財，俾人不疑，信也；通力合作，人相佽助，義也；防固梁成，厲揭無虞，惠也。一擧而三善備，不可以風世乎？夫溺曰己溺，古人所以濟天下也。無尺寸之柄，而爲所當爲，豈惟水功云爾哉！是宜刻珉以諗來者。

新 婦 祠 碑

新婦山，童而赭，倮然，時於西與大家山對。圖經所謂昔有姑婦守志，歿而其神分主其山，雲興大家，則雨下新婦者也。祠在其麓，面山唇水，故俗謂之白水靈宮。神之姓或曰班，或曰馬，或曰張，康熙、嘉慶修志者説不一，然不質言誰某，蓋慎也。祠創自何年，不可考。中楹懸版，載前明初助王師平寇，邀封號，顧其文不雅馴。而洪武中正神號，凡前代人鬼，惟從始爵謚，不更加徽稱。然則版所云云，未可盡信矣。而崇奉尸祝，至今勿衰。軍興而後，漸就剥蝕，明經周景熙等鳩工庀材，去腐以堅，飾樸以文，費緡。經始光緒乙酉月，其年月落成。將以輸錢者姓名刻於麗牲之石，丏余記。

余按禮，能出雲爲風雨皆曰神。靈淑攸鍾，必誕偉人。在男忠孝，在女貞節。忠孝貞節，厥正氣彌綸於兩間，附麗於山川，又能扶培造化，福澤吾民。雖姓氏茫昧恍惚，而馨香血食，奔走於白叟黄童，歲時伏臘，歷久彌虔。乃知生英死靈之説信不誣。而聞風興起，秉彝同具，尤足爲厲世磨鈍之資，非但豚蹄盂酒、胥祝籌車而已也。亂以歌曰：

靈何爲兮山之幽，石嶄嶄兮水㳠㳠。駕魚軿兮驂虬東，房邊豆兮棗栗殽。脩竹有筍兮蘭絮羞，環珮珊珊兮紛來游。右迎神

靈之來兮翠旂，光有無兮金支。靈之歸兮山楣，眺大家兮厜㕒。魕婁婁兮澍祁祁，生嘉穀兮育耄倪。斬山魈兮殲魑魅，芳千禩兮彤管煒。右送神

行　　狀

王柳堂先生行狀

先生諱庭揚，字際可，金華之武義人。性狷介，思化以和，乃取稽中散昔慚柳惠句，自號柳堂。系出太原文中子，元時有仕貴者，

台州人，爲婺州總管，家於武義東郭，故曰市東王氏。曾祖諱承，祖太學生。祖諱應持，早卒。妣氏邵，以節旌於朝。父諱殿耀，諸生，以《翡翠蘭苕詩》見賞於學政文寧，著有《盤根錯節詩集》。母，德潤三從姑也，妊彌月，夢車馬喧闐，驪唱大府，至詰朝，誕先生。十三歲，作《鳴陽樓賦》，父見而奇之，曰：此吾家歐（斐）〔棐〕也。十五歲，喪父，刻苦自屬。比長，博極群書，崖岸礪角，蘄進於古人而後已。事母恭順，母篝燈紡績，先生讀書，花影蟲聲映徹階砌，蕭如也。伯叔父無後，殯祭皆仗先生，遺子女若而人爲之擇適。姻私湯某以樗蒲廢業，先生常周之，又爲之擇藝事，乃復成立。生平不談人短，不隨聲附和，與人恂恂然，下至臧獲，無不和顏以待。居雖近市，而經年閉户。凡案古玩零星，菊蘭、盆荷、水仙、茉莉繽紛齋頭，終日吟嘯其間。與談家計，口哆不能語；與之評論古今人物，商確制度沿革、損益利弊，援據史傳，折衷經義，則了然於心，了然於口，浩乎沛然，如黄河之水，決注迎流，不可遏抑。設教南湖六年，啓發皆中學中窾要。飲食行坐，時加訓誡，以慎行謹言爲要，以警惰矯輕爲歸，以變化氣質、涵養德性爲主。盛暑不袒，無急言遽色。嘗言威儀爲定命之符，未有佻達而心不放者。制外養中，古人豈欺我哉！偶觀優於社廟，優人演漢唐故事，客因問漢唐宰相，先生歷舉官階姓字，客歸檢架上書，無一舛者。因再問賢奸盛衰消長，先生論世知人，悉合機宜，客大嘆服。一日磨墨數升，方待書，薙髮匠誤觸，傾污盈案，匠免冠謝，先生徐曰：將毋污汝手邪？其夷澹如此。

　　先生詩古文辭力追古大家，葟甲新意，不以蹈襲句調爲工。嘗言學古人之爲文，須學古人之爲人，然必須涵養充積，俟其自致也。又言吾過於介，介故未能和平。然人生守身當如處子，一有微瑕，終身莫滌。又言文章放蕩，正從立身謹嚴中來。古之真能文者，何嘗無行哉！著作不自存薹，又遭寇難，多散佚，存古文詩數篇。

　　先生生道光甲申五月三日，庚戌補博士弟子員，同治壬戌，中鄉榜副車，戊辰九月五日卒，春秋四十有九。夫人諸生祝邦孚女。子二，浩、洙，洙遺腹，皆篴室出。先生之卒也，識與不識皆嘆爲真讀書人。然其所以爲先生，或未悉也。德潤從游最久，雖未能測其高深，而覼縷萬一，徵信匪誣，謹爲行狀一通，用質諸當世君子焉。

董叔母孝節行狀

叔母系出廣川，父諱雙璧，居邑西緱山。生而婉慧娓孎，自問名時，鄰里讙傳得好女矣。年十九，歸我從叔諱廷貴者。生子男二，光漢、承林。女一。叔素羸弱，兼攻儒業，得咯血疾。叔母晝夕侍湯藥，眼脂糊兩眶，不少懈，不解衣者數月。卒不起，時道光丁酉二月十四日也，距結褵者六年。叔母一慟仆地，水漿不入口，姑姊妹妯娌競來勸慰，終不食。姑王氏諭以撫孤，乃強起飲食。姑性嚴，少不諧即唾叱交集，叔母能博其歡，姑大鍾愛之。每至鄰舍，嘖嘖稱婦賢。姑卒，家析，單持門戶，一切祭先、宴賓、米鹽凌雜，躬自檢校，不以煩其子。自晝荻折葒以來，中更嫁子取婦、經紀舅姑喪葬，卒使子長名成，而髮已種種矣。光漢諸生，承林業農，女適名族。同治年月日卒，年五十有。先年，教諭朱鼎元、訓導盛贊堯訪其節，會知縣周貽綏申請巡撫李瀚章題旌冊。

烟月山房文集卷四

傳

諸生徐發祥傳

諸生徐發祥，授徒西鄉。咸豐十一年四月二十三日，粵寇踞邑城。二十五日，西鄉勇討賊，攻破西門，發祥與焉。或曰：先生秀才也，能武事邪？發祥不應，勇入門，殺賊數人。轉戰至城隍祠前，賊馬圍之，勇殲，發祥死之。

諸生徐寶光傳

徐寶光，字劍花，小名璠。府試第一，丁外艱。服闋，補諸生。辛酉四月二十五日，西鄉勇攻破西門，寶光偕包恒足、湯志銳，率小南鄉勇鏖戰南湖阪。天大雨，火器溼，勇少却。寶光大呼當先，勇鼓譟繼之，逐賊於詥山下。賊伏發，寶光重創，猶呼殺賊，鬭而死。

外史氏曰：以滔天之狂寇，率素不事事之氓，攖之，其敗固宜。雖然，仗義討賊，何其壯也！粵賊四月十九日陷婺郡，當時文武大吏漫不發一策，守城軍官交綏而已。而摧胸陷胆，乃出於無位，悲夫，書生也！可以不死而竟死矣，又重可悲也夫。

太學生包恒足傳

包恒足，一名政芳，字勇榮。其先自江西來，居邑南，遂占籍焉。恒足頎而黝，初讀書，尋習技擊，援例入太學。

辛亥，山賊夜劫其舍，恒足持梃禦諸門，拒之。明年元宵，飲妓舍，爲群小縛之官。邑令宋賓王曰：去年禦盜，今何見辱於人？恒足謝曰：此我不是耳！宋令曰：能戰其勇，又知其過，壯士也！叱群小而釋之。辛酉四月二十五日城下之役，恒足率小南鄉勇，以健兒自成一隊。雨甚，屯南湖，飲酒大噱。或激之曰：咄咄鄉勇，首乃龜縮邪！恒足不應，飲自若。比雨霽，鼓譟前進，殺賊數級。火器發，賊却，追至誥山下。雨旋至，賊復圍勇，一隊皆熸。屍腐不可辨，而恒足衣碧色半臂，家人乃識其屍歸。

太學生湯志銳傳

湯志銳，字果甫，亦名炳塾。家素饒，應童子試不售，納粟入監。生平有懦癖，閉戶觀書，五里外足音寂然也。辛酉四月二十三日，邑城陷於賊。翼日，小南鄉勇起，叩其輸餉，志銳曰："當礪刃往耳，獨恡阿堵物邪！"又翼日，勇敗於城下，志銳死焉。君子曰：能□國殤，非懦也，可以立懦矣。

徐學禮傳

徐學禮，西鄉人。辛酉四月二十五日，西鄉勇攻賊於西門，矢石雨下，學禮偕伍登躍而登埤，斬守城賊，啓關。勇入，與賊巷戰，爲賊馬所衝，勇後隊不繼，遂敗。伍登亦西鄉人，奪門出逸，而學禮死於城隍祠前。伍登未出，學禮已中賊刃，血流被面，猶衝突殺賊云。賊嗛其先登，懸頭西門外，見者猶識之，曰此徐學禮也。

管金有傳

管金有，縣胥也。爲人頤垂目瞠，身長七尺。城下之役，鷄初鳴，揭義旗，率小南鄉勇，直搗熟溪橋，殺傷相當。賊自誥山下鈔勇後隊，勇潰。金有勒賊馬，擲西瓜礮，誤中水。賊擁而殺之，投其屍於溪。嗚呼！胥而義，其高於胥者，當何如也？

武生徐志忻傳　子金鏞附

徐志忻，武生。辛酉四月二十五日，與子金鏞率東鄉勇，攻賊於城下。是時，積雨數日，白陽溪無舟，轉渡王思灘，入熟溪橋門、天南門。門不啓，賊自誥山下鈔勇後，又從東門出，橫擊之。勇不支，毀橋闌挾版，浮水而逸。志忻父子手刃數賊，死大南門外。金鏞，亦武生也。

諸生陳常傳　子桐附

陳常，字時夏，邑諸生也。工書，初法歐、顏、柳，得其神髓。晚學右軍，參其妙，然自矜重，不忘作。應人求者，率規橅唐以後諸家也。筆力瘦硬，運古法以新意，精神迸露，如烈日秋霜，懔乎有不□犯之色。至其精詣，則和平靜穆，無復握拳透爪態矣。乞書者户外屨盈，進以金，輒斥去。餽以酒，則欣然命筆云。

辛酉寇難，募死士攻城，不克，乃即所居泉溪堡而守。五月六日，賊攻，破堡，遂遇害，及其子諸生桐。桐亦善書，時有大小歐陽之目。

常二子，季棟，嗣。一女，初字某某，貧不自存，或風以別適，常觍然曰：是欲使余不復知人間羞恥事邪！曰：如女公子噉飯何？常曰：是在我耳。厚其貲而遣之。其守正類如此。

徐 老 春 傳

徐老春，世業農，居邑南徐村，與菊妃嶺近。自城下敗後，西南結山砦抗賊，嶺下其一也。辛酉七月朔，賊攻嶺下，勒春向道，春駡曰：嶺下勇數萬，賊狗去就屠邪！賊脅以刃，春復駡曰：死則死耳，頸豈而磨刀石邪！官兵旦夕至，行見狗彘屠戮也！賊怒，揮刃。頤張矣，猶聞詈聲。賊憚其言，不復至嶺下。而歸其元，面如生。

外史氏曰：顏平原面折希烈，段太尉手擊朱泚，大人先生之風烈非所望於田舍翁也。老春義憤所激，不爲威移，難哉！先軫歸元，驚動三軍，抑又何也？殆精誠所致矣。

何 老 高 傳

老高，郭洞人。少孤，無妻子。善放鳥槍，鉛不虛發，人稱妙手。村近山，咸豐初有虎傷人，高逐之，一發殪虎，負以歸。辛酉城下之役，勇雖北，而高所當賊皆死。厥後郭洞結砦，高殺賊最。七月二十三日，賊逼砦不退，高憤甚，躍出砦外，撚槍旋擊，中必疊雙，斃賊數十人，爲賊鉛傷目，勇爭出救。高因逐賊，賊去，高創甚，大呼曰：我不能殺賊矣，若等宜堅守，待官軍至，勿降也！勿降也！創烈而卒。族人爲立後。君子曰：義也！

香 渠 姊 妹 傳

姊妹不知何許人也，亦不詳其姓字。咸豐辛酉五月，賊自栝蒼

闌入邑西杳渠搜牢,得二女子,將犯之。其稍長者曰:儂女流也,
何逃焉?賊稍釋手,長者抱少者,抗聲罵曰:我姊妹名門女,必不
辱狗彘賊!聲未畢,賊揮刃,少者仆水死,長者奪刃自刎,不殊,賊
推之入水,亦死。余友徐錦目擊其事,爲余言,且曰:二女晳而文,
年可十七八許。惜兵戈倥傯,無由詳其父母里居也。杳渠亦曰香
渠,故因以目之云。

李 徐 氏 傳

徐氏,李金寶妻。李原籍江西,有義和者,流寓邑南,漚麻爲
業,人因目所居曰麻棚。義和生倍其,倍其生金寶。同治元年六
月,賊搜麻棚,徐先匿床下,見倍其父子縛急,乃挺身出,曰:請釋
舅與夫,願從若。賊窺徐美,釋縛,導徐行南湖嶺下。遙度舅、夫已
可脱,出不意,躍入山漱死。翼日,金寶過嶺,見漱水泓然,浮繡履
如鈎,諦視之,妻舄也。乃大慟,而號曰:烏虖!而何往乎?漱波
沸起,屍浮水,面如生。

倪 先 生 傳

先生諱錦標,字龍門,號仁山,潤之塾師也。性直行方,鬚髶髶
然繞其頤,痘瘢大如錢。系本漢兒寬,後加人爲倪。始祖富三,自
金華石門來,遷居曲湖濱,宋山堂先生故居相邇也。少孤,力農作,
見尊官前過,騶從赫赫逼人,遂棄農業,從名師游。補邑博士弟子
員,數奇,連舉不售,家貧親老,遂授徒終其身。

道光丁未,潤族延先生主講席。先生深嫉末俗佻達之風,訓弟
子動依古禮,出必告,反必面,入室必起居,侍立必恭,毋跛毋譁,毋
搖首側耳,行必從執几杖,就養必無方,爲外人訕勿恤也。誦書不

求速效，一童曰：授若干言，既成誦，次日仍連前所授，累至旬餘，必精熟乃止。以故及門咸有成就。肄習暇，先生正襟趺坐，呼諸生來前，高談古今成敗沿革，遇忠孝大節，尤刺刺不休。及可驚可喜之事，無不揚眉吐氣，與相上下。説竟，然髭大笑。此潤十許歲時所習聞，迄今猶可想其口講指畫時也。

先生既習儒業，又旁通《素問》、《内經》及青烏子書，而未嘗役於人，人轉以此重先生。奉母至誠，每旦焚香祝釐，得甘旨，雖百里外必郵寄。晚得咯血疾，卒於家，春秋五十有一。子一，祖寬，諸生。

嗟夫！先生殁且十餘稔矣，吾里人猶念之不置。每見總角中有循禮法者，則曰是從某鬢兒來邪。烏虖，可以想見其教澤矣。

孝節張叔母傳

家有婦而女者，姓張，小字斐。父景孝，太學生，授以《女誡》，能上口，尋讀書識大誼。年十九，歸我從叔諱廷類。匝月，叔卒。柩發引，叔母失聲長慟，頭觸礨，血淋漓，執紼者皆大驚涕出。吾家姑姊、姙娌及姻女送葬者，競持之，不得，姑童氏扶之曰："嗚呼！汝未嫁而吾兒病，姊妹皆汝憂，汝請父命來，死固汝志，如鬼餒而！"言已，大哭，旁觀者皆哭。叔母乃曰："死，易耳。妾請任其難者。"居無何，伯姒生子尤，姑命叔母子之。尤長，工詩古文辭，補邑博士弟子員。每花朝月夕，家庭讌歡，叔母向隅泣。見姑，則言笑如平時。姑老且病，非叔母食不甘、寢不安。命叔母主內政者數年。姑嘗爲叔母櫛縰，叔母晳而文，髮如雲，姑戲之曰：而猶女也。叔故不良於行，又瘠弱多病，方合卺時，疾已亟，相者翼以行禮。禮成，僵臥別榻，初尚能絮語，旬日後目瞪口哆，張匙藥輒嘔，厠牏皆仗叔母，時昏時醒，迨易簀，猶未脱服。咸豐辛酉寇難，尤奉母避龍門山中。

宵分，聞大吼聲。遲明，茅廬外虎迹大如斗。尤有詩曰："三日纔成
新婦禮，五旬不改女兒身。山君有意彰完節，也識平生嚙蘖人。"蓋
紀實云。寇平之明年，尤卒，薪米不自給，叔母安之。同治癸酉冬
十有一月卒。先五年，知縣周貽綬、教諭朱鼎元、訓導盛贊堯申請
知府徐寶治轉詳學使徐樹銘、巡撫李瀚章疊加獎异。光緒丙戌秋
七月，刑部郎中金華余烈上其事於禮部，奏請旌門，制曰可。

石　處　士　傳

　　石處士，居清田之閣公方山，始祖五色，女媧氏携之昇天，有補
闕功。神農著《本草》，賜姓石氏。堯時爲后夔所舉，典擊拊。夏禹
治水，率鉛松入貢。商始發祥。元鳦墜卵，石與有樹徵焉。周天子
制度考，文石爲歧陽鼓吏，兼掌篆籀。孔子筆春秋，與石研友及門，
石作蜀，其同宗也。自兹又識科斗文。戰國楚失政，大夫屈原抱以
沉江，其子乃逃吳越之會稽，隱居青田山。秦併天下，符璽郎缺，遣
卞和遍徵名山士。

　　是時藍田君、青田君謁咸陽宮，上見藍田君玉色揚休，而青田
君圭角廉稜，有山林氣，乃放歸，獨以藍田君典璽。卞和曰：古云
"青出於藍而勝於藍"，今乃反不勝邪？石氏雖不仕秦，而因是登之
罘，游嶧山，讀詛楚文，又識秦篆，歷漢、唐、宋，六書迭更，而石氏獨
以篆顯。明嘉靖時，七才子結詩社，有魯之削者，介石處士謁七子，
一見如舊相識，凡有題咏，必藉石處士署其尾。當是時，公卿大夫、
文人學士，咸喜得石處士，晚摩挲不釋手，館以斗室，塈以紅泥，爭
相購置。繇是，石處士名甲天下。

　　爲人長不盈尺，好修容，砥礪廉隅，有以自得也。初出山，柔而
脆。已而風霜交侵，硜硜然老成矣。善識古圖史鐘鼎、金石搨本、
秘閣法帖，一切文卷、詩箋、畫幀，千百年後，某署名、某字，的歷

若新。又好取名章俊句以自文，與諸先生心心相印，印處顏發赤。或曰：人生世上，如輕塵棲草，何苦印泥畫沙爲？趣銷印。七才子曰：彼印纍纍者，何人邪？奈何磨滅而名不彰？趣刻印。石族最繁筒封邑、管城床、墨子下榻，遠山有亭池花木。球好簪花，不齒於士類，惟婦女所玩弄。又有能幻身爲神仙，乃石之別族，與石敢當將軍通譜，然皆不如處士。處士尤工尺牘，緘外函，雖郵寄千里外，人不敢欺。于時角骨生竹君木居士，亦以深刻爲世用，顧爲市儈販竪守錢虜印證，米鹽凌雜，惟石處士非①。七才子通顯，薦於朝。朝廷璽書下，褒將大用。以老辭，乃聽歸隱，準前代加恩隱逸故事，表其山曰東南圖書府。

信史氏曰：青田有二族，誠意伯，世所謂劉青田也。洪武初，劉爲宏文館學士，而石不見用於尚寶司。顧石氏抱殘守缺，迭變滄桑，獨以小篆顯，而誠意伯九京不可作矣。烏虖！石可泐名不朽，千古幾人哉！

宣平沈烈婦傳

沈烈婦，處州之宣平人。父永清太學生，母王。沈生有至性，端莊妍雅，自其爲處子已然。適同邑潘攀桂。道光庚戌，攀桂應童子試歸，疾不起。沈哀號求死者屢矣，姑諭之曰：吾老矣，既喪子，又喪媳，是重累我也。且汝無子，盍計立後？沈自是不死。事姑孝，處妯娌和，以餘財周鄰里貧乏，人咸德之。咸豐辛酉，粵賊入宣平，沈犇萬山中。賊搜牢，必辱良家子，沈聞而語同伴曰：儂不遇賊則已，遇賊必死，必不以身之皎潔忍辱爲死者羞也。無何，賊至，拉之去，陽陽如平時，賊不提防。過山湫，斗然躍入水。其年冬十

---

① 原文有八空格。

一月二十有七日也。烈婦自是死，年三十有三。後二十許日，賊稍稍入城，同伴女言其死狀，家人得其屍，窮袴褶帛縫，密不可解，顔色不變。殯而祔攀桂唇。賊平，上其事於朝，奉詔建坊。

何子曰：余觀烈婦山中語，信其素志焉。夫濡忍不决，身名敗裂，士大夫尚或不免。區區羸弱女子，迺能抗狂寇滔天之勢，致命遂志也。烏虖，烈哉！

鍾烈婦傳

烈婦武生鍾永槐女，年十八適徐卓典。徐居下楊泛，鍾居宏閣，高溪介其間，想于歸時褵馬香車必從高溪渡也。卓典儒家子，讀書能文，未及試，得咯血疾，三年卒。鍾屏鉛華，操井臼，屬箴管，以事舅姑。舅姑憐且敬，不敢奪其志。咸豐十一年，粤賊陷邑，鍾懼辱，紉衣裳，縫綻周密。下楊泛既當孔道，絡繹搜牢，晝宵不息。近高溪里許，有小山谷，叢箐可匿。其年秋八月二十日，賊踪迹及之，鍾呼曰：若等有夫，可少延，儂去矣，從亡人於地下矣！投高溪死，年三十有六，距夫亡十六年。家人撈其屍，縫紉如故。鍾無子女，同治七年題旌册。

何子曰：余嘗過高溪，聞人談烈女事，爲之溯洄不忍去。同學楊君師震與烈婦同里，且有同表親，以狀丐余，傳事益詳。高溪源出大萊，邑志所謂南溪，受大萊諸川，會於熟溪也。而高溪未有主名，异日修志，當書曰：某年月日鍾烈婦死於高溪。而高溪傳矣。然豈惟溪傳哉！

湯烈婦傳

烈婦湯欣女。少聰慧，母愛之如掌上珠。長適徐長賢，静正柔婉,閨閣中無間言。咸豐十一年,粵賊陷邑,烈婦避母家於菊妃嶺下。自四月二十五日西南鄉勇攻賊不克,各結山砦拒賊,嶺下其一也。八月七日,賊破嶺下砦。湯年二十有五,不事脂澤,秀麗天成,賊凶惡無復人狀,湯抗節大罵,遇害於菊妃山之叢冢間。邑令南海羅子森具其事,上當道請旌,報可。而長賢弟式賢修家乘,乞傳,爲論次著於篇。

何子曰:山砦爲賊破,菊妃嶺最慘。裸婦女,剖而倒懸,此余所目擊者。烏虖!罵賊而死,烈丈夫事也。彼姝者子,何以罹此!雖然,彼倒懸者等死耳,死於辱,死於貞,豈可繩乎!死生可付之適,然人之樹立不可已哉。

宣平湯烈婦傳

湯氏小字華,父景沂,邑老宿儒。授以詩,頗能吟。兄深之、弟定之,皆諸生。家庭倡和,有咏絮之目。適宣平諸生陳夢祥。生晝入塾,宵簋燈,閨房與婦講貫,婦所徵事輒多於生,然婉嫟弗自矜也。鄰里之羨之者,不羨得嘉耦,而羨得良友焉。

咸豐十一年,湯從舅陳巨源、姑王氏及仲姒氏吳避粵寇於邑之大萊口山,賊執巨源及吳將逞戕辱,湯佯爲好言,曰:舅老矣,不了事也;姒弱,駭欲死,盍兩釋而以我行?我能事若也。賊窺其嫺雅,縱舅姒去。湯已瞰賊腰插利刃,驀奪之自刎。已殊,血不溢,死不變,赫然立死巖石上。時六月二十三日也。

湯既無子,而陳爲宣平著姓,居小妃山,饒於財,族多儒士,然無能詩者,烈婦詩竟不傳。

何子曰:余客宣平,邑令皮侯樹棠修宣志,訪節烈,湯兄弟以狀屬余代呈,因錄其副爲傳。余又求烈婦詩於其兄弟,久之,亦無所得。雖然,烈婦所以傳者,固不在乎詩也。

陳 烈 婦 傳

　　陳烈婦，金鏞女。年十九，歸宏閣鍾明廷子成坊。生女二，長五歲，幼三歲。咸豐辛酉四月，粵寇周春踞邑城。同治壬戌正月，賊春跳去，賊周明才踞城，明廷物故，成坊偕陳自山歸葬。六月，花旗賊自栝蒼掠入邑西，賊春復竄邑南，盤踞菊妃山下。我邑距治三十里即多深山大谷，可避亂，而是時西南山谷反以賊騎出没爲患。踞城賊又恐掠鄉賊，敵其巢穴，塹門自守，以故附近諸小山坡轉獲小安。六月二十一日，成坊以陳及其母匿青坑，己與金鏞宿南湖嶺，夜爲飯，黎明出餉青坑，户甫啓，爲賊掠去，金鏞及五歲甥女匿而免。成坊之陷賊，陳尚未知也。日中，花旗賊掠青坑。陳年二十七，明眸皓齒，顏晳如玉，與素衣素裳相映。賊窺其美，將犯之，陳抗聲大詈，賊忿以匕首捲喉，遂遇害，及其三歲女。其母草行露宿，報其家。是月晦，家人獲屍，素縞如故，顏色不變。冬，權厝宏閣之小竹園。成坊意不歸，宗長老以成坊弟成均子錫珵爲之後。光緒乙酉，鍾祠修譜，諸生鍾萬榮，成坊弟也，以狀來丐余傳。

　　何子曰：青坑，邑西五里許，有山湫，歲旱祈禱輒應，顧獨不載於邑志，何與？豈以無關典要而從略邪？有烈婦之死，地以人傳矣。爲玉碎不爲瓦全，死亦何憾！獨惜蕩子不歸，空閨已裂。貞魂有知，當傍望夫之石，風風雨雨，哀我征人也。噫嘻！

余 節 婦 傳

　　余氏，金華太學生克和女。年十八，歸邑太學生陳起舉，生子諤。起舉卒，余哀毀骨立。操内政，撫弱子，家漸康。余春秋高，縉紳先生咸爲詩歌登堂祝壽，邑大夫宋蘭亭書額以表其節，遠近見聞者莫不嘖嘖稱嘆，曰：幸哉有子，微母之教不及此。余不自足也，憶少年事，吁嗟涕洟而已矣。壽終。謂，諸生，修譜，屬余傳。余與陳有中表，總角時嘗一謁令範矣。雖謭陋，不敢辭。烏虖！一與之齊，終身不改。巾幗以之，孺人定志。不移苦節之凶，旋爲甘節之亨美矣。苦不極，則甘不回，請以質世之有志者。

王薪齋先生傳

先生姓王，諱建中，字平疇，號薪齋，別號疏疏氏，邑諸生也。幼聰敏，善記誦。成童時，輟業務農。弱冠，請於父，願就塾。父多蒔芸薹菜助膏油，先生益發憤，籌燈床榻，夜分不輟，帳幬皆黝。貧不能購書，每就人借讀。五赴鄉闈不第，棄舉業，以詩鳴。嘗言士不能詩，與俗人無異。詩有真性情，益以學問，方可醫俗也。事母敬謹，母夫人年八十餘，先生年六十，猶爲滌厠牏。吟朋稱觥壽先生，並壽壽母，藝林以爲盛事。與弟友愛，白首無間。言弟有疾，先生炷香禱天，聞者感動。鹿和橋圯，諸生朱城鳩工倡建，先生襄其事。朱歿，功未就，先生竟之。雙巖洞天有元明碑，仆於山徑，重植於石室，俾考古者有所資。性伉直明爽，與朋友肝膽相示，面折人過，不少回護。意所不合，雖尊官大吏勿爲下。好游山水，不甚修飾邊幅，興之所至，與少年角逐，呼盧喝么，飲博爲樂，而不肯一涉足入權貴門。親友有疑難，開導匡救，如恐勿及。暇好藝花木，蒔蔬果，勤劬倍於常人。其詩性真發越，寄趣遥深，不以富麗堆垛爲工。顧不自修拾，多散棄。晚自訂《閒雜錄》三卷。年六十有□。卒之日貧幾無歛。噫，可悲也夫！

邵處士傳

　　邵處士諱文富，字潤弇，豐於學而嗇於遇，以布衣終。九歲失怙，事後母盡禮，待弟和，與人厚。人有橫逆，唾面自甘。試輒不售。長子炳璋，由附生食廩餼，處士應童子試如故。次炳鑾，補諸生，處士應童子試如故。迨炳鑾食廩餼，而處士作古人矣。課子暇，藝蘭栽菊，行吟風月，愉如也。居白陽溪畔，溪高於村落，泛濫爲灾，長堤修築，處士與有力焉。咸豐辛酉，邑遭寇難，處士分粟與鄰之乏者。既有疾，處分後事，井井不亂。炳鑾，字和甫，余同學友也，修家乘丐余傳。

　　何子曰：學懋矣，遇何微也！傳曰：非此其身，在其子孫。處士有焉，和甫勉乎哉！振策皇路，出家學以翊清時，俾知閉户潛修，其食報乃在後嗣。則凡教子者莫不以處士爲法，九原之下必有邀紫誥而光寵者，夫何爲不遇哉！

邵芝谷府君傳

　　芝谷府君姓邵，諱德澧，字芝谷，世居白陽山下。吾宗二世祖始娶於邵，厥後十世祖、十一世皆娶焉。先君子元配，府君三從姊也。府君席豐厚之遺，援例入監，居輪奐，歆膏腴。性好施予，歲凶，嘗爲粥以食餓者。津梁圮，徑途坍，募必立應。由是有善人之目。白陽溪爲熟溪下流，東溪注之，又合永康港，霖雨驟漲，水且人立，而村落平夷窪下，溪反瞰其上，歲有水患。故有長堤，年久罅烈，府君捐金甃石，遂無患。性好佛，嘗刻梵書。咸豐乙卯，府君見潤詩而悦之，因以次女適。嘗謂潤當閲佛書，潤舉"微言不出吾書"語應之。府君曰：若固嘗受孔子戒邪？少年崢嶸綺語，要不可多作也。蓋潤好作艷辭，故以箴云。府君即世，家中落。嗟夫！盛衰之故，蓋難言哉。方家門鼎盛，銅陵金穴，何其雄也。丹旐纚舉，素練滿目，豈成功者退理之常邪？抑日中則昃，數之偶邪？《易》曰：積善餘慶。府君善人也，吾知必有繼起而振興者。是又在嗣人之克自樹立矣。

林 左 泉 傳

林淇，字左泉，邑諸生。家貧，善詼諧，聞其語者，雖甚憂，必解頤。倪仁山師館吾里，君命其子向榮就學。一日，君過從，適學子誦《阿房宮賦》，君曰：何蟲多邪？人問云何，君曰：豈不聞蟲念《阿房宮賦》？皆絕倒。善治圃，工繪事，強有力者求之，經年不獲。遇知己，傾倒數杯，乘興揮灑，蟲魚花鳥，盎然生趣。時題小詩以自娛，或諷以進取，答曰：水鳥有信天公者，不求魚，亦未嘗飢死。吾亦信天公而已，奚必破天荒邪？居迎市，門庭如水，雖釜中魚，生而歌嘯不輟，人不知爲貧士，以壽終。

昔衛人美武公，而曰"善戲謔兮"，戲謔而善，蓋其德也。厥後髡嘲齊王，朔徵漢武，論者推爲滑稽之雄。顧懽愉易好，愁苦難工。情以境囿，亦末如之何。君以抑塞磊落之奇，發儒雅風流之趣，吾不知於古人奚如，視世之嗟卑嘆老、戚戚終身者，夐乎遠矣！其繩尺自守，不妄扳援，尤足以勵薄俗也夫。

俞 贊 廷 傳

君姓俞，諱思襄，字贊廷，宣平附貢士也。祖林檀，父大鴻，皆以善聞，事具《宣平志》。君承其業而光大之，鄰里賴以舉火者若而人，姻黨賴以婚嫁者若而人，戚友賴以喪葬者若而人。既諾，雖囊乏餘財，必竭厥以將，不少悋。咸豐辛酉，粵賊陷宣平，君發粟出金，募死士以攻賊。部署間左壯丁戰，不利，賊踞俞氏祠，揚言焚祠爲索賂計。時君已退保山中，諜已告，君曰："賂賊，不可。焚祠，不忍。事有權譎，吾計決矣。"乃乞貸於人，得百金，納之，而仍陰集壯丁，乘賊不備，逐之。會提督林文察收復栝州，俞祠得無恙，君配氏楊，子二，廷鑾，諸生；廷選，太學生。一女，適武義諸生、贈雲騎尉徐寶光。再娶王，無出。孫三，士心、士奇、士福。二子皆先亡，長幼孫亦亡，惟仲孫侍。曾孫金美、金鏐、金松。人或爲君悲其遇，而君敦氣誼，尚然諾，雖老不衰。性氣平和，言呐呐不出其口，與之談古書，則娓娓不倦。光緒乙卯春，觀優於祠，既歸，體不適，曰：大化既乘，吾其行乎！翼日，卒，年八十有一。

何子曰：力行善而不蒙祐，或疑天之報施未必不爽，而不知天固有以成之也。士君子修身立命，要自有足以千古者。區區庸福，何論焉！造化顛倒斯人，或厄而進之，或厚而毒之，未可臆測。惟不因境而易其所守，則始終爲完人也。贊廷有焉。

俞 左 三 傳

俞文瑛，字左三，宣平人。父志俊，歲貢，擁巨資。君生而父已老矣。君幼就塾，學帖括。而席先業殷盈，遠近募捐者踵相接，隨所有應之。其最者，處郡試院前長廊十楹，士人避風雨所，出資營建。武義萬名橋，既輸五百金，又施石欄於橋上。是時金陵久陷，寇氛遍浙，君輸粟千石，以功議叙，而恥爲資郎。復應童子試，旋卒，年僅十九。

何子曰：疏廣有言：賢而多財則損其賢。諒哉！貧士雖有濟人之志，苦於無藉。故知用財者，每無財之可用；而不知用者，又積於無用或且妄用。然則左三可謂善用財矣。悲夫，不永年也。厥後浙東大亂，宣平陷賊者年餘，死亡疾疫，流離滿目。使左三而在，其濟人又當何如也，重可悲夫！

鍾書田傳

書田姓鍾，諱永標，字爾準，書田其別字也。束髮受書，既長，攻苦勿倦。屢赴鄉闈不第，以諸生老。生平手不釋卷，家故饒，事蝟集，每清晨挾冊呻唔，至日中方已。當伏案時，雖尊官大吏至，勿顧也。自奉約，好施予，鄉里疾，予以藥；貧不能殮，予以櫬。熟溪上流萬名橋，廣丈有尺之八，袤四十丈有奇，橋面甃石，君所爲也。粵寇陷邑西南，鄉勇攻賊於城下，不克，村聚皆守堡，餉費輸多。無何，花旗賊闌入邑西，褫書田入賊營，欲降之，謾罵勿屈。引之去，屹立勿動，遂遇害。時同治壬戌六月二十八日也。賊平，聞於朝，贈雲騎尉。

何子曰：書田軀幹不甚修偉，狀殊文弱，抗義以死，何其壯也！順逆之分，死生之故，知之素矣。世乃以積學於身，行善於鄉，反攖鋒刃，似不免致疑於造物。然以望七之齡，即少緩須臾毋死，不過牖下考終耳，烏能廉頑立懦於千載下哉！則夫以死而得不死者，大有在也。烏虖！義命之間，君子可以知所處矣。

徐必達傳

君姓徐，諱日遂，字必達。性嗜酒，讀書不爲制舉業，居一室，右齏鹽，左糟床，無日不在醉鄉中。出行，壺榼自隨。遇佳山水，輒浮一大白。鄉里宴會，君居上坐，飛巨觥，懽如也。母氏年八十餘，臥病，君侍湯藥，不以委諸婢，中衣廁牏，躬自洗滌，遂戒酒。迨服闋，年益高，鄉人列其行誼，舉赴鄉飲酒禮。君既屏世故，又樂晚景，乃倍飲酒，遂以糟印老。

　　何子曰：劉伶、阮籍，高風邈矣。晋人放曠，或期功不廢絲竹，繩以禮法，不無遺議。君奉母至誠，非徒高陽生比也，而杯中物足悮一生矣。

烟月山房文集卷五

書

與宣平學博向莘書 樹南

日者師台以修郡志公事采訪臨榆川，潤舌耕此土有年，因得企仰絳帷，侍聞鐸誨，厚幸奚如。別來又數日矣，伏惟宦祉凝庥，興居納祐。

兹有請者，處州舊志第九卷宦迹門，載邑先賢徐邦憲，誤作義烏人，此沿《宋史》之訛也。敝府屬《義烏志》坿徐邦憲於雜記，且云萬曆《志》並無其人。觀此則《義烏志》已不敢質言矣。使果義烏人，何以不入於人物而坿於雜記乎！《浙江通志·選舉》中云：徐邦憲，武義人。惟"名臣"中尚沿《宋史》之訛。蓋武義、義烏字音相近，當時秉筆者未及改也。今徐邦憲奉旨祠敝邑鄉賢，墓在敝邑壺山，祠在敝城，坊在省元坊。又有水部司空坊在敝治左，此又足爲邑人之一證矣。未已也，徐邦憲上趙使君帖子云：張監鎮自其子流寓武義，邦憲與之鄰，居有年。是即其自作之文，可斷爲邑人無疑。張監鎮者，名淏，著《雲谷雜記》，奉旨采入《四庫全書》。其識語，淏所自作，亦言淏與邦憲同里，尤可考證。夫表章故宦，傳諸不朽，當事者之美意也。詳其里居，正其謬誤，采風者之重任也。此屆幸遇貴郡尊，黼黻承明，增光青汗。又幸遇軺軒，所至不遺芻蕘。

203

苟有一知半解，自無不上裨高深，潤敢避越俎之嫌哉！伏乞參合諸
書，是正舊志，改徐邦憲爲武義人，俾數百年之茫昧昭晰於一旦，豈
惟故宦之幸，即敝邑實嘉賴之。光緒丙子閏五月□九日。

與王薪齋先生游寶泉書

　　昨因道體違和，西山之游足音空闃，殊爲悢然。比聞寶泉巖碧
天庵落成，張樂迎神，敝宗叔下榻延賓，寄函在邇。丈丈久蓄雅懷，
爲之陟崇巘，酌清泉，緬昔年之驄馬，吊千古之畸人。紅樹碧山，都
供詩料；白雲黃葉，別有會心。想逸興遄飛，必有領略於清歌妙舞
外者。其肯尋不借而一來乎？倘秋霖如故，南望翠微，付之烟水蒼
茫而已。若霧銷雨霽，鴉背夕陽，雁唳西風，竹林楓徑，蟪蛄之聲入
耳不已，亦一佳也。請以月杪預臨榆川，僕係熟客，當作先容。歲
月不居，名山難捨，謝公屐齒，翹聆清音。

代人覆陳太守書 名文騄，字仲英，前金華府知府。

　　仲翁太公祖大人閣下：敬稟者，三月二日接奉鈞諭，並大箸牌
文一本，區聯三紙，洋蚨三十員，捧誦之餘，仰見表章先賢，振興後
學，士林感佩，莫可言宣。區聯謹已如式刊刻，髹繪光緻，親詣明招
恭懸院中矣。至碑文中尚有懇求增删者，敬爲我公祖詳述之。
　　查真《西山東萊大愚祠記》，守紹定初盱吳江定夫始建，住山森
公實與其事。講祠之設，殆嚆矢於此。
　　國朝翁張重建後，嘉慶二年，邑人徐仁美、湯應祥、林德濂募捐
重建，見邑志。道光二年，邑人王宗孫、徐步雲、柳仁德、徐經邦捐
建，區額尚存院中。講院崇祀牌位，初祇奉朱文公、吕成公、吕忠
公，乾隆五年，張邑令人崧增祔鞏庭芝、鞏豐。道光辛丑，朱邑令緒

曾增祔洪、張、徐三人，凡舊木主八位。上年，貴同年鄧孝廉、鍾玉考《東萊集》《宋元學案》，邑之爲成公門人者，尚有鞏峴，鞏嶸、鄭良臣、劉粹中、美中、允中、時中七人，並製木主，增祔。再考，惠安寺乾隆二十三年奉勅改爲智覺寺。再查，成公生日，阮元聲所刻《東萊外録》內載《東萊年譜》及大愚所作《壙志》，均作三月十七日，與胡鳳丹今刻《東萊集》作二月者不同，未知孰是。以上各節，未識可增入否，俯求采擇。又碑文內有"吕生上書，請反祀田三百畝之被侵者"等句。恐日後吕姓子孫見此心生覬覦，藉口爭訟，不可不防。可否删去以絶訟源？謹將碑文元本寄奉，伏乞酌定，覓妥寄下，以便書刻。

某荒僻譾陋，罔識忌諱，敬禮公祖崇儒衛道至意，苟有管窺，不敢自匿，爰獻芻蕘，静候裁示，不勝戰慄之至。肅此具稟，敬請禮安，伏惟鈞鑑。

祭　文

祭王柳堂先生文

嗚呼！吾師生無疚於心，歿不泯於時。其存也，志趣高而踐履實，落落乎不與儕俗爲伍，而以古人自期。其亡也，飄飄乎駕風馬而揮雲旗，固怛然而乘大化，完浩氣於太虛，亦又何悲。而獨不解夫蒼蒼者，既畀之以碩德，又重之以英詞，宜乎奮鯤鵬於天池，作國王之羽儀，奈何藥牓甫登，哲人已萎。哲人已萎，杳杳琴劍，茫茫絳帷，豈斯文之將厄，抑才士之數奇？而能弗悲！嗚呼哀哉！言猶在耳，貌則莫窺。貌孤六尺，頭角巉歧。娥娥夫人，如雪麻衣。此情此景，沁入心脾。過鳴陽之門，鐘聲咽怨而哀思；望九里之源，寒潭潺湲而泪垂，能勿深悲！嗚呼吾師，生則必死，自古有之，而登門長慟，臨文累噓，蓋痛夫典型之不可復作，而矧忝生平之心知。尚饗。

社日墓祭王柳堂先生文

壺峰孕秀，熟水鍾靈。篤生喆士，老成典型。隋有經師，唐人仰止。夫子之系，龍門汾水。盤根錯節，窮而後工。夫子之家，宜雅宜風。清不絕物，志在遠大。夫子之行，茅容郭太。窮經論史，天外游心。夫子之詣，文苑儒林，耐人尋味，味之無極。夫子之詩，淵明摩詰，法度井井，老氣橫秋。夫子之文，昌黎柳州，去歲重陽，人之無祿。帝遣巫陽，山壞良木。憶昔設教，惠來南村。一家昆季，俱出師門。兵戈聚散，三年末已。再瞻夫子，私心自喜。夫子曰吁，子來何遲。貧惟士常，經乃菑畬。侍從棘闈，亦趨亦步。帖報泥金，奚當鼓舞。謂方釋褐，漸升朝廊。奈何中道，而忽云亡。故履斷琴，維其寂矣。苦雨淒風，維其寞矣。日月如流，春社屆期。紙錢飛灰，攬我哀思。教誨大恩，等於罔極。匍伏壙前，泪吞胸臆。寒潭春水，九里無涯。我思夫子，維以永懷。尚饗。

萬名橋庵祭大禹文

大哉夏王，地平天成。巍巍南鎮，陵寢崢嶸。此邦在昔，會稽舊名。歲時伏臘，俎豆犧牲。長虹千丈，跨水無聲。功完蠲吉，爰展微誠。昔思天下，已溺縈情。在天靈爽，如日昭明。尚冀眷佑，勿圮勿傾。陽候河伯，萬古鏡清。尚饗。

祭　弟　文

維大清光緒八年歲次壬午九月二十有五日，愚兄潤謹以時羞致祭於亡弟及民處士之靈，曰：

於乎！吾不見汝者，百有餘日矣。吾之赴省試也，以七月十二日。汝之得疾也，以七月十三日。汝之卒也，以八月四日。吾之歸也，以九月一日。計此四五十日中，汝支離床褥，感念行人，及家人呼籲奔走之日，皆吾登山臨水、同人讌樂之日也。嗚呼哀哉！使早知汝之不起，即不必至於不起。而或虞汝之疾病，吾其忍舍汝而他適也耶！

吾與汝少孤，俱撫養於伯父。猶憶先君捐館，遺言在耳，一耕一讀，恪承先志。自十五六歲時，吾在學舍，汝力農畝，上堂起居，每飯必偕。比粵寇之難，室廬煨燼，逋負山積，重以疾疫死亡、飢饉交迫，岌岌有不可終日之勢。汝拮据支撐，惟稼穡之是務。而吾衣食於奔走，經年作客，惟歲時伏臘與汝宴歡，無幾時又作別。是相合之日少，而相離之日多也。離而合，合而復離，遍插茱萸，猶厪少一人之嘆，而何意今日之長離而不復合也。嗚呼哀哉！

汝事親順，事長恭，與人和，一切嬉游徵逐叫囂奢蕩之習，不染於躬。性又寬緩，不似吾之卞急。吾每以上壽期汝，而孰知汝之不永其年也。汝生平無大疾病，二三年前，偶發腳氣，發亦旋痊。今夏患寒熱尋愈，吾自外歸，見汝精神如舊，私心自喜。嗚呼！又孰料夫吾出而汝病，吾返而汝死也耶！

汝長子甫十四歲，次八歲，次五歲，撫育婚娶之責，惟吾。汝之死於九泉，亦可以少慰。汝婦安貧忍苦，汝所素悉，汝尤可以無憾。而惟是登堂不見汝形，升階不聞汝聲，呼汝而汝不膺，覓汝而汝不見。吾不孝不友，疾不能視汝藥，歛不能撫汝棺，厝不能臨汝穴，汝有遺言，惟家人代爲傳述，不能親訣別於床前，吾行負神明，不能與汝相期白首，蒼蒼者天，此哀何極！

嗚呼！清酒奠矣，紙錢飛矣，靈幃徹矣，阿兄猶四顧徬徨，望汝歸來也。汝果歸來也邪？嗚呼！尚饗。

銘

厲志齋銘 有序

　　洪都查子良侍其尊人荇橋貳尹宦游金華，歲甲戌，余伴讀郡城，因得交貳尹以及君。君妙齡有奇志，居常慕班超宗慤之爲人，余心折久之。越二年，余客梧州，君馳函以厲志齋屬銘，銘曰：

　　兩儀迭運，四序環周。馳風激電，日月如流。中處藐躬，疇能振拔。神浮則游，志荒乃奪。矯矯志士，克追古人。班超宗慤，千古比鄰。以心爲齋，以意爲匠。神斤默運，宅仁匪曠。爰居爰處，刻厲維殷。聞鷄起舞，運甓習勤。昔在武侯，自明澹泊。越范希文，先憂後樂。此志一定，异日樹功。囊括六合，涵蓄寸衷。玩物而喪，物斯爲害。晏安酖毒，萌不在大。業宏事後，志立幾先。一日之隳，莫補百年。執鬱不宣，匪爲胡績。敢告靈臺，勒銘齋壁。

贊

佑人先生像贊

　　清臞端慤，道貌儼然。說文叔重，博物茂先。儒林文范，必居一焉。惜乎著作，經亂少傳。豈是丁甲，勅取九天。風流未歇，慕切執鞭。

至聖像贊 有序

　　德潤讀《闕里志》，獲瞻聖像，不勝欽肅。夫聖人猶天也，天無可窺，聖無能名，而景仰之私，不能自已，敬附以贊。

崇祀像　唐以來加冕服之制者。冕，十二旒、五玉（玄、黃朱、白、蒼）、衣十二章（日、月、星辰、山、龍、華蟲，宗彝、藻、火、粉米、黼、黻）、韋帶、垂韠。紕以爵韋，左右佩玉（珩、琚、璜、瑀），衝牙貫以珠，藉以綬，加大帶朱裏，終辟赤舄，搢大圭，皆天子制也。

昊穹毓聖，作君作師。能師於君，君亦師之。何以尊師，十二章服。冕旒韠韋，鎮圭佩玉。嘆鳳匪衰，傷麟奚窮。兩楹一奠，亘古攸崇。王祀有嚴，豆籩佾舞。天生素王，萬世爲土。

行教像　夫子立，顏淵侍，衣燕居服，堯頤禹耳，華冠象佩，於像最真，顧愷之筆。

天將夫子，木鐸是以。有晬其容，堯頤禹耳。回也庶乎，具體微矣。用舍行藏，與爾有是。聖人之道，景行行止。聖人之教，義蹈仁履。往古來今，此心此理。拜孔揖顏，炁我髦士。

憑几像　吳道子筆。夫子按几而坐，從以十弟子者。

九流仰鏡，百王法則。大哉聖人，寔天生德。憑几端坐，群賢侍側。五臣十人，皇王輔翼。聖師紹之，立人之極。不位而尊，無權而式。天何言哉，蒼蒼正色。

乘輅像　此夫子爲魯司寇時。

昔我夫子，爲魯司寇。不可徒行，從大夫後。乘殷之輅，是樸匪陋。惜哉女樂，王功不就。兩馬一車，轍環如舊。聖何加損，世不克救。輿方地載，蓋圓天覆。車中之容，千古如覯。

先聖像　王維筆。繪《孔子家語》册端。像上長下短，背微僂，視若營四海，憂世之容可掬。

道德高厚，莫可言殫。羹牆如見，或以象觀。逢掖其衣，章甫其冠。威而不猛，溫厲恭安。申申夭夭，形容實難。幬天載地，下際上蟠。孰測其倪，孰窺其端。天哉至矣，洙泗杏壇。

跋

鈔本《梅山續集》跋

　　右《梅山續集》一十有八卷，宋姜特立著。特立字邦傑，以恩蔭補官。進詩孝宗，遂躋崇班，賜節鉞，恩賚優渥，足爲詩人奇榮。本貫麗水，而卒居邑之王澤山，故邑志闌入文苑。其居官不無可議，而詩則天然秀拔，聞當時，傳後世。正集已佚，續集奉采入《四庫》，然邑中所傳，止有鈔本，兵燹後亦不多見。此本故明經董洹手書，訛誤處悉加標識，旁注某字，而不去其舊，得蓋闕之義，尤見前輩用心也。光緒癸未夏，金小山携以見示，因録其副。按諸書皆言十七卷，而此本乃十八卷，休陽汪氏序亦言詩十七卷，外雜文六篇、長短句二十首，其卷數不同如此。又邑志録“王澤山居”，此本無“王澤”字。録《和陸郎中》詩，而與邑人鞏山堂、楊方叔寄酬諸作轉不見收，豈當時秉筆者未見是集邪？不則何以棄家雞而愛野鶩邪？然則得此鈔本，亦補邑掌故云。互異處候得庫書再校。

鈔本《雲谷雜記》跋

　　右《雲谷雜記》四卷，宋張淏著。淏字清源，本開封人，而僑於邑。是書宗伯紀昀曾校，上四庫館，而邑中無刊本，衹存鈔本，同治壬申仲春，從明經湯深之家借得而録之也。但紀云百數十條，而是本僅九十餘條。《困學紀聞集證》所引“蘭蕙”一條、“貪夫殉財”一條，此亦無之。然則是本非完書也。顧鄉先達之遺編，雖吉光片羽，亦可珍重，況紐螭缺角，又不止存什一於千百哉！録而存之，烏可已乎！至其淵博詳審，昔賢已稱頌之，毋容贅。

《病呻集》跋

右《病呻集》一本，計古近體詩六十四首，邑諸生王歧著。歧字岳柱，嘉慶間人。原序稱其年未四十，足痿，阨於貧病，處之豁如。兄以捇蒱失業，推產與之。其詩抑鬱無聊中孝友之心往往流露。誠爲知言。此本咸豐戊午潤得之婦翁家，紙墨如新，爲裝訂存之。岳柱氏牢騷一生，藉此數行殘墨流傳身後，又不能梓以行世，徒付之鈔傳，安得好事者爲之壽諸梨棗邪？吁！

《清静草堂自選詩稿》跋

右《清静草堂自選詩稿》四卷，邑諸生王瓊著。瓊字待成，乾隆間人。《自序》謂集中之詩止堪自選，不足爲外人道。然《兩浙輶軒録》《金華詩録》已有選之者，詩名庶不没矣。光緒庚辰，余婿王紹香獲自邵太學裕森家，携以相示，因録其副。尋於戊子秋又從諸生邵炳鑾家得一本，字句差异，而庚辰本義較强，豈傳之失其真邪？或余前所見其晚年所定，而後所見乃其初藁邪？庚辰本已多殘訛，余妄爲補綴，其商酌者王君建中力居多。

王 某 詩 草 跋

右詩一卷，光緒乙亥九月十七日從俞生永忠案頭得之。是卷計十葉，訂紙處編以一至十小字，但無作者名氏年。觀其《懷王孝子》，稱宗先生，知爲姓王。觀其《越燕山嶺》《謁洞主廟》，知爲邑人。詩意悲涼，殆懷才而不遇者。然《借米》《傭書》《征人怨》《老婦嘆》諸作，有安貧勵志之辭，無劍拔弩張之態，亦可見其性情矣。因粗加裝訂，備大雅搜采云。

《盤錯集遺詩》跋

　　《盤根錯節集》，邑諸生王殿耀詩草也。殿耀字蓀畦，甫游庠時，以翡翠蘭苕詩見賞於學使文寧。性狷介，不妄交人，專以詩自娛。所著《盤錯集》，咸同之際燬於寇火，惟五七律及絕句數十首尚存其婿邵太學裕森家，因借録之，顏曰《盤錯集遺詩》。雖未窺全豹，尚可見一斑云爾。

《夢餘集》跋

　　右《夢餘集》二卷，邑諸生邵廷珪著。廷珪字□□，號古愚子。弱冠游庠，爲後母所逐，屏居栝蒼山中，時以甘旨寄母，凡數十年乃歸。既老，以釣自娛，年九十卒。著有《古愚子詩文集》，前邑令河南李道融序。是本有詩無文，蓋非其全稿也，帝虎亥豕尤多。卷後紙已斷爛，不可卒讀，因爲重録之，而以意補其脱落者。古愚子没於道光初，迄今未百年，故居依然，必有善本珍藏者，乃極力搜求而不獲，何也？

明鈔本《宋真定鞏氏譜》跋

　　右《宋真定鞏氏譜》，甲至癸十卷，宋山堂先生鞏庭芝著，明弘治間鈔本。甲乙丙丁戊辛壬，署庭芝編；己庚癸，署庭芝撰。其末坿山堂、采若諸公志銘，則後人所增也。是本藏鞏善棠家，光緒甲□□□見之，録其己庚癸三卷，冠《武川文鈔》首。己丑夏，重録副本，請蘭溪孝廉鄧鍾玉校補。鄧氏説分注其句下，潤有管見，亦坿焉。弘治至今已數百年，脱簡已多，當時鈔者不甚精細，故訛誤尤甚。得鄧君博雅逐一校正，方可卒讀云。《志》志山堂、采若、厚齋等傳祇書官階，不著行誼政績，殊爲疎略。得是本卷末，足資補闕。雖不無奪落，而較勝於文獻之無徵矣。

明本《孝烈傳》跋

右明萬曆刻本《孝烈傳》四卷，郡丞周尚禮所校定也。光緒甲申，余得於西山農家故紙堆中，取以校康熙刻本及訒堂本，互有差異，然如《□光濟祭文》《劉俁如傳》等篇，文辭古雅安詳，與今本迥殊，乃知前輩未嘗見此也。惜乙亥重刻時未獲見而校訂耳。卷末坿梁大令遂等作，乃國初增入者，字畫不類，可別識。原本殘破處什之（下闕）

烟月山房外集

〔清〕何德潤　撰

陳年福　校點

校點説明

陳年福

　　《烟月山房外集》六卷，爲何德潤自撰時文與試帖之結集，有光緒二十九年(1903)作者謄録稿本。該稿以楷書抄録，紙版統一印製，白口單魚尾，半頁九行，行十九或二十字，字體工整，一絲不苟。版心右上標文體類別，有"時文""經文""經解""策""論""試帖""五古""七古""連珠""律賦"等名目；左上標書名"烟月山人稿"。版心下標"芰亭手録"。"芰亭"係作者別號。書稿前有作者自序，目録頁首鈐"芰亭拙作"、後鈐"芰亭集稿"印各一方。此或爲作者預以石印之底本也。

　　該稿原闕一册，失却《大學》《中庸》各八題凡十六篇、《孟子》十八題十八篇。原藏金華市太平天國侍王府，今移置金華市博物館，黄靈庚、陶誠華主編《重修金華叢書》據以影印，收在第一百零一册。今據《重修金華叢書》本點校整理。

　　該集依次録"時文"計《論語》二十七題三十二篇，《大學》七題八篇，《中庸》八題八篇，《孟子》三十一題三十五篇；"經文"有《書經》《詩經》各一題凡二篇；"經解""策""論"各一題凡三篇；"試帖"計五言體"六韻"凡十三首、"八韻"凡五十首，"五古"一首，"七古"二首，"連珠"一首，"律賦"凡三十五首。凡文，每篇題下均標明應試場所或所取名次，後附業師或考官批語；凡詩賦，每首題後標注所選韻字，篇後録評語及應試所在地與所獲名次。如時文《點爾何如》篇題下記有"選拔第一場",篇後録"詞意悠揚,神情宛合。一種雍容凝重之致,非學養功深不能臻此純詣。丁大宗師原評";試帖《庭際俯喬林》題下注"得林字",後録"清新俊逸。丁大宗師選拔第一名原評"。經查證,知此爲何氏應同治癸酉(1873)科浙江選拔貢課文與試帖。此試何氏獲貢考第一名,其硃卷,今人顧廷龍所編《清代硃卷集成》有收録,與是集所録之題、文正同。所稱"丁大宗師"即爲時任浙江主考官之丁紹周。可見是集實爲何氏半生舉業文章之總録。其自序云:"國朝沿明舊制,以制義取士,謂之時文。頃奉改章之命,一切四書、五經文及試帖、律賦,概置勿庸。僕既不工於舉業,似可拉雜燒之,而翻閱舊作,以半生托業於此,棄之不忍,因爲鈔録。其私心所自珍者,并及詩賦、雜作,都爲《外集》。明知其不可傳,姑留爲覆瓿之需云。"可爲印證。

何氏因家務所累,一生雖終未出仕,然絶非其自稱"不工於舉業"者也。是集之作,與世所見時文範本之薈萃者不同,係何氏孜孜舉業、往復課試軌迹之實録,尤可珍視。所録各體兼包,林林總總,蔚爲大觀。尤爲所重者,時文、律賦是也。時文八股,起承轉合,層次明晰。雖内容陳舊,然法密機圓,詞清氣爽,屬對應節,豐蔚雅飭,負聲有力。洵爲文章之聖手,時文之模範。律賦雜作,以小見大。王薪齋評其《讀書秋樹根賦》曰:"清新俊逸,庾鮑風流。"鄧子珣評其《蠶豆賦》曰:"繭絲獨抽,松管齊下。"誠公正不欺之論。何氏爲文,多録其師衆之評語,或綴於篇末,或置於天頭,皆道其行文幽徑,品其文字奧義,不失爲何氏"自珍"之心語也。今人欲一窺古人應舉之時文,踪迹古人科舉之心路,正可以何氏是集爲範本。

烟月山房外集自序

唐以詩賦取士，而唐文至今不廢。宋以策論取士，而宋詩至今猶存。有明以制義，而明人之詩古文詞亦至今存而不廢。傳與不傳，固不在乎取士之用不用也，顧視其可傳與否耳。

國朝沿明舊制，以制義取士，謂之時文。頃奉改章之命，一切四書、五經文及試帖、律賦，概置勿庸。僕既不工於舉業，似可拉雜燒之，而翻閱舊作，以半生托業於此，棄之不忍，因爲鈔録。其私心所自珍者，并及詩賦、雜作，都爲外集。明知其不可傳，姑留爲覆瓿之需云。

光緒二十有九年歲次癸卯芒種後一日

武義何德潤書於靜嚴精舍

烟月山房外集目録[*]

時文

---

* 按：此目録據何氏原稿録排，爲便讀者，增填頁碼。

《中庸》(闕)

發而皆中之和　　所求乎子兄未能也　　故君子居俟命　　必得其名培之　　吾學殷禮周禮　　車所至人有血　　發强剛毅執也　　苟不固聰知之

《孟子》(闕前十八篇)

叟　　五畝之宅五十者　　天油然作之矣　　臣聞之胡齕欲辟土地夷也　　耕者九一世禄　　詩云古公胥宇　　公孫丑問此時爲然　　不得於心不可　　孟子致爲志也　　古之爲市爲賤　　有爲神農人泯　　掌火益烈山　　古之人未其道　　一齊人傅咻之　　段干木踰已甚　　春秋天子秋乎聖人之徒仲子　　孔子曰仁衆也 / 269　　孟子曰惠 / 270

經文

《書經》

《詩經》

經解

策

論

試帖一五言六韵

試帖二五言八韵

曾子曰吾　<small>榆川書塾窗課何德潤</small>

大賢務本之意，一自叩而見焉。夫曾子固不負吾者也。<small>王薪齋先生批：備賓定主。</small>一叩夫吾，殆務本之意哉。且聖賢皆反求諸己者也。聖人慮天下之震驚夫己，而不知以己治己，故策勵有方，辭生知之質。子曰我賢者恐己之負疚於天下，而不能以己脩己。故功脩無貸，廑守約之心，曾子曰吾。<small>冒下爲人、交友、傳習三項，倒提在題前，絕不犯手。</small>

今夫道通一貫，積誠感乎群倫；統紹千秋，重負承乎列聖。此非曾子之所以爲吾哉！<small>曾字、子字，分比巧，不傷雅。</small>

顓孫端木，不紀華宗，乃世系沿鄫邦，去邑別爲公族；遂使春風沂水，留狂士之雅趣；獨永吾家。

卜夏言游，例皆書字，乃纂言輯魯《論》，尊稱推自門人；<small>題界劃清。</small>並同談孝論仁，紀有若之名言；均關吾道。

而曾子之自言曰吾者何居？

世有輕視夫吾者，暴棄自甘，不於吾勤其懋勉。<small>反對省字、曰字。</small>究之情過事變，吾徒追悔於前；留力玩時，吾又莫圖於後。吾偷安，誰資吾勉也？此輕吾者，吾弗效也。

世有重視夫吾者，驕盈自足，不知吾歉其婑脩。<small>三乎字反面，三不字反面，有匣劍帷燈之妙。</small>究之自訕無慚，而陷吾者不覺；自誇盡

224

善,而乘吾者實多。吾欲惰,疇代吾勤也? 此重吾者,吾弗敢也。

必俟愆尤叢集,時時見過於吾,吾亦防之不及,而吾殊覺難免也。二比照注,有則改之,無則加勉。夫後世羹牆景慕,尚有修吾書、拭吾車之雅懷,用《漢書》。而矧洙泗親游,實爲吾生大幸,功遜毋我之聖,學希克己之回。渲染吾字。有若迫吾者,吾誠難怠;無果迫吾者,吾又難寬焉。手目之指視誰嚴,其在慎獨之吾也乎!

即令疚悔全消,事事見功於吾,吾詎見爲有餘,蓋吾正深長思也。用李鄴侯語。夫英才寄托遙深,尚有天覆吾、地載吾之感慨,而況明新講學,良由吾志精研,言詩未必起予,自畫詎嚙今女。強對。處倫類之吾,吾固兢兢;荷重遠之吾,吾尤懍懍焉。下意躍如。薄深之履臨疇惕,其在知免之吾也乎!

吾道呼參,疇曩欣聞至教,而糾繩嚴。從曾子之吾視本節之吾,此主中賓。前二比毋我、克己,起予、今女,乃賓中賓也。夙夜非侍先生之側,不必稱名。

居吾語女,生平雅纂孝經,而明發矢。衷懷欲平在醜之争,敢云如彼。

吾日三省,庶幾無負吾身哉!

　虚冒題以下,文作來脉,四面襯貼,總與下文關會。意新詞穎,自是讀書人吐屬。王薪齋先生評

謹而信泛愛衆而親仁　月課何德潤

以律己待人教弟子,其事有遞詳焉。夫謹、信、愛、親,分之有各盡之功,合之有交濟之理。許老師批:驊騮開道,鷹隼出塵。人己之間,不當爲弟子遞詳乎? 今夫心一也。而律己患其浮,尤患其偏;待人患其隘,尤患其疏。最宜敦者品行,飭幼儀以表常度,敏於事亦慎於言;不可忽者交游,廣儔類以昭同群,博爲收亦嚴爲取。此

其事之相因相足。履安更資坤括之恒，兑澤斯受蒙泉之益，而人己
交修焉。豈獨入孝出弟，當教弟子哉？_{莊重。}今夫身度聲律小成，
所以植大成之基也；取友尊賢接人，所以獲正人之助也。

鄉校疏防檢嬉戲，亦滋風俗之憂；_{言之有物。}童豎倡游談譏揣，
漸釀朋黨之隙。束其躬以矢其口，而苪蘭何以不譏夫容遂？而蘊
藻何以可質夫鬼神？

少年每易矜爭，相狎而忽相謗；忠厚或虞受侮，相須而反相疏。
交不淺者醜不爭，而《螽斯》何以不妨於處群？而《嚶鳴》何以不失
於求友？

必也其謹乎！常視毋誑，所謹在耳目；少儀當飭，所謹在身心；
侍立必恭，所謹在手足。_{排弄。}而洒掃雖可瞻禮儀，應對或虞習虛
憍故。_{而字不略。}則古昔稱先王，不敢以無稽之談欺長老也；絕雷
同、戒剿説，必當以由中之語對先生也。是又在信。_{工力悉敵。}

必也其泛愛衆乎！愛兄弟親戚之衆，情洽瓞葦；愛州閭鄉黨之
衆，誼聯桑梓；愛僚執交游之衆，契叶芝蘭。而友朋縱可免憎嫌，賢
良或未資輔佐。則習正事、聞正言，不可與刻薄之徒滋佻達也；就
有道、近有德，必當以渾厚之氣受薰陶也。是又在親仁。

且夫規矩至嚴也，聲氣至廣也。_{高唱入雲。}以謹爲信之本，以
衆擇仁之交，事以漸而有序也；以信全謹之衷，以愛收親之效，功又
以進而彌加也。

踐履未閑而曰誓天日，同類未睦而曰近純修。_{順逆回環，生發}
_{不窮。}吾未見放肆者能修辭、深刻者能獲輔也。守厚重之規，而
後寸衷有主，發越不雜以妄談；游黨庠之内，而後與物無爭，因依
常得夫長者。況乎言爲心聲，則謹即其信；友爲身輔，則衆中有
仁。_{機揚神流。}所以立不壞之始基，而有恒有物同受範圍；肇締交
於初載，而相應相求咸資磋切。

步趨肅而辭近乎鄙，朋儕洽而賢處乎疏。吾又恐詖淫者必害

事，小慧者徒群居也。循《肆夏》《采齊》之節而悃幅之，夫必非利口；洽得朋遷善之歡而居游之，際彌篤淵衷。白雲穿破玉玲瓏。況乎整躬率物，則愛由乎謹；敬業樂群，則仁出乎信。所以屬廉隅於丱角，而异日立朝一諾，可以盟鄰國；擴意氣於髫齡，而壯年結納三益，且以廣見聞。

由是，則行修而可以學文矣。

　　着眼而字，按切弟子。詞沛氣充，不徒以挑剔了事。後二貫串自然，無微不入，尤覺題無剩義。超等一名。許老師原評

雖 百 世 宣平月課上取一名何德潤

世以維禮，不妨推之至百焉，夫百世較遙於十世也。然有禮在，何妨推之於百世乎？張大令批：分明。且我周卜世三十，卜年七百，雖億萬世猶秉周禮矣。顧子承父爲一世，創制顯庸，千秋不變；而王受命爲一世，易姓改物，歷代迭興。收合虛，神。閱人成世，而大法詒留，無妨取十世而倍乘焉。

試即三代相因之禮，而思繼周之世。

使世有變易，禮亦從而變易，則視昔何以等今？而論世具深心，奚必於七十二君，倍其三而奇其二？以算博士之法籠起本位。

使世有污隆，禮亦從而污隆，則後聖何符前聖？而曠世徵奇識，奚必合一十二會，分其萬而析其千？

是則由十世而至百世，幾幾乎難以論禮矣。反擊可知。

世定乎天，至於百世，天亦夢夢矣，而禮者天之經也。包孕全史，理實氣空。無論幾人稱帝、幾人稱王，而有變世者無變天。雖上世以德、中世以功、後世以力，而天秩之延於百世者依然。收處筆所未到氣已吞。

世移乎人，至於百世，人亦昧昧矣，而禮者人之幹也。無論若

者偏安、若者一統，而無异人者無异世。五雀六燕。雖正統之世、僭統之世、無統之世，而人紀之修於百世者如故。點雖字變。

則雖曰世之難測，分久而忽合，合久而忽分，顧興王崛起，必拾遺於煨燼之餘，而議禮何嫌於草創？點雖字又變。蓋雖百世猶一世也，而何必於南北分裂，疑及百世？

則雖曰世之易混，有强藩而執朝權，有匹夫而爲天子，顧令主守文必博采於修明之士，而言禮更重於繼承。蓋雖千萬世猶之百世也，而何必於五德相承，慮夫百世？襯義仍以史事作丹頭。

推測之家妄作詩歌，附會以神其説，而數無憑者理有憑，憑禮以定百世。奸雄竊位，幾泯官儀，胄系中興，不失舊物。官家之局，雖屢更而禮不更於百世。點雖字又變。

矯誣之術可談符命，遷就以驗其真，而鄰於怪者失乎常，常禮足沿百世。國統中微，孽滋禍水，號令迭嬗，政授武夫。禪繼之事，雖倍奇而禮無奇於百世。

或數百年而一世，或數十年而一世，或數年而一世，蜻蜓點水。頻點雖字，無一複筆。禮足以長世，而祚雖有修短，總於百世會其通。

或父子相繼而爲世，或兄弟相及而爲世，或他人之子爲後而爲世，禮足以永世，而人雖有變遷，仍於百世參其事。

百世可知，豈但十世哉！

從百世説得難知，轉入雖字。廿一史在其掌握，供其揮霍。可謂小題聖手。宣平令弼臣張兆基評

每事問子聞之曰是禮也 麗正月課何德潤

以問爲不知禮者，聖人爲禮辨焉。夫即問即禮，或人未之知也。子聞之而有言，非爲禮辨乎？且謂問則不知，知則不問者，此可以論事而不可以論禮。趙太尊批：快若并翦。乃事待講求，昧禮文

而轉以咨詢爲拙；禮宜敬謹，明禮意則自知典法攸關。以局外之疑釋局中之憾，不辨之辨而禮乃明辨於天下。筆可屈鐵。

或人論夫子之知禮，而致疑於入太廟，是殆不知問所在即禮所在，禮在是即問在是也。故議其不知禮者，乃在每事問云。

以爲事矜嫻習，淹通即推爲鴻博之才；事待講明，孤陋何以襄駿奔之典？則疑其問即疑其知也。然而禮因之昧矣。

以爲一事待推求，法物容有見聞之限；每事需咨訪，閟宮豈爲肄業之區？則刻求其問實刻責其知也。然而禮因之失矣。

是殆不知問所在即禮所在，禮在是即問在是也。是在矜張者聞之，必謂我輩深心何堪爲浮詞解？即在優柔者聞之，亦謂此中微意不足與外人言，究何以使知即問即禮哉？且夫禮有不從問出者，有從問出者。

不從問出者，先王先公之所貽，但使遵率舊章，已足表恪恭之意。正不必繁稱博引，致議禮開聚訟之門。

從問出者，一物一名之甚衆，所藉虛衷考索，庶足抒嚴肅之忱。而豈容任意妄行，俾後人滋蔑禮之漸。

子聞之曰，是謂我不必問也，亦知即問即禮乎？

夙昔修明有志，萬不敢童年俎豆詡明德之達人。第思耳目有窮，而典章無限；犧尊象勺，宛然靈爽式憑。不忍掉以輕心，實自矢其恪心焉。彼議我好問者，論知太嚴，轉覺論禮太寬耳。非然者，緘口無言而羞貽隃越。守禮之謂，何其以冒昧將也。大禮躬逢，隱與守缺抱殘相爲維繫，而欲自矜博洽，恥下問之勞，是則非余所敢出者矣。婉而多風。

居平講貫維殷，萬不致師長珊瑚喜解人之易索。第思宗邦典備，而淺學聞孤；觀蜡嘆禘，恍然刪訂未遑。矢口之便便，實存心之翼翼焉。彼謂我不必問者，視禮太輕，轉覺視知太重耳。非然者，聰明自用而典任荒湮。由禮之謂，何其以括囊慎也。禮章未墜，遙與周公禽父相證心源，而欲相詡宏通，笑好問之陋，是又非禮所寄託者矣。

法密機圓，氣清筆爽。趙朗甫太尊取超等三名原批

子曰：見賢思齊焉，見不賢而內自省也。
子曰：事父母幾諫。見志不從，又敬不違，勞而不怨

冀邑尊決科超等一名何德潤

律己與感親同道，均一有善無過之心焉。夫賢不賢毋虛所見，諫父母必出於幾，均此有善無過之心也。以思兼省，以敬忘怨，夫子所由並朂哉！今夫心一而已。以此心爲律己之心，從違分兩念，而媺惡皆裨益之端；以此心爲感親之心，諷諭化二人，而始終泯隱微之憾。寓於目者，以心應之；艱於遇者，以心通之。己與親必均歸於有善無過之域，而心始盡焉，而大聖人屬望之心於是深矣。

不然，慎獨嚴好惡之幾，閉戶彌殷法戒，世家系神明之胄，承歡何事箴規。賢不賢固無需乎見事父母，亦不忍言諫也。然而見與事各有道焉。

天下有至不同之人品，道不在分察而在合參。知己當前，甘居人下，斂壬在邇，苦浼余躬。果孰是，觀人切觀我之修，良梏胥關塵念。

天下無不可蓋之晚愆，道不在顯攻而在隱弭。蘐闈遺憾，抱嘆不辰，楚撻嚴威，難爲諍子。果孰是，犯顏寓承顏之意，精誠默籲天親。

則見非徒見矣。夫子曰：誰謂華高企其峻，誰謂流下防其趨。而奈何不思齊乎？而奈何不自省乎？願律己，毋荒其內可也。

則諫必以幾矣。夫子曰：誠無不格察於微，怒或可回將以順。而敢有違其志乎？而敢有怨其勞乎？願感親，敬以致從可也。

且夫知人者，事親之助也；幹蠱者，考鏡之資也。而勸勉顯揚，則又律己與感親之各盡其心，而同臻於有善無過之域也。

否臧之易昧也，不克見者無論已。亦既君子小人分呈眉睫，此即讀書尚友，猶將寓甄別於勸懲，而顧令覿面逢之，交臂失之乎？芝蘭入室，吾叶其馨；樗櫟匪材，我虞其類。況乎望吾親以賢，而我不齊賢，諫諍雖殷，未免自慚不肖；恐吾親之不賢，而我不內省，聽從雖速，保毋徒飾不才。善惡之責己宜嚴，全天倫不外操人鑒也；步趨當急，而防範難寬，其永矢勸規微念矣乎！

匡救之難言也，不克諫者無論已。亦既閑邪陳善事等朝廷，此必引愆負愆，或庶幾耄年之悔悟，而顧令霽顏俟之，禮貌衰之乎？遲暮性情，防閑易懈；衰齡筋力，答責難逢。況乎世無不善之父母，諫雖賢，適以形受諫之不賢，人子何以自安？世即有未善之父母，從爲賢，安知用勞之不賢？人子正宜自責，罔極之劬勞難報，瞻模範益以循蘭陔也；頑可格奸，則嚚皆從乂，其隱留負罪苦衷矣乎！

　　志和音雅，理實氣空。後幅聚精會神，非尋常裁對交互可比。登諸墨選中不可無一，不能有二。原評

始吾於人也，聽其言而信其行　　何德潤

明待人之厚，其始念非不信也。蓋言易而行難，苟可信，則無時不信矣。然而已成爲始矣。子於人豈過信乎？曰久矣夫，吾之以忠厚待人也。人不自欺，而吾即以不欺者許之；吾許人以不欺，而人即以不欺者酬之。區區此心，亦欲矢之終身，無容事過而有所追憶，而正不能不憶也，則甚矣。吾之初心，未嘗不以忠厚待人也。

不然，吾猶是吾，人猶是人。猶是人，則有所言，即有所行也；猶是吾，則可以聽，斯可以信也。何必斤斤焉辨之於始哉！

真誠，本人類所同。業有迹之可循，而必過爲刻覈，是人本自敦其實，而吾反或慮其虛也。返諸坦白之初衷，應自嗤其無謂。

逆億，非吾儒所尚。業坦懷以相與，而或妄事推求，是吾先處

於不誠，而人偏望其無偶也。揆諸大公之本量，亦自訝其不情。

故其聽也，即爲信之地。人言焉，而耻其不逮；吾聽焉，而許其不虛。以修辭知立德，此念將矢之畢生。

抑其信也，即從聽而出也。言爲其言，而非假諸他人；行亦其行，而豈詭諸我輩。以入耳爲愜心，予懷可貞諸終古。

然而僅矣。篤實輝光之士，行彌敦則言彌訥。必有言而信其篤行，豈無言而不信其篤行？第以先行其言，君子固堪自許。即言即行，推許縱嫌太易，吾於人要自無負耳。

然而偶矣。真知實踐之儒，行爲本而言爲末。必有所深信於言之中，豈遂無所求信於言之外？第以敦行不怠，甘苦不妨自明。即聽即信，得譽縱或不虞，吾始願殆不及此耳。

幸也！吾猶有始願也。假令言無异言，而聽先參以揣測；假令行無异行，而信預防夫詐虞。人必將逆料吾之私刻居心，以爲始吾於人早示以不廣矣，而豈其然也。夫疇昔之吾，固期其相符而不相背也，則言既無餘思矣，而行豈有餘望哉。

惜也！吾徒存始願也。假令聽循成例，而行即行其所言；假令信守前規，而言即言其所行。且將深慰人之奮興爲念，非徒始吾於人能不受其欺矣，而殊未必也。第曩日之人，自覺其能踐而更能履也，則聽既非漫聽矣，而信豈爲過信哉。

何至今而忽改也，則維予之故。

抑揚頓挫，語半神全。麗正書院月課超等三名。李山長評

魯一變至於道

吳學使丁卯覆一等四名何德潤

望宗邦以周道，較變齊爲易焉。夫魯爲宗邦，周道猶存也。一變而至，不視齊爲易哉。且自文武以道治天下，而元公制禮、元子

分封，未嘗不喜周道之在魯焉。道難必其常興，坰馬、泮鴿、守府僅存東國；道不任其終廢，關雎、麟趾、大猷可復西京。際人亡政息之秋，而能發憤爲雄，以馴致乎隆盛，蓋其事易行而其教易明也。

齊一變至於魯，魯獨可無變乎？今夫去周道未遠者，魯也。

其紬魯優齊者謂：釁起鬬鷄，何如兆占鳴鳳；敗成饋馬，何如士得飯牛。祿則逮而政則移，一似芹藻鷺旟，化有需乎畢世。

其並魯於齊者謂：兩社之輔，不異二惠之强；三耦之虛，不異一个之弱。人徒存者政未舉，幾疑豐鎬龜卜，美難返乎崇朝。

然而魯弱於齊者，勢也；魯勝於齊者，道也。有如魯一變乎？

魯之當變者數事，而三年報政之咎無關焉。其朝有直臣，而矢魚陳辭，忠言未聽；其野多君子，而展禽見棄，舉錯乖方。變其履畝而庶民勸，變其爭長而遠人柔，變其會吳從晉而諸侯懷。變齊尚俟更新，變魯惟宜由舊。行見奚斯作頌，賡歌而上康樂之書。

魯之易變者數端，而三家僭竊之臣自戢焉。其俗非夸詐，雖優柔太過，而忠厚常留；其主無暴苛，雖相忍成風，而信義未泯。禮一變而知僭郊之妄，樂一變而悟歌雍之非，征伐一變而識藏甲作都之誤。變齊必歸於革，變魯祗在乎因。行見少皞遺墟，須臾復見官儀之盛。

有不至於道乎？

惜也！王道多廢墜。我魯必需奮興耳。緬禽父之啟疆，誓費一册；慨僖公之善頌，作泮一詩。向令胄不懸諸魚門，師不舍於鼉室，則夫文琴在御，武銘在几，安知後嗣不媲美於祖宗乎？以吾抗論時艱，均無貧、和無寡、安無傾，王道之本末燦然，能無望有爲之主哉！

幸也！大道可復行。我魯不煩屢易耳。美韓宣之來聘，易象猶存；嘉季札之請觀，音容尚在。果使家無豎牛之置食，國無陽虎之盜弓，則夫政在周官，事在周禮，自覺創業正賴有守文矣。憶余小試宗國，遺不拾、羊不飲、器不窳，吾道之用行有日，能無期中興之君哉！

　　豐蔚。原評

子之所慎齋戰疾

宣平月課超等一名何德潤

　　紀聖人之慎，指其所而臚列其精事焉。夫夫子何所不慎，而齋戰疾則尤所慎者，故記之。大令批：卓。且拘謹不足以見聖人，而聖心之兢持，要可實指其事以見其心。精其心，以萃天下之渙，而至誠可格幽明；戒其心，以安天下之危，而大勇可鎮軍國；靜其心，以集天下之福，而太和可保身家。事不越數大端，而敬謹之全量見焉。

　　今夫夫子無所不慎者也，亦慎乎理之當然者而已矣。

　　大抵聖人之作爲，後人引爲口實。闊大。柴望也，而封禪托之；征誅也，而爭奪托之；耄耋也，而長生托之。所以智慮出萬全，一準乎君子戒慎之功，而防維勿懈。

　　況乎至人之舉動，吾黨視爲步趨。鬼神也，而仁孝饗之；兵戈也，而禮樂已之；陰陽也，而節宣平之。所以立教在一身，直等諸所其無逸之例，而抑畏彌深。

　　則試於夫子而觀其慎，則試於慎而指其所。

　　一曰齋。素王之德可饗天，而無位莫希用甲；孝子之誠惟愛日，而少孤未報劬辛。惟是歲時伏臘，默與精誠相感通。精切。而玉罍雕纂，事謹周公之廟；秋霜春露，銘循考父之牆。一切食必變、坐必遷、衣必布，皆其慎之外著已。

　　一曰戰。亘古無甲兵，文教未足壓强鄰之氣；他人所據以爲典故者，此獨以撇筆出之，手法自高。列邦競師旅，勝敗皆能害黎庶之身。惟是樽俎兵戎，本與政刑相表裏。而謀懼是資，勇抑仲由之劍；社稷是衛，藝教冉有之矛。琢句似尤王。一切墮三都、會夾谷、却萊兵，猶其慎之餘事已。

一曰疾。天道成功而退，調攝豈能爭氣數之權；聖躬吾道所關，疹疢不難消中和之化。惟是行法俟命，原視學養之淺深。<small>玉合子蓋底。</small>而冬裘夏葛，健佩五寸之環；存順歿安，歌曳兩楹之杖。一切臣之詐、藥之嘗、禱之久，均爲慎之流露已。

然而夫子非有所爲而慎也。<small>奇思壯采。</small>湯孫不沿尚鬼之風，慎齋非以希遐福；懸門不垂過庭之訓，慎戰非以誇武功；鄉黨不著養生之論，慎疾非以倖造化。以當慎者爲慎。而屋漏之來格，口舌之興戎，鄉儺之逐疫，皆可以是慎推。而淫祀者諂，好勝者危，貪生者妄。

然而夫子實有所見而慎也。<small>餘味曲包。</small>爲數爲慤在奉嘗，慎齋則祭如在；曰入曰滅謹修史，慎戰則民不疲；不風不煬居葛籠，慎疾則醫可却。以必慎者爲慎，而降福於宗宮，還師於衽席，凝麻於琴書，胥可以是慎決，而智不惑神，勇不怯敵，仁不戕生。

吾黨記之有以夫。

<small>疏暢之氣，雄偉之才，縝密之思，正大之論。原評</small>

三　以天下讓民無得而稱焉　　何德潤

讓無稱於民，聖人所以嘆至德焉。夫讓得而稱，未爲德之至也。讓天下而民無稱，子所由思泰伯哉？且聖人可以忘天下，而天下每不忘乎聖人，此天下所以稱聖人也。獨至於天下未定之初，其時可以乘天下，其勢可以基天下，而終不忍以取天下者有天下，並不使以辭天下者示天下。天下之人，亦若忘乎聖人之忘天下，而不能探其所以忘天下之故。而聖人乃隱然有以維繫乎天下，而聖人乃超然無以表見於天下。

不然，泰伯之至德，即使天下之民稱其讓天下，亦豈足爲伯累，顧亦思當日之天下，誰之天下，而民得而稱之哉？

六百祀王氣已衰，尹陟臣扈之靈在天，亦窮於冥佑。天下非殷之天下，而猶是殷之天下也。誰得事暴主如事聖主，拱手而循篤棐之常。

八百年王基方肇，台璽叔均之裔新命，將集於舊邦。天下非周之天下，而漸爲周之天下也。誰則以克長不以克君，潛身而就荊蠻之俗。

由斯以談，讓殷之天下，殷民稱之；讓周之天下，周民稱之。詎無一民得其所以者，而泰伯之三以天下讓。穆然意遠矣。

大抵古人有待白後人之隱，雖庸夫俗子亦得探其志而與爲贊揚。洪濛開闢以來，讓天下者幾人哉。堯舜之讓天下也，得人付托，民稱其盛會之難逢；巢許之讓天下也，謙遜不遑，民稱其高踪之獨遠。至於泰伯，殷籙未訖而已危，姬宗雖昌而未燬。想其潛心匿迹，必不願篤烈肇基之緒，自我而大發休祥。此蓋六七作冥漠之神靈，默爲鑒之；三十世顯承之光烈，隱爲留之。而蚩蚩者氓何能闡其微而發其覆也。有歌謠咏嘆之俱窮者矣，而德渾於無迹矣。

大抵古人有不求諒後人之心，縱世遠年湮莫得表其幽而成爲輿論。子姒代興而後，讓天下者何事哉。稱其讓商之天下，是彰吾父篡商之名，而予吾子存商之實；稱其讓周之天下，是顯吾父舍嫡之實，而貽吾弟奪嫡之名。此時天下辭焉，而無以遺周；後嗣任焉，而無以對殷先王。乃其高詣芳踪，必不使君臣父子之間求全而稍留缺憾。此雖則友因心之咏，雅頌傳之；不從不祀之故，史書紀之，彼悠悠之口，何由尋其迹而表其心也。有擬議言思所不到者矣，而德妙乎無名矣。

吁！草茅寡識，偏好評論前人；耕鑿餘閒，且喜采搜逸事。獨此斷髮文身，渺不識其何由，而軼再禪於唐虞，留三分於兗冀。風流如昨，幾歇絶於人寰。

　　況箕穎孤踪，坏土尚留荒塚；首陽義士，斷碑猶在空山。維此弟後兄先，絶不知其何意，而世家首垂青史，避難亦引令名。月旦誰評，竟湮淪於世宙。

　　吾是以嘆其至德也。

子曰：三年學，不至於穀，不易得也

金華長山書院月課超等一名何德潤

　　學久而穀至，聖人勉人於學焉。蓋穀，善也。三年學而猶不至善，豈易得乎？子所以爲學者勉耳。今夫學所以明善也。顧善期乎至，而至視乎年。年與年嬗，而昔所未至之境，皆今所已至之境；年與年深，而今所難至之境，皆後所必至之境。假以歲月而猶難止於至善，此必無之事也，則甚矣！學者之當勉於善也。

　　善者，何穀是也？其在《詩》曰“民莫不穀”，言民莫不善也。又曰“于何能穀”，穀亦善也。夫學亦期至於穀而已。顧世有以穀之難至，而自諉於學者；且有以至穀之難得，而自怠於學者。夫子憂之，爰爲定其程，曰人亦嘗三年學乎。

　　今夫三年學，豈遂至於穀乎？善之量無窮，極於達化窮神而止。一息離之而已非，終身由之而不足。區區三年也，未得也。

　　今夫至於穀矣，奚必待三年乎？善之端同具，不以智愚賢否而遺。彌天之過，能改斯無；一節之良，日用皆是。遥遥三年也，更易得矣。

　　而不知至之云者，非於穀而究其已至，乃於學而驗其初至也。朝而考焉，夕而稽焉，如是者有年。吾見窮理以致其知，貫通者在一旦；居敬以敦其行，迪德者非一時。懸一穀以爲程，欲仁斯至矣。如曰不至也，是力田而不逢年也。庸有是乎？

　　且至於穀云者，非於學而觀其偶至，乃於穀而究其必至也。盡有爲焉，宵有獲焉，如是者又有年。吾知前乎此者離經辨志，至樂莫如讀書；後乎此者敬業樂群，輔仁且得良友。立一穀以爲的，其至爾力也。如曰不至也，是美種不如萬稗也。庸有是乎？

不易得也，而其必言穀者，尤有説。

性則譬之禾，情則譬之米，而心則如穀種。學而至，三年將見其根既深，其葉自茂，其膏既沃，其光自煜，此可決之事矣。

以禮爲之耕，以義爲之種，而學則以爲耨。三年純於學，猶曰耕而弗耨，耨而弗穫，穫而弗食，食而弗肥，此必無之理矣。

然則未嘗三年學者，吾固願其毋以易至於穀自恃也。苗有莠，粟有秕，芟刈之力勿荒，庶幾乎堅好也。蓋積以年華而茅塞如故，此冥頑不靈者有之，而豈接踵人間哉！

然則既能三年學者，吾尤願其毋以易至於穀自寬也。苗而秀，秀而實，始基之功勿壞，庶幾乎有秋也。夫延以年歲而荒落依然，此下愚不移者有之，而豈多見天壤哉！

則仍勉於學而已矣。迨至學成而用世，則所謂穀者又爲朝廷之詔糈受禄不誣者。此也不言禄而禄在中，不言禄而仍言學，亦其難得者也。

> 援据古注，迥异恒蹊。後幅以經解經，尤顛撲不破。曹愚溪大令評

子曰：可與共學，未可與適道；
可與適道，未可與立；可與立，未可與權。
唐棣之華，偏其反而。豈不爾思，室是遠而。
子曰：未之思也，夫何遠之有

金華長山書院月課超等二名何德潤

道不遠人，以權權其思而已。夫由學而適、而立、而權，權仍不

在道外也。未可者，特未思耳，道豈遠人哉？昔夫子嘗言，人之爲道而遠人，不可以爲道。道無定，以神化出之，而此中之漸推漸滿，奚容一蹴而幾；道有定，以神明通之，而此外之若近若遥，要在一心而悟。昧者不察，輒望道未見，以爲遥遥落落焉，則未嘗深究夫變通之故，而盡利盡神近在目前也。

吾夫子殷殷然詔之矣。無定者何？權是也。有定者何？室是也。室者，道之奥奥；而權者，道之機緘所由寓也。道豈真遠人乎？

然而遠矣。未之學也，而曰適道；未之適也，而曰立；未之立也，而曰權。其於入道也，弊在躐等。是入室而不由户也。未可也。其遠也。

然而又遠矣。與共學也，而自爲適道；與適道也，而自爲立；與立也，而自爲權。其於造道也，弊在半途。是升堂而不入室也。未可也。其遠也。

噫！不思之故矣。

今夫不思，豈即遠乎哉！論道而至於權，權有權柄之義焉，亦既大權在握矣。有時革前人之所爲，而不嫌乎創；有時沿前人之所制，而不悖乎因。同歸而殊途，《易》所以言何思何慮也。烏乎！遠。

今夫思，豈即不遠乎哉！體道而極乎權，權有權衡之説焉，亦既權知輕重矣。同一人也，宜彼不宜此，拘焉而《詩》《書》亦足病民；同一事也，宜古不宜今，泥焉而《官》《禮》并將誤國。執柯以伐柯，子所云猶以爲遠也。烏乎！不遠。

審若是也，《詩》所咏"唐棣之華，偏其反而。豈不爾思，室是遠而"者，亦足以權乎斯道者矣。而夫子曰"未思"者，何故？

乃知學而不思者之不足與論權也，謂其道不遠而我自遠之也。夫既明明指之曰室，學焉而步趨，適焉而奮往，立焉而操持。馴致守經達權，斯義路禮門近於咫尺。

乃知好學深思者之足以言權也，謂其行遠自邇而道無遠也。夫既歷歷表之曰室，學以適而學踐其迹，適以立而適循其途，立以學而立守其轍。馴致通權達變，斯賢關聖域奚嘆逕庭。

夫何遠之有？求道者特未思耳。要之：華者，道之光輝也；爾者，道之對境也。其妙極於權，其始由於學，而總之則皆爲道。道不遠人，思則得之焉。後人以反經合道爲權，以權而得中之權爲權，非不足以語道，然而夫子深遠矣。

> 本漢人舊說，筆致洒落。亦復如晋人談名理，超超元箸。曹愚溪大令原評

過位，色勃如也

丁大宗師辛未歲試一等一名何德潤

志聖人過位之敬，其色容可想見焉。夫位雖虛位，過之不可不敬也。觀夫子之色容，不可擬其勃如乎。且人君所非常御之位，而人臣遂以忽焉者，過之將無所動於心者，並無所徵於色矣。抑知天威未臨殷就日者，戢己志於門屏；而臣衷若震拜下風者，著寅恭於眉宇咫尺間。大寶在焉根心，而生可曲繪也。

鄉黨記夫子在朝之容，於入門、於立、於行，此第言其身容，未及夫色容也。試更觀之過位。

國有大政，致萬民而詢，則外朝有位焉。顧或兖龍未矖其華，委蛇遂荒其度，瞻鑾儀之遼遠，伊誰巍巍翼翼，改常度之雷頤。

君出寢闈，揖群臣而入，則寢門有位焉。顧或燕寢既還其駕，羔裘勿表其英，問螭陛之森嚴，伊誰肅肅雍雍，達中心於面目。

乃觀夫子之過位，其色殊有不然者。

必有不敢慢其君之意，存於未過之先；而後有不敢自慢之色，形於將過之頃。蓋見位如見君也。乘吾君之未立於位而有驕色，

必將際吾君之既立於位而多慚色。臣心尚可問乎？彤廷懍懍，尊如帝天。謂過焉色仍其常，而鬱勃已形於面；謂過焉色徵其變，而蓬勃若悚其神也。則色真堪繪也。

必有不忍欺其君之心，留於既過之後；而始有不忍自欺之色，露於方過之時。蓋位在即君在也。當吾君之既居於位而飾德色，則必窺吾君之弗居於位而生傲色。臣道不太薄乎？黼座遙遙，矢以明旦。謂色緣位而彌斂，可比例夫勃焉其興；謂色因位而稍舒，已迥殊夫勃然莫禦也。則色又宛呈也。

殆勃如也。

而夫子要非有意於勃如也。敬其君必敬其位，且敬其君之未立於位。夙昔過里必式，過闕必下，久昭度於撝謙，矧赫然上位哉。視位於無形，而得主之地所主呈形，色自覺形外矣；瞻位於無象，而常惺之心即惺生象，色非同象恭矣。

而旁觀已心折於過位也。敬其位實敬其君，且敬其位之未見有君。念自充位司寇、升位乘田，早銘恩於錫晉，敢一過輒忘哉。儆宗邦之守位，而掌朝儀者不以君退而懈，有如此容色矣；戢三家之奸位，而列朝班者并知君座獨尊，有如此變色矣。

合觀足容言容。夫子之敬，蓋有加無已云。

　　竟體清華。原評

有民人焉，有社稷焉

羅邑尊月課超等一名何德潤

有藉口以爲治者，特兩徵其有焉。羅大令批：對佞字。夫民人社稷，夫子豈不知之，乃子路欲藉口於宰費，故兩徵其有乎？古藻紛披。粵自女媧摶黃土以爲人，而兆民萬民肇紀循蜚；屬山樹赤桓以藝稷，而大社方社聿配句龍。懿乎鑠哉！鄭重其有矣。白雲穿破碧

241

玲瓏。自俗儒徒知呫嗶，而不親民社，上下未得其和；自拘士徒重詞章，而不治神人，幽明難如其分。士君子出身匡濟，民物莫焉，式憑長焉。事可兩徵，治堪兼職也。

子疑夫人之子，子亦知費之所有乎？

閉户而萬言日誦，亦嘗究察天人。乃試之一邑一官，而貽誤蒼生，獲辠黃壚，則以人鬼之講求者雖實，而陰陽之爕理者尚虚也。曷弗鴻嗺拯於彈丸，帡兹黔首；曷弗駿奔趨乎冢土，抒我丹心。工雅。

入朝而一卷未開，或疑難襄化理。乃驗之於一成一旅，而扈鳩愛戴，饗胒靈長，則以覃思乎務敬者終疏，而臨涖乎民神者較密也。曷弗苗秦膏以陰雨，睦並鵷班；曷弗苴茅薦以靈星，配隆腓字。

則如有位曰人，無位曰民，宰所涖也。骨力遒勁。慨自費之爲巖邑也，兵頻試而人習干戈，臣屢叛而民皆僭忒。岌岌乎！其有矣。柴也忠厚化民，安見不徑不竇之風，不可蒸我髦士也；敦樸宜人，安見不折不牋之惠，不可屬我官方也。則有可預指焉。

又如土祀於社，穀祀於稷，宰所虔也。慨自費之近於固也，顓臾逼而社幾動搖，南蒯叛而稷思變置。皇皇乎！其有矣。柴也蟬蕤以苾齋宮，庶幾以社以方而祐我孫子也；蟹筐而盛粢食，庶幾黍與稷翼而歌爾由庚也。則有可先徵焉。力透紙背。

夫然而由爲之幸其有矣。身未親百姓三事之班，空談何神經濟；躬未列郊廟壝壇之側，精誠豈格天神。有不一有，所以能吏不矜章句之文，而保障繭絲，萬姓咸遵德教；良牧不詡注篆之富，而旱乾水溢，八蜡益仰順成。收束雄偉。

夫然而夫子可以觀其有矣。不勤民而瀆祀，淫昏之鬼勿福編珉；能治事而慢神，士女之蠡誰邀眷佑。有且兼有，所以循吏儒林分兩傳，而參贊調元化，美溢縉紳；包孕如許。筐篋刀筆效一長，而蒸庶廣福祺，裡隆錫嘏。

民人社稷，書中不外此也。何必讀爲？

　　注下讀書爲學，倒戈而出之，視平鋪直叙，分上下床矣。枕經葄史，尤徵功夫。羅雨樵大令原評

點，爾何如？鼓瑟希，鏗爾，舍瑟而作。

選拔第一場何德潤

　　承問而從容以起，其氣象獨遠矣。夫點必待問者，以方鼓瑟也。由舍而作，餘韵鏗然，氣象抑何遠乎？丁大宗師原批：安吟密咏。嘗思善待問者如撞鐘，而蓄雅懷者若操縵，使諮詢所及，而躁急以隨，又何論其作止哉！夫惟人皆語，而我獨默。如題而止文亦有餘音。率其大叩小叩之常，官欲止而神自行；寓乎不即不離之際，餘音其未泯乎而請業則起。其氣象固偶乎遠矣。

　　侍坐以齒爲序，則點當次由。鉤畫極清。乃求、赤既言，而點猶未作者，以方鼓瑟也。維時點若淡然，而夫子殷然矣。

　　禮樂兵農，渾若忘其遭際，不求知音者，偏能審音。對針异字，力透紙背，識踞題巔。幾欲以鼓舞盡神，獨成名山雅奏。

　　風琴雅管，聊自抒其懷來，無從同調者，獨賡雅調。一似乎引端待發，不改匡坐安閒。

　　曰"點，爾何如"，點可以作矣，而猶未作者，以瑟未希也。叙次詳明，亦典亦雅。居無何，繚繞微韵，拂拂從弦中來。古調不彈，留餘聲之嫋嫋；新音欲閟，覺起屢之刻刻。吾黨屬耳目焉，以爲舍瑟而作時，其音猶鏗爾云。

　　在聖人殷勤諮訪，察其色亦聆其音。中二偶夾縫着筆，玉水方。凡籟皆空，獨抒天籟。而狂士淡遠襟期，手之揮而目之送，動容將起，彌見從容。流璇源圓折。

　　且夫不繫情於萬物者，不妨留情於一物。高唱入雲。假令仕進

243

爲高，將鼓此瑟於清廟明堂之上，肅雍以聆其和鳴。不脱題首。點何如乎？未承夫子之問，而可鼓則鼓；既承夫子之問，而可舍則舍。幹旋處法密機圓。微獨軍行凱歌，無此逸韵；即農田蜡樂，亦無此和聲也。而點不自覺也。聲希味淡，聊寄意於絲桐；響斷音聯，仍縈拂乎几杖。氣流墨中，聲動簡外。洋洋其盈耳乎！吾將於舉步欲起時想像深之。

抑萬物不足縈其懷者，一物何足滯其機。鳥囀歌來，花濃雪聚。假令隱淪是尚，將鼓此瑟於空山岑寂之區，抑鬱以攄其咽怨。點何如乎？夫子之問方始，而手容甫投；點之瑟已終，而意致未盡。微特勞農息老，遜此清音；即壇坫會盟，亦遜此逸響也。而點仍自若也。弓燥手柔，悉和音雅。完造物不盡之藏，曲既終而韵未絶；合天地自然之節，聲雖往而神猶留。渢渢其移人乎！吾將於負牆而立時摹繪及之。

雖然瑟以點傳，點不以瑟傳也。夫鼓瑟其偶然者，然而异矣。到底不懈。

詞意悠揚，神情宛合。一種雍容凝重之致，非學養功深不能臻此純詣。丁大宗師原評

莫春者，春服既成，冠者五六人，童子六七人

宣平皮鶴泉大令月課超等一名何德潤

隨時見志，善與人同焉。夫當暮春，成春服，因乎時也。言念童冠，可約舉其人云。大令批：諧暢。嘗思撫辰熙績，世樂春臺，趨子赴工，恩周人類。此簪纓之盛軌，非韋布之樂群也。不可忽者韶華，寒燠協其宜，授衣不賦無衣之什；最難忘者少長，安懷如其分，有德還聯有造之班。日也遲遲，裳兮楚楚。際青陽而披白袷，殆不虞獨行復復焉。

點奚志哉！暗領上節，妙以雅練出之。今夫必軒冕而後建洪猷，

則迹滯章縫，保毋良時之辜負；必公卿而後酬夙願，則情聯髦俊，保毋印友之未須。夫不有暮春時乎。

窮通可付之無心，而化日惠風恍詔我以名山雅趣。落英繽紛，芳草鮮美。倘令騁情汙漫，正不必侈冠裳之華麗，塵拜颺於秀髦，侍輦父老扶輪。

和煦忽呈於有象，而桐華萍泛如餉我以大塊文章。藉非寄意優游，其曷以彰衣袂之聯翩，間儔侶於三加，彌尊十年幼學。

今夫朱緌黄衣，兵農攸賴；彤裳元冕，禮樂斯宜，點無此大志也。爰有春服，觀其成焉；服其服，則文以君子之容。維茲冠者，不必休揚虎拜，矜五伐、誇六步也，五六人而已；簡淨。亦越童子，不必爵列鵷班，歌六府、齊七政也，六七人而已。凡此者皆暮春中人也，而點因之有感矣。

仕宦之方殷也，所交游者大半王侯卿相耳。不脫題首憶曩時之離經辨志若與若弇，裳纏屨若與若容，臭矜縸至有歷落。晨星不堪回首者，懷人在春日，夫亦將搴裳而空賦蒹葭矣。矧又屬美人之遲暮乎。點非必謂功名誤我，但念融和淑景，居游之下得同心；吐屬風流。長幼朋儕，被服之間皆儒士。不粘不脫，虛實兼到。幸際國家隆盛，得從容於天朗氣清，而冠者執經，童子負劍也。所願敦緇衣之式好，而屈指詳之。

英雄之末路也，所悵望者大率王佐帝臣耳。撫當前之故侶舊交，某與某自少而壯，某與某自壯而老，每有飄零舊雨，不關瘝思者。日暮感春雲，亦誰復贈縞而相通尺素矣。筆歌墨舞。矧又屬不駐之春光乎。點非敢以曠達自矜，但念隨柳傍花，斯人之徒皆吾與；履絲曳縞，四時之興與人同。幸逢聖世休明，得欣賞夫芳辰上巳，而挹冠者袖，拍童子肩也。所願忝領袖於名流，而關心記之。

點蓋神往於沂水舞雩間矣。

文情綿邈，辭筆雅飭。入後尤有俯仰揖讓之神。原評

莫春者，春服既成。冠者五六人，童子六七人，浴乎沂，風乎舞雩，咏而歸

宣平學王老師月課超等第壹名何德潤

志妙於因，不異而異矣。王老師批：因字作主，恰合因物付物之妙。夫暮春之游，何預酬知？而童冠風浴咏歸，不異而異，其殆妙於因乎。若曰必廟堂而後布經綸，必君相而後宏匡濟，此用世者貴乎創也，而點則貴乎因。渾括。因乎天而咸以和，因乎地而履以蹈，因乎人而豫以鳴。想像清游，情懷暢焉；流連淑景，旨趣長焉。縱言及之，一一如在目前也。

點何志乎？神來點蓋嘗窺因物以付之量，思因時行樂之機，而不禁怦怦心動也。

窮達一任推移之運，大廷宏胞與，爾室詎泯安懷，不是外功名，不是高曠達，樂行憂違，聖人身分、狂士胸襟，一一道出，可云力透紙背，識踞題巔。遯肥者悲憫在心，而選勝尋芳，名教彌多樂事。

儒生敢萌放曠之端，得志建功勳，修身亦殷樂育，藏拙者山林減色，而光風霽月，聖賢別有會心。

今夫春駐青陽，光陰宜惜；服披白袷，雅淡何嫌？假令用我有人，奚必易簪纓以韋布，而茲依然春服也。點次歷落，迥異時手。駒隙未嗟遲暮，鶉衣聿慶觀成，點亦因乎天而已矣。分應小講。

今夫成童弱冠，友得正人；沂水舞雩，中無捷徑。假令登朝致主，奚必矯廊廟以山林，而茲不越春郊也。浴焉銘日之新，颸乎解風之慍，點亦因乎地而已矣。二力悉敵。

今夫蔭木濯流，五六人不爲少；揚鑣聯袂，六七人不爲多。無字不點。假令學古人官，奚必傲寀寮以儕輩，而茲不過春游也。既一觴而一咏，亦言還以言歸，點亦因乎人而已矣。無語不典。

宦游盛則勝游轉衰。匏繫一官，誰憶故鄉山水？鐘鳴列鼎，幾忘同學朋儕。齦齦者徒勞春思矣。且夫志亦貴因所遭而不損耳。不損不加，己見大意。衣不必文繡，而縷可濯、袖可挹，翺翔乎化日光天；人不必公侯，而前者于、後者喁，領略落花流水。羽扇綸巾，輕裘緩帶。人生惟時光難駐。矜放達者游思秉燭，何如談理學者暇亦登山也。有知我者，其庶幾山高水長之外乎。

世情深則道情轉淺。術噬充隱，對名勝而懷慚；事怪書空，疏故人而生隙。拘拘者辜負春暉矣。且夫志尤貴因所處而不加耳。言之有物斯人之與盡吾徒，而挈少長、臨高深，賦詩補魯頌之缺；被服之間皆儒者，而撫景光、發文藻，問路返洙泗而遙。古今惟盛會難逢。禊上巳者三月與人同，何如攬良辰者萬物觀自得也。酬知己者，倘亦在林巒泉石之間乎。

不入放曠一路，恰是聖人所與者。安詳静逸，猶其餘事耳。原評

富　貴　在　天

宣平皮大令月課上取第一名何德潤

聖賢樂天，於境見焉。夫富貴境也。皮大令批：對上文憂字。明其在天，而聖賢自樂天矣。子夏所由述以解憂乎。今夫人於必不可求之境，則舉而歸諸天。此無可奈何之説也，而究非聖賢之樂天。天固有美境以安聖賢，而不必冀倖夫天；天并有奇境以試聖賢，而不必觖望夫天。蓋論天無庸論境也。而境之繫乎天者，即順境間，如或遇之　。挺秀。

則豈惟命哉？今夫制富貴之命者，天也。商嘗默參造化，静驗遭逢，而竊有感於樂天者矣。高舉。

顯揚誠性分之榮，則匹夫躋上位，而帝被衿琴；櫲棆致貢珍，而

王膺圖錄。安其固有，非益其本無。軒軒霞舉。初不設天與人歸之
談，而本量巍巍，道高不與。

俯仰泯纖毫之累，則疏水守家風，而奚歆鐘鼎？名山開講席，
而豈厭章縫？渺其在人，實修其在己。要自有盡人合天之故，而世
途落落，心可相忘。

是一言天，誠無富貴之見存也。即以富貴論：

謂晏安萌酖毒，天或以富貴豢我，是必不富貴而天乃成我也。
撇去常解，獨有妙諦。則何解於窮約終身，腐同草木，從知不危不溢
視婍修，而菀枯不談夫時命。

謂勢位顯勳猷，天將以富貴勵我，是倘不富貴而天即棄我也。
又何解於豪華蓋世，誚等蜉蝣，從知不移不淫徵抱負，而位置一聽
之彼蒼。

蓋消息盈虛，運行不息。扼要。平者陂而往者復，化工究有
何工？

而豐亨豫大，順受可安。因其位而乘其時，無造總歸大造。

夫亦曰在天而已矣。

最難問者天耳。累寸積銖，悖入竟成家室；梯榮希寵，干要或
列閒閎。而風雨晦空山，竟不獲分一命之榮。一升之祿，斯亦天心
之夢夢矣。而天自昭昭也。奇思异采，精理名言。大抵上古之天，天
與民近，故佐命報功臣，自有得祿得名之理；中古之天，天與民遠，
故世卿藉先業，不盡宜昌宜熾之人。不可強者，若有可憑。失之固
非拙愚，得之亦非智巧焉，天眷而可邀也。膏粱文繡，其隱筅橐籥
微權矣乎。

最堪信者天耳。著書終老，後世薦以馨香；設教尊師，帝王崇
其謚號。彼聲華烜宇宙，不數年而簪纓零落。臺榭荒涼，斯又天網
之恢恢矣。而天究冥冥也。前比豎説，此橫説。大抵義理之天，則人
爵由天爵，道德既尊，而榮華必非倖邀；氣數之天，則庸福養庸人，

語必驚人。勢焰方張，而鬼神亦難驟奪。不可求者，本非吾願。適然而處之，亦適然而忘之焉，天休而滋至也。約樂榮枯，其静待陰陽迭運矣乎。

夫何憂哉！

堅實渾厚。後二尤有精粹語。原評

其 二　_{上取二名何德潤}

爲兄弟論富貴，決之於天而已。夫學如司馬牛，尚有富貴之見存乎。明其在天，子夏殆因兄弟而述所聞云。<small>大令批：嵌入兄弟，語必透宗。</small>且親之欲貴，愛之欲富。凡仁人之於兄弟皆然，而不知此固有天焉。無可强者造化，菀枯判其境，同好已殊同惡之原；有難邀者遭逢，豐厚握其權，降福莫喻降祥之理。保身也，而保家寓焉。乃知其所憑依，非其所自爲也。夫亦有司之契者矣。

請冉述所聞。今夫子之兄弟，固富貴中人也，而亦知富貴果何在哉。

元鼂祚神明之胄，而交成晋楚，先勳久顯弭兵。綿世禄之家聲，以存宗祐。<small>從向氏司馬生發，妙在嵌入富貴，蹴起天字。</small>決不同草茅崛起，忽躋身於閥閱簪纓，而謂憑藉之自致。

司馬頒命民之榮，而師用錫邑，賞賜早誇取邑。席殷盈之世業，而涉驕矜。或致等族大寵多，轉滋釁於晏安酖毒，而疑造物之不仁。

然則子之憂兄弟者，乃憂其富貴也。然而天實爲之，謂之何哉？

蓋就子而論，仁義可飽，何羨膏粱？聞譽自華，奚矜文繡？<small>辨才無碍。</small>顯與晦付之時數，初何嘗聞勢分於性分，搔首而仰叩彼蒼。

而就子之兄弟而觀，鼎食鐘鳴，錮之殊甚；析圭擔爵，貫也若盈。怙與侈忘厥本來，亦正思保不溢於不危，拊必而上訴真宰。

且夫成敗者，富貴之所轉移也。此令兄弟保祿位而底於成，不令兄弟習奢華而尋於敗。蓋有天焉，不可以意爲矣。據典引經，四通八達。我思摯本帝堯之兄，而筐篚貢珍何以不享伊耆之長嫡；紂亦微子之弟，而陂池臺榭何以轉滋怙侈之獨夫。在帝王莫克挽回，而況乎儒士也。冥冥茫茫之內，天似有成局，以絶吾輩之扳援。氣厚詞雄其因富貴而有兄弟，固爲天理；其因富貴而無兄弟，亦爲天數焉。此亦無怪天心之夢夢者矣。

且夫休咎者，富貴之所倚伏也。爲寒舍之兄弟謹身家而免於咎，爲世家之兄弟恃榮寵而拒其休。又有天焉，不可以人定矣。我思帝世之兄弟稱八愷，而蒼舒仲達何以胥歸才子之名；王朝之兄弟慶百男，而管蔡霍郕何以不列親藩之國。雖盛朝不無缺陷，而況乎叔季也。赫赫濯濯之間，天本無成心，以聽斯人之位置。其處富貴而生戒心，我兄弟固天誘其衷；其處富貴而萌匪心，我兄弟亦天厭其德焉。此又足告天下之戚戚者矣。

洵如子言，是亦天也。子亦敬天而已。何憂焉？

總評：此題原不必粘定兄弟，然此文著題處頗有見解而言之成理，議論亦磊落英多，自可拔戟以成一隊。　宣平令皮鶴泉評

子曰：善人教民七年，亦可以即戎矣。
子曰：以不教民戰，是謂棄之

補行會考何德潤

聖人不輕言兵，惟善教斯無棄民焉。夫同一以也，善教可以即戎，不教是謂棄民，尚可輕言兵哉。時至春秋，列國日尋兵戈，而夫子獨以慎戰聞。蓋其本禮陶樂淑之意，以致尊君親上之風，決不忍赤子無辜驅諸鋒鏑之下。其素志也，而尚論間時亦及之。

何則？謂三代而下，必貴弭兵，説亦鄰於迂闊，然而其事奚可

嘗試也。以干戈之變，易玉帛之常，殺機開，生機減矣，則必本平時之漸劘，而成敗不待決於當幾。

謂百勝之師，堪資敵愾，人亦激於忠義，然而其效要當分觀也。建一時之勳，失萬全之策，功爲首，罪爲魁矣，則必閱歲月以陶成，而利害仍復基於先事。

甚矣！教不教之間，關係於民非淺鮮也。

子曰世無妄言即戎也。必得夫善人，必俟諸七年，節制不如仁義稱無敵焉。“亦可以”云者，緩詞也。

子曰世無遽言民戰也。不教之以井田而民疲，不教之以學校而民玩，離德而遇同心將倒戈焉。“是謂棄”云者，危詞也。

要皆不輕言兵之意也。且夫戎大事也，戰危機也。夫子之言，豈以善博即戎之名，以教免棄民之咎哉。

蓋一則爲好戰者箴焉。世主具雄才大略之姿，徵發擾於中邦，邊疆開於殊域。究之師勞力竭，往往積衰之弊基於盛時。夫亦知教爲先務乎？古者受成獻馘，皆在泮宮。文德之敷，即武功所由竸。而得其道，則忠信堪爲甲冑；失其道，即公侯難望干城。有殊教者有殊民。彼好戰者，其鄭重以之。

一則爲忘戰者警焉。國家際豫大豐亨之會，丁壯半歸於游惰，軍籍虛備夫戎行。究之敵縱患生，往往挫衄之由來於意外。夫亦知教難緩圖乎？後世雅歌投壺，每多儒將。詩書之氣，即韜略所由基。而積歲時，則椎魯亦爲英雄；弛訓練，則囂騰轉在豪傑。無异民者有异教。彼忘戰者，其厪念以之。

夫教原非爲即戎而設，而不教即爲棄民，所以際文治之光昌，桴鼓不驚，而其民可靜亦可動。

況即戎不必言戰，而棄民烏可以即戎，所以勞君上之培植，董勸兼至，俾其民可安不可危。

而夫子慎戰之意寓此矣。

學有根柢，詞無枝葉，自是老手。乙酉十二月補行會考瞿大宗師原評

"惠人也。"問子西，曰"彼哉！彼哉！"問管仲，曰："人也。"

宣平皮大令月課上取一名何德潤

論鄭相之爲人，轉因人而考齊卿焉。夫"惠人"之稱，子產擅之，子西不與也。若夫管仲，又當考其人云。且儗人必於其倫。其人之不倫，即可以等倫概之；其人之同倫，并可以不倫參之。皮大令批：拈人字縮兩頭，以定中間。飛花滾雪，一片神行。參乎其倫，而施恩之舉必非寡恩；概乎其倫，而下品之姿難希上品。以其不倫者定其倫，惟有人斯無人矣。以其倫者別其不倫，惟無人斯有人矣。舉首則尾應。

説在夫子之答問子產。夫子產何人也？自招攜懷遠之人，渺乎莫追，而事大圖存，屢弱於以期奠定；暗鈎管仲，子西落到惠字。自篳路藍縷之人，紛然不靖，而睦鄰結好，强藩於以戢抗衡。謂之"惠人"，誰曰不可？

秉禮守義之規，有其勢可以尊周，無其勢亦以奉周。將三人事實比類聯合返照入江觀徵朝入陳之對，知典法攸關。彼饜食者奚敢盡諸姬也，則惠在王室，而無論加恩田疇子弟之人也。

柔遠能邇之策，權在我不嫌撻楚，權在人不妨從楚。以書卷佐其議論。觀逞志嗇欲之言，知控馭有法。彼鯨吞者應自歸江漢也，則惠在鄰邦，而況乎示型秉芍贈蘭之人也。縮定人字，起記分明。

今夫春秋之人才，成宣以來惟一子產，桓僖之際惟一管仲。獨惜中間有三子西焉。中間散行，以疏其氣。爲鄭人與？馴夏未當國，無由惠中國也；爲楚人與？宜申有違言，難言乎惠心也。繫中則首

尾皆應。惟是昭王遜賢，不類子糾之争國；夫差入郢，幾如屈完之請盟。彼其之子，或可與東里名賢儀其芳躅，東海卿貳媲厥大風乎，而不知彼固無人也。此大有人也，伊何人與？則管仲其人焉。

惜仲者，謂身後不薦賢。串子西。是殆以彼之沮書社例其人也，而非彼人也。串子産。向使易封禪之書，爲博物之辨，安知鄗黍江茅不可禮實沈臺駘諸宿乎？乃僑也庇民，北門無恙；擊尾則首應。仲也扶主，北伐有功，則不言惠而自惠者。其人已超出乎鮑牙、高國、寧戚、隰朋之上。

責仲者，謂初年不殉主。轉不如彼之立脾洩忠於人也，而非彼人也。假令移内政之篇，爲刑書之鑄，安知官山府海不足懲火烈水懦兩言乎？乃少年作相，惡等逐鸇；亞卿著書，勳高乘馬，則受其惠而忘惠者。其人已稱道於即墨、臨淄、穆陵、無棣之間。補點。

此或之繼子西而問管仲也。史贊之筆。彼子西何足道哉！遺愛其子産乎，而管氏天下才矣。

驅使盲左，按部就班。可謂有筆有書。原評

其　　二　　　上取二名何德潤

惠一國者定其人，惠天下者思其人焉。夫以惠予子産，知子西之不惠也。若惠及天下，不又有管仲其人乎。今夫世何以需人哉？亦需其惠耳。惠在一邦，見惠如見人，而扶弱之人迥异凌弱之人；惠在天下，言人不言惠，而僭王之人詎希尊王之人。究之不可以言惠，并不可以言人者，即可以論定之人例之，仍可以懸擬之人参之矣。

不然，如子産者，或豈不曰：撫良霄者，彼人也；賂伯石者，彼人也；逐子南誅子皙者，亦彼人也。毋乃不惠實甚，而抑知否否。

皮大令批：蜻蜓點水。

惠有在抑强家者。悍族横騑駟，何如野心生豺狼。乃楚氛熾而鄭族帖者，惟子產裁之以禮焉。蝴蝶穿花。子旗子柳之倫，歌詩贈答不啻投桃報李歡也。《易》曰"有孚惠心"，彼丈夫也。

惠有在懲疲民者。溱洧歌芍藥，何如沅湘芳芷蘭。乃楚俗武而鄭民文者，惟子產使之以義焉。田疇鄉校之衆，伍兩相聯不啻軌里連鄉烈也。《詩》曰"惠此中國"，彼人是哉。

且惠有必以人言者，人亦有不必以惠見者。斬盡葛藤，眼明手快。

尊主庇民之略，大國以恢匡合，小邑即以圖安全。仕不推恩，而紛紛焉改紀遷都，無益也。所以太史書循吏千載，獨予一字之褒。

招携懷遠之謀，屏弱以固屏藩，强鄰即以資控制。民不見德，而屑屑焉從王辭尹，奚庸也。所以當世締知心兩守，早薦三薰之傑。

此無他，子產惠也，子西不惠也。管仲不獨惠也，則仍觀其人可矣。

飯牛而聽叩角之歌，萬不至謠諑蔽賢。沮見封於書社，仲誠加子西一等矣。則雖內嬖六人，正君未聞四姬之諷；江茅三脊，博物遜辨二神之精。而宴饗崇上卿，我周王尚示以慈惠也。西周中有此人也，不過良有司焉；東周中有此人也，真爲天下才焉。

乘馬而讀高山之什，原不同微言托諷。稱敢諫於荆臺，仲誠非子西抗衡矣。白雲穿破碧玲瓏。況乎軍謀虎略，内政不參刑書；士就燕閒，造選如游鄉校。而嚴城志小穀，我宗國猶感其惠慈也。齊國而賴此人也，殆足稱功人焉；列國而賴此人也，并將表仁人焉。

"人也"，彼哉！之子西固不足道，即"惠人"猶未足概生平也。或人可以悟矣。

以惠字串以人字，綰書卷佐其筆力。精思運乎巧法。原評

其　　三　　上取三名何德潤

定人於鄭，外楚人而内齊人焉。夫惠如子惠，非子西比也。若

論管仲，不又可懸想乎。嘗謂三代下無完人，非無人也，無立德立功之人耳。人以德彰，寬之弛濟以猛，而北門無恙，知南邦原乏卿材；人以功著，霸之純近乎王，而西歸懷音，知東海久推物望。大聖人因人論人，總不使無足重輕之人，參乎立德立功之人，筆如轆轤。而其人可別白焉，而其人可懸揣焉。

如子產者，庸吏中無此人也，循吏中有此人也；爽朗。時相中少此人也，良相中多此人也。彼何人斯，厥惟"惠"云。

簡定二三君，族大寵多，其主不如齊桓之英斷，沙明水净。可以招携懷遠施也。惠而以敬將之，則羼弱不受強鄰之侮。問誰築館，維彼之謀；問誰毀垣，維彼之智。以庇民為尊主，而何疑人謂不仁。

溱洧數十里，采蘭贈芍，其俗不如齊國之殷饒，可以軌里連鄉屬也。惠而以法行之，則刑名足濟道德之窮。誰伍田疇，彼不避謗；誰誨子弟，彼不辭勞。寓強教於悦安，斯誠屬古之遺愛。

惠人也，非以其人等僭竊之人也，乃以其人類尊攘之人也。右拂左縈雖然，人可知人，即人不一人。

新鄭居天下之中，東逼齊南鄰楚。中權扼要。救時重良佐，正不必遷都改紀，而彌縫一如匡合之勳。

《春秋》書大夫之例，内諸夏外荆蠻，僻陋渺人文，又何能修好結盟，而德禮共式相臣之品。

何居乎？或以子西厠子產、管仲間也。點彼字，解人如是。子曰僑之為人如此也，而子西乃如彼矣；子西如彼也，而仲之為人又如此矣。

而非謂仲之不惠也。壯歲分財，鮑叔方稱知己；兜裏極緊。暮年佐霸，隰朋莫比艱辛。縱使釁構竪刁，幾等白公之不靖。而盟葵之賜加一級，會杏之禁垂五辭。較之逐等鷹鸇，政懲水火，惠澤其更宏也。彼其之子，讀高山乘馬一書掩卷嘆之。

而非謂仲之徒惠也。虞衡慎守，定六柄以馭民；薰沐登朝，張四維以謀國。即令辱深生竇,未如脾洩之代王。而城小穀則感切宗邦,徵包茅則貢歸天子。視夫薑尾騰謗,羊舌貽箴,惠心其尤溥也。彼爾贈何?懷兵車衣裳諸會登壇望之。

人也,子產遜焉,況子西乎。宜伯氏之心折也。

中間渾括一切,前後清芬之氣,撲人眉宇。原評

公叔文子之臣大夫僎,與文子同升諸公。子聞之,曰:"可以爲文矣。"

于邑尊決科超等一名何德潤

褒衛臣之薦賢,非徒論其諡也。夫臣僎同升,文子能薦賢矣。于大令批:作意。子美其"文",豈徒爲諡論哉。且易名之典,榮名也。顧榮於己,必先榮於國,尤必先榮於人。於人之未榮而使之榮,國有榮施矣;忘己之榮而共其榮,身膺榮號矣。究之尚論者,不在區區一己之榮,而在合人與國之榮以爲榮,而榮名乃不慚於天下。

說在公叔文子。文子曷諡爲文?修制睦鄰。此衛之文文子,非夫子之文文子也。文子之文,蓋由僎也。僎爲文子臣,曷言乎大夫?文子與之升也。而文子不自見爲與也。在僎謂文子與之升,在文子若僎與之升,而《魯論》乃大書"公叔文子之臣大夫僎,與文子同升不曰與僎同升,而曰與文子同升,此獨洗刷得清。諸公"。

蓋《春秋》有先經起義之條,而爲國得人,其事尤傳宣人口,挹相臣之延攬,乃覺單寒振拔。破拘牽成例之常,不循資格。

矧世卿多盤踞要津之計,而禮賢下士,此風久歇絕人間,慨英俊之沉埋,伊誰新進揄揚。襄黼黻皇猷之盛,克耀古今。

然則同升一事,非夫子聞所樂聞哉。

沫土多君子。僎獨無建樹之功,而不聞自即貪污以累其舉主。題外生情。觀所升之不負乎公,即知同升之克善所與,上節字字挑剔。

而門培桃李、廷植菁莪，擢陪貳以膺寵榮。斯華衮之榮洵美，原非溢美。

大臣戒黨援。僕或有引嫌之例，而不聞好爲要結以辱及相知。觀同升之忘乎與，即知爲臣之協乎公，而家有繭絲、國需保障，由微官以躋顯仕。斯縉紳之望錫名，自有嘉名。

曰"可以爲文矣"。且夫薦士常情也，舉賢國典也，而夫子聞之流連不置者何哉？ 獨抒議論。閒嘗上下千古而知其故矣。

身後之稱揚，必緣生前之論定。乃或輝煌功業而忮刻忤乎同官，彪炳詞章而妒賢讒乎史册。靜逸安和，無劍拔弩張之態。縱勳書盟府，非靳鴻號而不予，然而讟詖彌彰也。自有文子，而因臣得臣，干旄何庸在浚；相與無與，笛篙奚事舞庭。讀薦剡之書，旁觀尚感泣矣，況身親乎？ 願蔽賢者思之。

一字之褒貶，豈係一士之升沉。乃或好士爲心而食報隆乎孫子，憐才一念而頫首及乎孤寒。縱名晦斾常，似懸駿聲而有待，然而光華難掩也。自有文子，而陪臣可升，何況山林隱逸；公室堪與，豈虞寮寀貳攜。生知己之感，父老尚咨嗟矣，矧朝廷乎？ 願用賢者勉之。

　　文子此舉，幾成逸事。夫子特爲表微，非爲論其謚。是作勘題既得命意，不膚氣聚神團，思沉力厚。非老手不辦。原評

恭己正南而已矣

宣平月課超等一名何德潤

　　極摹治象，蔑以加矣。夫恭己正南面，敬德之容也。所爲止此，不愈見其無爲乎。今夫以一己勞天下，不以天下逸一己。此帝王之上儀，臨南面者之所有事也。若夫一人端拱於上，萬姓雍和於下，德盛而化自神，治渾而迹胥泯。聖天子當陽穆穆焉，皇皇焉。退哉！ 垂衣裳而天下治。嘆觀止矣。

稽古帝舜夫何爲哉！夫無可名者德，而有可見者容也。

惟聖人不忘兢業。雖功成治定，萬古難幾，而無怠無荒，猶交儆乎君都臣俞之際。

惟古帝不事張皇。雖端冕凝旒，百王所共，而惟淵惟默，獨渾穆乎乘離出震之時。

則見其恭己也，正南面也，舜之所爲，如此而已矣。

高靜攝之體，而妄冀昇平，古有深宮涵養，而經年不臨南面者，舜則無是也。治化翔洽亦已久矣。登明堂而出治，水火龍蛇之變，澹之以黼黻，藻火之躬而有餘，而九德敷、五辰撫。雍雍乎！搢笏執玉，朝儀隆焉。蓋至史臣珥華，僅贊溫恭。不勝舉手加額曰：天下自此無事矣。

矜王度之隆，世有尊嚴若神，而南面不稱威德者，舜又無此也。皇路清和非一日矣。坐廊廟而聽政，阜財解慍之休，調之以操縵，安絃之樂而自理，而百工亮、庶職熙。煌煌乎！被衮垂裳，大寶登焉。蓋至惟茲臣庶，罔干予正。不勝賡歌颺拜曰：帝治即此已足矣。

以其身托之乎巍巍之上，以其心運之乎業業之中，即惟幾勑命，臣鄰未嘗忘警咨，而篤恭而天下平，亦居正而皇極建。南面之樂，可與易乎？有時翠華式巡，而西華東岱，會萬國之冠裳；有時涖官分職，而夔拜皐颺，錫九州之車服。至於鳳鳥自歌，獸儀欲舞，亦若與朱草蓂莢，效符瑞於中階，而聖人謙讓未遑，第拱揖登堂以答群后。贊襄之力，而豈待於紛營也哉。

其齋栗在巽位之先，其端莊在視朝之後，縱大麓試勞，居攝彌徽勤勤，而允恭紹帝之載，修己從民之欲。南面可使，豈更張乎？推之上壽奉觴，而格嚚化頑，亦生雲爛星輝之色；極之登壇受玉，而充絲荆筐，盡增河榮洛瑞之光。至於三危伏罪，兩階舞干，不啻爲松棟牖雲，呈采章於御陛，而聖人穆清凝命，第衮黼負扆以觀四海。祗台之隆，而豈等於淡漠也哉。

仍無爲而已矣。

振采欲飛，負聲有力。通體無懈可擊。尤徵學養深純。
宣平令張弼臣原評

居是邦也，事其大夫之賢者，友其士之仁者
宣平鰲峰書院超等一名何德潤

隨地取資，進賢者以所已能也。祝廉溪批：手眼獨高。夫是邦之大夫、士，子貢知之素矣。事賢友仁，非爲仁之利器乎？子殆進其所已能耳。且托足之區，一見心之所也，而統朝野，具相人之識，乃能合身心，不脫題首，不抛爲仁，玉磬聲聲澈，金鈴箇箇圓。得同人之資。蓋停驂聯舊雨，英豪不擇地而生；而攬轡訪高風，結契胥性天之助。裘綮三英，圭璋達焉；芻生一束，金玉音焉。士君子出門有功，毋謂車塵馬足間少觀摩之益也。

器以善事，豈惟良工。夫賢仁者，邦之器，而爲仁之所利也。試與子衡之。

穎悟祗潛修之務，而連騎結駟，交游獨遍中原。淵渟岳峙。知芹藻揚芬，魯多君子；竹竿志美，衛有碩人。人之傑者地自靈，而山川快登臨，當不徒作問俗采風之計。

言語次德行之科，而存魯救齊，聲聞久馳上國。矧句吳太宰，束錦何嫌；漢陰文人，披裘自樂。識之奇者交彌廣，則桃李隆投報，要必存事上接下之規。

夫不有大夫之賢乎？士之仁乎？亦既居之。云胡不事苟能是焉，良足爲友，而論賜之爲仁，則有進。

流俗好聯聲氣，萍踪偶值，輒許知音，而賜獨擅方人之長。按切端木氏學問。從政笑同寅，量徵斗筲；真品衡行己，稱遍宗鄉。一旦樂國來游，知廊廟膠庠初非漫然相與也。則其賢其仁，辨別於事

友之先者審也。其字、之字，人略我詳。

儒生推拓襟期，蘭譜締盟，每高位置，而賜嘗抱弗如之嘆。奉甲相酬拜，禮足下人；師乙考聲容，樂堪淑德。一旦停車訪道，知簪纓韋布必能降以相從也。則之賢之仁，求獲夫事友之利者宏也。

聖賢非閉戶耳。夫欲希聖賢之德，必隨所遇而受切磋。起筆超，接筆挺。我思出大人門，儀瞻維月；入善人室，度挹光風。藻采葩流。十五邦絕詣難求，幸與名卿名儒講求夫性理，乃知遨游尋樂土，轉悔夫道學講空山，未能合貴賤而交收其益也。邦之英如可摹也。我對伻而問衛卿，傾蓋而交程子，風塵碌碌，回首何堪。而年來知命知天，亦藉諸公輔翼。情深文明。學人何常師，願吾黨於過都越國，默默參之。

天地一逆旅耳。而能見天地之心，則任所遭而資漸劇。我思侍君子側，過糾愆三；式處士廬，道傳精一。二三邦壯游可詡，豈無碩輔碩彥裨益乎高深，獨惜孤陋嘆離群，誠不如英奇攬旅館，尚能綜出處而互證其資也。邦之傑其可親也。賜之荊而收梓杞之植，釣淇而歌金錫之章，客况淒涼，同心誰叶。而曩昔無驕無諂，或需名輩推崇。無友不如己，維彼都之政事文章，殷殷訪之。

　　通篇從居是邦設想，扼定子貢立論，相題有識。至其筆意之渾融，詞華之富麗，字句之琢鍊，對仗之精工，非揣摩功深，那能到此。山長祝廉溪評

子貢問爲仁。子曰："工欲善其事，必先利其器。居是邦也，事其大夫之賢者，友其士之仁者。"顏淵問爲邦。子曰："行夏之時，乘殷之輅，服周之冕，樂則韶舞。放鄭聲，遠佞人。鄭聲淫，佞人殆。"

鍾邑尊月課超等壹何德潤

聖人示兩賢以有爲，天德王道備焉矣。夫不取資無以爲仁，不

法戒無以爲邦也。爲子貢、顏淵兩示之，天德王道，不於是全哉。且閉門談性命，挾策語經綸，此後世之所爲，非可以例聖賢也。聖賢者，資乎人以資乎已，而見心之處，悉寓精心；準乎古以準乎今，而害政之端，勿能干政。惟擇交斯能成德，泯小疵乃底大純。合内外本末一以貫之，而天德王道備一堂焉。

說在夫子答爲仁爲邦也。

危微精一之傳，收斂在一心，擴充即彌六合。其理同也，而借攻錯於他山。致承平於薄海，胥杜非幾之貢於未來。

言語德行之彦，交游盈四國，胞與即係萬方。其量大也，而廣切磋於朝野。包運量於帝王，悉懍兢業之神以俱出。

今夫仁與邦之必有所爲也尚已。

一身之閲歷，登朝廷、游庠序，攬公輔而訪俊英，總不使心性無關，空付樂郊之適。不徒問仁而問爲仁，子貢之特識也。夫善事利器，百工尚然，況儼然居是邦乎。鍾大令批：精粹。以藝成例德成，而譬欬挹朝右畏大人，無非天命之存講席。開名山、侍君子，且儆風愆之失。賢士大夫，子所由爲子貢勵其爲也。

一代之崛興，改正朔、一車書，別章采而同律度，總不使澆漓偶蹈，致滋讒慝之萌。不問爲政而問爲邦，顏淵之素志也。夫虞夏殷周，四代在望，而奈何有淫殆乎。以成法昭立法，而文質忠三統遞移，合數聖人以成一聖人之治。渾括。詩歌聲、一夔已足，去一二人以立千百世之防。時輅冕樂，子所由爲顏淵定其爲也。

而以言乎天德王道，則更有說。

制作之隆，而亦關主德耳。朝無碩輔，何美宸修；治近驪虞，終流雜霸。淑身淑世之故難言矣。以爲仁探爲邦之原，俾知攻錯磨礱，嘉與宇内士，而循吏一傳、儒林一傳、道學一傳，爲皇躬資被濯。即爲寰宇大裁成故交，可遍四方，非誇結契。高抱群言。治不法三代，終覺補苴也。所以聖門不言體用，而坐言起行，迥殊後世道德刑名之習。

　　性情之故，而可善敷施耳。車笠相盟，或矜標榜；草茅議禮，徒示儀文。治己治人之道均失矣。以爲邦徵爲仁之效，俾知功成治定當戒驕盈心，而律歷一書、輿服一書、禮樂一書，合普天共勉媺修。實合率土各遵典制，則敬大臣而式多士，同證道心。六五帝而四三王，更防逸志也。所以聖賢未屬事權，而匡居坐論，遂以開千古脩齊平治之基。

　　故曰天德王道備也。

　　　　閎深肅括，博大昌明。原評

吾猶及史之闕文也有馬者借人乘之

　　　　　　　　　宣平月課超等第一名何德潤

　　聖人於所及見者，不勝古道之思焉。夫古道不僅闕文借乘也。潘老師批：對今字未及見者既多，能不思夫猶及乎？且古昔盛時，汗青潤西京之色，牡黃會東都之同。詎惟是守蠹簡贈駢車云爾哉。圓湛乃三代之政刑，未睹其盛；一時之遺俗，尚徵其隆。章惟由舊而誼重通，財蓋習見也，忽驚爲希見，古道也已成爲古人矣。神來。

　　吾嘗反覆乎身世之故，備閱乎風教之殊，而不禁有感於史與馬也。

　　生不逢文、武、成、康之世，而道存而登諸朝，柱史猶龍，晉史稱狐，伊可念也。春秋二百四十年，其珥筆而志之。聲調鏗鏘。

　　身未獲隱、桓、莊、閔之時，而禮失而求諸野，斯馬斯才，斯馬斯徂，亦可歌也。轍環一十有五國，其攬轡而觀之。

　　而吾未及也。吾溯我生之初，吾思我生之後，史之尚文也，闕亦僅守；馬之同乘也，借以公人。此何時哉。

　　史才類多淵博，何難騁其聰明，以驚新奇之耳目。乃奇思絕麗，著其實而學羨三長，謹其誣而削嚴一字。有國初名家風範。先王存人心之直，而文人學士不敢臆斷，是非公道之行可知也。小中見大識。

馬力原代服勞，豈必連鑣結駟，以效游俠之身家。高力厚乃稱貸卹周，我任我輦而何庸悋惜，爾徒爾車而并免徒行。先王養物力之豐，而乘堅策肥不甚愛惜，貨利民氣之厚可知也。

惜也，吾僅及也。《連山》《歸藏》之册，人無异辭；悠揚宛轉，情文並茂。乾餱酒醴之愆，民鮮失德。先君有知，亦慰王澤猶留矣。想其時，據事直書，不以臆撰逞欺誣之智；自我公物，常以任卹見推解之仁。此何如休風乎！以吾閱人成世，周任遲任，亦既相隔終古；而渭陽送舅，又未獲躬瞻玉佩瓊琚。惟此疑存郭公之案，驂脱齊相之車，冀慰懷於萬一，是即爲史與有馬者自思，應許古風不遠。矧在吾之尚足記憶哉。

幸也，吾猶及也。興亡治亂之所留，增其事即滋謬罔；詬誶德色之相習，通其情已泯吝私。古人可作，亦嘆餘風未殄矣。想爾日，彤廷秉筆，士無僭經之嫌；墨車授徒，人有並轡之樂。此何如美俗乎！以吾抗心希古，删《詩》定《禮》，未敢述作自居；而農山言志，徒嘉與夫車馬輕裘。推之言偃未敢贊詞，卜夏堪爲假蓋，是雖觀史與相馬者共賞，應訝古道照人。矧在吾之尚堪懷思哉。

所願與今人共守之也。

樸實淵懿，力厚思沉。文有京江風度，吾烏乎及之。宣平學潘老師評

其　二　　超等二名何德潤

存古風於朝，聖人思其及見焉。夫史者君舉必書，而馬非大夫不乘也。闕文借人，夫子猶及見之，能勿思。今夫風自朝而及野，

而古風之所留尤先徵於才人富人之心。朝廷不以聰明亂舊章，而天下之學正；朝士不以貨財生鄙吝，而天下之俗純。典型守焉，纖介除焉，思古之幽情，乃深切焉。

吾生也晚，興朝之盛事不及見矣，然猶有兩端焉。

古者，行則左史書之，言則右史書之，甚完備也。至兵燹風霜，藏名山而剝蝕；稗官野錄，雜本紀而難稽。於是甘爲其闕，不爲其誣。自比諸不告不書、不赴不書之例。

古者，天子曰萬乘，諸侯曰千乘，無乞貸也。至士或初試，命未隆以賜三；官本單寒，行未具乎牡四。於是因我所無，借人所有。聊乞諸爾徒爾車、爾輔爾輻之鄰。

史之闕文，馬之借人，其朝廷之古風乎。

吾未及親道一風同之世，而簪筆揚休，雍容乎彤廷之上；登車攬轡，馳驅乎皇路之儀。

吾猶及瞻習尚教化之隆，而傳疑傳信，其君子不敢臆斷是非；公物公情，其小人不敢自私貨力。

且夫天下學術之正，史筆留之也。無論據事直書，充之即爲勿欺於君上。乃有朝家曖昧之隱，世次荒遠以前，脱令騁其雄才，恃其私智，安知不可撰事實而驚新奇？而抱缺守殘，卒不敢誣一時之爰書，滋千古之疑獄。故書所必書，新臺牆茨不爲穢；闕所當闕，因提禪通亦可删。由是史學盛則文治彌光。百家不能鳴邪説，六經無可擬僭辭，而一切佞諛頌功、沽名立傳、汙巉陳言無有焉。南史董狐，其筆可誅心，其行無造事。此何如盛典也。説《禮》非聚訟，吾猶於赤也稱之；編《詩》不補亡，吾猶於商也美之。

且夫天下風俗之純，有無共之也。無論贈劍獻縞，深之可聯同盟於與鄰。乃或公子之新亡欲歸，羈臣之朝命將返，即使出以私意，惜其微財，誰復責慳吝而求予取？而乘黃贈策，終不忍恡蕭轔之美，而携結納之交。故有公諸人，原非好談游俠；事出於借，并非侈言博施。矧夫馬息蕃則人氣益奮。乞鄰得水火之求，同井有通力之助，而一切乾餱肇愆、箕帚生詬、耰耡怨咨無有焉。鄭僑齊嬰，濟溱未必皆小惠，脫驂乃以贖大賢。此何如休風也。結駟聯邦交賜也賢，吾猶從政望之；車裘共朋友由也勇，吾猶升堂觀之。

胡今之人，不我由舊也。

　　　學有本原，詞無枝葉。非深於古者不能道其隻字。宣平學潘老師原評

天下有道則庶人不議

丁卯科考一等四名何德潤

下無私議，由於上不失政焉。夫庶人之議，議其失政也。有道矣，而何議乎？子蓋穆然於有道之天下也。曰聖天子在上，朝設誹木，庭有懸鞀，其議道自己者，何嘗箝庶人之口哉。抑知求其議者，萬宮自勤補闕之心；而泯其議者，草野彌見昇平之象。頌聲其洋溢乎？蓋登九重而權歸一統，斯放四海而謗弭兆民矣。

政不在大夫。此非禮樂征伐自天子出，而爲有道之天下哉。今夫有道者，天子與庶人共焉者也。

潤色休明，史臣每多顧忌，庶人則愚而不知諱。乃窺朝家之間隙，則又甚智而口說遂騰。

腹誹詛咒，廟堂豈少禁條，庶人則法所不及詳。乃因政柄之下移，則似有情而舌端不避。

夫何以不議哉！吾退想天下有道之庶人矣。且夫議與謗殊，與刺亦異。

謗者，以下訕上，其事近乎譏彈。議則因事抒情。顓蒙之狂言，有時或動君上之傾聽，乃一逢乎有道，而庶人默爾息矣。世樂厖鴻，兆姓慶中和之治；民歌遄駿，八垓仰赫濯之靈。其不敢議者，

即其不能議者也。天下之承平，則然也。

刺者，無聊不平，其風已遠忠厚。議則持平論斷。朝廷之闕失，有時亦藉鄉校之鑒衡，乃一遇乎有道，而庶人帖然服矣。野吹豳蜡，沐子惠則同節同和；士睦藻髦，戴甲冑則有嚴有翼。其不欲議者，實其無可議者也。天下之郅隆，則然也。

父老能齊家，异議遂不萌於子弟。一家之喜怒哀樂得其正，何如天下之禮樂征伐協於中乎。遐想夫軌轍夷易，憲度修明，絕不開天下以非議之事。由是愚頑緘口，秀良銘心也。鶚在林且懷好音矣，曷嘗監於止謗哉。

修士能勵節，訾議自不發於州閭。一身之文章品望無所慚，何如天下之禮樂征伐無所僭乎。緬懷夫農服先疇，士食舊德，絕不啓天下以橫議之端。由是巷説頌仁，街談稱德也。鳳在岡且鳴和盛矣，夫豈等於防川哉。

夫惟一人有慶，萬世無疆。扇巍巍，顯翼翼，孕虞育夏。咸五登三，僉曰盛哉乎斯世。

　　詞條敷暢。吳大宗師原評

視思明聽思聰

宣平月課超等一名何德潤

君子思誠之學，先謹其自外入焉。夫視聽自外入也，思明思聰。君子之思誠，於是乎始，且人心之固扃，其窔鑰於耳目乎？誘於物者制以心，故克己之功，先嚴聲色；應乎心者麗以物，故存誠之道，首重察聆。惟默參乎聲臭之原，顯著乎虛靈之用。俾一身因應無所蔽於耳目之官，而存心見，而心之存於耳目者，亦見。

試觀君子之九思，今使天壤無蔽塞之端，則瞬息何庸存省；身世逃形聲之外，則官骸奚慮昏蒙。而不然者，豈非視難於明，聽難於聰哉。

　　二五之氤氳至妙，而賦性受形，造物已辭其責。散以木則精華外溢，收以金則寂静中含。果何以嚴切圖維，準作哲作謀而有道。

　　孩提之知識未開，而與接爲搆，世情日即於紛。投以象則欲緣見生，役以聲則邪從聞入。果何以預防壅蔽，循目治耳治而無乖。

　　君子思之矣。且夫聰明其本然也，視聽其偶然也。

　　必益聰明之本無而乃切防維，則性情亦矯。試思裸裎俗敝，婦孺知羞；讒慝言多，道途飲恨。極之縱欲敗度，似虧昭質於曠曚，而清夜發天良，未必無暫明暫聰頃也。則本然之明聰可思，而當然之視聽無論已。

　　必待視聽之交蔽而始生悔悟，則補救亦難。試思亂色奸聲，乘人不覺；目馳神往，誘我於微。迨至魂夢交縈，遂錮終身於聾瞽，而根株萌深隱，終在乎方視方聽時也。則偶然之視聽宜思，而常然之明聰益濬矣。

　　夫錮蔽昏蒙，由來有漸耳。未視而戒慎不睹，未聽而恐懼不聞，思固裕乎其先，而非异端之枯寂也。日月著其明，燭物而不蔽於物；雷霆發其聰，善鳴而如假之鳴。蓋毋淫毋側，幼儀已習其規，而紛華靡麗之場，仍以不見可欲、不聞亦入者，防閑乎至密，夫何慮鄭昭而宋聾也哉。

　　抑知誘物化，流極無終耳。一視蒙則百視皆蒙，一聽誤則百聽皆誤，思當周乎其後，而非俗士之紛馳也。洪範著休咎，祥异爲視聽之徵；帝王擅照臨，睿知兼聰明而發。蓋從昧即聾，古人久垂爲戒，而美色淫聲之遠，更以惡紫奪朱、惡鄭亂雅者，推究乎至精，又豈矜重瞳與三漏也哉。

　　試進詳君子之思。

　　切理饜心，筆健詞舉。宣平令趙公原評

子曰：性相近也，習相遠也。
子曰：惟上知與下愚不移

壬申科試覆一等一名何德潤

性爲習所移，聖人爲中人言性也。夫性本相近，其相遠則習移之也。上知下愚不移，而中人不仍相近乎。今使漸染於人者，必歸咎於天，則天無權；賦畀於天者，必不易於人，則人更無權。蓋人定勝天，終事而非始事；天定勝人，偶然而非常然。極天人之相參，而中人見焉。其不限以人者固多矣，其相限以天者亦僅矣。

今天下之言性者，謂上與下不相近也，知與愚本相遠也。於是乎誣性，於是乎咎習，於是乎每任性而從習，於是乎不慎習以復性，而夫子曰此其説非也。夫中人之性，固可移而皆相近者矣。

性處先而習居後，理氣分焉。習於愚則知不足矜，習於知則愚亦可破。氣後而理先，知本來之無甚軒輊也。夫性固相近也。

習由意而性具心，動靜判焉。習於善則上者益上，習於否則下者益下。心靜而氣動，知後起之大相逕庭也。惟習乃相遠也。

凡此者皆可移者也。

而誣性者，謂皇古風留忠厚，末世俗多澆漓，其將何以爲性解？而咎習者，謂聖哲生而聰明，顓蒙教亦不肖，其將何以爲習解？

而昧性以從習者，謂牛腓鳥覆，肇自胚胎；鼃目豺聲，卜於始降。又將何以爲習解？

而不慎習以復性者，謂朝有放勳，臣多嚚訟；家有頑父，子能格奸。又將何以爲性解？

而夫子曰此其説非也。惟上知與下愚不移，而中人之性固可移，而皆相近者矣。

天之與人者備矣哉！既不能化頑冥爲神聖，而復以上知下愚分其低昂。此似非相近者矣。不知不移者見爲少，可移者正見爲多。爲造化救其偏駁，即爲吾人底其純全。使知可上可下者無可推諉，而化愚必宜擇習矣，而希知必宜明性矣。

人之所以承天者厚矣哉！既不能視困勉等生安，而必以上知下愚區其差等。此又甚相遠者矣。不知不移者形其隘，可移者正形其寬。在聖賢廣其教思，在後學當深其勉勵。俾知不上不下者無可怠荒，而愚不終愚，率性可以憬然悟矣；而知非生知，謹習可以奮然興矣。

夫中人之性固相近而皆可移者矣。

圓暢。丁大宗師原評

孔子曰：仁不可爲衆也　窗課何德潤

衆不足恃，讀《詩》有感矣。夫衆可爲，仁無用矣。弇孔子之言，不益見衆不足恃哉。且文武以仁取天下，而言仁必推孔子。孔子，殷人也。憫湯孫之離心離德，而慨然思；緬周人之同心同德，而悠然會。乃讀裸將之句而有言曰。

夫固獨矣。億萬人何在乎？崇侯工於讒，惡來顯以智？飛廉善於走，何難乞六七作在天之靈？而使駟驪之駕覆於孟津，熊羆之師殲於姆野。

八百侯竟去矣。五十國且奈何？淮奄肆其黨，季剈煽其威，管蔡翼以叛，并可乘二公孺子王之疑。而使鴟鴞之巢毀於周室，魑魅之鼎完歸商郊。

而無如商之衆，不敵周之仁何？

假令殷以衆周亦以衆，血竟流夫杵，徒亦倒夫戈，王夫子批：語語驚人。則太公之韜鈐遂可世守揣摩，而用兵者多多益辦。

假令周之仁不敵商之衆，閎夭已成罪魁，宜生亦犯戎首，則伯夷之忠孝不必叩馬觸刃，而毒痛者濟濟足誇。愈翻愈靈。

假令朝涉不剖，賢心不剖，周以仁殷亦以仁，武王終北面事之耳。玉門烹羹，戮其兄不敢怨；塞庫執季，辱其祖無可仇。而怙冒之主終老西方，而佐命之臣計窮東土。

假令惠鮮未施，懷保未深，殷之衆不遇周之仁，心花怒放。紂真南面王無與易矣。鬼鄂雖恨，無德不足動天；微箕雖賢，同姓敢云易位。而鹿臺之財堪賈惡孽，而鉅橋之粟不助興王。

然而周有仁矣。魴之尾，歌父母；麟之趾，美公孫。戎衣僅一，而八百年之瑞兆流烏。

然而殷無衆矣。雞之晨，索於家；虺之祥，斬於國。其會如林，而十三載之勳懸太白。

乃知兩仁可爲，兩衆可爲，有仁則衆亦稱仁；彭濮微盧，止戈者爲武，恃衆則衆即不仁。洛汭商奄，小腆曰民頑。故亡殷者紂也，非武也；興周者紂也，非文也。不然者，戡黎之執，一獄吏可以問罪；文馬之賂，釋其囚亦足見恩。乃必自嘆夫天命而又錫之以弓矢，何耶？仁故也。衆可爲哉！不可爲哉！

　　新鮮動目，生面獨開。王柳堂夫子評

孟 子 曰 惠 宣平月課超等一名何德潤

惠非相臣所矜，大賢姑如其事以予之焉。夫惠在濟人，非子產之大者也。孟子不没其事，所由予之乎。皮大令批：一針見血，然仍是賓位，絕不犯實。《春秋》有子產，非孔子所稱惠人哉。抑知聖人原其心，一字之褒，孰殺堪定誰嗣之論？大賢評其事，片端之善，驪虞不過小補之方。"小惠其未遍"乎？於以知相臣自有大體；"問諸水濱"，夫亦節取焉可矣。

不然，乘輿濟人一事，何足盡子產養民之惠哉！

三代卿相，不聞好行其德致良史之美談，含下句以起議論。　出比指凡爲政者言，對比指子産爲政言。自衰薄覘世風，而濟困扶危遂重解推之舉。

四國勤勞，豈必分人以財等厚施之小數？自流傳失故實，而我徒爾輦乃成恩澤之私。

孟子曰此非子産事也。即或有之，亦惠而已矣。放鬆愈緊

天下有不惠而惠者。大開大合，此政中之惠。子惠困窮，頌商王之德；惠鮮懷保，稱文考之功。緬有孚之惠心，原非瑣事；使必以仁歸，祝網德宏。埋骨爲王者之大猷，則推恩反致寡恩，而恩亦不廣。此化乎惠之迹者，不在乘輿濟人中也。

天下有以惠爲惠者。載脂分稻，惠記越王之施；爲粥救荒，惠稱公叔之諡。此不知爲政之惠。準過與之傷惠，徒博謏聞；推之而噢咻是矜，拊循是誇。收人心於既潰，將膏澤亦虞竭澤，而澤轉不流。此泥乎惠之名者，可爲乘輿濟人例也。

自有此惠，吾爲子産辨。懲悍族而睦强鄰，惠及一邦者何限，亦不願沾沾自喜。妙參活句。矜豆區釜鍾之恩，洵如潨洧一事，是火烈不振其威，而水懦反生其玩。或者偶然過舉耳，非等大禹之拯溺而名爲惠，乃較商紂之斮脛而見爲惠。小惠曰匪，理或然也。吾如其分以予之，而溯洄中沚，僅足見小人之懷。

自有此惠，吾并爲論子産者辨。伍田疇而誨子弟，惠周百姓者無窮，豈必以煦煦爲仁。動新市咸林之望，洵如乘輿一事，是衆母徒稱澤國，而遺愛僅被河干。更妙。或者乍見不忍耳，不從美錦學制中而觀其惠，偏於欲渡無梁時而論其惠。惠而不費，固如是乎。吾原其情以定之，而在水一方，不過思褰裳之子。

不知爲政，盍奉教於君子乎。

倒從爲政看出，語半神全。越放鬆越偪緊，有筆有書。千人共見之技。原評

世俗所謂不孝者五

宣平月課超等一名何德潤

即通國而轉計之，不孝祇此數端焉。夫孝亦難言矣。如通國之稱，則世俗所謂不有五者乎。且自俗人多訾毀，而一世賢豪，半汩没於悠悠之口久矣。輿論波靡，不堪指數詳矣。顧遭變故於倫常，庸材莫識；聽譏彈於閭里，内行綦嚴。於無甚高論之中，究不得乎親之實。衆口一辭，請爲子陳而述之。

子疑我禮於匡章，殆以不孝也。皮大令批：五字虛神在簡中。夫通國擯斥之日，正世俗非議之時，曷不觀其所謂乎？從通國落到世俗，來脉逼真。

烝人克諧之化，非可喻諸俗情，特以祇事服勞，中材可勉，上下文消息都通而里黨表風聲之樹，必重家庭。

家人婦孺之歡，久共循爲世故，刬乎問寢視膳，士庶同敦，而鄉閭聽月旦之評，獨嚴倫紀。

以云世俗，其果諒夫不孝乎？稽其所謂，則有五矣。

就孝而深論之，幾垂號泣之文。眼光四射。繼述廣創垂之統，片端有歉。難符大孝之名，而世俗未得窺其故也。非於處變求其孝，乃於處常責其不孝，則所謂不孝猶非充類至盡之謂，惟於五者立之程。語有分寸。

即孝而通論之，從令或虞於不義。觀行無泥於改爲，微事偶乖。已違達孝之旨，而世俗不能融其説也。逼下更緊。非於逆境觀其孝，乃於順境律其不孝，則所謂不孝不過日用循常之謂，斯於五者寬之例。

且夫天下之世俗，久垂公論矣。恢之彌廣。申生而稱爲恭，急壽而蒙於難。至情所感，歌泣忽動乎途人。逼拶靈緊。知世俗之所

謂孝，即知世俗之所謂不孝。詎有外此五者乎？而況世俗不事苛
求也。春秋二百四十年，嘗藥有書，眺踣有貶，至戰國幾難問彝倫，
而猶幸世俗存古風。不刻責以五常，衹姑繩以五事。五字有點染。
覺得親順親未遑臚列，而門內之儀有缺，殊難寬巷議街談焉。吾猶
得舉枚而數之。

　　且夫齊國之世俗，早有煩言矣。無虧也而爭立，陳仲也而避
離。傳習既訛，正論半湮於州里。神在沛公。知世俗之所謂不孝，
并知世俗之不謂不孝。非顯在此五者乎？而矧世俗無庸嚴責也。
臨淄地方一千里，誅聽初命，謚美先公，至田齊猶得懷明發，則當此
世俗留古道。比清議於五罰，援成例於五刑。覺為顯為揚不必預
期，而庭闈之則未脩，並若示移郊移遂焉。吾猶得屈指而陳之。

　　不顧父母之養，章子有此乎？獨責善一節，不滿於世俗耳。然
而其設心苦矣。

　　　立竿見影，關照前後，不拘拘於題面，而神理恰在簡中。
入後大放厥詞，尤覺淋漓痛快。皮明府原評

遍國中無與立談者。卒之東郭墦間之
祭者乞其餘，不足又顧而之他

趙太尊麗正書院月課超等壹何德潤

　　即齊人以論乞，情形如繪矣。蓋至國中無與談，而齊人之乞在
墦間矣。不足顧他，其如矑者何？且國有善士，廉節之外，勿顧其
他，何屑於乞哉？自有乞之一術，其人為共棄之人，其地為希至之
地，其所獲本無多，其所期復無已。趙太尊批：抱完矑字，驪珠獨得。
而自始至終，乃無一不入潛窺者之目。

　　說在齊婦之矑良人。夫齊婦之從良人，知有顯者而已，王新垒
批：鈎題尾以清。遑計其他乎？繇是齊人行國中，齊婦亦行國中。

273

且夫國中，郭以內也。題界。申池在其南，顯者讌游，酒炙紛綸，而良人不與焉。又顧而之西，西則孟嘗君第也。王批：從國中生發，説得天花亂墜，滑稽之雄。插入又頑，兜裹極緊門下食客，珠履三千，族立錯談，而良人又不與焉。又顧而之北。城北徐公，意者治具延賓乎？乃無何而行遍矣。毋亦東郭，書之故里。東郭偃之舊交，可丐餘瀝以沐寵光乎？繇是齊婦從齊人俱之東郭。

東郭何有？有墦間焉；墦間何有？有祭者焉。噫嘻！王批：點之字醒。句老而潔，史家記叙體。昔之舞榭歌臺，今之荒烟蔓草也；昔之鐘鳴鼎食，今之麥飯葱羹也。平蕪銷骨，拱木縈魂。王批：嬉笑怒駡，皆成文章。人生到此，富貴奚論？吾意齊人愀然不樂，反而之國中矣。然而齊婦之從於是，卒齊人之乞於是始。王批：回頭一笑，點卒字響。中夾二比整散相兼，名家章法。

在齊人不乞於國中，轉乞於郭外，而神惠共霑，幾欲分孝子之羹，以果小人之腹。

在齊婦期國中之立談，不期墦間之行乞，乃療飢無術，趙批：處處不脱齊婦，上下文打通消息。亦既嘗墦前之餕，猶希局外之憐。

祭者之餘，未足飽齊人也。繇是齊婦不忍顧，而齊人又顧而之他。王批：提頓處照應前文，居然古文筆法。

窮餓，小事也。趙批：昂頭天外。古賢豪嗣口無聊，匍匐自甘於於陵，蒙袂勿就夫黔敖。絕不援其嗟可去、其謝可食之説稍貶生平。吾不知乞之風始於何人，而國中絕無笑語之歡，郭外偏有救貧之法。趙批：全題在握，摶捖有力。不得於此，轉希於彼。挾無窮之欲以右盼左顧，一若殘杯冷炙，捷徑獨開於山林。趙批：句中有眼，字外藏稜。

溫飽，有命也。古英雄數奇不偶，簫或吹乎吳市，塊亦與夫衛郊。終不等嘑爾而與、蹴爾而與之常自瘵氣節。吾不知乞之態伊於胡底，而立談見棄生王之門，餕餘偏干死士之壘。既誤於一，復誤於再。王批：洗刷又字。矢無厭之願以四顧徬徨，一若酒池肉林，徹餕並邀之故鬼。

齊人之乞亦狡矣哉！獨無如齊婦之從墦間來者，不知何顏入國門也。君子曰：是可以觀世之求富貴利達者。王批：神龍掉尾。

如題布置，不著論斷語。作法自合，而筆致歷落，尤有古意。趙朗甫太尊原評

三之字作往字解，前人原有此讀法。但恐出筆纖弱，俗不可耐耳。作者究心古文，乃有此老潔之筆，而神光四射，實處仍虛，則固斲輪老手也。王薪齋先生評

舜避堯之子於南河之南

宣平皮大令月課上取第一名何德潤

以天下還帝子其避地猶可考焉。夫堯以天下與舜，而其子固在也。南河之南，不可考舜之避乎？且自貪天之說興，皮大令批：魏晉之祖如此。而後世奸雄輒退處以俟勸進，藉口於孺子，以冒揖遜之名。反撲南河之南。究其辭，爵不越中邦，足迹不踰外境，是陰圖其子而陽奉其子也。勁氣直達，一筆到題。而要非所論於舜。諒闇三年，堯之子可以臨民矣。所難者舜耳。藏遇崩喪，語多吉祥。先安頓堯之子，倒落題首。

庸命巽朕，側陋早簡帝心。舜字響。即使受籙膺圖，亦何殊媧之紹羲、軒之承炎。主器不必歸長子，自足服啓明之志，未許問津。

元日受終，大統已傳文祖。强詞奪理，顧上焂下，蹴起河字。矧乎代君攝相，並可使益稷之讓、禹臯之拜。在位兼列乎虞賓，何必辭寵利之居，付諸流水。

南河之南，奚庸避哉？而舜不然。洗刷南字。

論距河之勢，冀在河北，而豫在河南，去帝都也遠矣。舜以爲堯之子在，不得不避也。避字所以然。離邦畿五百里，顯示神器難

干；俾歸化十二州，隱寓嗣皇當奉。開筆。在堯之子未嘗迫舜以避，而舜要難已焉。澗瀍之居可卜，殆將吾道其南矣乎。

論河中之境，河北固北河之北，而河南乃南河之南，如此方有南河之南四字，不似他手只作南河。違平陽也遙矣。舜以爲堯之子在，不忍不避也。願先皇統紹一家，青宮合登黄屋；念此日流沿九曲，素心堪質白波。曲筆。在堯之子即欲挽舜之避，而舜終難留焉。伊洛之水依然，殆將南征不復矣乎。神韵。

舜避而堯之子不避，放勳之統固傳；想入非非。舜避而堯之子亦避，伊耆之世誰續。而舜勿計也。逍遥乎河上，翺翔乎河上，吾將老焉。翻空見奇。想夫深山陶甫，河曲忽遇故人；傲物巢由，河上應招逸侣。而共鯀驩兜且將側身遠竄。望都君而俟河之清，所以榮光出河，不侈談符瑞。轉若爲罵訟彰受命之符，而君處南海，於天下幾如馬牛之風。收合避字。

援立愛立賢之義，堯之子九人避之適啓爭端；工於附會。推繼統繼嗣之文，堯之子即舜避之得毋過讓。而舜勿計也。置之河之側，置之河之干，吾其行乎。想夫羧首別兄，若賡河梁之曲；商君從父，不吟河廣之篇。而帝子皇娥且將撫衿鼓琴。反貳室於臨河之駕，所以導河積石，不妄許聲名。如讀异書。轉若爲慢游樂行舟之速，而化暨朔南，等天下於敝屣之棄。

天下歸之，舜乃歌南薰之什。反自南河，而恭己南面云。餘波不竭。

經經緯史，心花怒放，意蕊紛披。原評

夏后殷周繼其義一也

藝蘭室窗課何德潤

以繼濟禪之窮，可斷之以義一焉。作意：側重夏后對上文德衰，即以側筆爲補筆。夫惟夏后不行禪，故殷周皆繼也。義本於天，非與唐虞一乎？且自有夏開家天下之局，而文質遞承。説者謂事與禪讓异也，不知義與禪讓同。蓋青宫踐祚，奚須异位之文？黄屋非心，自協咸宜之準。乃知王之與帝其號殊，其所以承天無殊也，則仍同焉而已矣。

唐虞禪，此公天下之義也。凡有天下者，殆一於禪乎。信斯言也，則何以處夏后殷周之繼？平中之側。

儲君非囂訟，大寶堪登。映下截，融上文。天若以繼示夏后之創，而殷周因其義於不殊，則繼統猶之内禪也。平遞題面。而安邑、亳都、鎬京，不必準在位之虞賓，世及允緜百代。

攝相靳多年，民心奚附？天若以繼顯夏后之奇，補上用撇筆，出比跟啟賢，對比跟攝相。而殷周正其義於不變，則繼嗣無庸外禪也。柱意一綫而禹績、湯光、武烈，何須塵功臣之枚卜，傳人自在一家。

繼以易禪，似不一矣，而亦知其義乎？逼下截。且夫萬祀紹皇王之統，天所以觀禪讓之通也；三代殊授受之經，天所以濟唐虞之變也。

蓋拘泥乎繼之迹，大統私子孫，似不如神器爲公，補上文以完上截，補上文以起下截。其利天下也大。

而深究乎繼之心，敬承屬賢嗣，正無异擇賢自代，陽開陰合。其憂天下也深。

衡之以義，有不一乎？

奉若其天者爲大義，夏造而殷周承之。仍用側筆。假令希踪唐虞，將征奪或襲其虚名，奸雄反貽爲口實。唐高祖、魏文帝。揆諸堯舜之衷，必有大不美者，則禪不可行於三王，猶繼不可行於二帝也。而豈乖大義也。天果與子，帝摯亦可承高辛之統；天不與賢，榆罔亦足永黄帝之傳。平遞。繼本在唐虞之先，而何疑夫夏后殷周也。有不脗合無間哉！收足一字。

善承其天者爲精義，夏開而殷周紹之。假令襲迹唐虞，將外戚擁孺子之王，强藩脅受禪之詔。王莽、朱温。溯諸堯舜之德，必有相懸殊者，則三王繼而不禪，猶二帝禪而不繼也。而詎昧精義也。與子得其人，守文足稱令主；與子不得其人，中興可望文孫。繼在唐虞之後，乃自成爲夏后殷周也。有不變通盡利哉！

義也，即天也。滴滴歸源。孔子曰"義一"，子何曰"德衰"乎？

要幹補又要側重，夏后跟定上文對針德衰，又要平列以完題面。一筆當作兩筆用，總在提重繼字。見得傳子自是常法唐虞，惟得聖人方可禪耳。自記

今夫水搏而躍之，可使過顙；
激而行之，可使在山

麗正書院月課超等一名何德潤

有使之不就下者，而水失其故矣。夫過顙在山，非水之故也。爲搏爲激，水不有可使者在乎？孟子曰："吾今而知上下之説不足盡水也。"水不自上，有擊之於上者，而水不得不上；水本從下，有壅之不下者，而水不得仍下。其下而上者，水也；其所以下而上者，非水也。偶然相迫，忽然反常矣。

然則水無不下之説，不足以屬子之心也。必使之不下，而後可必使之能上，而後可若是者，仍與子言水。

今夫水就其深而方舟，就其淺而游泳。載人者，在人下者也。烏乎過顙！

今夫水注於海而濟漯分其派，入於江而汝漢异其流。掘地者，行地中者也。烏乎在山！

顧必謂水不過顙，水不在山。推乎水之常，仍未窮乎水之變。

然將謂水自過潁，水自在山。順乎水之道，誰奪乎水之權。

蓋其過潁也，躍也。吾非水，烏知水之躍？而有妙乎躍之術者，利用搏。

抑其在山也，行也。吾非水，烏知水之行？而有神乎行之技者，利用激。

搏之，而不過潁者過矣；激之，而不在山者在矣。乃恍然於水之故曰可使者如此也。

然而水仍自若也。假令水本可過潁，何待吾搏？假令水本可在山，何待吾激？惟水安其素，而使之者必幻其奇。其過潁也，仍不過潁之水也；其在山也，仍不在山之水也。使之咎也。

然而水難自持也。假令搏之而不躍，搏亦徒勞；假令激之而不行，激亦多事。乃水處乎平，而使之者必觀其怪。不搏不躍也，躍則無有不過潁者也；不激不行也，行則未有不在山者也。使之妙也。

然而使之者究有時窮也。必無時不搏，斯無時不躍，一不搏而水依然不過潁矣；必無時不激，斯無時不行，一不激而水仍然不在山矣。究之搏激之時少，不搏激之時多，則可使過潁者，安能常常搏而躍之？則可使在山者，安能常常激而行之？

然而受其使者已因事異也。易搏之事爲激之事，水之過潁者忽而在山矣；易激之事爲搏之事，水之在山者忽而過潁矣。況乎不搏激之水同，搏激之水獨，而方其搏而躍之，固可使之過潁；而方其激而行之，固可使之在山。

勢也，非性也。終無以易吾向者，上下之説也。子其洗耳聽之，毋妄言性。

　　前路如春雲出岫，中有靈氣往來。後二比磬徹鈴圓，聲聲入破，令人欣賞不置。山長李春皋先生評

其　二　超等二名何德潤

就水言水，有使之者矣。夫過顙在山，水何不就下耶？而非搏激不至此，然則可使之説，不可於水起例乎。曉告子曰：天下理之所無，未必非事之所有，必執一説以論，謂無此倒行而逆施也。亦拘矣。夫本來欲易，我既强以新奇，旋轉有權，彼且移乎故習。乃知自上下下忽變而爲自下上上也。夫固有使之者也。請於水監可已。

水無有不下。夫何有過顙而在山哉？顧就子無分東西之説，而推其所終極，不至於過顙在山不止。吾姑妄言之，子姑妄聽之。

情必窮其變，而道乃反其常。業窘之以無可如何，將一轉瞬間，可奪微權於造化，而破浪兼乎鼓浪之機。

物即安乎順，而吾必參以逆。業迫之不能自已，將一矯揉間，可起平地之風波，而安瀾已作狂瀾之駭。

今夫水柔而善載，深則厲，足或致濡矣；波之揚，顙詎可過乎？乃攘臂稱雄，情幾同於搏虎；衝冠直上，波并乎躍魚。此何爲者也？

今夫水進必盈科，導其源，泉或出山下矣；溯其流，水豈在山上乎？乃防曲爲甕，偏如激水之輪；流倒欲迴，恍遇懷山之警。又何爲者也？

吾乃悟可使之説也。其過顙也，水不自躍，搏而躍之也；其在山也，水不自行，激而行之也。

今夫水亦任其所使耳。濡首而驚微波，襄陵而嘆巨浸，亦宇宙不數見之端。假令躍者使平，將依然在人之下；假令行者使順，亦居然在地之中。惟施吾使者拂其情，斯受吾使者易其度。水固無如使何矣。天下意外之奇，患不在自然而在勉强。搏而躍，可知不搏則不躍也；激而行，可知不激則不行也。而當夫奮鬱難安，雖神禹不能平其怒。遂使奔騰滅頂，洶湧滔天，不妨痛談之以爲快。

今夫水又無害於使耳。首象乾而坎駕其上，澤占兌而艮止其中，亦古今不多觀之故。假令易搏而激，奚至毛髮之濡；假令易激而搏，何虞谷陵之變。惟試吾使者兩參奇譎，斯待吾使者一聽轉移。使又無如此水何矣。天下後來之變，患不在究竟而在偶爲。未搏激之先，固不能使之變幻也；既搏激之後，仍不能使之橫衝也。而當夫債張既極，雖天地莫能遏其流。遂使麤頑望洋，登峰驚溺，不妨侈陳之以爲奇。

而以爲可使易其性者，有如此水也。

> 筆力清矯，詞旨雅飭。文入妙來，無過熟良然。李春皋先生評

官事無攝取士必得

己巳科試一等一名何德潤

申官士於四命，任事與得人交美矣。夫官而攝則事曠，士不得則取濫。四命有辭，任事與得人不交美乎？想其命諸侯曰：我周盛時，六官贊昇平之治，八士徵鍾毓之奇。美哉！何蒿宮無缺典，而草野無遺賢歟？蓋綱紀非一人所能兼。廣庶職方，堪理庶務，俊髦實三升所共貴。徐大宗師眉批：提重處得挾天子以令諸侯口吻手法。拔真品乃以致真才，聖天子設官待士，旁求爲諸侯。先擴駕班以延英，所願宏鷺序而慎簡也。獨妙。豈獨士無世官哉？今夫官者事之所待理，而士者取之所宜嚴也。銳不可當。

莫患乎一官建，而兵刑任之，錢穀任之，刀筆筐篚又任之。官之攝也，事有不曠乎？寡人非敢謂祿厚爵高，名器可濫厠也。伯者口氣。第思攬宏綱者宜略細務，以一人兼數事，未免日昃之不遑；能大受者未可小知，以瑣事煩大臣，安在勝任之愉快？況乎以省事

而廢官，必致因缺官而失士，珊瑚玉樹交枝柯。則官事宜分任焉。皂
隷牧圉，臣家尚多勤勞，矧在君國；酒漿醢醢，內宮尚多奔走，矧在
外廷。憶我先王，天官三百六十屬，地官三百六十屬。斟酌飽滿。周
召分陝，未聞効兼揚鷹；望散治豐，何嘗職綜趣馬。寡人不德，未能
推廓仕途，用贊參夫偉烈，而山可官，海可府，官事不攝，處處不脫伯者
神吻猶懷仲父之話言。我友邦而遵王命也，求備一夫，致屈群策，尚
其無之。

　　莫患乎一士求，而資格誤之，門第誤之，虛名譽聞又誤之。士
之得也，取有不濫乎？寡人非敢謂引繩批根，英俊必刻責也。第思
名才每涸於流俗，例取之而例爵之，功名亦無足重輕；持議通透。薦
引或出於私衷，姑與之而姑取之，人才亦不甚愛惜。況乎前日所取
之士，即爲今日任事之官，則取士宜實求焉。薦剡在盈廷，察國人
先察左右，敢不矢公；徵辟在山野，有實德亦有虛聲，敢不矢慎。溯
我先王，升之司徒曰選士，升之司馬曰造士。銖兩悉稱。孝友睦婣，
分六行以課績；德行道藝，率三年而試功。寡人不佞，未能明揚側
陋，宏樂育於膠庠，而囚可脫，角可歌，國士是取，不遺寧戚之隱賢。
我友邦而懷王命也，苗駒留客，苹鹿宴賓，有必然者。

　　由是朝多任事之臣，髦士共登於黌序，邦無逐士之令。到底不
懈。在官咸樂夫笙簧，服天子之休命，用胥匡夫王室，豈不懿歟！
　　持論則暢茂條達，行文則酣豸淋漓。徐壽蕎大宗原評

舜發於畎畝之中，傅說舉於版築之間，
膠鬲舉於魚鹽之中，管夷吾舉於士，
孫叔敖舉於海，百里奚舉於市

宣平月課超等一名何德潤

　　引古人以起例，其遇合可思矣。夫舜說諸人，皆由困而亨者

也。爲發爲舉，不可思其遇哉！且談勳業者，往往驚目前之烜赫而忘舊日之側微矣。豈知遇合由作合而來。君與臣交資勿嫌螻屈，奇才無阨才之憾；王與霸遞嬗並展鴻猷，貴始悟稀而賤非殊衆。吾烏知今不異於古所云，亦聊以所聞乎古者證之也。

今夫君子不以位爲榮，雖遯世無聞，要自馨香乎千古。豪傑惟得時則駕，倘進身無藉，奚妨屈抑於半生。吾兹有感古之爲發爲舉者矣。

皇初甫闢鴻濛，巢燧農軒，神靈稱首；羲和元愷，通顯致身。而聖主得賢臣，初不矜軒冕泥塗之殊致。

中世競談翊運，王侯將相，或奮田間；耕釣屠沽，終資奇策。而英雄沉草澤，亦不諱辱身賤行之曾經。

試即發與舉——思之。

謂草廬之風雨待布辰猷，則何以處夫東魯聖人、西山義士，畢生莫展雅懷。從知若舜、若傅說、若膠鬲、若管夷吾、若孫叔敖、若白里奚，遭逢別有在，或不盡從困厄來也。然而竟發矣，竟舉矣。

謂黼座之星雲庶酬辛苦，則何以例夫青宮令胄、赤紱世卿，蒙業自堪繼紹。從知於畎畝、於版築、於魚鹽、於士、於海、於市，奇傑就沉淪，初何敢萌非分想也。然而忽發矣，忽舉矣。

功名富貴之逼人來也。所不堪回首者，未發未舉先耳。向使歷山不耕田，傅巖不削堵，朝歌不酗酒，生竇不戮仇，崤野不攻王，下陽不假道，舜說諸人，豈即懷安敗名哉。乃三代上道與權合，雖帝心自廣，猶試諸艱；三代下德與位分，縱功烈甚卑，亦經歷練。遂令爲農、爲士、爲賈、爲奴、爲僕、爲隸者，咏懷古迹，不妨侈陳之以爲奇也。古人如可作也。我其喟屈伸之相感，乞太史氏淋漓以書之。

慷慨悲歌之又誰咎也。所最足艷心者，既發既舉後耳。向令帝堯不遜位，高宗不求賢，周武不受盟，桓公不釋怨，莊王不納諫，秦穆不霸戎，舜說諸人，孰拔抑塞磊落哉。乃綜帝王卿相而論崛興，極晦之身必歸極顯；合榮辱升沉而觀全局，至通之境必肇至窮。遂使在虞、在殷、在周、在齊、在楚、在秦者，憑眺遺墟，猶復高談之以爲快也。軼事尚可稽也。我將撫通塞之异情，願有心人歌泣而道之。

豈非天乎？

筆意渾脫，聲情激越，令人一讀一擊節。宣平學王老師耿光評

其　　二　　超二何德潤

尚論古人才，遇不遽遇焉。夫發如舜、舉如傅説諸人亦人才之林也。孟子尚論之，非有遇不遽遇者乎？且人每抱有才不遇之嘆，而吾謂不患無其遇，特患無其才。才爲贊帝之才，不妨養其才才爲匡王之才，不妨老其才才爲圖伯之才，尤不妨姑鬱其才，至才與遇相資，遇與才相值，而始嘆有才之不終於無遇。古人有行之者矣。

何則？道德之所歸，使必不與勳猷相反，則古今何以有升沉？而惟此富貴功名由於安逸者半，由於憂勞者亦半，斯不妨綜四代而徵作合之奇。

阨窮之所值，使必不與尊顯相因，則吾人何以驗伸屈？而惟此悲歌慷慨爲帝王者幾人，爲公卿者幾人，斯不妨創一局而見遭逢之盛。

曰若稽古，帝舜畎畝中人也。象之耕，本無望龍之繪；夔之拜，乃竟在鰥之揚。其發也，殆始念不及此耶。

未已也由帝而王，則傅説、膠鬲其人焉。巖栖水宿，心莫冀夫畎鴻。乃鉅訓紀三篇，形圖審象；盟書詳四内，治贊流烏也。絶不料版築、魚鹽之中薦舉如此。

未已也由王而霸，則管夷吾、孫叔敖、百里奚其人焉。縲絏風

波,賤且同鸎羖。乃東邦釋俘馘,令媲南轅,西陲表功勳,風追北杏
也。初不意士海及市之間選舉如此。

且夫農工,微事也;販竪,賤役也。獄市之幽,烟波之遠,又士
君子之所太息而唏噓也。

而吾爲之即其貴而溯其賤焉。窮蟬遺裔,本可金天紹統,何事
老聖主於田間。況乎雛雉降神,久徵恭默;彫熊入夢,亦廣搜羅。
而屨之失,勿詫豕啼;笠之貫,早誅豺族;璧之返,未鬵羊皮。通顯
致身,當不復嗟英雄之屈抑。舜説諸人,何湮塞若此也。向亦謂貴
者不必賤耳,而豈知貴之由於賤也。然究何以賤之,何以忽貴哉!

而吾爲之因其窮以思其通焉。頑嚚家聲,忽邀水火餘生,敢望
降娥英於嬀汭。推之甘盤舊學,新進應嫌;微比公忠,故人長謝。
而鮑之薦,增愴子糾;狼之聲,空待虞邱;雌之烹,尚遲禽息。末路
難回首,當不復冀勢位之尊榮。舜説諸人,何升庸如彼也。向亦謂
窮者之無可通耳,而豈知窮之竟能通也。然果何以通之,先窮哉!

是可求其故於天矣。

　　詞旨繁縟,風神諧暢。王耿光老師評

所不慮而知者,其良知也

金郡麗正書院望課超等二名何德潤

知不關慮,大賢更表其良焉。夫人識知由於慮,而不知不慮之
知,乃真知也。孟子所由更表其良歟? 且識者由思慮而生者也。
顧從思而得,思雖深而無加於本然之睿,不待思而存思未極,而各
具夫天然之明。非教人廢思也。以至性發至情,以至情契至理,訢
合無間,發見最真矣。

不學而能固良能已。試論夫知。

絪緼氣化之初,萬理渾融。早從賦形而具,即降衷以徵明睿,

而朕兆無端。知後起之推求，皆成陳迹。

形質胚胎而後，一情默契。尤徵本性之純，即太始以驗誠明，而天衷各誘。知外來之探索，反鑿性天。

其知也，何用吾慮乎？

而世每自昧其知也。謂慮之且恐不知，況不慮奚能盡知似也。顧必探吾性之本無。將穿鑿矯揉，究失虛靈之本體。知由慮生，知處乎後；知不從慮生，知處乎先也。夫先知與後知較，則先知者良矣。

而世且誤認其知也。謂慮而知者其常，不慮而知者其偶似也。顧必強吾情之所不習。將窮幽極渺，終非日用之同然。即慮即知，知由人起；即知即慮，知從天生也。夫人知與天知較，則天知者良矣。

不謂之良知乎？

使不慮而知有所損，亦何弗爲其研窮；使一慮而知有所加，亦何樂於其寂寞。所謂良知者，正其不必慮者耳。微明之乍啓，息息與理相依；靈府之初開，時時任天而動。縱使本來已昧，或待師友之提撕，或藉《詩》《書》爲啓牖，然第從固有之知反而求之，並非於未有之知增而益之也。吾願昏昏者，溯源而得之。

一慮而以一知酬之，得知未免過勞；一知而以一慮啓之，所慮焉知不誤。所謂不慮而知者，又以不待慮爲良耳。混沌甫闢，天與人近，故識見無非真誠；習染未移，情與理通，故心源不假考索。縱使嗜慾既深，經開導而不明，待警覺而不悟，然當其共有之知日漓而日蔽，正坐此未有之知勿濬而勿求也。吾願察察者，反身而問之。

若此者，明辨慎思，講學原所不廢，而萬緣未涉，心理要自淵涵。豈寂感致生清净之弊。

探賾索隱，倫常或轉未明，而一物未交，寸衷自有穎悟。雖大人不失赤子之心。

觀之孩提稍長，而仁義達於天下矣。

冰解的破，切理饜心。李春皋山長評

其君用之，則安富尊榮；
其子弟從之，則孝弟忠信

張太尊觀風超等第壹名何德潤

以用與從觀君子，不待仕而功見焉。夫用之從之，君子猶未仕也，而其君其子弟有立見其功者，是可以觀君子。且迂疏寡效之說，世俗所以疑高賢也。吾謂高賢非無效，特患不知收高賢之效耳。效見於上，登明堂而公輔望隆，允爲社稷之福；效見於下，游辟雍而老成型在，翳惟學校之光。合神明壇席之崇，徵康濟裁成之速。旋至立應，可拭目觀也。

君子居是國，其將何以善是國之君與子弟哉！

夫其負卿相師儒之偉望，壯行幼學。爾室儲材，待後守先。名山講道，即成己以成物。而丹陛有嘉謨之告，而緇帷徵經籍之華。

而自染桓文楊墨之餘風，武烈文謨。莫救衰獘，聖經賢傳。疇與講明，非名臣及名儒。而撫辰曷覘運祚之隆，而修己奚睹彝倫之叙。

審是，而求其安富尊榮孝弟忠信也，難矣。雖然，特不用君子耳，特不從君子耳。

果其用之，不必如尚父之尊，不必比阿衡之重，但使牛刀小試，稍展鴻猷。將見等磐石之奠安，而富可饒琛賮；瞻帝天之尊貴，而榮奚啻袞華也。則國勢之轉移，至捷也。

果其從之，未嘗授司徒之任，未嘗列宗伯之官，但使蛾術時勤，允孚駿望。將見羞陔蘭以教孝，而弟亦戒鬩牆；芼澗藻以昭忠，而信尤惇盟薦也。則民心之化導，至神也。

道大則窮達不竭於措施，無俟得位以乘時，而致主澤民，規模自遠。

效速則朝野均蒙其奠麗，即茲坐鎮夫末俗，而安上全下，氣象一新。

倘使用其言，並用其身；從其教，兼從其治。經綸不更宏乎？而僅得用之從之也。然而其有益於君與子弟者自在矣。得名士以升朝，邊人泯其窺伺；出大賢之門下，閭里薰其善良。覺虞削弱而嘆澆漓，庸才所補救未遑者，一自用之從之，而振起不知何以易易也。遐想未用未從之日，真覺積弊難堪耳。

縱使下逐客之令，而大君不用習异端之教，而子弟不從抱負。豈有歉乎？而何必用之從之也。然而其酬知於君與子弟者匪誣矣。覘國以得人爲重，安平通遠使之詢；善俗以教化爲先，頑梗畏姓名之告。覺慶昇平而書康樂，他人所累年莫究者，一自用之從之，而奮興更無待於遲遲也。即在既用既從之餘，尚覺功勳可紀耳。

子毋以《伐檀》之詩例君子也。

筆歌墨舞，氣盛言宜。原評

有私淑艾者，此五者君子之所以教也

温處道鄆觀察觀風超等一名何德潤

不教而教，教乃宏矣。夫私淑艾者，君子不親教也。合之爲五，此其所以爲君子之教乎？且千聖遙遙，我懷私慕；百年落落，我慰私衷。望門溯教思，何如及門沐教化哉！鄆觀察批：凝鍊。抑知無可絕者，薪傳願學輸丹忱，嚮慕寄羹牆琴夢；有必振者，鐸誨設科恢素志，馨香報俎豆名山。千古奮興，一堂樂育，則道傳永永。無非誘善循循已。

有如時雨化，以及成德達材答問。此君子以教爲教也。今夫必面命而後育英才。提頓有神。今古何以有崛興之士，必身殁而即湮，大義幾希，何以永不祧之傳。無已，試觀之私淑艾。

祖宗留長厚，雲礽且爲矩矱之遺。矧淑艾乃君子之芳躅也。梁木壞矣，而菁菁者莪。化流膏雨，芃芃者棫。句法峭逸。德樹風聲，以砥礪爲束脩。私願深乎金篋賢玉書聖。

鄉里有善人，子弟且畏姓名之告。矧淑艾在君子之遺徽也。哲人往矣，而杏壇憇蔭。身愧菲材，菜舍禮師。心殷問道，以《詩》《書》爲贄幣。私心喜夫縹筆册緗帷琴。

然則私淑艾者，君子固以不教爲教也。

從來弟子於嚴師，在當前轉失。提命所宣，未必盡遵提命。而卓爾後儒，乃共承其傳於前輩。

從來道統之世系，較嗣續尤難。聖賢之裔，不必胥生聖賢。而茫然墜緒，乃遙寄其責於吾徒。

蓋五者之有私淑，不獨雨化成德達材答問。見君子之教矣，吾因之有感焉。

覽史册而論人，或治事名齋兵農兼舉，或談經升座爻象互推，卓卓者咸奉經師矣。爲問教術多方，有如君子乎？統緒亘五百歲而遙，豈能起九京而晰疑問難？包孕史事，言之有物，如數家珍。第使材堪任重，得不傳之秘於遺經，德足服人；折群言之衷於古注，馴致功深。學養讀書忽啓新知，不啻化及時而發榮滋長，則古今來儒林之傳、道學之書，皆君子餘緒也。而此五者直括夫德行、言語、政事、文學之全。長句鎮紙。

嘆分門而講學，或文章性道樹黨相攻，或實踐良知駁辨無已，紛紛者各標宗旨矣。挺接。爲問有教無類，孰如君子乎？危微衍十六字之蘊，亦惟統一世而化導匡時。矧夫德其所德，闢異端宗經反正，材非庸材；詮性理立説授圖，極之道重。修凝開卷如瞻往哲，不嘗相贈答而興往情來，則三代後黌宗之享、成均之式，皆君子生徒也。而此五者乃紹夫堯舜、禹湯、文武、周公之統。強對。

吾思私淑，益不忘君子矣。

琢磨溫潤。後二包孕閎深，如讀儒林傳。原評

其　　二　超等三名何德潤

有私淑而教全，大賢彌思聖教矣。蓋孟子固自言私淑諸人也。以此殿五者，所由思君子而願學孔子乎？惲批：入門下馬氣如虹。且天不能使聖人之身留於千百代，而猶能使聖人之道傳於千百代。此恃乎學也，而仍恃乎教。惟末學懋姱修，而曠代之師不遺异代；斯古人宏陶冶，而後知之覺宛附先知。五世澤存而一堂訓廣，乃知教思之無窮也。

不然，雨化、成德、達材、問答，君子之教，蔑以加矣，後之學者每嘆不得奉教於君子矣。而執是説也，何以處夫私淑艾者？

尼山之道範云遥，而私願未酬。空悵章逢法服，飲瓢懷哲士，勿獲同時；自牗念伊人，敢誇比德。惟是道未墜地，猶得誦微言而淑慎厥躬。補上得融上法，手筆敏妙。此亦自艾者之不甘菲薄也，而實則君子之典型也。

泗水之餘波疇挹，而私衷竊喜。猶欣鄒魯卜鄰，未隨仲路升堂，因材而篤；何至孺悲出户，答禮無從。雲山經用始鮮明。藉兹文未喪天，乃能遵大義而艾懲厥過。此又陶淑者之克自奮興也，而無非君子之遺澤也。

蓋大道之綿延，有永無極。使後世並無手澤，則雖英才盡當世，而千鈞一髮，曷以啓名山石室之藏？

而至人之訓迪，彌遠益傳。惟异時可溯心源，不啻樂育在同堂，而合轍殊途，愈以廣頖藻離鐘之化。

有私淑艾者，不獨雨化成德達材答問矣。君子之教，不即在此五者乎。

所惜者，杏壇蔭遠，未親挹遺徽耳。斯道絶續之交，誰是匡時奇傑？坐令楊墨害其德，儀秦枉其材，問難日深乎？九原可作，君子應同悲也。而此五者，何可息乎？人不立門牆，而抱義懷仁，守先王之道；事不必親几席，而崇王黜霸，乃聖人之徒。則使君子開見知之傳，而私淑紹聞知之統。吾知雨化成德達材答問者，必引爲同心也。而教育真多術矣。

所幸者，木鐸聲宏，尚遥聞餘韵耳。負擔匪輕之會，原需化導愚頑。苟使道德不入於异端，成材不紛於曲學，問業時守其遺經。千古雖遥，君子有深慰也。而此五者，可勿思乎？一傳而書成《大學》，修齊平治，開幼學壯行先聲；再傳而道闡《中庸》，廣大精微，遺養氣知言大法。而况今日私淑君子之人，即异日爲人所私淑之人。吾知雨化成德達材答問者，且賴兹傳授也。而教誨長留矣。

金和玉節，磬徹鈴圓。原評

盡信《書》則不如無《書》。
吾於《武成》取二三策而已矣

宣平鼇峰書院月課超等一名何德潤

激爲"無《書》"之論，知《書》未可盡取也。夫盡信則必盡取矣。豈知《武成》一書，所取不過二三策乎？自來疑古者棄古，不如信古者取古矣。詎知善信尤貴善疑。略迹原心，盡簡多可删之句，能棄而後能取；定功戡亂，鴻篇少必傳之文，膠而泥之奚若别而存之？乃知本朝之實録，亦以少爲貴也。

不然，紀事如《書》，其可取者即其可信者也。孰謂可以無《書》

哉！而奈何有盡信者。

素性原堅僻，而説偏喜夫不經。取一節以概畢生，取片端以定全體，遂令奸雄舉事借數百年以上考據爲藉口之需。

所學本凡庸，而才又矜夫論斷。取其文而不達其義，取其意而不擇其詞，且令聖哲創垂至數十世以還篇什抱難言之痛。

不如無《書》，其不可盡信者，即其不可盡取也。

必實究乎《書》之中，摛藻揚芬，何者最得古人之意。而後名山什襲，秘玩足資；風雨編摩，吟眺是暢。此信由取來也。而持是以論上古之《書》，何落落也。

必旁參乎《書》之外，知人論世，若者不爲古人所愚。而後義有折中，删訂非僭，詞尚體要；駁議詎誣。此取從信起也。而持是以讀昭代之書，殊寥寥也。

《武成》一書，在盡信者，必盡取矣。乃吾讀二三策而深有感焉。

所不可取者，白魚入於舟，烏火流於屋，僞誓之作。其同於《武成》者實繁，然即以本來之《武成》，豈必皆愜心乎？夫《易》始乾、坤，不信《連》、《歸》二筴；《書》詳謨、典，不信蜚、仡諸家。矧兹《武成》奈何盡爲證據也。史臣秉筆，動輒鋪張，惟此奉天伐暴之深衷，興周室實反商政。與其盡信而使吾爲書所誤，轉不如寡取而使書爲吾所删，則二三策亦勝千萬言矣，而何事求益哉！

所不必信者，生魄或係於丁未，郊廟亦祀於庚戌，脱簡之辭。其淆於《武成》者難定，然即在考定之《武成》，豈必無濫詞乎？夫《詩》編周、召，不信《黃竹》、《白雲》；《史》紀春、王，不信《晋乘》、《楚杌》。矧兹《武成》奈何盡作實迹觀也。學士頌揚，每多夸麗，惟此取殘救民之大紹，揖讓不愧征誅。與其盡信而以泥《武成》者失《武成》之真，不若精取而以疑《武成》者得《武成》之實，則千萬言不外二三策矣，而豈必見小哉！

武王，仁人也。血流漂杵，何可信乎！

禀經製式，酌雅富言，而華貴雍容，尤見曲江風度。宣平學王耿光老師原評

其　二 超等二名何德潤

爲盡信者指其弊，知取乎《書》者不在多也。夫《書》非不可信，而盡信則患甚於無《書》。觀於《武成》，不過取二三策，而"不可盡信也"益見。且讀《書》而爲《書》累，累在妄信也，實累在妄取。不可信而信，堅僻之誤等於空疏；不可取而取，剖辨之心視乎精擇。我累乎《書》，《書》累乎我，必盡袪其累，而我與《書》之累絕。而我之得力於書也，亦寥寥矣。

不然，《易》《詩》《禮》《春秋》之外而有《書》，固有取乎《書》而爲人所信，且所不可無也。顧信非不可，而盡信則大不可。

必防後人之誤，而始雕句以琢章。古人亦艱於著作，而盡信者不計也。察識既偏而反好於自用，又遷就以證其真。取其定功，而談兵者假其羽翼；取其靖亂，而善戰者托於師承。悵難索於解人，不若痛談以爲快。

必慮後人之疑，而乃文從以字順。古人亦費於周詳，而盡信者勿思也。才華本劣而偏喜於談經，復附會以明其説。取其揚厲，而殺戮之禍貽國家；取其誇張，而慘酷之毒中人世。想乞靈於簡册，不如姑置而勿庸。

不如無《書》，而可信者有在矣，而可取者無多矣。

蓋在闡道之《書》，無可疑者必有可信。故危微精一，十六字已闡道統之原。

而在紀事之《書》，必能棄而後能取。故伐暴吊民，千萬言間有

鋪張之作。

即如《武成》一書，其可盡信乎？吾亦取其二三策而已矣。

且夫取與編异。編則疑以傳疑，在網羅乎散失；取則信以傳信，必尋繹夫舊聞也。而況《武成》之詞多夸也。吾思棘庭警夢，逸簡善誣；蒿室徵祥，貞符徒諛。惟此一月生魄、四月生明，爲親見駠伐鷹揚之烈，而奉文考之無罪，儆小子之無良，其深明聖意者，不過二三策，足以懸日月而不刊也。蓋底罪告天，本無愧色，而其餘之溢量，不可盡信矣。

且夫取與讀殊。讀則匯而參之，無嫌鬪麗而貪多；取則篤而信之，必當原心以略迹也。而況《武成》之簡已脱也。吾思微啓縛輿，迹同降隸；商辛懸白，事等戮屠。惟此戊辰出征、丁未祀廟，爲不失反商由舊之規，而除淵藪之逋逃，遏亂略於華夏，其恭行天罰者，不過二三策，足以動風雨之編摩也。蓋有神克相，尚屬謙辭，而外此之繁稱，未可盡信矣。

武王，仁人也。漂杵之血，可盡信乎？

宣平學正耿光老師總評：意亦猶人，而有書卷自無俗筆，使君於此不凡。與第一名作异曲同工，亟取之以勵積學。

司空掌邦土居四民時地利

丁大宗師辛未歲試一等一名何德潤

稽司空之掌，民與地皆土中事焉。夫民非土不附，利非土不興。翳惟司空，爰觀所掌哉。周王若曰：世之盛也。邦本固而國無曠土，土宜別而邑鮮游民，猗歟休哉！天時順、地利修、人民安樂矣。分土者一人有慶，守土者百爾無荒。聖天子在上錫爾冬官，經兹夏旬，蓋民力之普存也，亦地道之敏樹矣。

詎惟由冢宰以及司寇，各有所掌哉。今夫六官惟司空爲殿，而四民非土地不居者也。

唐虞時勿具論。夏禹敷土，民到於今利賴焉。王制爲殷制，司空度地居民，厥有明文。我周自后稷以來，魏、駘、芮、畢吾西土，蒲姑、商奄吾東土，巴、濮、楚、鄧吾南土，肅慎、燕亳吾北土。天既付予有土，予不事事，其何以見於郊廟？酒命太史氏册爾司空咨爾司空，我邦土爾惟時其掌之。

總士農工商之繁，而括之曰四民。四民固邦土所奠麗者也，尚其居哉。以攸居爲居，鹿處廌群，同歌遞驗；以協居爲居，螺聚鱗集，共樂厖鴻。而子來可致民謠，而庚呼不令民餒。

辨燥溼剛柔之性，而綜之曰地利。地利又邦土所依賴者也，亶惟時哉。能順時爲時，駟期龍見，咸準卯耕；勿奪時爲時，蠶織蟹匡，更勤子女。而糞壤之利分緹赤，而倉庾之利積陳紅。

欽哉！司空。民與利可合徵其所掌。相協厥居，民安於茅檐蔀屋；克溥其利，地呈夫麥瑞禾嘉皇風之躆也。億萬姓民歡閻閭，五百里利收穗秸孔厚。夫土宇弼八百年丕丕基。

昺哉！司空。民與地可互參其所掌。碁置星羅，地邑與民居相表裏；天光日化，廣土緣衆民爲維持王道之隆也。鞠人謀人之保居，有幹有年於兹土。自服於土中承三十世明明后。

异日恩覃九土，化洽四民，永清大定，普美利於不言。爾司空亦有榮焉。尚其欽承天子威命。

　　組織工雅。原評

維君子使媚于天子

戊辰歲考一等一名何德潤

（正文闕）

經　　解　　壬申科試選拔何德潤

漢儒傳《易》者三家，獨費直無所師授，而其變古經也，爲王弼所宗。其得失若何？宋呂大防、晁説之易王弼，而復田何之舊，爲朱子《本義》所因。能舉其書名與？解《易》之家，鄭氏長於會通典禮，荀氏長於陰陽上下，虞氏長於消息盈虚。其説孰勝？

宋儒傳《書》者四家，蘇、王孰純？林、呂孰優？何以皆屬未成之書？即朱傳亦成於蔡手與？閩洛與蘇氏水火，何以獨取其《書》與？

《詩》傳亦四，而惟毛獨存，其淵源何在？康成《詩譜疏證》淵通，歐陽永叔補其亡者，得自何地？朱子易之者何故？至夾漈之攻毛、鄭，説可信與？

《春秋》三傳，《公羊》家學相傳，遞傳至嚴顔，其派凡幾？《穀梁》自孫卿傳至申公，至甘露中始盛，能詳其遞傳之人與？《左氏》出最後，自張蒼而劉歆，平帝時以歆故得立，迨魏晋而行世，可詳論與？

三禮之有經傳通解也，不專以《禮記》爲傳，《禮記》之尊《大學》《中庸》也，不始於朱子之表章，能明證其説與？

漢儒傳《易》，田、焦、費三家。漢末田焦之學絶，費氏獨存。費氏無師授，惟以《彖》《象》《文言》十篇解上下經。王弼宗費氏，歐陽公謂孔子之古經已亡，然劉向以中文《易經》校施孟三家，或脱《无咎》《悔亡》。惟費氏與古文同。呂東萊亦謂費氏《易》在漢諸家中最爲近古。至宋呂大防、晁説之始易而復田何之舊，及朱子《本義》，始依古文。蓋晁氏正其失，猶未盡合古文，呂氏又更定著爲經二卷，傳十卷，而古文定。鄭氏解《易》，長於會通典禮，而六爻無變動，失之拘；荀氏長於陰陽上下，而六位不正，九六無用，失之偏；惟虞氏長於消息盈虛，雖涉瑣悉，而其歸宏大矣。

宋儒傳《書》，蘇氏十三卷，傷於簡；王氏十三卷，傷於鑿；林氏五十八卷，傷於繁；呂氏十卷，傷於巧。而林氏自《洛誥》以後，非其所解；呂氏說《書》，自《洛誥》始；王氏又不解《洛誥》，則固非成書也。朱子以《書》傳屬之蔡氏，亦嘗親訂之。蔡序所謂《二典》《三謨》，蓋嘗是正也。蔡傳視閩洛及蘇氏爲倍純，而蘇、王、林、呂，朱子謂儘有好處，未盡取其《書》，然亦未嘗不取其《書》也。

傳《詩》者，漢初有申公、毛公、長卿、康成四家。惟毛公受之於荀卿，淵源於子夏，故毛《傳》獨存。康成《詩譜》，宋慶曆四年，歐陽子奉使河東，至於絳州得之，然不無殘缺，乃考《春秋》《史記》而合於毛鄭，補其譜十有五，補其文字二百有七。朱子《集傳》，參考三家，不專以毛、鄭爲宗，故於《詩譜》不從其說。而夾漈之攻毛、鄭，去序言《詩》，實開朱子之先。雖馬氏作《通考》，有《書》序可廢，《詩》序不可廢之說，然要以朱子爲定。

《春秋》之有三傳也，《公羊》立學官最先，《穀梁》次之，《左氏》最後。齊人胡毋生傳《公羊》，授東海嬴公，嬴公授孟卿，孟卿授魯人眭孟，眭孟授東海嚴彭祖、顏安樂。故《公羊》有嚴氏、顏氏學，《公羊》注凡六家，何休、王愆期、高寵、孔衍、李軌、江惇。《穀梁》自孫卿傳至申公，又傳至瑕邱江公。衛太子好《穀梁》，宣帝召蕭望之等議《公》《穀》同異，多從《穀梁》，由是《穀梁》之學始盛。《左氏》，漢北平侯張倉、京兆尹張敞、梁太傅賈誼皆修其傳，劉歆從尹咸、翟方進受《左氏》，自平帝始立《左氏》，後漢建武中以魏郡李封爲博士，和帝元興十一年以鄭興奏立《左氏》學官，迨魏晉時，杜預、孫毓、高貴鄉公、嵇康、李軌、荀訥、徐邈，並注《左氏》，而《左氏》之行世，與《公》《穀》鼎立。

《周官》《儀禮》《禮記》爲三禮，朱子《剳子》謂《周官》爲綱領，《儀禮》爲本經，《禮記》爲義疏，而郝仲輿則謂《周禮》多揣摩陰謀，

《儀禮》繁瑣，惟《禮記》中多名言。由斯以談，豈專以《禮記》爲傳乎？宋仁宗以《大學》賜新第王拱宸，及賜王堯臣以《中庸》，高宗又御書《中庸》，則《大學》《中庸》之單行，宋之君已開其先。朱子之《章句》特因而仍之耳。

　　疏析詳明。原評

策 選拔何德潤

　　問：古今史家不恒厥體，劉知幾作《史通》謂流別有六，約而言之，不越紀傳、編年二體。紀傳昉於《尚書》，《編年》昉於《春秋》，踵而成書者，凡若干家，能詳言與？龍門爲史學之宗，篇數凡幾？其爲褚少孫所補者何篇？《史記》而下，若班若范，優絀若何？陳壽《三國志》補注者何人？《晋書》房喬等所撰中有御製者何篇？李延壽《南北史》果何以亞於前人與？曾公亮等因《舊唐書》脩《新唐書》多所删定，然何以有牴牾？歐陽永叔《五代史》書法謹嚴，其遺漏者何在？《宋》《遼》《金》三史同爲阿魯圖脱脱等所撰，而《宋》《遼》何以繁猥？《金史》何以簡當？宋濂、王褘奉詔脩《元史》，不無舛謬，其故何與？司馬温公之作《通鑑》也，實爲編年之綱領，何以有待《綱目》之救正？窮經之外論史爲要，爾多士其條次以對。

　　左言右動，史學尚矣。於是乎有紀傳。君，本紀；臣，列傳。事迹備矣。然代自爲書，未可以兼綜而條貫也。於是有編年。兹二者史之大較也。劉知幾作《史通》，謂流別凡六：一曰《尚書》家，二曰《春秋》家，三曰《左傳》家，四曰《國語》家，五曰《史記》家，六曰《漢書》家，然約而言之，不越紀傳、編年而已。

　　其爲紀傳之體者，源出於《尚書》。若司馬遷《史記》，班固《前漢書》，范蔚宗《後漢書》，陳壽《三國志》，房喬《晋書》，沈約《宋書》，蕭子顯《齊書》，姚思廉《梁書》，魏收《後魏書》，李百藥《北齊書》，令狐德棻《周書》，魏徵《隋書》，李延壽《南北史》，韋述《舊唐書》，曾公亮《新唐書》，歐陽修《五代史》，及《宋史》《遼史》《金史》《元史》《明史》是也。

其昉於《春秋》而編年者，若荀悦《漢紀》，柳芳《唐歷》，司馬温公《通鑑》，紫陽《綱目》，劉恕《外紀》，張栻《經世紀年》，袁樞《通鑑紀事本末》，李燾《續長編》，金仁山《通鑑前編》，商輅訂成宋元《續綱目》是也。

紀傳始自龍門。《本紀》十有二，《表》十，書《八》，《世家》三十，《列傳》七十，凡百三十篇。其十篇有録無書。元成間褚少孫補之，若《景紀》《武紀》《禮書》《樂書》《兵書》，漢興以來《將相年表》、《日者列傳》《三王世家》《龜策列傳》、傅靳等《傳》，以足百三十篇之數。《前漢書》贍而不穢，詳而有體，可以頡頏龍門。《後漢書》體大思精，惟升文姬於《列女》，抑董宣於《酷吏》，似非平允。然書董承奉詔起兵討曹操，朱子謂其立義甚精，視陳壽之帝魏者天壤矣。顧《三國志》亦銓次可觀也，又失之太略，作注以補闕，不賴有裴松之乎？《晋書》本房喬等所撰，而宣武二帝，陸機、王羲之四論，唐太宗自作，故題曰御撰。《南北史》北起魏訖隋，南起宋訖陳，删煩就簡，過本史遠甚。司馬公曰：陳壽以後，惟延壽可以亞之。《舊唐書》繁略不均，是非失實，宋曾公亮奉詔删定，雖曰文減於前，事增於舊，而制作非一手，往往牴牾。《五代史》褒貶一本《春秋》，超《三國志》《晋書》，而上媲《史記》《漢書》美矣。惟韓通不爲立傳，豈有礙於禪受乎？抑偶遺之耶？《宋》《遼》二史，因其實録而爲之，紀一事而先後不同，書一人而彼此互異，南北之傳聞不一，故繁猥也。《金史》以元好問《中州集》爲粉本，較《宋》《遼》爲簡當。《元史》，宋、王二公奉詔裁定，一朝典故，六月成書。其能免舛謬乎？

至如編年之有《通鑑》，詳且備矣。然而編次雖詳，大義猶未盡著於天下。帝曹而寇蜀，非寵盜乎？帝朱梁而屈河東，非容奸乎？

中宗不書年號，唐經亂周紀矣。《綱目》一一正之，大書以提要，分注以備事，非徒涑水之功臣，抑亦《春秋》之遺意也。

以紀傳詳一代之事，而典章備以編年。總千載之事，而法戒昭，惟聖朝史學昌明，駕漢、唐、宋、明而上，所由昭信億代歟！

條對碻核。丁大宗師原評

主善爲師論　　選拔何德潤

人君之御天下也，必其心有以涵天下之善，而後宥密淵深之慮定；必其學有以倡天下之善，而後基命夙夜之功宏；必其發號施政無一不萃乎天下之善，而後天德王道久安、長治之化洽。古帝王乘乾御宇，善養天下，君師萬民，由此其選也。

嘗讀《咸有一德》而興感焉。伊尹之告太甲曰主善爲師。夫德者，兼衆善者也。不主乎善，何以得一本萬殊之理？況乎有吉德、有否德，不主乎善，未爲吉也。

今將欲循治古之良規，舉聖王之典法，則必以善心而敷善政也，以首善而兼衆善也。不然者，或規模宏遠，勿事《詩》《書》；或綱目舉張，多懷慚德。或初年致治隆平，垂暮而耽聲色；或矢志必希官禮，輔臣而反進權謀。以至符瑞機祥之紛其心，邊功遠略之侈其念，聲色狗馬、土木臺樹、天書封禪、方士神仙之搖其所守而蕩其所存。若是者非不知善也，不主於善也。不主於善，無所以爲師也。

然則師所師者可知已。不敢以宦官宮妾惑之，懼善之宴安而失也；不敢以盤樂逸豫中之，懼善之紛淆而馳也；不敢以始勤終怠乘之，懼善之積久而弛也；不敢以刻薄寡恩出之，懼善之涵養勿純也。有時深宮高拱，得主自見有常；有時從諫勿咈，從善不爲屈己；有時法駕豫游，補助行而善德咸被；有時坐朝問道，諮訪切而師道已多。善在慎簡，刑亦爲祥；善在戢暴，兵亦爲佳。一事有一善，分以主之而不嫌乎瑣；萬事共一善，合以主之而各得所因。樂取諸人以爲善，下問逮芻蕘；師何常師能自得，師以爲師。徵賢及隱逸，善求至善，馴致善氣溢人寰，善聲流薄海。夫而後天德王道一以貫之。以之治天下，有不久安長治乎哉！

抗聲而談，史事燦若列眉，知澤古功深。原評

烟月山房外集試帖卷一

五 言 六 韵

先中中 得先字

由基稱善射，發矢不虛弦。須識三侯中，還爭一着先。手柔弓燥候，鷹疾雁飛天。正己能求矣，占庚豈偶然。張機彌省括，有的定無偏。玉轡馳金埒，榮陪禁苑前。

又

命中嫺長技，群推養叔賢。三侯非落後，一藝亦爭先。會悟占庚巧，精誠貫甲堅。神凝窗蝨大，養到木鷄全。棚釋千人見，楊飛百步穿。何當參鵠立，揖讓厠賓筵。

又

善射懷南楚，由基絶藝傳。正由求己中，聲可奪人先。蹲甲誠堪貫，占庚志早專。高棋爭一着，發矢妙三連。秋草香嘶馬，春郊影落鳶。序賓能不侮，豈畏四鍭堅。

樹彫窗有日 得窗字

樹密疑無日，曈曨却蔽窗。自從彫夏木，便有影春缸。赤幌疏林漏，黃飄滿檻撞。榆陰收竹屋，桐葉脱楓江。幹老心全露，紗明目不庬。陽和符帝德，比户慶鴻龐。

穩洽。丁大宗師歲試一等一名原評

一字拔人 得人字

删盡蕪詞贊，山公拔正人。七賢聲氣洽，一字品評真。片語名才定，殊尤國士伸。褒同修史確，師記改詩新。恰比三徵貴，奚煩累牘陳。征茅欣叶吉，華衮拜皇仁。

妥適。丁大宗師科試一等一名原評

月落戍樓空 得樓字

盛世無征戍，空存望敵樓。屯雲銷陣頂，落月在城頭。鐵甲歸千里，銀簾照一鉤。餘輝明雉堞，戰士返鴻溝。薄海韜兵馬，中天耿斗牛。仁恩敷紫塞，寶鏡固金甌。

三月江城柳絮飛 得飛字

不覺春三月，因知柳十圍。城邊含雨重，江上帶烟飛。眉嫵青縈了，腰肢碧未稀。長川流水去，糁徑夕陽微。落硯還沾墨，因風或染衣。蓬萊花正發，珍惜映彤闈。

寶泉漱玉 得泉字

汩汩來山下，茅庵結碧天。枕流須漱石，爲寶異貪泉。玉水千峰映，瓊漿百沸鮮。巖唇喫璧碎，石齒滾珠圓。一掬人如月，層嵐氣燭天。緬懷驄馬客，游屐自何年。

蘭以秋芳 得芳字

猗蘭何日發，秋至葉彌長。君子因時出，佳人應候芳。金風紅蓼岸，玉露白蘋鄉。紉佩來空谷，循陔采畫堂。非同籬菊老，且共木樨香。果得逢王者，簪花映帝閶。

八素棲霞 得霞字

名區開八素，有客此棲霞。地是神仙宅，山爲處士家。人非元凱侶，數倍綺黃加。冰玉清難比，衣冠絢不誇。塵紅辭弱草，月白映琪花。高隱懷秦代，巖雲落照斜。

書牆暗記移花日 得花字

移得群芳好，還期日發花。牆因書乍滿，記以暗無差。子細安排定，辰芳位置嘉。渾疑香趁蝶，端的字塗鴉。墁畫晴招鳥，垣低悄篆蝸。上林培雨露，紅紫燦丹葩。

人在蓬萊第一峰 得峰字

峻絕蓬萊境，誰居第一峰。伊人殊富貴，宛在自從容。寡二無雙品，神山福地踪。置身紅日繞，躡足白雲封。弱水三千界，瀛池十二重。恩波流太液，簪笏侍雍容。

老木千尺干青霄 得霄字

老木長千尺，群材莫比僚。新柯青蔽日，舊幹緑干霄。慣歷風霜飽，高霑雨露饒。參天蒼色近，拔地翠陰遥。萬仞誰量度，多年不後凋。植根榮上苑，作棟獻皇朝。

諧暢。吴大宗師丁卯科試一等四名原評

烟月山房外集試帖卷二

五 言 八 韵

朋酒斯饗 得朋字

宴饗歌豳雅，斯焉酌兕稱。雙尊多旨酒，滿座洽高朋。百錫維清好，三卿作壽增。名原紅友借，信叶素心憑。壺玉歡開燕，罍金篆刻鵬。遠方來异地，豪飲快如澠。風月談殊暢，西南得未曾。堯衢賡帝德，酺席樂黎烝。

忍凍孤吟筆退尖 得尖字

握得如椽筆，孤吟興倍添。耐寒揮脱穎，忍凍退微尖。手欲龜紋裂，毛飛兔鬛纖。無人同雪案，有句出風簷。肩聳涼侵腕，唇呵冷斷髯。中書嗤禿管，餘韵度重簾。春意生毫末，冬烘傲赫炎。奚虞殘紙盡，自得樣花拈。

君子防未然 得嫌字

内省推君子，防閑意倍添。未然常謹密，子細別疑嫌。倚伏先庚肇，周詳後甲兼。大庭存律度，屋漏切針砭。風雨懷詩侮，冰霜懍易占。道徵凡事豫，欺戒小人嚴。遠慮能精審，臨機慎鉅纖。瓜田偕李下，令德協謙謙。

雅切。丁大宗師歲試覆一等一名原評

所向無空闊 得宛字

執策思良馬，驍騰記大宛。天空憑所向，野闊驟無痕。窮漠黃沙迴，長驅綠耳奔。駕輕千里路，境曠兩輪轅。逐電飛龍種，追風挾鳥翻。指揮凌絶塞，腳力踏平原。但得英雄馭，都忘險阻存。翰如充上駟，捷獻報君恩。

穩洽。黃學憲觀風武義學一名原評

望雲思雪意 得思字

未雪先傳意，濃雲四面垂。遙天增屬望，儘日寄遐思。鶴毳飛猶待，魚鱗叠欲欹。紅泥罏盪酒，白戰鉢催詩。擘絮紛如此，寒梅放幾枝。登樓開眼界，待月爲神移。紕縵高瞻處，蒼茫獨立時。年豐應有兆，瑞協聖心知。

雨後山光滿郭青 得山字

夏雨淋漓後，晴光遍黛鬟。濃流青滿郭，净洗碧堆山。曲徑才停屐，長城不閉關。人宜耕綠野，花亦襯紅顏。餘滴重簷響，浮嵐百堵環。螺痕新沐篸，雉影夕陽殷。市北油雲展，廛西宿霧删。皇朝膏澤渥，潤物豁烟闌。

江漢朝宗 得江字

禹迹荆州志，朝宗埶自降。拱辰天有漢，步亥地通江。廣永來航貢，春秋覲水邦。海王尊谷百，澤國合流雙。南紀都循軌，東瀛不警澤。鮫宮呈輯瑞，龍伯靖奔瀧。月湧波重潤，風行響聽淙。安瀾逢聖代，玉帛駛飛艭。

冬來雪作花 得花字

古木經冬雪，居然六出花。似來資點綴，用作飾英華。樹老香難覓，風寒舞欲斜。鵝毛銀翦瓣，鶴頂玉生葩。襯貼鋪紅葉，飛揚落白沙。澹妝臨静水，素艷飾枯槎。竹石空山徑，梅林處士家。若教栽上苑，應自燦雲霞。

樓閣蒙籠細雨中 得韓字

細灑空中雨，輕籠傑閣端。紅樓蒙霧隱，青靄罩雲團。天壓三千界，花迷十二闌。四圍連夏屋，一陣逗春寒。不礙珠簾捲，偏遮繡户看。無聲吹未斷，羃影畫尤難。爾室何嘗遠，新晴且待觀。秋千楊柳外，雅句孰追韓。

日高花影重 得花字

自入深宮裏，重重度歲華。春閨難遣日，倩影轉憐花。幾朵香初噀，三竿照未斜。午晴紅滿院，申叠碧籠紗。晷測中天峻，陰濃大地遮。攢籬縈蝶夢，拂竹認羊車。永晝臨簪懶，平明奉帚差。上林高映處，芝蓋燦奇葩。

僧敲月下門 得敲字

月照禪扉静，僧歸自遠郊。方驚門早掩，不礙杖頻敲。寺僻依山角，輪圓挂塔梢。拂花應袖舉，藏竹戲甌拋。卓錫聲雙板，袈裟影一包。頂光蟾魄閃，手勢馬前交。關閉宵初寂，鐘疏響欲淆。欣逢韓吏部，擢拔出雲巢。

細語不可聞 得聞字

可以心頭事，高談説與君。辛勤聊自語，子細怯人聞。玉佩聲俱寂，金閨緒倍紛。訴懷逢静夜，竊聽怕同群。耳側通三漏，情深寄十分。惟參言外意，不辨口中云。訊竹低難唤，吹蘭悄欲薰。門前風瑟瑟，作響動釵裙。

八音克諧 得諧字

盡善簫韶奏，夔歌譜克諧。樂超三代上，響振八音皆。枹鼓功承帝，笙簧製溯媧。金絲堂並美，竹石繪彌佳。卦配無倫奪，雲瞻有伯偕。象成風效順，鳳舞佾勻排。元愷賡千古，垓埏化兩階。戀獸徵盛世，鳴閣聽雝喈。

薰風夏更宜 得唐字

覺得薰風引，登樓句續唐。還宜臨夏日，更妙繼春陽。散却郊原暑，微生殿閣涼。南來雙水合，北望一山長。解愠何時好，披襟有客當。琴弦揮羽扇，鄒魯亦羲皇。松子迎仙馭，蓉峰拂古香。高文賡八咏，賦手紹齊梁。

先中中 得先字

養叔精於射，奇能豈偶然。挽強期命中，省括在幾先。技顯歌驪後，神凝設鵠前。燥弓風勁地，沒羽月明天。采喝三軍快，楊看百步穿。奪人聲早赫，求己正無偏。志蓄懸弧壯，心雄洞札堅。皇朝觀德重，好預澤宮筵。

又

記昔由基射，居心靜且專。非徒其至中，乃若作孚先。技鍊弓弢箙，神游矢在弦。一聲通七札，百步貫三連。春草嘶駒日，秋風落雁天。夙懸飛衛彀，早著祖生鞭。的發誠宜豫，侯明定不偏。澤宮方選士，好共序賓賢。

清泉石上流 得流字

雨後飛泉湧，澄清迥不侔。庭前方靜聽，石上任奔流。举确穿初過，甘飴味獨優。何妨山下出，自覺谷中幽。竹引雲根認，花明月影浮。冰壺消宿垢，寶鏡豁吟眸。挂壁香堪掬，懸崖澹未收。滔滔來晝夜，且向道心求。

小簷日日燕飛來 得來字

不厭簷頭小，當春燕子來。飛飛依宇下，日日傍牆隈。雙翦風迎乍，三弓地拓緩。穿花紅拂瓦，衝雨綠生苔。屋矮晨兼夕，巢安去復回。香泥新壁壘，楊柳舊樓臺。紙閣簾常捲，荊扉戶慣開。何時游廣厦，瑞兆卜高禖。

日啖荔支三百顆 得南字

三百勻圓顆,奇珍産嶺南。荔枝香可啖,盧橘味同參。品目心
窩記,芳馨舌本含。貽非來赤苢,贈且比黄柑。解蜜猶嫌熱,披圖
不算貪。紅輕咀齒頰,紫爛咽酸甘。旦夕饞難了,禾廛數共探。何
妨爲客日,萬里省遥函。

春江一棹歸 得江字

買棹春來好,歸心未肯降。一篙添活水,萬里駛長江。草碧痕
侵櫓,花紅馥入窗。柳梅穿兩岸,風雨返孤艭。穩坐疑天上,言旋
復海邦。籤郵程報幾,帆布影無雙。桃浪遥飛箭,柴扉近繫樁。門
前知可泊,把酒酌盈缸。

歐陽子方夜讀書 得秋字

逸響西南起,歐陽獨感秋。讀書方朗朗,涼夜永悠悠。月魄三
千迥,風神六一優。先生吟抱膝,童子坐垂頭。味乍燈前玩,音初
簡外流。韓文哦舊本,唐史想新脩。畫荻曾攻苦,燃藜待校讎。石
渠天禄近,獻頌步瀛洲。

五月渡瀘 得瀘字

一渡南人定,洪波奈此瀘。三分勞撻伐,五月急征誅。白浪明
荼火,紅雲鬱艾蒲。指揮名士扇,聯絡益州艫。鼓雜鳴蜩噪,旗飄
畫鷁矗。卧龍真得水,躍馬不同途。丞相天威遠,蠻方地險殊。七
擒歌凱返,回斾向曹吴。

五月榴花照眼明 得明字

眼界空千古，榴花却繫情。一叢分綠意，五月照朱明。令節天中記，仙葩雨後榮。緋衣憐醋醋，黑豆視盈盈。色欲搖銀海，光應耀錦城。瞻蒲紅奪目，襯艾碧斜睛。對面噴香近，凝眸比水清。秋來眉宇展，結實兆科名。

子規聲裏雨如烟 得烟字

箇裏聲如訴，依稀樹帶烟。子規聞了了，戊雨聽綿綿。響雜空階下，音沉古道邊。鷺鷥飛不破，鳩婦逐相牽。一徑籠雲薄，千山着霧連。荒郊芳草地，故國熟梅天。花夢驚胡蝶，春陰咽杜鵑。良時晴更好，布穀叫中田。

黃侔蒸栗 得黃字

妙喻推文帝，端知美玉黃。懸藜侔古色，蒸栗發新光。縝密通坤理，勻圓熟鼎香。撰之珍果實，瑟彼擬圭璋。活火圍鑪足，流金脫殼芳。置籩誇外耀，奪目麗中央。顆顆盈筐筥，蓬蓬出釜剛。熙朝君子德，待聘獻琮璜。

雅鍊。丁大宗科試覆一等一名原評

蟀蟋俟秋吟 得秋字

善頌推王子，吟傳蟀蟋悠。微蟲原俟節，小物亦鳴秋。白藏關心待，清音與耳謀。豆籬聞逸響，梧井發新謳。冷露滋聲澀，淒風約韵留。燈紅催作伴,月皓任高浮。抱樹蟬猶噪,呼苹鹿共呦。賢臣逢聖主,隱士盡徵求。

情景宛合。丁大宗師考優原評

青山斷處塔層層 得山字

是處青峰蔽,浮圖未見斑。幾層撑古塔,中斷認連山。巇缺花難補,嵐開樹就删。插天衝日腳,湧地出烟鬟。夕照明堪數,殘雲繞不還。罿簹巖腹峙,螺髻佛頭屏。碧嶂疏松徑,丹梯耀竹關。携將題雁句,絕頂一登攀。

刻畫工緻。丁大宗師科試古學第十名原評

短長肥瘦各有態 得書字

各有天然態,東坡品法書。短長分體似,肥瘦辨軀如。鶴膝毫端縮,鳧頭筆底舒。玉環勻骨肉,飛燕曳裳裾。並可揮鬚鼠,無庸誚墨豬。勢沿蝌篆後,文溯象形初。郊島詩殊品,焦僑俗异居。宸章奎壁麗,簪珥拜丹除。

雅切。丁大宗師科試覆古學原評

庭際俯喬林 得林字

家住青山際,盈庭碧影深。俯焉枝拂瓦,喬若木成林。幹竦攢蒼靄,簳空覆綠陰。清光垂別墅,翠色落遙岑。竹拜低頭認,松高仰首尋。花風三徑馥,蕉雨一簾沉。十笏牆初矮,千巖樹自森。玄暉詩句在,坐對發長吟。

清新俊逸。丁大宗師選拔第一名原評

孔明廟前有老柏 得明字

一木支西土，千秋仰孔明。老臣留野廟，有柏在前楹。節錯黃初歲，寒知白帝城。虬蛇驚偃蹇，魑魅壓崢嶸。覆檻移新甫，盤碑護大名。如龍撐蜀道，怨鳥叫陰平。手植三分業，心堅萬古貞。春秋經八百，子美發吟情。

> 第六聯得唐律神髓。餘亦負聲有力，振采欲飛。王柳堂夫子評

金牌班師 得南字

誰使班師者，金牌去一函。將軍論戰苦，宰相議和甘。泪下嗟年十，功成失捷三。北兵終熾北，南渡竟還南。酒未黃龍飲，轅歸白馬驂。攀途留父老，奉詔斂戈鋟。旆返臣淒惋，山移敵笑談。賀蘭風雨夕，猶作閧聲酣。

> 嗚咽感慨，雅與題稱。王柳堂夫子評

願保無疆福 得疆字

盛世台階福，恩膏沐寵光。願分天保祉，以頌相臣康。鳳闕歌綏燕，鸞臺企吉羊。持衡彌爾性，銘鼎熾而昌。麻集黃扉永，齡延紫閣長。三多兼富壽，一代叶明良。善禱詩徵李，前勳事紀唐。何如皇德厚，帝祜更無疆。

> 莊雅冠場。歷閱諸卷，詩多不甚經意，且多失粘，抝雅揚風，亦儒者事也。急望風雅之士起而振之。麗正書院月課超等叄名。趙太尊原評

國士無雙 得韓字

楚漢爭雄日，無雙偉略難。天心將滅項，國士可亡韓。兩壁三軍幟，千秋一釣竿。假王應裂土，大將必登壇。印佩驚才特，囂浮渡影單。人非樊噲伍，相誤蒯通看。繫室豨偏謗，藏弓鳥莫彈。王孫漂母惠，萬古説江干。

> 檃括本事。麗正書院月課超等肆名。李山長原評

望雲慚高鳥 得雲字

鳥亦多高致，空中度碧雲。抱慚良自切，悵望復何云。舉目冥鴻遠，沖天獨鶴聞。羨渠毛羽滿，愧我壤霄分。翩健摶風遠，眸凝映日曛。紅塵飛不到，白首耻蒙氛。眼豁三千邈，神游九仞殷。何當歸栗里，鳧雁笑紛紛。

> 有佳句，點次亦明晰。麗正書院月課超等三名。趙太尊原評

劉孝標山棲 得棲字

抽簪天監代，歸去賦來兮。山擇金華勝，人看石室棲。絕交藏岫穴，辨命隱塗泥。蓉巚雲開徑，薇巖月滿蹊。高樓宜訪沈，故國奈移齊。志溯中峰刻，詩從古寺題。講堂千古在，幽壑六朝迷。何處尋元靖，嵐光落照西。

> 雅切。麗正書院月課超等三名。李山長原評。

及時當勉勵 得歡字

莫使時光去，淵明素達觀。及茲加勉勵，當與暢欣歡。有酒消

閒醉，無絃弩力彈。春秋推迭運，松菊快盤桓。駒隙憐陰迅，燕游
趁夜漫。人生行樂易，歲月欲留難。樹老柴門繞，花香栗里看。折
腰緣五斗，奚似挂羲冠。

　　有清切句。麗正書院月課超等二名。趙大令澹如評。

春來津樹合　得春字

　　一望蒲津樹，從知茂在春。分青花似繡，合綠草如茵。淑氣盈
關外，良時問水濱。鶯啼桃葉渡，馬繫柳堤人。映日枝旁午，和風
斗建寅。村邊千里碧，曙景萬家新。送暖回河洛，延芳襯竹筠。雍
熙皇澤渥，鑾輅協天巡。

又

　　攬勝來蒲坂，鳴鑾合有因。關津千里樹，中外一家春。日麗青
陽永，風和綠水鄰。花紅無縫拆，柳碧有枝新。氣欲騰函谷，芳如
搴泗濱。嘶香金埒馬，照影玉樓人。錦繡村邊滿，河山望裏勻。韶
華皆帝澤，四海頌時巡。

萬壑樹參天　得參字

　　萬壑濃於染，森然氣象含。陰惟偕樹茂，勢欲與天參。罨罿紛
無數，葱蘢短不龕。縈青開徑一，混碧接霄三。澗響流深綠，林容
薄蔚藍。烟雲生叠嶂，日月隱層嵐。鳥影摩空認，花香向此探。分
榮桃李植，共仰聖恩覃。

晴窗早覺愛朝曦 得朝字

未曙窗全暗，輕寒覺後銷。晴天開趁早，愛日永今朝。夢豈重衾戀，光從一隙招。黃綿暄欲負，白紙暈如描。砌露梅先着，櫺風竹乍搖。喚聲催鳥雀，分影到芭蕉。戌屈疏簾幌，寅賓納牖邀。皇仁陽德溥，比戶頌神堯。

悠然見南山 得山字

陡發悠然興，玲瓏見碧寰。窗非開北牖，境自對南山。瀑瀉三千尺，烟梳十二鬟。紀堂瞻谷口，杞梓望柴關。節彼憑他赫，薰兮挹此間。方從離巽定，路似楚湘還。古木懸厓聳，浮嵐隱石斑。昇平歌聖德，絕頂許同攀。

又

忽覺南窗啓，悠然見此山。浮嵐花隖外，逸興竹籬間。午谷雲千里，丁沽水一灣。迎眸開綠野，覿面對青鬟。艮止成天象，離明照石斑。郊看飛鳥遠，浦視旅人還。草樹霜經碧，藤蘿雨帶殷。何妨聊采菊，十畝賦閒閒。

明月照積雪 得明字

雪月交輝候，寒宵萬象呈。積時常皎皎，照處自明明。門巷千家靜，乾坤一氣清。雲開天未霽，花覆地俱平。鏡擬懸瓊島，樓真倚玉京。金波飛蕩漾，琪樹發晶瑩。影射無塵界，光凝不夜城。來朝驢背穩，好覓灞橋行。

清言霏玉，好語穿珠。朱老師季考一名原評

十月先開嶺上梅 得先字

一望梅花發，欣看嶺上先。良時方十月，妙品叶諸天。鄧尉香
猶噀，孤山幹獨妍。昏黃明月朗，淡白朔風堅。峻極人難仰，清高
世不憐。詩從驢背覓，守任鶴翎翩。穫稻醅春酒，攀枝寄驛傳。占
魁還有兆，元屬玉堂仙。

靈洞雙奇 得奇字

策杖西郊望，雙巖景最奇。何年靈迹闢，是孰洞天窺。日月憑
吞吐，風雷互護持。蓮開峰並蒂，石豁玉交枝。羽士仙人化，神工
鬼斧施。一金資輔翼，三簡峙林陲。草室留鴻爪，碑文認鹿皮。武
陽吟好景，江令有新詩。

又

洞府何年闢，雙巖迹最奇。靈光輝壑谷，元氣結嶔巇。峻極天
階接，平分石室敧。延清斜素魄，對影照紅曦。僊窟真聯合，神工
此設施。兩名兼璧玉，三秀產金芝。日月丸中過，烟霞世外窺。武
陽佳景在，古迹峙西陲。

杏是春風及第花 得風字

及第榮花國，簪來是杏紅。人間開夏屋，天上拂春風。得意千
人見，登科十里同。芳辰金谷裏，發甲玉堂中。粉認清圉膩，香吹

畫省融。牡丹陪富貴，桃李映玲瓏。栖苑仙人蝶，穿林學士驄。皇朝升俊傑，蕊榜發天宫。

又

富貴長安杏，占魁妙化工。無雙開勝日，第一受和風。薇省科登早，蘭臺榜發同。一枝天上緑，十里狀元紅。桃李盈門茂，芙蓉入鏡通。旗懸瓊苑外，酒買玉堂中。金谷探花好，銀盃宴喜隆。尚書還有句，小草沐恩豐。

石泉槐火一時新 得新字

清明寒食後，石火一時新。泉古淘須潔，槐生燧出陳。淵源清徹底，焰烈净無塵。可汲煎茶客，應分作市人。南柯煇起處，北澗取來頻。調水誰司契，炊烟并及鄰。詩還哦此日，夢亦記前因。佳句坡仙在，游踪説晚春。

以學愈愚 得劉字

立使愚蒙愚，名言獨記劉。必明徵效驗，以學勵藏脩。蛾術誠無歉，麤疏乃有瘳。才殊窺半豹，解豈愧全牛。講貫開豐蔀，針砭在豫求。十年書讀後，一旦道通秋。白望新知啓，丹方古籍搜。欣逢天子哲，珥筆頌皇猷。

切貼。宣平月課超等一名。史大令静伯原評。

惟有青山送我行 得升字

去去青山路，行行緑野塍。更無人送我，惟有竹爲朋。馬首雲千里，驪歌月半稜。疏林鞭影拂，落日客愁增。祖席堆紅葉，離情繞紫藤。孑身清寂寞，四面碧崚嶒。贈餞盈巖壑，循良戀庶蒸。一樽花外酒，臥轍祝同升。

情景宛然。宣平月課超等一名。史大令靜伯原評。

烟月山房外集雜作一卷

五　古

擬韓昌黎薦士

宣聖删周詩，風雅傳不朽。樂章垂今古，無能出其右。炎劉創五言，與古始分剖。蘇李倡和篇，才名相先後。七子鳴建安，陳思獨雄厚。雖非雅頌音，却堪近法守。艷麗六朝中，其聲清以瀏。月露雜風雲，千篇一窠臼。氣象薾然衰，直欲覆諸瓿。皇唐風騷純，子昂開豐蔀。崛起杜少陵，李白雅知友。巨刃摩蒼穹，群倫服踐蹂。金薤燦琳琅，令望仰山斗。後人轉襲沿，派分辨誰某。窮士有孟郊，雄才天授受。壯志凌九霄，吟哦攄抱負。奇語盤空曲，行間突岡阜。清比泗濱磬，猛捲風沙走。下筆千言成，小鳴而大叩。匪獨富詞華，持循更不苟。圭璧束躬脩，詔求恥蒙垢。靜可抑奔競，廉可懲貪醜。晚近論奇英，巨擘指中拇。以茲雕麗質，詎當終猷猷。奈何溧陽尉，一官聊糊口。淪落久風塵，年華將耄耈。斯人不賞識，俗眼何矇瞍。恭維聖神朝，械樸化薪樏。秋水沚溯葭，南山杞采枸。上賞在薦賢，耕屠徵釣叟。宰相勤吐握，誰歟怨不偶。歸張二巨公，曾蒙懸印綬。胡使困下僚，良欲歸甕牖。九月霜風凄，黃花滿林藪。露零高樹寒，蟲鳴良夜黝。竟將返斾去，對景徒悁忸。我聞《關雎》章，求賢興求偶。《魯頌》多士集，鸞旃映芹茆。鳳雛非凡毛，松柏無培塿。願言附驥尾，上達明明后。

〔評〕有虎賁中郎之似。丙子黃學憲觀風武義學第一名原評

七　古

擬杜工部觀打魚歌

綿江浩淼波漣漪，中有魴鯉非常鱗。老漁欲伸掣鯨手，船牽網舉來江濱。千萬鯤鮞不足數，陡起大魚騰滄津。巨才既得凡才棄，漁子取魚如取人。歸來烹魚沽酒家，銀盤猶似噴浪花。松江頰鱸徐禿尾，對此紛紛未足誇。老饕果腹食之既，那知過是欲少味。君不聞，古人網罟四寸目，無使波濤竭生氣。

〔評〕頗有格調。丙子黃學憲觀風武義學一名原評

咏試院雙古柏 七古一首用杜少陵古柏行原韻

自公堂前雙古柏，圍以文闌砌以石。古色古香自何年，楨幹雙雙待玉尺。霑濡化雨扃闈青，披拂春風粉署白。宗工哲匠宏栽培，愛材還將名材惜。使者星軺馳婺東，手捧天書出深宮。珊瑚玉樹昈成對，白蓮千朵輝長空。勁節爭看烈士志，苦心並具高人風。劫歷滄桑德不孤，氣傲霜雪天無功。矮屋森嚴蔭杏棟，歲寒後彫世所重。有時南枝聯北枝，黛色交映若相送。三千多士瞻翔鸞，幾百年來栖雙鳳。莫謂偃蹇在名場，儲作皇家棟樑用。

〔評〕安置妥帖，結尤有遠神。丁學憲辛未歲試古學十二名原評

322

連　珠

擬陸士衡演連珠十首

　　臣聞圓穹垂象，資星斗以燦文；富媼效靈，藉山川而播氣。是以師師百爾，力陳群策於鵷班；穆穆一人，治布始和於象魏。

　　臣聞朱草靈芝，生不擇地；明珠美璧，出或因人。是以聖主擢賢，非聘名才於异世；仁皇禮士，終來王佐之超倫。

　　臣聞天無私覆，露零而百卉滋生；日不匱光，影被則群芳弄色。是以綸音既降，八方不匱恩施；皇澤下流，庶彙均蒙栽植。

　　臣聞鐵網宏張，珊瑚出浪；椎刀入破，璞玉登筵。是以前席雖殷，莫慰墜馬之客；後車不載，誰起飛熊之賢。

　　臣聞尺之量也無多，而尋丈莫踰其器；權之稱也至少，而鈞石不越其平。何則？揆幾以道不以智，應物以理不以情。是以王者執樞，天下同遵軌物；聖人行法，寸心自有鑑衡。

　　臣聞烈士殉生，雖云憤激；忠臣報國，非在譽名。是以比干剖心，豈邀三仁之號；先軫授首，不利再命之榮。

　　臣聞蘭以芳自爇，爇燼而芳愈聞；膏以明自煎，煎竭而明彌耀。是以蓋棺定而論自彰，沒世稱則名非釣。

　　臣聞繁音既奏，並叶宮商；良匠呈材，不遺杙楔。是以周官三百，胞翟咸資；漢廷盈千，屠沽皆列。

　　臣聞雨露資生，薰蕕均受其澤；風雷示猛，芝艾各落其英。是故恩有偏則惠不庶，刑苟濫則政不平。

　　臣聞波高濤湧，雖棹櫓而技莫施；日薄風寒，縱圍爐而溫難轉。何則？化乎性則情移，牽乎情則性舛。是以教因道廣，文周不害管蔡之非賢；習與性成，堯舜難化鯀驩以盡善。

　　〔評〕清暢。丁大宗師壬申科試古學第十名原評

烟月山房外集律賦目録

烟月山房外集律赋卷一

寰海鏡清賦 以海天萬里靖波瀾爲韵

温處道觀風超等第貳名何德潤

懿夫皇清之受天命也,道路由庚,輿圖步亥。懸玉鏡於四方,握金鏡於億載。河清海晏,頌鮑照以無窮;鏡清砥平,賦君房而斯在。廓皇基於東西南朔,丕冒如天;匯貢道於河漢江淮,朝宗於海。

原夫發祥,列祖出震乘乾。木葉峰下,長白山前。地爲周之肅慎,銘勒漢之燕然。金枝蓁茁,玉葉華鮮。莢蓂朱草,甘露醴泉。溯興京之肇造,自北海而南旋。海靖波瀾,平瀚海之冰於百丈;鏡登仁壽,永心鏡之照於千年。凡夫周秦之所未屬、漢宋之所棄捐靡不游。舜日戴堯天,則環海爲疆,固無所不至也。而海防既靖,有可得而詳焉。

其東海則元菟樂浪、句驪扶餘,前人所建。環拱聖朝,是貢是獻。臺灣既平,生番用勸;蘇禄稽顙,琉球式憲。婆羅國之遐荒,芙洛居之絶遠。要富須居貓里,航海稱臣;倭奴亦曰蜻蜓,浮海就販。看瀲灩一輪明月,華祝多三;慶瀰漫五色祥雲,嵩呼歲萬。

其西海北海,拂菻同文,柯枝共軌。榜葛剌爲東印度之中,俄羅斯有楚庫河之水。瑞國嗹國,慕義來朝;錫蘭荷蘭,通商成市。奇莫奇於温都斯坦,穴地起樓;怪莫怪於佛郎機人,赤鬚長趾。廣東艇附千絲臘之船,控噶爾協英圭黎之使。照之以光天化日,薄海來同;望焉無淮雨別風,測海咸喜。又何論乎波濤不作,懷柔在博羅爾巴;塵垢胥捐,涵育到愛烏古里。

至如金碧琉璃海天萬頃,蒼蒼琅琅西南之境,則有柔佛部落、亞齊酋領。東浦寨兵甲不興,宋腒膡烽烟息警。淡巴菰種移呂宋,草亦相思;利碼寶巧出西洋,器堪測景。占城真臘,無須犁掃之煩;嚏老莽均,何事長纓之請。海內圖成王會,龍宮之珠寶胥來;海邦日麗天中,鮫窟之風波皆靖。

圓靈水鏡,太史占河。樓蜃駕黿,鏡臺高敞。祥風化雨,鏡面新磨。鑄出海王,銷九州之金鐵;捧來海若,息百代之干戈。夫惟聖天子祥符玉燭,律設金科;調元贊化,食德飲和。慶海宇之平康,史難勝記;貢海物之維錯,臣效賡歌。所由軒鑑懸天,合寰瀛裨瀛而游仁宇;湯盤銘日,遍府廳州縣而沐恩波也。

敬作頌曰:得一以清,古帝其難。猗歟聖世,海甸同歡。列聖有作,湛恩際蟠。皇帝承之,長治久安。民兮擊壤,士也彈冠。惠及鰥寡,破鏡皆完。明鏡燭隱,獄無留奸。有截海外,鳴鳳儀鸞。來享來王,玉甕瑤盤。洋洋者海,天下大觀。日光玉潔,在鏡中看。唐哉皇哉,升中郊壇。於萬斯年,共慶安瀾。

〔評〕握乾之樞,包坤之軸。是括地志,亦王會圖。惲觀察原評

銀河賦 以星月皎潔明河在天爲韵　　何德潤

金之散氣,在天成形。艮坤常抵,箕斗曾經。銀氣昭回乎紫極,銀流橫亘乎青冥。生微涼兮遙夜,窺倩影兮閒庭。析木爲津,誰望洋而興嘆;當秋案户,恰待月而未扃。擬浮一葉之舟,船曾橫漢;如試七襄之手,盤欲摘星。

是曰銀河,天之津筏。麗以璇源,浮乎銀闕。維溽暑之初收,

正嚴更之已發。豁玉水兮羅雲輕,穆金波兮絲雨歇。叶五漢兮天有官,瑞一王兮斗無字。空非無色,影層霄之大地河山;監亦有光,付下界以秋風皓月。

則有漢室纔營,秦宮初肇;別館呈圖,端門建表。象渭水而貫中流,都咸陽而開叫竅。玉繩瑤井,浮雲澹其欲流;珠幕金鋪,夜漏沉而未曉。九重門壺穿銀箭,水自盈盈;卅六宮髮照銀絲,光何皎皎。

更或海客談奇,仙人肆謫。歷河套之遼遥,尋河流之曲折。誰家姹女,青鳥通靈;何處丈夫,紅塵隔絕。詼諧逞方朔之辭,秘記饒君平之舌。也曾携石,看天孫雲錦之鮮明;記得乘槎,游玉宇瓊樓之高潔。

至如九秋露冷,八月氣清。雲母屏前,流螢逗影;水精簾外,飛雁無聲。瓊户晝堂,宋之問神游萬里;微雲永夜,杜子美望斷三更。憑教可望可親,孰能屬揭;但願無風無浪,秋至分明。

況復空閨試翦,遠塞橫戈。君歸不至,妾思如何。減清夢兮河梁隔,落紅泪兮河水多。羞瞻星以比婺,更拜月而憐娥。書寄鴻而難達,橋填鵲而未過。非秋感秋,隔千里共懷明月;今夕何夕,看雙星已渡銀河。

莫不願訴下情,上通真宰。長瀦愛河,欲填恨海。澹還如掃,應聯絡角而增明;渡本無梁,誰蓄支機以相待。則惟謝高人甕中之米,夕膳晨炊;黃孝子帳角之珠,含華絢彩。自他有耀,騰寶氣以浮空;其德克明,倬天章以不改。莫謂迢迢一水,碧落終虛;却教脉脉三秋,紅牆宛在。

是以銀漢著詩人之咏,銀河詳廣志之篇。或謂銀灣,非回波於水曲,或名銀浦,亦輝映乎星躔。自天上來,浮浮一氣。影地下過,印印萬川。浴星辰而倍潔,莫南北而非偏。跨銀浪以虹橋,玉彎作帶;渡銀輪之蟾魄,珠豈沉淵。不徒子夜遥瞻,分兩界而術精周髀;

行看甲兵净洗，合四海而仁戴尧天。

〔评〕分境赋题，唐人遗范。王薪斋

一心咒笋莫成竹赋 以题爲韵 何德潤

凤尾初翛，猫头初苗，此味颇佳，老饕最悉。心直结乎遥空，咒如宣乎秘密。念竹叶之纷披，思笋蔬之香馎。恨分影兮渐多，欲留甘兮何术。政恐放梢解箨，罵到喃喃；何如穿壁破篱，根留一一。

昔黄山谷之戏赠彦深也，憐槐之情匪浅，嗜笋之意自深。萌既抽乎竹隖，幹渐长乎竹林。雖辛盘之堪薦，奈稚子之难寻。不日而成翠影，旋惊夫老眼；向风欲咒丹忱，应矢夫余心。

时则桃浪泛香，楝风吹繡。翦韭春宵，烹葵夏昼。苞欲解而从新，箭有筠以匪旧。长争滕薛，雖盟结乎淇源；清比夷齐，乃隱偕夫嶻岫。岂不願胸吞千畝，余情信芳；莫奈何眼看万竿，厥口詛咒。

倘其露沐雷抽，日长月引。犀角解分，犬牙落盡。换当日之斑綳，貢他年之籤箇。誰鎮金剛之杵，朗诵有詞，擬参玉版之禅，遜谢不敏。则何如宣揚般若，对林下而斋心；皈依空王，胜严冬之泣笋。

森戢迸生，嗕吽间作。洒法雨兮潛滋，散天花兮纷落。咒宣竹墅，願学无生；咒到笋根，伏祈长托。想锦綳之包裹，咒语呀唔；思翠篠之遲留，咒詞約略。此心可诉，祝靈雨兮滋苗；神咒遥闻，休随风而释箨。果否蕨生六月，懸懸念念；若教陰满一林，休休莫莫。

呀呀嘤嘤，一片心诚。叢篁有影，密禱无声。绿章夜奏，白玉朝生。文可听来，应中林而噴饭；子瞻嗜處，恰佐馎以怡情。岂不思老幹凤棲，陰同翠柏；到不如新胎蚌剖，厨伴朱樱。咒侢幾番，请此君以暫屈；心香一炷，祝佳士之晚成。

彼夫咒水满盂，咒经盈轴。猛虎因咒而藏，毒龍以咒而伏。非不手妙空空，神凝肃肃。孰若兹締雅趣於笋香，结遥情於竹屋。苏家寺畔，細語時聞；郭氏籬邊，微詞秘祝。此老偏工説法，試與參禪；主人不事留賓，何須看竹。

是以寫出癡情，描成別趣，爲筍味之最清，如愛竹而偏妬。偶拈妙諦，非徒供厥盤飧；只爲春蔬，偏若抛兹篠簬。猶是子猷之愛，撫翠葉以攄懷；倘供顯父之筵，傍丹墀而獻賦。

〔評〕清腴。王薪齋

讀書秋樹根賦 以題爲韵　　何德潤

緬杜老之詩篇，啓孟家之簡牘。堂本浣花，居鄰脩竹。飽聽秋聲，別開書塾。對筆硯於溪山，置軒窗於林屋。幾卷新編，一枝灌木。感陳根之委翳，乃亦有秋；借古樹之陰濃，其曰可讀。

爾其開四庫、載五車，詳虚虎，辨魯魚。春以弦而夏以誦，學爲植而經爲鋤。記前番，暑避槐陰，三伏汗赤文之簡；趁此際，涼生梧葉，一囊覆綠字之書。

日落簾鈎，卷帙未收。陳編祭獺，古幹蟠虯。落落綠陰，琴欲彈而眠未；飛飛紅葉，詩堪得而寄不。聽上口之瀏清，風聲過樹；看昂頭而太息，老氣橫秋。

鴻寶瑶編，鶴林玉露。羌抱膝以長吟，亦科頭而散步。羅雲作幄，覆書案之三弓；林月入簾，賽書香之一炷。畫秋影於芭蕉，欲寫閒情；助秋吟於蟋蟀，頗添佳趣。書非釋手，憑教口吻之生花；讀到快心，那管夕陽之在樹。

而況根柢培乎藝圃，根株植乎文園。鈍根除而清吟自發，塵根斷而夙好自敦。流書聲之嘹喨，傍樹影之翩翩。試覽漢書，想濁醪之頻下；倘臨秦樹，憶劫火之未燔。伴佳士之沉吟，鳥音清亮；暎遥天之野色，雁字黄昏。較勝囊螢，辨蠅頭而認字；不須升屋，隨蟾魄以移痕。對秋風消瘦容顔，枕經葄史；撫老樹婆娑生意，錯節盤根。

是以眄彼文林，置余武庫。含英咀華，知新温故。長天秋水，映素簡以生輝；落木秋山，携青箱以小住。願書萬本，字异塗鴉；試讀百回，株非守兔。蓋將欲倚嘉樹以干雲，滋靈根以破霧。當此風高八月，游杏苑而攀仙桂之花；待看用足三冬，拜楓宸而獻長楊之賦。

〔評〕清新俊逸，庾鮑風流。王薪齋

野人送朱櫻賦 以野人相贈滿筠籠爲韵　　何德潤

杜少陵斷梗飄零，浣花幽雅。匏繫蜀都，衿思唐社。果以碩而僅存，柄有柯而莫假。收小園之芋栗，飣餖雖多；想投報於桃李，贈貽蓋寡。不分白打，錢頒早悵唐宮；忽睹朱櫻，芹獻如逢宋野。

原夫朱櫻之爲物也，白异水晶之色，黃殊珠蠟之稱。朱顔則含遠日，朱實則映長津。赤玉盤盈，應誇朱裹；紅珊枝綴，似醉朱唇。啓謝庾肩吾蒙賚，曾傳殿側；勅頒白居易同餐，乃有舍人。

何人攀樹，于野承筐，摘從花圃，携到草堂？是田舍翁，謂寒家素無長物；爲先生饌，呼稚子或可同嘗。却慚投比木瓜，瓊瑶未報；多謝承兹崖蜜，金玉其相。

菓送蓬門，人游花徑。忽憶朝班，曾經漏聽。分以中使之甘，佐以上闌之飣。拜青瑣而珠聯，出丹墀而玉映。朝回紫禁，曾居工部之官；宴賜紅綾，豈比野人之贈。

而孰意樹蘭不芳，飄蓬欲斷。迢迢紅藥之階，寂寂紫薇之館。春來而倚袖竹林，冬至而驚心葭管。無聞貢荔，紫陌塵飛；空憶摘瓜，黃臺人散。拊心門下省，當年之諫果親嘗；回首左拾遺，此日之浮萍踪滿。

東京極目，南望側身。無窮可送，于野同人。野外誰稱知己，櫻桃又熟良辰。比杏酪而難承北闕，調蔗漿而僅惠西鄰。愁遺一

老，頗帶山林之氣；細寫幾回，訝同禁籞之春。也曾宰相芋煨，懶殘
衲子；記否令公蔗賜，光弼同寅。代北瓜分，芙蓉闕空瞻日下；堂前
棗撲，花萼樓懸隔風塵。非關舊種明光，詩吟韓愈；倒覺久辭京邸，
恨滿庭筍。

是以擎來妙手，寫出苦衷。觸金盤於眼底，繞玉筯於胸中。青
野茫茫，草生愁而蕪碧；朱櫻顆顆，花濺泪而流紅。不過曰贈曰投，
來從野老；豈比言奉言賜，餉自王公。孰若聖朝，調鹽梅於羹鼎；儘
教多士，儲參术於藥籠。

〔評〕組織本事，寫得浣花胸襟出。其沉鬱處亦從杜詩
來。鄧子珣先生

蠶豆賦 以名因蠶繭一絲絇爲韵　　何德潤

西陵分種，南陌向榮，花香馬首，莢茂象形。排排珠於綠葉，綻
丸玉於翠莖。豈真瑞應駟星，降神靈殖；毋乃候逢蠶月，肇錫嘉名。

原夫豆也者，標爾雅，咏詩人，啜孝子，采庶民。菽苔殊而稱
舊，莝豐別而名新。采紀綠桑，藋當首夏；餕榮紅藥，杯進尾春。適
從何來，祭馬頭於今日；有如此物，問龍爪於前因。

若夫蠶則器盈葦箔，葉滿筠籃。應分勞於子婦，詎播種於丁
男。刈麥分秧，即曰物因節著；蓻麻葅菽，何須動與植參。不謂趁
風戾而浴川，隴飛乳燕；居然看露垂於盈莢，葉食春蠶。

時則織柳鶯梭，掠花燕翦。圃熟櫻桃，山香茶莽。當煮豆之初
嘗，值飼蠶之交勉。一畦翠草，羊角風微；四野綠陰，龍鱗日展。別
名於鹿藿貍沙之外，顆顆勻圓；結實於鳧茈鼠莞之旁，纍纍柔頓。
嵌若綠珠，不須七步咏其；剝憐紅袖，奚啻三繅分繭。

矧復芼可名葵，燕還稱麥。魚並包瓜，蝶奇化橘。吞赤豆則理
伏庚庚，咏紅豆而思抽乙乙。豈必種來幽國，細繭分將；也疑獻自

吴都，新綿貢出。何年園客，誤遺縷於豆棚；莫是海人，曾燃其於鼉室。非食榆而瞑目，候恰眠三；因煮繭而關心，落憐頃一。

是以采從老圃，挂遍疏籬。秔充夕飥，味佐晨炊。煮出三升，尋元放救荒之法；熟來四月，正羅敷采葉之時。莫嫌絡縷堂前，每食不飽；記否蕪蔞亭下，作粥療飢。種異青黃，似獻瑞光於五色；投分黑白，莫萌惡念於一絲。

彼夫駁以斑而色异，蟲食豌而名殊。虎豆則或搜虎穴，貍豆而徒笑貍奴。雖足珍於韭圃，究難列以櫻厨。孰若兹紅闉葉飼，綠陌蔓鋪，箇箇懸紺青之莢，絲絲繫淺碧之珠。如蟹滿而秔香，日至皆熟；比蟬鳴而稻穫，風味更腴。一百廿枚，龍女疑而種有；四十九粒，貓精變而化無。從此食菽與鷄，供御厨而紫衣赤綬；恰屆繅盆，稱繭，獻天府而金縷絲絇。

〔評〕繭絲獨抽，松管齊下。鄧子珣先生

池塘春草賦 以夢見惠連遂得佳句爲韵　　何德潤

喜佳節之芳菲，愜歡情於伯仲。庭草生香，硯池釋凍。塘魚樂而戲蓮，春燕歸而棲棟。不是康成宅裹，帶草稱奇；也非茂叔窗前，留春待送。當年阻雪，曾題北渚之牋；此日看雲，恰得西堂之夢。

昔謝靈運即景苔階，尋詩竹院，簾前之草如茵，屋外之池作堰。夕陽無限，送別年年；春水方生，懷人戀戀。空銷月夜之魂，未識春風之面。目斷蘅蕪，候之子兮未來；情深華萼，望美人兮不見。

時則竹隖風和，茅簷日麗，流水沖融，落花柔脆。蕉分綠而沿堤，蘿帶青而映砌。相思何處，半畝塘邊；有約不來，三春草際。記否鄉游甜黑，供我瘖歌；似曾袍染空青，因君把袂。化爲胡蝶，尋芳應嗅夫芝蘭；打起黃鶯，好夢休驚夫棠棣。感吾家以荆枝之茂，姓不從田；念介弟於柳下之居，名堪稱惠。

芳草芊芊，春思纏綿。鴨浮波暖，鷗伴浪眠。岸近則花紅似繡，水香而荷小於錢。春渚晴皋，北固從游之道；綠波碧色，西陵贈別之篇。分明三月風光，春情如水；惆悵六朝金粉，草色含烟。我醉欲眠，好句偏從夢得；子來何暮，論詩正喜床連。

春草吟香，春塘涵翠。三更風雨之天，十里鶯花之地。挹不盡之清芬，留無窮之景致。習家池淺，不染紅塵；蔣徑春深，自饒綠意。錯認生花之筆，夢境迷離；翻教連理之枝，天機暢遂。

乃疊吟箋，乃揮翰墨。夢醒柯南，詩成硯北。池牽荇以茁芳，塘浮菱而如拭。萋萋春樹之傍，纍纍春堤之側。半灣沙嘴，憐弱草之芊綿；一道裹腰，參尋春之消息。莫是如蘭臭叶，黃絹留題；若教咏絮才高，紅閨動色。天涯遠道，憶從前離恨何多；葛藟本根，欣此際益彰相得。

已而人歸小院，夢斷閒齋。燃萁無恨，藏橘興懷。贈芍藥以告離，隔遥綠水；歌柳枝以言別，踏破青鞵。草離離而未歇，池泛泛而有涯。楚客添愁，應想瓊枝擢秀；王孫不返，徒觀玉樹當階。何如尋梨夢之因，草堂相晤；却得寫花朝之景，春色頗佳。

是其景以情生，機從境悟。池種君子之蓮，草傍文章之樹。青青河畔，香薰五字之詩；脉脉水邊，痕拂三叉之路。雖盛事之堪傳，而佳章之足慕。然究不若液池待漏，依芸館以吟詩；小草承恩，傍槐廳而覓句。

心秤平賦 以文學宗師心秤平爲韵　　何德潤

將欲引繩執矩，因兩求斤，儲軸鈞之鄭重，抑筲斗之紛紜。則必銅墨手持，撈珊瑚於沉海；金篦目刮，看鸞鳳之搏雲。斯三千士望切斗樞，衡提海內；而數萬卷稱從星子，鼓勵斯文。

昔周潛之和李墀也，謂帖括之紛綸，雜詞章於純駁。健筆而鼎可扛，菲才而玉奚琢。胸非雪亮，鈞鑒綦難；腕自風生，斗量未確。誰司其契，或有爽乎衡裁；未可與權，盍借觀夫算學。

不見夫秤乎？珺吹白玉，律本黃鍾。木衡一桁，黍累幾重。既星星之點認，亦日日而用供。法陰陽之不式，欲抗墜而無從。參以人治人之道，例因物付物之胸。倘舉手而有差，曷遵軌物；必滿腔之無僞，始號儒宗。

無如秤量易混，心曲難知。心憐才而瑜或瑕掩，心愛士而法爲情移。取重較輕，一鈞輿羽；因訛致誤，千里毫釐。則惟明而克允，始以公而滅私。寸衷自有丹黃，鑑衡恒當；隻眼頗分青白，權度咸宜。簡閱辛勤，早作百年之計；推敲子細，真成一字之師。

心虛采擇，心細搜尋。量去則早持玉尺，度來則把與金針。文不喜平，着山則雅資起伏；心原有主，比水而詎任浮沉。想矩度於桃李之門，不遺白望；辨妍媸於芙蓉之鏡，惟表丹心。

平允無頗，心源共證。持平而不示其輕軒，公平而無偏於視聽。丙舍子舍九轉丹，寶鼎宏開；甲科乙科三條燭，文衡評定。笑秦皇書程衡石，徒奪臣權；嗤昭容夢昇巨人，已符母孕。涪州石斗，空談豐稔之祥；佛國金丸，不過候時之應。則雖鈞懸新月，法物昭垂，未若衡直衆星，智珠圓塋。豈自我偏倚，天下之勢猶持衡；不爲人低昂，武侯之心本如秤。

國家義嚴取舍，理酌虛盈。讀平準書以施禁令，頒平等法以齊民生。庶物作訛，時遵平秩；造化參贊，世奏平成。正文體而無邪，書云同律；羅英奇以入彀，臣號阿衡。一哉王心，率土盡歸土宇；美矣君德，普天共仰天平。

三月春陰正養花賦 以題爲韵　　　何德潤

春蕑爛漫，春意沉酣。陰濃綠暗，花放紅含。遮幾重兮翠幕，拖一色兮蔚藍。乍雨乍晴，助吟懷於硯北；非寒非暖，催芳訊於江南。擬向天工乞借，韶光九十；恰宜群卉栽培，令節重三。

時則太皥乘權，句芒建鉞。枝老皆芽，草芳未歇。蓮浮水而葉大於錢，萍泛沚而根細如髮。可是釀花天氣，雲淡不收；却教挑菜光陰，陽斜未没。芳辰若此，應愛護夫園林；上巳剛逢，誰平章夫風月。

倘使銅鉦日赫，銀竹雨頻。霧彌金谷，風裂瑶津。看紅萎而增悵，添緑怨以愴神。踏春人來，誰爲金鈴之護？探花客去，空嗟玉樹之新。啼鶯燕於樹梢，幾時待月；采芙蓉於江上，何處留春。

而乃費東皇巧，愜美人心。平蕪兮罨畫，秀野兮清森。豁遥天兮駘蕩，遍大地兮霓霧。閑庭淡兮微雨捲，芳砌悄兮夕陽沉。聽子規於三更，緑楊滿院；看辛夷之一樹，紅杏成林。化工無工，却渾涵夫春色；造物愛物，偏醖釀於花陰。

則見蕙圃翠添，苔階緑净。細蕊初含，柔枝交映。似惜匆匆花事，春去難回；應憐黯黯春愁，花開未盛。四圍烟景，護錦幕以迷離；五兩風輕，裊游絲而邪正。

春日遲遲，春天盎盎。春雨霏微，春風淡蕩。海棠未睡，移倩影兮珠簾；桃李無言，脉含情兮羅幌。問此夕兮何夕，銀燭高燒；聯來朝兮今朝，玉壺清賞。渾疑住屋，拒踏繡之馬蹄；莫使墜樓，粘落紅於蛛網。忙春事於鬪蛾撲蝶，色香俱佳；趁春晴之暖日柔風，動静交養。

遂使綵幡静繫，羯鼓催撾。冷散梨園之雪，香噴桃塢之霞。別墅晴烘，賞花處處；小樓人倚，鬪草家家。沽酒杏村，博倚牆之一笑；停鞭柳陌，群問路於三叉。憶前番踏雪園丁，數分猶勒；想此後東風結子，萬樹彌佳。難買寸陰，憑吊六朝風景；苟失其養，何來三月鶯花。

況復易歇芳華，彌深愛護。花落奈何，春長難駐。水滚滚而逝川，草萋萋而盈路。物猶如此，莫開斷腸之花；天若有情，願覆相思之樹。幾經蓓蕾，玉質臨風；不盡流連，金莖垂露。得不淡雲微雨，擬吟務觀之詩；嚼蕊含香，欲作子山之賦。

觀太學石鼓賦 以舊聞石鼓今見之爲韵　何德潤

三代相傳，千秋難覯。拳石嵯峨，眉峰攢秀。何年攻馬，憶吉戌蚪篆手書；是處鳴鼉，看上丁虎闈齒胄。放眼晋帖秦碑而上，視本思明；置身頖宫璧水之間，器惟求舊。

原夫太學之有石鼓也，漢儒未説，唐代始云。或以爲書乎史籀，或以爲製自周文。維中興之宣后，超偉烈乎姬君。以脩文而昭偃武，乃紀績而重書勲。想散棄於岐陽，滄桑屢易；得收藏於膠序，野火免焚。詩可以觀，十餘鼓興懷先迹；吾雖未學，一片石聊廣異聞。

徒觀夫圍徑相參，渾沌無隙。罏應殊形，鼗鞞异迹。熊虎峙蹲，蚪虬點畫。羌蘚剥而苔侵，紛雨淋而日炙。負以屓贔，疑神霄麗碧落之碑；載以駱駝，教古篆護紅牆之戟。莫謂雙瞳如豆，未識蟲書；試看老眼無花，不迷燕石。

爾乃陟堂階，由門廡。諦文林，覽義府。森嚴籩豆之旁，鐵紐金繩；位置圜橋之側，崇牙樹羽。非鴻都講學，乃好古而敏求；似虎觀談經，將爭先而快睹。移西京之鐘簴，幾閲星霜；想東洛之衣冠，曾經風雨。金篦可刮，空存巀嶭之形；桐叩無聲，誰聽逄逄之鼓。

觀其形則雷靈驀晉，觀其質則琅玕璆琳。觀其文而邈逖殊畫，觀其詩而逷遌各音。豈伊耆之摶土，异司馬之剸金。録集歐陽，謂留孔廟；詩傳應物，又撫文琴。韓愈作歌，持自張生之手；鄭樵异説，偏乖餘慶之心。直教淮雨別風，傳疑自古；且喜周庠夏校，留盼于今。

而況簫管並陳，尊罍同薦。地依禮樂之場，人有詩書之彦。二千數百餘載，憑吊是資；四百五十六言，臨摹甚便。珊瑚玉樹，半就彫殘；蟲鳥蛟螭，猶存餘絢。却嗤雎鼎，徒焜燿於汾陰；非等禹碑，或相驚以雷電。不數嶧山石刻，芸帖摹書；也同漢隸石經，菜香釋奠。頻揩醉眼，擬碑陰三日淹留；用豁吟眸，游賞舍千人共見。

皇上道隆百代，化洽重熙。干戈載戢，磬管交吹。學校如林，咸鴻漸而鵠立；鼓鐘在列，亦獸舞而鳳儀。士也覽周家之法物，吟蘇氏之新詩。盍往觀乎，想車服禮器其渺矣；不如學也，將俎豆馨香以奉之。

流水桃花別有天賦 以題爲韵　　　何德潤

紅塵隔絕，碧落同游。烟霞綺麗，草樹叢稠。屋都傍花，半是聞香之國；村偏近水，儘多待月之樓。問何人鑿破渾淪，天造地設；教此處別成世界，花放水流。

原夫以黟之有小桃源也，地脈偏靈，天台宛似。樹木扶疏，田園茂美。花迷洞口，紅吹葉而風飄；水滿溪頭，綠到門而雲起。莫是媧皇補後，更置乾坤；想從盤古開初，獨留井里。其間香艷，襯灼灼之叢花；此外浮嚚，界盈盈於一水。

則見花香冉冉，水勢滔滔。紅開一色，碧漲三竿。聽數聲之鳥語，駕一葉之漁舠。居乎廉讓之間，此心雪亮；人在羲皇以上，太古風高。仙種新移，拚作合歡之樹；縠紋微縐，更無冒險之濤。記曾避到秦人，自甘疏水；或者携來王母，願乞餘桃。

柳外花外，山涯水涯。啼鵑處處，飲犢家家。田同一井，路問三叉。蘸綠波心，影郎君之衫色；映紅人面，迎之子以香車。迥殊蘇小門前，人來攀柳；試比志和船上，客本浮槎。與世無求，請看盟心於白水；問津未許，漫飛谷口之紅花。

緬風景之清佳，與烟鬟而迥絕。花映水而彌妍，水照花而倍潔。豈其坐井，觀水繞而山環；無可升階，想花補於林缺。憶自汪倫之去，樽酒不歡；倘逢劉阮之來，胡麻堪啜。溪邊碧草，肯教俗客尋芳；嶺上白雲，只可高人怡悅。空山本無甲子，歲月都忘斯世。如許雲烟，仙凡自別。

至如穆穆丁男，熙熙子婦。耕耦偕兄，織絍問母。庭有吟咏之儒，塗無負擔之叟。風行水而成文，鳥啼花而呼友。一樣蔚藍天色，水泛清波；幾重兜率天宮，花開紅藕。隔花笑語，不聞訴諜之聲；面水軒楹，真是幽棲之藪。隱花間之桑麻鷄犬，栩栩疑仙；問水鄉之蓴菜鱸魚，祁祁孔有。

矧復水流不競，花紅欲然。岸上尋詩之屐，溪邊載酒之船。崔護倘來，興懷佳麗；盧生若到，反愧神仙。蓬島瀛洲，費長房壺中日月；落英芳草，陶靖節記裹山川。元會十二番，猶是世中之世；道書卅六洞，竟尋天外之天。

客有志切幽遐，情深企慕，貴谷尋芳，橫江問渡。只恐劉郎去後，栽植未能；或因漁父來時，他歧多誤。則何如桃源載咏，續王摩詰之詩；春水方生，擬江文通之賦也哉！

烟月山房外集律賦卷二

青錢學士賦 以文如青錢萬選萬中爲韵 何德潤

鈞陶天地，鼓鑄氤氳。洪鑪造化，利市風雲。火候青而青橫一道，錢痕綠而綠到十分。都是珠光，雅稱朱提之寶；莫嫌銅臭，空張白戰之軍。取將翰苑一官，清要居職；記得開元兩字，回環成文。

在昔張鷟，才宏八斗，學富五車，擅神童而豈謬，登進士而非虛。片語流傳，比紫薇之内史；一篇製就，擬紅杏之尚書。揮來筆底琳琅，寶非不愛；吐出胸中珠玉，金合可釀。士以學名，承旨應榮李白；官因錢得，貲郎早薄相如。

員半千見而稱之曰：是學士也，青年妙選，青佩瓏玲。青槐覆屋，青草盈庭。青瑣登而作客，青衿換而垂紳。大放瓊琚，采章身而可佩；當成金石，聲擲地以動聽。錫一品之頭銜，印懸綬紫；恍半輪之肉好，杖挂銅青。

不見夫青錢乎？刀或因而爲錯，鑄或號以爲泉。既龜文之共賞，亦鷄目之堪傳。隨斟酌於圓方，奴其守也；計權衡於子母，兄則親焉。一字一緡，皇甫碑才人之筆；九還九轉，上清宮元寶之錢。

匪獨商嬴，還如士願。學以富而可療貧，學以多而資濟困。始焉鍊局，正鑪火之輝煌；繼以揮毫，如廓輪之渾健。偉詞鑄出，取若探囊；好語穿來，操如左券。對此玉堂佳製，士冠三千；猶之圜府珍藏，錢儲百萬。

脱却白衣，請看黃絹。青眼人來，青雲路展。恰如青箱御史，王氏世稱；轉嫌金穴鴻臚，郭家學淺。黃牛白腹，佐寶祚之復興；青綺文繻，邀神章之特選。

況復偕圭璧陳，與共球獻。太守有選一之名，清官亦投三是憲。彼銅琶鐵棹，蘇學士氣近粗豪；即刻翠裁紅，楊學士筆嫌細嫩。惟茲金錯，有珠圓玉潤之姿；如坐銀床，快瀉水湧泉之論。看今日青翰管染，國士無雙；知平時青鐵硯磨，讀書破萬。

是其黃榜題名，青標出眾。可以買饋貧之糧，可以市益智之糭。呈祥聖世，車勿誤於金根；表瑞皇家，器若開夫銀甕。化太常之仙蝶，文可雕龍；充天府之飛蚨，人皆吐鳳。研茲青簡，莫愁貼壁而枯；拋却青氈，行看穿楊之中。

首夏猶清和賦 以四月清和雨乍晴爲韵　　何德潤

梅子黃兮連天，槐陰綠兮鋪地。斷復續兮雨聲，去仍留兮春事。夏木秀而縈青，夏山濃而滴翠。以永今夕，韶華未了三分；曾幾何時，風信纔過廿四。

昔謝靈運，赤石揚帆，滄溟縛筏，覽景情深，吟詩興發。厥韵和平，其音清越。感時序之如流，眂芳華之未歇。可是朱明建節行夏之時，依然白袷裁衣季春之月。

使其芳辰閱度，重午早成。火雲赫赫，畏日明明。瓜或浮乎暑避，樹終少夫涼生。何來清景宜人，十分春駐？絕少和風扇物，五兩羽輕。南陸行輿，覺金流而火熾；東君去矣，非天朗而氣清。

則惟炎官甫至，青帝初過。赫威未肆，淑景仍多。風飄飄以拂柳，露泥泥以濡荷。清陰閣雨，山拭螺青之色；和氣烘晴，水涵鴨綠之波。縱然花落辭枝，芳時難挽；尚覺春醞於酒，飲此可和。

亦暖亦寒，若噓若煦。挹微爽兮蘭池，留餘陰兮竹隖。静悄悄兮捲珠簾，慵懨懨兮開繡户。葛衣可試，薄怯凌晨；葵扇無須，涼生卓午。焚香清夜，倍憐花月之明；依咏和聲，新按薰風之譜。指點薔薇院落，深谷鶯聞；迷離楊柳亭臺，畫梁燕乳。者番吹野，韶光換楝子之風；儘日灑田，消息疑杏花之雨。

暫欲留春，剛逢初夏。盧橘滿園，醿醾盈架。秧欲分而蓑笠向晨，繭才熟而繅車鳴夜。冠纓濯處，挹清洌而無塵；梅實摘來，欣和羹之有藉。非云過此以往，烟宜霧宜；幸而適當其時，晴乍雨乍。

于焉游將屐着，衣換羅輕。茶猶新而可采，筍猶香而可烹。草萋萋而猶凝碧，花脉脉而猶含情。封驗可通，猶判夬乾之界；伊人如在，猶符夷惠之評。張平子賦就歸田，懷思草茂；司馬公心殷向日，仰慕葵傾。若挽春暉，候届夫光風霽月；不同冬景，帖臨乎快雪時晴。

梁夫人親執枹鼓賦 以題爲韵　　　何德潤

女在戎行，兵氣偏揚。汗血紅兮桃花馬，匕首赤兮梨花槍。蛾眉斂兮心兵子細，鼉皮擊兮手釧丁當。彼美人兮，驚若輩先聲河朔；我丈夫也，問何時恢復汴梁。

維蘄王之佳偶，翳安定之名姝。龍韜夙習，螺黛迥殊。以巾幗而耀旌麾之色，以鉦鐃而雜脂粉之需。夫子朂哉，願奮雄心於一擊；彼師遁矣，奚遭毒手於三吴。憶當年虎卧祥徵，得奇男子；聽此日漁陽摻急，助我征夫。

師之耳目，旗鼓相因。鼕鼕扎扎，壁壘一新。豈大元帥之襏金，雷聲震耳；勞寡小君之纖玉，雨點落頻。毋乃嘖薄兩雄，嘆北風之甚勁；正宜作氣一鼓，知南内之有人。

袖羅輕捲，眉柳微顰。花催心急，桐叩手匀。嬌滴滴兮旗前獨立，一聲聲兮閨怨藉伸。兀术幺麽，敢橫行於河北；劉猊反側，尚觀望於江濱。恨不能奪二聖而還，一摑一血；獨奈何司三軍之命，弗躬弗親。

兵以鼓威，矢乃親集。雜畫角之凄涼，聆秋筱之鳴咽。錞于響而雲飛，篳篥吹而雨濕。書旁午而檄或飛毛，箭貫丁而觳非蔽笠。不偕副筶，憐嬌小之善驚；也屏侍兒，恐軍容之未習。原是親隨巾櫛，大將分勞；不啻親澣裳衣，軍人感泣。轉思邢后，驚北狩之鼓聲；願助康王，爲前驅而殳執。

矧復壺凝玉唾，國缺金甌。簴移汴水，暮起揚州。聞鐘而悵六飛之渺渺，記里而思五國之悠悠。射馬射人，一愛婿鼓旁坐縛；擒王擒賊，四太子鼓鼛猶留。非岳爺之背嵬軍，鼓音已竭；奈逆亮之斡離不，鼓舞未休。直令紅閨，聽其鏜而灑淚；遂飄翠袂，恐弗考而貽羞。應偕四將中興，支撐半壁；請看三撾逸響，提挈雙枹。

至於刁斗金山，凱歌淮浦。彼竭氣衰，我盈師武。雖橫江鐵鎖，網漏烏珠；而獻馘金戈，柙拘龍虎。聲簡簡於細柳連營，響淵淵於芙蓉幕府。策彤管而書勳，飄繡旗而禦侮。視洗夫人之建節，猶覺艱難；嗤孫夫人之佩刀，未臨戎伍。不須玉幕，別開娘子之軍；自舉銅丸，如教美人之舞。也願黃龍痛飲，取舊山河；庶幾元女傳兵，廓新疆土。茫茫難料，想花枝分恨金牌；坎坎其聲，似葛相空留銅鼓。

是以玉箭未啼，鐵衣空戍。斂女將之餘威，隨英雄於末路。鹿車偕隱，騎驢並玩西湖；龍塞罷征，獸簴竟安南渡。回憶旗飄落日，振響虆撾；渾疑律競雌風，傳聲瓜步。蒼茫黃天蕩，讓蛾眉留千古之名；感慨小金焦，揮兔管擬三都之賦。

吳越王射潮賦 以强弩射之濤頭遂西爲韵　　何德潤

赭龜逞怒，弓矢斯張。天生命世，曰吳越王。鍾天目之秀，生臨安之鄉。既走巢而延隱,亦鋤宏而斬昌。底柱中流,作屏藩於帝室;開疆外服,資保障於錢塘。何來白馬將軍,橫波翻雪;命我錦衣宿衛,組練如霜。勢遏銀山,喜今日波平浪息;光飛鐵弩,想當年命中挽強。

原夫潮也者,入中霤以揚威,達廣陵而耀武。撼山嶽以動搖,混乾坤於吞吐。始震蕩夫海溟,繼奔騰夫疆宇。問誰能挽六鼇之駕,航海掣鯨;問誰能衝萬馬之圍,入山擒虎。問誰能橫江鐵鎖,耀十萬之兵;問誰能彎月金弧,選三千之弩。

王乃勃然,怒茲潮汐。建靈旗,披絳幘,選銀槍,持金戟。想牛斗無孛,居然瑞表一王;豈鮫窟揚波,竟不挽茲兩石。記禱州中刺史,倚馬作文;大呼帳下健兒,封豨是射。

彤弓錫我,碧浪任伊。三軍響處,一矢加時。對浮浮之水,建正正之旗。嗟我士之無譁,海門函鑰;願爾神之式鑒,胥山投詩。奈此波濤,似吳將乘馬而來矣;遂率子弟,以越人關弓而射之。

但見弓鳴風勁,岸敔水滔。天外落雁,海底翻鼇。陽侯宵遁,河伯夕號。箭欲穿雲,況魚龍之窟穴;陣非背水,駴蛟鱷而遄逃。借問隔世種胥,何因遷怒;幾令萬家魚鼈,無故相遭。海若有靈,應斂鋒於矢石;寡人不佞,將有事於江皋。俾萬弩之齊發,如馬陵道;看一綫之低退,扼曲江濤。

矧且誠貫天日,勇蓋滄洲。潮神忽退,軍士齊謳。勝出獵之楚王,射虎夢澤;似臨江之武帝,射蛟中流。倘射汴河,應奪朱梁之氣;分王中國,堪報唐室之讎。真足挽既倒之狂瀾,天擎隻手;豈僅築難成之長堰,雲集江頭。

然而僭竊難平,坊庸易置。矢爲七札之穿,塘乃百年之利。原是金符玉冊,受命封疆;豈容蜃穴鮫人,侵凌土地。鴻溝請畫,如折箭之誓深;虎韔而歸,斯築堤之志遂。

迄今緬奇勳於古越，懷舊迹於會稽。千層曲水，一帶長堤。鏡影石中，無復輝輝袞繡；花開陌上，猶思緩緩馬蹄。關心玉馬跨時，雕弓耀日；指點鐵幢立處，枉矢流霓。弄潮有兒，保俶塔夕陽將没；迎潮有曲，表忠觀芳草已萎。佐聖朝海不揚波，三江底定；看澤國水皆順性，兩浙東西。

賈大夫射雉賦 以射雉獲之妻始笑言爲韵　　何德潤

一矢飛揚，三英烜赫。歡博顏紅，神凝綬赤。談佳話於春閨，奮雄心於秋翮。介鳥剛逢雲起，載飛載鳿；使君頗覺風流，既夷既懌。但願媚生一笑，粲如天女之花；不須位列三公，爻占高墉之射。

昔賈大夫，厥貌不揚，娶妻而美。巢似愧乎鳩居，室未逢夫燕喜。遂不笑兮如桃，更無言兮似李。記得迎來爵弁，禮重委禽；那堪蹙到蛾眉，牡徒求雉。

倘使劣在形容，長無寸尺。咏弋鳬之句，莫望子宜；廣集鶉之詩，徒歌彼碩。雖拖紫而紆青，愧嫣紅與粉白。南山啼鳥，觸繡户兮嬌愁；西國恨鵑，聽珠簾兮哽噎。豈錦屏中雀，漫云同氣相求？將緑綺求凰，未必我心實獲。

大夫乃携俊僕，招嬌姬，雕弧勁，白羽揮，弓張后羿，札貫由基。謂夫買以千金，燕歡未協；不如挽兹兩石，猿臂獨支。泄泄雄飛，殆省括則釋也；卿卿低唤，請憑軾而觀之。

時則平原兀兀，芳草萋萋。桃紅如繡，柳緑盈堤。流鶯若語，驕馬欲嘶。手既柔而弓燥，眼已疾而袖携。以巧勝人，故彎弧而未發；同車有女，請舉桉而思齊。忽聞麥隴刼聲，德觀君子；頓覺馬前墜彩，歡洽嬌妻。

有鷮其鳴，彼姝者子。繳而射之，神乎技矣。將百步之皆穿，貫雙雕而差似。縱使蘧除載咏，稍異佼人；那知蓬矢呈祥，早生良士。倘逢强敵，定能左射馬而右射人；況此微禽，何拘筋尚張而角尚弛。想委蛇之退食，詭遇非矜；斯游鶂之將翔，束搜如是。朝飛奏曲，諒來夙怨都消；同夢弋加，轉覺自今其始。

由是拾翠毛，韔錦鞘，獲原禽，歌蘿蔦。昔伉儷之乖情，今琴瑟之叶調。我丈夫也，殊有古人飛衛之風；彼美人兮，應無天壤王郎之誚。魯大夫庚宗奉雉，差殺相從；楚大夫夢澤射麋，遜茲神妙。即子南超乘而出，鄭大夫徒壯闈闔之觀；豈却克跛足而登，晉大夫終被婦人之笑。

是以賢能足羡，好醜何論。表表者誠可與語，堂堂者匪我思存。啓齒三年，才未舒乎弋雁；解頤一旦，情轉慰夫錦鴛。信知雉可名媒，紅閨釋憾；何況射以觀德，朱襮乘軒。以貌取人，仲尼尚有澹臺之失；其才可用，叔向斯佳鬷蔑之言。

金華三洞賦 以名曰朝真冰壺雙龍爲韵　　何德潤

光爭寶婺，華耀金庚。石厞高敞，天關深閎，既作屏乎州境，亦倚枕乎郡城。稽七十二之福地，周五百里之遥程。鑿破何年，想雲根之斲就；參分此處，疑玉斧之削成。超世界之大千，塵飛不到；詳道書之卅六，天亦可名。

洞元之天，仙靈之窟。脉自天台而來，源從大盆而發。軍爲武勝之雄藩，縣有長山之突兀。出天柱之通門，踐迎恩之城闕。智者寺後，磴道層層；金華觀前，流泉汨汨。探幽在邇，未可以去乎；問路匪遥，則將應之曰：

自下上上，洞嵌山腰。雙龍之號，自古爲昭。雲騰石怪，泉湧珠跳。捫峭壁之千丈，挹曲澗以一瓢。一龍蜿蜒委蛇，若潛鱗乎碧水；一龍飛騰變化，若昂首乎青霄。憑教噴霧噴烟，霏霏裊裊；若使行雲行雨，暮暮朝朝。中界洪流，須泛小舟而入；旁開小竇，未妨列炬之燒。湧濤積雪之奇，別成天地；流乳飛厓之勝，相隔市朝。

次冰壺洞，策杖前馴。千巖競秀，萬壑争新。仰天有穴，鍵户無人。窮深搜險，捫玉結璘。瀑布垂乎厓畔，珠簾挂乎水濱。高攀厓而奚藉，下注澗而無垠。墮天中之白鶴，絶浮世之紅塵。五月寒生，問羊裘其着未；一聲水落，若鼃鼓之擊頻。渾疑世外冰霜，蟲難語夏；不啻壺中日月，酒欲長春。鬼鑿天鏡，接混茫於縹緲；瓊樓玉宇，涵氣象之清真。

進而益上，朝真是憑。此則虛明之境，更無孔隙可乘。望天窗之突奥，恍月府之崚嶒。羌蘿柔而苔滑，紛霧繞而霞蒸。一朵紅雲，玉皇遥捧。九重藍蔚，仙吏待升。緬所歷之益高，去天尺五；覺攀躋之不易，拔地幾層。嶺複岡重，駞芒鞵之踏破；龍藏雷閟，限游客之誕登。想驂鸞鶴歸來，朝天執笏；聞説峨嵋絶處，盛暑留冰。

矧復巖芳青草，峰秀紅芙。岫生白蕨，嶺號黄姑。山樓元靖之室，水滿徐公之湖。招東萊之賞鑒，動師道之步趨。風雨鹿田，聽謝翶而生感；山橋虹影，隱王埜而自娱。沈休文石髓輕鴻，詩分八咏；潘默成蟲書鳥篆，價重三都。莫不尋幽，着乎兩屐；儘堪遣興，駕以雙鳧。一品洞天，米芾何須拜石；三分鼎足，長房幾次入壺。

至如降神吳嶽，濯質越江。三佛五侯之地，六魁四相之邦。麗澤儒宗，四賢在座；書巖古迹，多士對窗。藉此鍾靈，乃篤生乎奇傑；非徒選勝，始遠陟夫岹嶤。笑三峽於巴東，徒愁估客；鄙三巖於栝北，空設經幢。孰若兹煉丹竈，望白目腔。披雞巖之草樹，卧羊石於蘭茳。佛手之柑盈握，仙潤之稻浮觴。芳草落英，如入桃源之谷；飛梁絶巘，載登松澗之杠。遍北山之東南，蓋可游者十數；判上洞於中下，知勝境之無雙。

是以吟長句，扶短筇，偕逸客，訪仙踪。試到紫薇巖，阿誰招隱？借問赤松子，那處相逢。玉女墳邊，琪花灼灼；葛仙井畔，瑶草茸茸。謂可通四明，未免荒唐之説；更有小三洞，亦爲靈秀所鍾。

開石壁於上霄，可稱五隱；趁講堂而東去，再訪九龍。

桐齊簷賦 以讖云桐齊簷出狀元爲韵　　何德潤

有木焉，鴟吻延芳，龍門移蔭，朵殿風高，桃牆露沁。用占科第之祥，非但棟樑之任。比翻階之紅藥，厥類迥殊；擬滿院之紫薇，其細已甚。岡鳴凰鳳，記昔人曾作詩歌；瓦覆鴛鴦，問何歲始傳圖讖。

原夫婺郡子城門之有簷也，執彎却月，形亘長雲。危樓星摘，敵櫓日熏。垣栽榕而蔽野，營植柳以藩軍。中有古枝，恍似蟾宫之桂；旁無雜樹，非徒泮水之芹。覆清影於花簷，于今爲烈；錫嘉名於桐樹，自古所云。

徒觀其蔽炎日，舞秋風，青玉削，綠雲籠。添閏餘而葉密，發古岫而華叢。拔地千層，移來陽嶧；去天一握，植自楚宫。簷馬東丁，聲誤叩魚之鼓；簷牙燕雀，影迷棲鳳之桐。

爾乃自下而上，拔高聳低。枝枝挺拔，葉葉叢擠。初放梢於檻北，漸分影於窗西。屋非不高，偏讓凌霄之碧樹；物猶如此，儼成平地之丹梯。似槐植庭前，王佑之奮興可待；豈松生腹上，丁固之佳兆不迷。也曾作室削珪，幾株栽就；翻使傍椽拂瓦，五鳳飛齊。

則見綺疏交錯，井幹相兼。梅梁翠拂，杏棟綠添。飄青颭於繡柱，掠碧影於珠簾。豈真百尺之枝不居宇下，倘教一葉之落應綴塔尖。樹古合圍，炎風逗檻；陰濃如畫，涼月窺匲。繞屋扶疏，乃分榮於桐梓；孫枝暢茂，又競秀於松簷。

矧復蓉院開講學之堂，薇巖闢讀書之室。赤松門裏，芝苗瑶階；青草岊前，花生綵筆。以茲簷之非畫非雕，得此桐之爲琴爲瑟。三層直上，依百堵之城闉；一木高撐，接半天之旭日。莫是花名及第，佳話並傳；原知樹可承恩，奇材輩出。

所以陳公占厥大魁，劉子冠乎臚唱。汁染楊柳之衣，春泛桃花之浪。搜遺材於巖下,賞鑒彌真;撫嘉植於門前,生機倍暢。芙蓉臨鏡,照綠瓦之參差;芍藥成圍,繞朱扉而四放。若使花開富貴,屋脊皆香;憑教草發科名,樓頭可望。兩番報喜,呈連薨映宇之姿;幾度爭高,具蔽日參天之狀。

迄今考宋朝之盛瑞,記藝苑之名言,悵城闉之如故,撫枝幹而猶存。老樹婆娑,繼起誰登蘭省;頹墉荒落,餘暉尚掠薇垣。但期竢實培根,不受牢籠於矮屋;行見奪標衣錦,又爲聖代之名元。

如茅斯拔賦 以衆賢之進如茅斯拔爲韵　　何德潤

將欲材集賁階,治輝松棟。槐棘聯班,菜苗入夢。譬彼菲葑之采,下體無遺;差同楨幹之選,奇材作貢。茹連叶吉,漫嫌擬於不倫;人卜彙征,端宜選之於衆。

昔石守道之歌聖德也,謂賢人之棲草莽,乃挺秀之類蓀荃。既托根之甚厚,尒抱質之彌堅。个曰白乎,誰爲純束?維其黄矣,尚慮棄捐。何期捋取菁英,罔或予棄;奚音慶逢簡擢,厥惟汝賢。

不見夫茅乎?等諸蔓草,僻在荒茨。未歌采采,致慨離離。豈勤而取諸原,視同蕭艾;將舉而加諸位,香叶蘭芝。以佳卉比佳人,無難連類以升也;況取材同取士,正可借端以譬之。

爾其心許自深,手援非吝。嫩葉颭輕,陳根抽迅。或藉以結旌,或立以受印。花疏紅蓼,掇潤毛之繽紛;山覆白雲,搴幽芳之柔韌。九江底貢,包匭之典綦詳;三脊呈祥,封禪之書可信。慨昔日茅簷涸迹,徒望泰交;幸此時茅舍出身,得邀旅進。

其特拔也,如茅抽乎窮谷;其振拔也,如茅捲乎空廬。其簡拔而無遺也,如索靈茅於草澤;其擢拔而相引也,如化茅蕙於林於。供在甸師,求斯得矣;獻乎王會,人其舍諸。將毋坐茅而漁,隱士之畸踪皆奮;不必拔茅而棄,大巫之終身弗如。

则见负殊薪楚，峙等刍荛。赋蓑不扰，苴土渐包。塞自除乎蹊径，求或涉夫远郊。记曾丛桂小山，作歌招隐；岂但生刍空谷，妙语解嘲。也似索绹，任幽民之是取；非徒藉地，玩易象以无淆。彼谘询下逮蕘言，无弃菅蒯；知任用迥殊薪积，振起衡茅。

矧复菁莪毕集，棫朴纷披。白华献秀，朱草呈奇。倘拔向高冈，梧桐致咏；如拔从秋水，蒹葭兴思。岂非种之必锄，绝其根本；异若苗之有莠，辨厥差池。想芝殿抡英，韩范富欧之贤若是；况兰台擢美，针秀菅茹之质取斯。

是其宋室承平，仁宗明察。功等沙披，事殊苗揠。麾包青野，靖西夏之嚣张；鸥啸绮榅，消契丹之狡黠。然究不若圣朝士集三千，材升二八。尽杞梓楩枏之选，锡卜晋康；供苞苴祭祀之需，人欢萃拔也。

一字拔人赋 以山公以一字拔人为韵　　何德润

茅征汇吉，荛语繁删。翳正人之有品，予只字而非悭。骥足展来，群空一顾；豹毛窥处，管见一斑。何等森严，笔准褒于东鲁；岂其滥取，径开捷于南山。

昔蔡子尼之为人也，精详体道，明察持躬。非世人伍，有儒者风。士无双而才推卓荦，心不二而志矢公忠。祇独抱夫孤芳，风声待树；未相逢夫只眼，月旦谁公。

乃有山季伦者，世阅多人，庭登众士。品题不爽夫权衡，伦类早分夫臧否。一见恨恨晚之意，味契芝兰；一门皆杰出之才，班广桃李。非腾口说，博为引而繁为称；乃得心知，观所由而视所以。

特识斯逢，奇才皆出。尺量玉而攸宜，针度金而无失。橡殊三语之多，书谢万年之悉。无能增减，悬一字于国门；堪作师承，精一字于诗律。行见箭金同贡，槐省树三；定知崑玉并珍，桂林枝一。

慨自王戎以脱略相高，王衍以風流自肆。既競尚夫清談，復誰思夫名義。況門第之徒誇，而紀綱之盡墜。問孰能目空一切，拔以其尤；問孰能吏作一行，拔乎其萃。問孰能抑塞磊落，振拔重乎一時；問孰能書判身言，簡拔揚以一字。

則惟蔡子端方，山公精察。無慚一世之豪，聊寄一緘之札。客定冠夫三千，升何殊乎二八。數枚卜吉，語表心單；連茹同升，才資目刮。一夔已足，誠無取乎多多；一鶚高騫，夫豈嫌乎戛戛。直是其人似玉，薦剡衮榮；漫云有字如珠，文壇幟拔。

是其品評不濫，賞識彌真。識丁休誚，知己同伸。洪惟國家任隆公輔，簡重臣鄰。同德一心，才看蔚薈；成名一舉，士少沉淪。方將三沐登朝，侍春坊而正字；豈徒一方在水，塵秋思於伊人。

春寒花較遲賦 以花爲春寒開較遲爲韵　　何德潤

春風似翦，春雨如麻，春陽未足，春景漫誇。冷積梨園之雪，香蘊桃隝之霞。算來九十春光，將成蠆市；豈謂二分春色，尚歉鶯花。

時則寒氣猶留，花心欲睡。嫩蕊藏紅，柔枝蓄翠。圖開九九而未消，節近三三而纔至。擬從北陌，近來春事偏佳；借問東風，勒住花光何爲。

使其茆檐日暖，柳陌風勻，雲蒸金谷，冰解銀津。破萼舒芽，看到踏青之客；撲香團錦，招來拾翠之人。妝成金粉三千，匆匆自早；倚遍玉樓十二，處處皆春。

那知春情幾許，寒氣多端。雨沉花隝，雪積春巒。催花則毫揮彩筆，探花則人倚紅闌。認幾點之初開，歌徵緩緩；似千呼而始出，步憶姗姗。止或尼之，空撫艷陽之景；來何暮也，只因料峭之寒。

徒使花階悵望，花圃低回。簾前之金鈴靜繫，林下之羯鼓空催。捱過新年，應撫風前之柳；不如舊臘，猶尋雪裏之梅。記曾別墅晴烘，菜挑如故；争奈芳園冷鎖，黍谷禾回。南浦欲歸，悵燕鶯之漸老；東皇何事，勞蜂蝶之頻猜。縱殊一暴十寒，花因嬌怯；豈果將春入夏，花待晚開。

矧當有約不來，尋芳無效。徒圍寒夜之爐，未啓唐花之窖。聽雨啼來，愁損雀鶯；被風約住，不歸謝豹。蘭畦寒噤，彌懷空谷之香；蕙徑春深，尚遜洛陽之闃。着一枝之花未，寂寂芳虛；視去歲兮寒些，沉沉陰罩。滿園花樹，偏多前度思量；一樣春暉，輸與昔年比較。

由是以今準昔，撫景感時。棠睡誰喚，桃僵執持。昨何因而早放，茲何事而斂姿。莫是大器晚成，寒銷異日；憑教向陽氣得，春占昌期。況逢聖天子仁風普被，化雨無私。挾纊回溫，花滿九重之地；登臺共樂，春暄萬年之枝。行見紅杏成林，花容灼灼；何妨紫薇直省，春日遲遲。

一陽生賦 以復其見天地之心爲韵

黃學憲觀風試義學超等一名何德潤

日短至長，陰凝陽育。冬極幽都，春回暘谷。可以驗盈虛，可以參倚伏。故論陰之浸長，至于八月有凶；而原陽之始生，遂占七日來復。

原夫陰生夏至，陽盡秋時。雨聽瀟淅，風漸凄其。木葱蘢而將落，草蕪茂以就衰。非夫剝極復來，曷表循環之運；將使上窮下返，又爲生物之基。

向令閉塞如初，沍寒不變。庭有圍暖之鑪，漏無送寒之箭。捱過今日，徒看北陸之陰；以待來年，那識東風之面。而乃葭管飛灰，繡針添綫；柳眼舒青，梅頤開嚑。氣回半夜，潛知地脉之旋；機轉子時，默識天心之見。

其在天時也，黄鐘律入，斗柄子旋。星紀窮次，羲馭回鞭。陳根萎落之餘，萌芽故土；水澤腹堅之候，暖寓重淵。前兹陽小成春，時維十月；後此二陽待臘，將近一年。萬物未生，探根原於太極無極；三冬方半，問消息於先天後天。

其在人事也，息而復萌，亂而思治。静極動初，困深亨至。喜怒哀樂之未發，朕兆端倪；危微精一之用中，幾希敬肆。于以閉關，于以息事；于以節嗜慾之煩，于以定心氣乎志。莫使善端之乍見，壅閼性天；須知夜氣之潛來，澄清心地。

況夫一爲數始，陽乃善基。興豈存乎果碩，律何事乎葭吹。由凍生暄，取譬小人消而君子長；積少生老，何嫌五爻耦而一畫奇。年年寒往暑來，生理莫不然也；處處剛乘柔伏，生機孰能禦之。

是蓋一元運，一氣凝，陽光布，生趣深。推步者以此定上元之歲，作易者以此卜天命之諶。者番一月履端，考建正於周代；待到三陽開泰，頌悦豫於皇心。

〔評〕賦筆秀勁。原評

烟月山房外集律赋卷三

燕乃睇赋 以頻來燕語定新巢爲韵　　　何德潤

烏衣尋巷，青眼窺人。棲來廣廈，盼斷長春。時趁買花之節，途經挑菜之津。何處飛來，搆新巢而定未；似曾相識，逢故主以看頻。

憶自三秋告別，兩地徘徊。巢既餘乎舊土，門旋長乎新苔。最屬關心，梨雲滿院；者番注目，香雪成堆。悵風簾兮未捲，望月檻兮忽開。回看碧海沉沉，春分將到；轉盼朱樓悄悄，秋客重來。

時則反舌啼春，畫眉流絢。鷺下水田，烏窺庭院。桃腮啓乎芳叢，柳眼舒乎金綫。何來縱縱之飛，又是年年相見。似低語之聲聲，颺輕衫以片片。掠翠竹而青搖，穿緋桃而紅顫。相視莫逆，真堪喚侶鶯鶯；顧影自憐，記得名呼燕燕。

爾其紫頷低垂，紅襟輕翠。曲巷通幽，小簷尋侶。若驚若疑，爰居爰處。江南重到，看風景之依然；舍北相逢，視雲巢以何所。記否舊時王謝，轉瞬已非；却教回日樓臺，展眉欲語。

則見窺柳陰，察苔徑。邃宇幽，雕闌凭。似眷顧之情深，羌呢喃而語應。莫使巢於幕上，小住非佳；庶幾視遍梁間，那邊相稱。相在爾室，孰將往而復迴；有那其居，心知止而有定。

矧復淒淒舊院，落落故人。石氏之歌臺陳迹，王家之酒榭生塵。悵望紅絲，登樓腸斷；斜窺朱户，對鏡眉顰。泥落梁空，舊壘依望在目;花明柳媚,凝眸且認此身。偶飛百姓之家,形容頓改;回憶六朝如夢,眼界又新。

是以頻瞻梁杏,不鄙簪茅。焱焱睫角,澹澹眉梢。身受春風,十二珠簾欲動;眸清秋水,一雙玉翦初交。也知戊避有期,宜爾家室;指顧庚郵遠遞,適彼樂郊。目巧室成,定得主人之垂睞;卵吞瑞獻,欣逢聖世而托巢。

十八學士登瀛洲賦 以題爲韵　　何德潤

唐太宗偉略非常,英才莫及。既奮業於兵戎,旋留心於篇什。黃扉選俊,傑士星羅;紫閣掄英,文才雲集。人皆博雅,群誇國士無雙;境擬蓬萊,不數仙洲有十。

時則寰宇承平,要荒振刷。東盡朝鮮,北收回鶻。延賓客於庭軒,參僚寀於簡札。人間不到,班衆士以筍聯;天上無塵,彙群賢而茅拔。不必神山弱水,路隔三千;宛然納麓賓門,升逾二八。

爰考其人,請爲揚搉。杜斷謹嚴,房謀精確。收爲河朔之高徒,亮亦荆山之太璞。一于二李,勳締天家;拜孔揖顔,望隆山嶽。德明之經訓綦詳,思廉之史才自卓。顔許薛蓋,竝召對於平臺;虞褚蔡蘇,咸侍從於帷幄。合達騧而拔十,曠世遭逢;並元愷而少雙,一時簡擢。數成九倍,武德年黃屋修文;宿遞三番,天策府青宮講學。

莫不鯉躍鶯翔,蛟騰鳳起。重霄而足迹同聯,兩字之頭銜志美。參封姨數,知屈指而差同;證羅漢踪,記前身兮應是。直上三山而拾級,渺渺神人;匀分九陛之二行,峩峩髦士。

彼夫書傳度世,術擅飛昇。海外之烟霞不老,壺中之日月頻增。非不高臨下界,卓立上乘。乃觀方士之誣蔽,何如學士之同升。丹經兩度鍊成,軒軒霞翠;棘看分班排出,燦燦雲蒸。披立本圖,寫成虎嘯龍吟之輩;讀褚亮贊,勝似瓊樓玉宇之登。

　　是以雲籤七笈，天樂三清。記璇宮之注録，題寶誥以姓名。壺
嶠晝長，霓裳同咏；滄溟風引，瑤佩無聲。惜乎薛子先亡，有需補
缺；幸也季孫後起，得附奇英。比大將於雲臺，已三分而有二；數亂
臣於周室，幸一倍之先贏。溯十八歲仗義起兵，收功河嶽；賴十八
公運籌決策，托迹蓬瀛。

　　然而載詳時事，轉憾名流。固才華之足羨，非品行之皆優。政
事可咨，佐貞觀之郅治；佞諛堪惡，釀武后之隱憂。況乎魏直褚忠，
未銘玉册；遂使唐經周紀，幾缺金甌。人雖萍子倍添，豈易齊名於
麟閣；地或灘流交鎖，空教比美於瀛洲。

　　夫惟聖朝文治揚休，官方飭度。才集夔龍，班聯鵷鷺。士也喜
禁籞之得升，欣瀛臺之共步。夢叶松生之兆，直到星垣；踪謝蓮社
之盟，咸翔雲路。行將摛藻，明良賡聖德之詩；豈但揚芬，麗則進詞
人之賦。

登瀛洲賦 以語本唐初古今同艷爲韵　　何德潤

　　維唐武德之四年，玉筍聯班，金蘭結侣。登進有方，登庸得所。
比瀛島於瓊林，擬仙洲於禁籞。天策上將，偃大將之旌麾；太原真
人，啓文人之樽俎。三百年鴻基駿業，賴入幕之佳賓；十八士鳳附
龍攀，編大唐之新語。

　　時則治定功成，文修武偃。秦王馳馬以歸，名士錦衣而返。栽
桃李於上林，開蓬萊之仙苑。九重天近，登天有階；三神山遥，登山
陟巘。伊誰作贊，摛詞則褚思明；教孰爲圖，妙手維閻立本。

　　爾乃集纓笏，燦衣裳。游金馬，步玉堂。闢西宮之賢館，耀南
内之明光。舊日參僚，奠河山而匡社稷；此時討論，詢政事而重文
章。問修到於幾生，鼎丹九轉；羨奇榮於千古，冠冕三唐。

　　人間仙境，天上直廬。西園翰墨，東壁圖書。風飄飄以引袂，

雲冉冉而升裾。分三番之直宿,鄰尺五於太虛。記當年一著戎衣,
有天際想;到今日三清鈴索,是列仙居。叨在選中,譬白日昇天之
樂;求諸象外,即青雲得路之初。

則有謀善推房,斷明惟杜。孔作疏箋,陸詳訓詁。亮出西秦,
收來南土。一于聯皇族之媧,二李綴天潢之譜。世長諫議以匡君,
永興封公而開府。相時稱職以無慚,思廉史才之足取。若薛若蔡
之傳,曰蓋曰蘇之伍。蔑不會弁垂紳,華簪紆組。青瑣翱翔,丹除
步武。真覺君臣際會,風虎雲龍;若躋兜率天宮,裳霓衣羽。奈薰
兼蕕采,佞臣堪恨敬宗;況瑕掩瑜多,注史未參師古。

且有鄭公直諫,遂良忠忱。无忌望重,歐陽字臨。何珠遺乎滄
海,而玉棄夫鄧林。文學縱多知己,升庸却厠僉壬。翁收十斛,臣
匭一心。飛燕啄而牝雞晨,貽謀豈善;毛鴻儀而壑魚縱,盛遇難尋。
將方丈山高,修鍊非無過舉;抑大羅天遠,選仙不盡德愔。擬名將
於雲臺,才難如古;繪功臣於烟閣,稱到於今。

是以義旗伐暴,幕府興戎。太白之祲難掩,元武之變相攻。貞
觀之治雖盛,永徽之業不終。雷雨經綸,艷稱一世;騅麟官禮,難望
諸公。將毋責備名賢,袞褒鈇貶;第論清華妙選,玉佩珩蔥。此地
非圓嶠方壺,太上之書雲篆;其人皆隱囊紗帽,眾仙之咏日同。

聖天子樂育菁莪,大興鉛槧。招賢之館宏開,翰苑之才富贍。
花簪上苑,惹紫陌之塵香;筆珥液池,映紅雲之水灩。聽離喈於鳳
翽,行將黼國黻家;覽畫像於龍眠,且復薰香摘艷。

春山如笑賦 以春山澹冶而如笑爲韵　　　何德潤

千金難買,萬壑爭新;東風識面,西子展顰。舒花容之粲粲,見
石齒之鄰鄰。喚醒何時,印臉霞於舊臘;解頤此日,畫眉黛於芳春。
夫以郭河陽之狀春山也,描翠髻,掃螺鬟,摹竹徑,叩松關。露

半痕於花缺，飛一陣之鳥還。寫成景致鮮妍，風臨欲笑；狀出丰神夭冶，雨後看山。

爾其嵐影夷猶，樹陰靄晻。翠岫嵌空，青峰入覽。認微渦於錦幔，喜欲舒眉；列遠岫於紗窗，低疑啓頷。真堪博笑，蝴蝶白而杜鵑紅；却是逢春，海棠濃而梅花澹。

時則日暖桃源，風和榆社；雲絮乍飛，雨絲微灑。花應解語，助倩盼於紅叢；鳥亦含情，聽和鳴於綠野。知否山當春日，春意酥融；都緣春到山中，山容閒冶。

藹藹熙熙，心曠神怡。桃映紅乎人面，柳舞翠乎腰肢。峭壁則冷回萬齒，層巒則香展雙眉。未拈天女之花，孰教解悶；擬撫仙人之掌，我欲支頤。豈惑陽城，逢佳人於境幻；非騰北隴，嘲隱者以文移。却教姑射神人，嫣然可即；試認匡廬面目，宛爾在茲。驢背墮來，看芳林之鬱若；虎溪過處，映錦水之漣而。

遂乃形容曲擬，皴瘦閒疏。境摹綺麗，神合軒渠。苔綠若粘，顫峰頭於雲際；花紅無縫，捧巖腹於林於。挹山光於錦帳畫屏，神似形似；摹笑態於芙蓉楊柳，面如眉如。

是惟畫手擅場，訓詞提要。繪影繪聲，惟妙惟肖。大家絕倒，得山意於臥游；一望胡盧，賞春光以吟眺。莫是竹林噴飯，文可曾來；渾疑花下絕纓，陸雲寫照。矧逢聖天子德被遐荒，貢來邊徼。融十分之春色，景媚林巒；頌萬歲於山呼，和含巖嶠。固宜策杖，留燕喜之聲情；儘可騁懷，資鴻儒以談笑。

〔評〕不脫畫字，方有如字。點染烘托，鮮艷奪目，雅與題稱。宣平令皮鶴泉觀風超等一名原評

百花生日賦 以二分春色到花朝爲韵　　　何德潤

南極延齡，東皇錫瑞。新月弧圓，春風酒醉。伊艷福之駢臻，

亦嘉祥之畢致。今日何日，賞花事於春三；他生此生，祝花朝於月二。

猶憶去年此日，破蕚含芬。籬邊雲護，陌上草薰。嫣紅結隊，嫩綠成群。春秋迭換，開落糾紛。曾幾何時，疑有神之誕降；別來無恙，致相見之殷勤。問渠那裏托生，香盈一捻；教我稱觴佳日，酒勸十分。

時也枝抽幹老，苞解蕊新。楓人入兆，蘭夢有因。平分九十韶華，祥呈拆甲；看遍萬千紅紫，慶屆良辰。擬賜洗兒，榆錢貼滿；倘分翦髩，苔髮梳勻。百億全身，羨美人之不老；三千世界，惟香國之長春。

則有訪翠江南，尋芳巷北。情寄名園，神游化國。鋪紅氍於錦幕之旁，浮綠螮於雕闌之側。莫是優曇現世，蘭會宏開；記曾庚子拜經，杏壇繁植。奏來仙樂，調鶯吹瓊管之聲；拜倒兒孫，舞蝶耀綵衣之色。

別有香閣懨憹，春閨惱懊。釵卜對燈，鏡占聽竈。晒花下之蜓飛，聽花間之雀噪。花心靜而風搖，花影移而月掃。綠楊院裏，製錦遙遮；紅藥闌邊，焚香密告。禱向芙蓉城主，春日長留；祝來荳蔻梢頭，幾生修到。

但願生機自暢，生意無涯。百般紅灼，百卉綠華。草有吉祥之號，杖開靈壽之葩。將離休贈乎采芍，心期莫誤夫及瓜。棠睡宜扶，照雙燒之紅蠟；桃僵須代，護一幅之絳紗。憑教椿館萱堂，皤皤偕老；還喜蘭孫桂子，一一抽芽。似翦春風，界破相思之樹；如膏夜雨，莫生腸斷之花。

是以時當蓬采，節屆菜挑。園催羯鼓，巷賣餳簫。修成色界之天，證三生契；欲乞司香之尉，撫百宜嬌。萬歲千秋，永得金鈴之護；每年二月，不教玉樹之凋。無論花少花多，生申同慶；呼起花王花相，仙子共招。海可添籌，道士有種桃之術；節非浴佛，如來抽金粟之苗。從茲天子之萬壽無疆，年年歲歲；遂使林壬之群芳有譜，暮暮朝朝。

〔評〕綺麗六朝，丰神三唐。後幅尤情深文明。宣平令皮鶴泉觀風上取一名。原評

菊影賦 以老圃秋容黃花晚節爲韵 何德潤

烟澹東籬，風涼西灝。子子幽閒，亭亭静好。影乍有而乍無，菊開遲而開早。映天水以無痕，癖烟霞之獨抱。高人寫照，幸三徑之未荒；瘦客留容，嘆九秋之將老。

斯菊也，未傲經霜，纔開冒雨。既燦爛乎金枝，旋橫斜於玉樹。輕欹野老之居，低映漁翁之浦。擬樓臺之楊柳，倒入池塘；分窗檻之芭蕉，不如老圃。

時則曉風初拂，宿雨乍收。日高鉦挂，露擬珠浮。量甋遲學士之來，香聞青瑣；遍地咏荆公之句，英落黃州。不上瑤臺，莫誤呼童而待掃；自芳雕砌，却教老氣之橫秋。

若夫飛月鏡，聽霜鐘。星映水，雲斂峰。羌枝枝而葉葉，紛叠叠與重重。樹影斜而意冷，石影亂而情慵。入簾之燈火微青，其人比澹；挂壁之琴徽共素，何處留容。

况復丹楓已落，碧草不芳。青山瘦後，白雁來剛。傍瘦竹之千竿，憐幽屏色；懸秋圖之一幅，愛澹遺香。點綴溪頭，泛水風而浮白；參差谷口，籠山霧以流黃。

則有騷人寫怨，逸客摘華。杞菊醞神仙之酒，松菊撫隱士之家。屈大夫湘沅餐英，恍矣惚矣；陶靖節形神問答，是耶非耶。送酒人來，染衣香而披拂；題糕客至，畫水墨以交加。豈仙吏之化身，空諸色相；是幽人之小照，寄此香花。

彼夫竹影空山，柳影小苑。桃影則牆外一枝，梅影則窗前幾

本。非不向日低徊，因風偏反；孰若茲月伴增幽，霜寒不損。此客之清姿向傲，香意蕭疏；何人之澹墨能摹，花情幽遠。雲光照水，繪着色之皆秋；人瘦比花，知相見之恨晚。

是以花市江臨，柴門水折。指背芳馨，插頭香潔。高燒紅燭，照明月以娉婷；凌亂黃花，想幽踪之孤子。倩影留三秋之色，獨掇寒芳；菊鱒進萬壽之觴，長留晚節。

風不鳴條賦 以太平之世風不鳴條爲韵　　何德潤

噫氣凌空，柔枝蔚薈。樹靜繁聲，天含爽籟。風散而逗長林，條垂而籠芳靄。既號谷之攸殊，亦阜財之是賴。撓物而勿驚夫物，百卉皆昌；善鳴而匪假之鳴，三階常太。

原夫董江都之志盛世也，道開北學，記係西京。鴻毛乍遇，羊角初生。入楊園而若舞，拂柳徑而如迎。方吹噓乎桃李，旋鼓動乎柴荆。或憑虛以作響，乃相激以成聲。感則皆通，萬紫開而千紅鬧；響如斯應，五音和而八風平。

則有條枚是咏，條肄方滋。輕條若帶，纖條如絲。折桑條兮摻手，攀柳條兮如眉。倩影堪憐，霧散烟消之候；濃陰如畫，日暄雨潤之時。迥殊修暎之蓲，條其歡矣；且看向榮之木，風以散之。

向使有力負聲，無端乘埶。雨打喧荷，露零涇桂。聽繁響於花間，呼大聲於林際。狂吹則百竅俱號，怒叱則千林失翳。鳴鶯在樹，羌求友以聞聲；鳴鳳噦梧，亦歸昌而賀世。

而乃音沉響寂，物茂氣融。運無聲於帝載，參□默之元功。微飇徐起，細籟胥空。葉輕翻綠，花静吹紅。梅嶺雪飛，鶴唳不聞乎冬樹；楓林月淡，蟲聲豈唧乎秋桐。煦春扇之微和，應憐攀折；遍夏畦而噓拂，豈競雌雄。中有物兮，想希夷之俱寂；泠然善也，是君子之德風。

五兩輕飄，一林徐拂。條漸長其葱蘢，風以宣其湮鬱。异有聲之在樹，花本無言；想吹氣之如蘭，草非待蒱。鳥聲都寂，懸玉蒜而垂低；蝶夢匪驚，護金鈴而動弗。啓句萌而潤莖葉，凉异凄其；振林木而遏行雲，聽而聞不。

則雖松濤颯爽，竹韵凄清。吹出鍚簫之調，催來羯鼓之聲。亦祇宜乎物籟，詎有礙夫露英。碧草芳郊，玉珂敲而拂細；紅香春圃，金垺過而嘶輕。除非簹鐸絲箏，好音自發；若比莛鐘土鼓，餘韵難賡。景异蕭條，自見潛孚之應；化徵風動，那有不平則鳴。

夫惟聖天子化行風俗，頌采風謠。風教四方，嘉惠培夫械樸；風清九野，湛恩被乎芻蕘。豈徒三寸澤霑，雨無破塊；更看萬年枝上，雪不封條。

共登青雲梯賦 以題爲韵　　何德潤

昔謝靈運石門之游，樵磴梯懸，茅蹊雲壅。青嶂峥嶸，青林錯綜。一徑闢而雲深，多士聯以雲從。升瓊樓之十二，爲汗漫游；跂珠履之三千，與朋友共。

是梯也，高基自下，級拾而升。岡連無路，石峭有稜。巍然而青縈綠映，翕若而雲蔚霞蒸。若尋踪於仙侶，乃聯袂乎高朋。此是天階，應翔鸞以鳳騫；吹來風袂，效河鯉以龍登。

時則紛紜靉靆，環繞巖欄。丹霞作嶂，黛石爲屏。閃如飛電，高欲捫星。一級一階，恍宏開夫雲路；亦趨亦步，似聯屬乎雲軿。豈云升不可階，天空雲碧；還比道登厥岸，江上峰青。

于焉聯步履，披屐裳，排閶闔，破氤氲。或攀蘿而捫葛，或御氣而吹氛。躡足則彩霞散綺，舉頭則紅日斜曛。在上高高，直疑探天根月窟；獨行踽踽，何以致風虎龍雲。

遂乃吟朋足舉，勝侶手携。前前後後，整整齊齊。渺雙丸於日月，駕萬丈之虹霓。風御而行，泠然善也；天升有路，誰謂高兮。儘教挹袖拍肩，同游碧落；雅與吟風弄月，平步丹梯。

是蓋素志凌霄，青雲得路。雖托迹於山林，擬展舒其步武。大千世界，咸思舜陛之登；尺五遥天，共切堯階之慕。得不締同懷之客，捧日爲心；鳴盛世之聲，凌雲獻賦。

士先器識而後文藝賦 以題字爲韵　　何德潤

知所後先，決其終始，四傑巍然，一言蔽矣。藝徒美而未足矜，文雖多而無可恃。惟器廓而受以虛，斯識宏而净無滓。庶足冠四民之首，第一偉人；何妨徵九聘之身，無雙國士。

昔裴行儉，人推藻鑑，品辨蘭荃。有同官之薦拔，評當代之英賢。謂愧在盧前，楊令之文才郁郁；耻居王後，駱丞之藝事翩翩。將毋遺李固之書，士或虛聲純盗；奚必拘韋彪之議，士宜才行爲先。

豈知士重脩身，士惟尚志。巧藝非難，繁文全易。惟器量之宏深，乃器才之充備；苟器局之弗恢，轉文華之爲累。塞門反坫，小矣夷吾；周簠夏瑚，達哉衛賜。蓋本立而先文，譬事成而先利。明堂清廟，士非斗筲之人；玉質金相，士貴鼎彝之器。

器固能成，識尤貴特。識以寡而矜才，識以精而蓄德。雙瞳秋翦，何須察以爲明；一片冰壺，要在智之不惑。士豈落萬人之後，出必己文；士須争一着之先，字還丁識。

由是藝徵其妙，文不争奇。器載文而明至理，識輔藝而騁雄辭。知後獲於先難，立言緩乎立德。戒先傳於後倦，有守斯可有爲。當其餘力學文，識精衡鑑；儘可依仁游藝，器別樊匜。器大晚成，藝豈争乎功有？識高遠到，文彌蕴以簡而。

若使器易充盈，識難分剖。徒曲藝之争誇，飾虛文以自負。則雖楊家之集遍藝林，盧氏之詩充文囿。長天秋水，文驚都督之奇；

海日江潮,藝出考功之右。寶康瓠而棄周鼎,士則無多;忘家鶩而愛野禽,士何足取。又奚能多材多藝,器成而超以象先? 尚質尚文,識卓而恥居牛後。

是知士風宜振,士習綦勤。器惟寶而重南金之價,識以超而空北冀之群。漫云先笑後號,采春華而忘秋實;須知先事後得,高艷摘而濃香薰。貫一以合十數之全,豈獨爭長翰墨? 通三而居八能之列,詎徒奮迹風雲? 所由稱在李敬元,未必折中於德藝。詩吟杜子美,亦嗤輕薄以爲文也。

夫惟聖朝,士沐恩膏,士膺德惠。識非矜爝火之明,器不等悦椠之細。文如翻水而成,藝工美錦之製。咸冠佩乎丁年,益開閎其甲第;器儲棟樑楨幹,科重得人識精。玉樹珊瑚,才堪名世。成功一簣,士豈惟爾雅溫文;大比三年,士待升德行道藝。

〔評〕逐字梳櫛,氣盛詞昌。此以宋賦之格運唐賦之律者,層次井井,可爲多士之式。宣平令皮鶴泉評

求茂才得遷固賦 以本求茂才乃得遷固爲韵

丁大宗師録取古學第十二名何德潤

史讀蘭臺,科開桂苑。筍玉聯班,繡金補衮。嘉相得之益彰,豈徵求之未遠。媲宏才於兩漢,炳炳麟麟;懷茂學於三長,原原本本。

昔宋之問之於韋述也,徵奇杰,拔殊尤。茅茹山彙,珊瑚海搜。主司致詢,四百年漢書前後;童子何業,三十篇魯國春秋。原期士裕文章,勵兹慎選;不意人優史學,副厥旁求。

所得伊何,茂才俊秀。才之美而藝苑模楷,才之高而名流領袖。豈公孫宏之射策,濫厠儒林;恍董仲舒之談經,翱翔文囿。當日書編漢室,徵方策之長存;今兹士校唐宮,看李桃之永茂。

至如遷者，南游洛浦，北抵江隈。談也著書，龍門自遠；陵兮降虜，蠶室何摧。本經書而作史書，壯懷落落；由黃帝而訖武帝，漢道恢恢。儘教士漸儀鴻，預卜科名之選；何意人如司馬，堪充著作之才。

況如固者，百氏供其馳驅，六經恣其搜采。成西漢之長編，廣東觀之記載。范蔚宗沾其餘瀝，益壯波瀾；曹大家續其遺文，咸資刪改。文評月旦，三升之秀待掄；藝校風簷，一字之褒長在。人附膠庠，而遴選慎其難其；士登館閣，而輸誠啓乃沃乃。

是蓋搜求既殷，取求亦力。魚得水而游鱗，鴻得風而振翼。播圖書於言動，非僅宏詞博學之科；寓褒貶於辭章，不徒孝弟力田足式。豈減左盲史腐，業守縹緗；依然范艷班香，芬揚翰墨。得諸意外，應同氣之相求；求以心誠，乃取士之必得。

彼夫得一自足，得五徒專。或得文人，徒詡疏箋之學；或得華士，都矜帖括之篇。孰若茲人來白屋，士選青錢。珥筆鸞臺，續茂島瘦郊寒而外；揮毫鳳閣，才開韓碑柳雅之前。麟止書成，太史公替人可許；彪家業舊，王命論繼起稱賢。笑他僥倖巍科，有唐之一經執作；倘使分修記注，炎漢之兩史誰傳。何如茆舍棘闈，褎然舉首；擬以董狐南史，差可比肩。蓋分佞幸而別權奸，克宗諸聖有固；豈後五經而先黃老，自亂其例惟遷。

聖天子廣植文林，宏開武庫。人歌噦噦之鸞，士卜振振之鷺。皇史宬筆以管彤，異等科徵夫布素。得人科目，羨鐵網之撈珍；報國文章，頌金甌之永固。

〔評〕於題之曲折頗有合處，竟體亦整鍊不苟率。原評

金華試院雙古柏賦 以霜皮溜雨黛色參天爲韻

丁大宗師覆古學何德潤

松門耀赤，薇省飄黃。人歌械樸，質裕棟樑。試士稱今之院，

自公溯昔之堂。國士無雙，看八邑騰蛟起鳳；人材如古，蔭一庭紫電青霜。

原夫金華之有試院也，池茁芹而暢茂，門植李而蕃滋。桐葉占齊籌之兆，蓉花咏入鏡之詩。朵朵開蓮，質交培乎粉署；森森鑽棘，枝競秀夫緇帷。睹舊物思舊人，澤誰留手；以良材媲良士，相豈在皮。

爰有雙古柏焉，不詡朝華，非爭夕秀。松老同貞，椿長比壽。枝分左右，蔽矮屋之森嚴；影判東西，惹長廊之旦晝。移根自殷社，並育從新；托體栽婺城，交柯本舊。栽培得地，想多士之雲騰；潤澤由天，承九霄之雨溜。

爾其對影成雙，自我作古。古色覆籌，古香盈戶。駢列文林，孿生藝圃。經風霜而葉香，歷兵燹而心苦。滋靈液於休文之井，化士三千；參美蔭於大觀之亭，去天尺五。豈獨一枝一節，爭登翰墨之場；宛然難弟難兄，並入圖書之府。閱世無心記成敗，錯節盤根；此材不露在文章，春風化雨。

矧乃羊石呼鞭，鹿田負耒。南市之椅梓成林，北山之杞楠結隊。清風驛畔，玉樹何孤；明月樓前，珊枝有對。具此龍蟠虬蹇，何困名場；若教鳳宿鸞棲，還成佳配。風行小鄒魯，表楨幹於多年；堂曰公慎勤，允模楷於百代。材非寡二，毓靈牛女精華；高或超群，挹翠芙蓉山黛。

兼之哲匠摩挲，宗工拂拭。桃杏聯芳，芝蘭表植。名邦之月旦待評，使者之星軺停軾。扃門白戰，俊士俊而奇士奇；滿屋青蔥，南枝南而北枝北。堪笑孤芳自賞，終老山林；何如大器晚成，並參柞棫。空心半在樹，兩歷劫灰；老手需斲輪，偕中繩墨。材大詎嗟無偶，樓高八咏而成陰；歲寒然後知彫，水灌雙溪以生色。

彼夫柏臺覽景，柏舟浮潭。柏植景山，孤枝孰耦。柏生蜀廟，獨秀懷慚。縱繁蕪乎雲壑，誰賞鑒乎烟嵐。孰若茲參天兩兩，影月三三。與桂枝而伴作，登蘭殿而花探。百年之計樹人，膠庠藻馥；

千尺之枝勿翦，芳舍棠甘。此地接信睦蒼甌，弱植奚容蒲柳；與人有何王金許，論材豈愧梗枏。分植文場，成菁莪之伴侶；多歷科歲，蔭筆墨之沉酣。偕僚佐而昕庭柯，讀書秋樹；繞簷廊而挍技藝，食葉春蠶。此所以欲起古人，問法物何年留植；撫摩雙樹，看在興於前相參也。

夫惟聖天子桂宮選士，杏苑求賢。澤沛三槐之列，恩流九棘之聯。士也，來白屋，選青錢。戒雙聲與叠韵，咸則古而稱先。況金華爲理學之區，豈少芳姿接踵；而試院乃人材所萃，應多茂幹比肩。四時不改葉柯，既托體於芹沼；三霄常需雨露，更承恩於木天。

〔評〕按切金華，藻不妄抒。原評

周穆王瑶華載書賦 以書史十人隨王之後爲韵

丁大宗師壬申科試古學第十名何德潤

考拾遺之載記，溯姬后之乘輿。編開寶錄，輪飾瓊璵。關乎前典，命彼後車。載奚誇乎天禄，書不等於石渠。維時蕭馬驎車，非坐論道；是卷金泥玉簡，亦行秘書。

昔周穆王之巡行天下也，驟驊騮，馳駃騠，入南鄭而游終，發西岐而駕起。异風后之負書，同軒皇之記里。謂一游一豫，不忘昭考穆考之謨；俾盈篋盈箱，勝讀周任遲任之史。

爰有瑶華，副車是集。轅飾璆琳，記編篇什。載隨八駿，問途則繡壤曾經；書倍五車，開櫝而瓊編可緝。試觀翠羽芝肜之至，越玉五重；宛備左圖右史之藏，周官六十。

向使瓊林弗記，玉輅徒巡，轍雖遍乎東西南朔，行勿志乎晋楚齊秦。則夫省風俗，度關津，發軔陽，干之麓，勒銘懸圃之濱。過弇山而謠聞王母，幸漳水而樂奏天鈞。黃竹白雲，伊誰紀録；車轍馬迹，何處詩陳。將毋綴玉編珠，徒連輻之是耀；或至隋山喬嶽，嘆秉筆之無人。

而王則輪嵌碧玉，駕命青螭。耿儔陪輦，造父同馳。兩驂駕處，萬卷成時。爰幸賜盛姬之謚，祈招誦祭父之詩。既轍環之弗倦，亦搜抉以無遺。披冊府之琳琅，爰歸金輅；奉崑岡之琮璧，曾獻瑤池。玉軸雲聯，沐轄脂而共潤；牙籤風動，偕羽蓋以齊麾。爲大書亦爲特書，詎云無益；以任載兼乎記載，蓋取諸隨。

是蓋琨編玉帙，星陣天行。鑾鈴鐃鐲，蠹簡縹緗。珍數行墨，用七寶裝。書地書名，既汗牛而充棟；載言載筆，亦倚馬以盈筐。所過名山大川，粲乎繡錯；錄爲故志舊典，斐然成章。行遍八垓，想擁書千卷之后；輪隨十乘，記享國百年之王。

彼夫書成小説虞初之瑣，事載開元天寶之遺。泰嶧銘留，徒見秦王之侈；封禪記在，亦成漢武之欺。雖後王之盛事，非前古之宏規。孰若兹陪輪碧草，繞輦青芝。騷七萃於寰中，行無弗遍；詔十人於車後，職有專司。視彼重華，版啓益疆之瑞；比於神禹，圖開括地之詞。朝康王於酆宮，無斯秘奧；刊宣王之石鼓，遜此新奇。所由數十年巡幸歸來，歌玉式亦歌金式；千萬騎簡編滿處，或推之而或挽之也。

夫維聖天子人戴堯天，民斟舜酒。天書燦乎東奎，法駕準乎北斗。時巡澤渥，頌圏蜡之千篇；實錄書成，騰燕驪於九有。彼穆天子之傳書，曾何足數於千載之後。

〔評〕按部就班，藻不妄抒。原評

更香賦 以金鑪香燼漏聲殘爲韵

丁大宗師壬申科試覆古學第十名何德潤

銀釭乍爇，玉漏初沉。壺穿蓮箭，篆結花陰。看香烟之繚繞，聽更漏之遙深。春寒侵骨，秋夢驚心。夏雨則蕉窗黯澹，冬宵則榾柮溫燖。於時猊歿香燒，三宵五夜；此際蝦蟇更轉，一刻千金。

其爲香也，紅玉屑，碧紗幮。飄井□，落庭梧。非水香之芳馥，非盤香之縈紆。視辟寒香而頓异，與安息香而尤殊。事非索香贈香之比，名豈降香沉香之呼。渾似百和，芳連玉案；敲殘一夜，響落銅壺。問夜如何，爇微火於向晨之夕；含情未了，留餘輝於太乙之鑪。

則有人盈精舍，士滿書堂。吟詩刻燭，翦紙連床。魚知更以警枕，鳥報更而響廊。剛連落紙雲烟，絲絲結篆；恰值寒窗燈火，字字吟香。

至如花縣清閒，琴堂肅慎，燭秉升堂，衣披入覲。聲傳花掖，玉院鳴珂；響雜邊笳，金門佩印。趙閱道清夜焚處，想更點之將闌；宋子京唐史脩時，看香鑪之未燼。

別有寂寞紅闈，幽嫻翠袖。對篝火而停機，倚薰籠而罷綉。搗碪石畔，聽徹更深；拜月堂前，薰濃香透。一炷香銷沉永夜，子細聽琴；三更鐘沁入柔情，丁冬滴漏。

況復江南妾住，塞北君行。空房閴寂，旅舍凄清。陣陣風青燈夜雨，微微火蚤唧蟲鳴。關心經歲經年，圍爐夕暖；屈指五更五點，策□□征。渾欲挑燈，撥爐中之炭末；那堪樸被，聞夜半之鐘聲。

莫不麈茲晷刻，焚爾栴檀。沉沉院宇，寂寂闌干。博山火發，金鼎風寒。看飛烟之裊裊，想長夜之漫漫。倘教禁苑携來，滿袖盈襟芳之氣；若使御鑪侍罷，早朝聽待漏之殘。

〔評〕分境詮題，關合有情。原評

附：烟月山房詩文補遺

陳玉蘭、范雅婷　輯校

輯 校 説 明

　　何德潤《烟月山房詩集　烟月山房文集》，前已收録。然該詩
文集僅殘存鈔本，何氏作品散佚嚴重，可謂憾事！ 故在整理過程
中，編者留意相關文獻，從《石城何氏宗譜》《武陽石城徐氏宗譜》
《雙泉何氏宗譜》《武康童氏宗譜》《武川曲湖鞏氏宗譜》《俞源俞氏
宗譜》《武陽賀氏宗譜》《馬昂王氏宗譜》《雙溪大樹下徐氏宗譜》《武
義履坦徐氏宗譜》《武南雙溪徐氏宗譜》《武東童氏宗譜》《武義縣前
倪氏宗譜》《武義蓀蘿孫氏宗譜》等宗譜資料中，輯得何氏詩文若
干，作爲"補遺"，附録於此。

烟月山房詩文補遺目録

烟月山房詩文補遺

烟月山房詩文補遺

石城何祠八景

壺峰瞻日

壺峰日，祥光照崒嵂。欲將寸草酬春暉，可堪烏飛旋兔出。奉養高堂惜分陰，莫教桑榆收寢室。峰峻暑難留，愛此壺中日。

北嶺望雲

北嶺雲，拾級繞氤氳。松間點點凝朝露，天末悠悠卷夕曛。極北天南兩懸絕，明發有懷仰高旻。吾親復何在，忍睇嶺頭雲。

書院絃誦

書院誦，承平歌雅頌。書臺在邇人琴遺，明招未遠群儒從。對面操縵聆安絃，讀書當知讀有用。武成聞絃歌，仿佛書院誦。

泮宮芹香

泮宮香，一池芹茆芳。記得先人擇仁里，三遷來此黌舍旁。豈惟家學垂詩禮，還期華國重文章。顯揚有進步，好采泮宮香。

誥山風木

誥山木，林飆響幽谷。或言人傑由地靈，我祖當年厝其麓。（何注：始祖進三徵士墓。）自來一本分千枝，披拂春風生簇簇。樹靜風不停，感懷誥山木。

熟水縈蘋

熟水蘋，采采問水濱。滋禾盈畝常豐熟，芼菜薦馨享鬼神。袛

373

憑微物昭明信，那忘嘗秋及禴春。流長源自遠，請觀熟水蘋。

石城懷古

城頭石，祖宗存故宅。宋季此城以石稱，或是其餘皆木栅。（何注：始祖自宋末由栝蒼來遷石城，今遺址尚在小南門外。世祖俊八公又有助修石城之事。是城之有石，自宋始也。然栝寇焚木栅，在景泰間。《萬曆志》城圖祇有門而無城。意者南門一帶，熟溪齧之，故間有甃石者，外此皆木栅乎？）運石甃甎昉崇禎，吾家悌弟與其役。（何注：明崇禎十三年築城，孝子允元公、弟諱承忠襄其事，以功賜冠帶。）便與南洲徐，兩祠共名石。（何注：石城徐，石城何。）

仙巖尋詩

巖中仙，丹成自何年。闤闠烟火騰滿地，人家鷄犬誰升天。至今仙去巖難尋，色相妙不落言詮。空有包諸有，還訪詩中仙。

——《石城何氏宗譜》卷之庚《間書録・詩》

南湖八景詩

兩畈耕雲

曰南湖畈，曰西畈。青疇綺陌，負耒如雲。

也界山椒也傍溪，兩邊吡犢各扶犂。相逢盡是荷鋤至，不約偏教負耒齊。春水如雲連舍北，老農趁雨到村西。分明一幅豳風畫，未識艱難句漫題。

雙泉印月

在姆山側，大旱不竭，秋月當空，如印印然。

無雙清景却平分，幻出嫦娥身外身。鏡對嬋娟愁少伴，花籠瀲灩各生春。金波玉宇連三界，讓水廉泉共一輪。境地自殊心自合，尋源莫誤問津人。

佚庵懷古

在横山。宋隱士吴瑨居此，東萊有志。今圮，傍有油井。

吴居上南湖，今稱吴宅。

樵徑雲籠落日昏，滄桑幾易尚名村。只今荒草遺磚認，溯昔編茅野屋存。南宋代移石不改，東萊記在壁難捫。銷沉古井知何所，野老相逢轉妄論。

蓮寺尋詩

法蓮教寺，宋大中祥符二年建。今廢，惟寶慶石塔尚存。山水清幽，足資吟眺。

覓句偶來幽谷邊，論詩却帶幾分禪。何人夢破遺芳草，是處花拈悟法蓮。氣有筍蔬終着迹，塔存寶慶不知年。剛纔色相都空盡，紅樹青山又爛然。

湖嶺雪梅

南湖嶺上，古梅數株，殘雪時晴，頗招詩客。

每從高處占花魁，惹得聞香嶺下來。四野寒風連木落，漫山積雪忽春回。昏黄月照美人夢，潔白天留宰相才。可是丹心終不變，更教崗頂認紅梅。

官洲風柳

自小溪口橫亘草馬湖前，春風吹柳，芳草落英間，倍饒風神。

平蕪十里吹晴灘，嫋嫋柳枝春未闌。風自何來能偃草，地無所繫轉名官。襯花不礙折腰無，臨水每勞開眼看。莫認風塵誤輕薄，植根沙石老龍蟠。

小溪魚笱

源出大雪潭，亦曰雪溪，匯熟溪於南湖，四時皆有魚可捕。

浪平灘淺净沙鋪，敝笱猶存食豈無。春雨纔晴便賣鱖，秋風未起又思鱸。江橫鐵網人偏逸，地似松陵酒漫沽。一角斜陽流水静，竿竿影細落孤蒲。

後塔鶯簧

在村後。春風載拂，鳥聲不絶，携酒持柑，撩人清聽。

似欲翻身入上林，春風幾度誤芳心。無緣高閣伴鳴鳳，敢向荒村笑野禽。百囀不嫌雲樹蔽，連朝恍聽管簫音。若教健翮摩天去，豈但笙簧奏鹿芩。

壽騰齋先生六秩（雍三百十九）　拔貢生族侄德潤撰

稱觴慶恰仲春天，共説吾宗齒德兼。法度型家看井井，温公處世挹謙謙。六旬眉壽鴻禧頌，五品頭銜駿業瞻。愧我躋堂無好句，惟將海屋祝壽添。

——《石城何氏宗譜》卷之庚《聞書録·詩》

熙三百七十五荑亭公六十自述

服官乏術意徒然，倏忽時光又十年。閲世風霜催我老，著書歲月自天延。文章擬古翻驚俗，筆墨無靈却有緣。壯志豪雄收拾盡，生涯只合付陳編。

自從南北返輪蹄，丙戌歸自都門。窗下頭埋故欲低。蕭寺一燈偕佛坐，庚寅辛卯館法幢寺。高樓八咏續誰題。壬辰代公蔭館於八咏樓畔。嫁衣總爲他人作，襆被頻勞遠道携。只算登山兼訪水，羊腸路細不曾迷。

鎮日清閑爲底忙，衹慚無力發幽光。金刀曾剪潔貞字，編咸豐以來節烈。銀管惟書忠孝章。考《忠義録》，題殉難者木主。缺典千秋興武義，嚴祠兩序翼文昌。邑向無忠義孝弟祠，癸巳，湯馨山修文昌殿兩廊，以奉其祀。最尊萬世宗師位，柏栗殿周制度詳。大成殿先師主位不合式，余請學官以家祠私錢重製。

百里圖經兵燹餘，搜羅散佚奈空如。不容麟紀參盲史，願向龍威讀秘書。有迹山川何乃爾，無徵文獻益愁予。舊志山川疏略，羣、徐諸公本傳尤舛訛。貧糧可饋高朋在，只是年來嘆索居。余輯《武川備考》，山川多資郭子琳、徐子良、李書圃采訪之力，人物、古事取鄧子珣先生《八婺拾遺》。

南宋郎官經術明，况兼道學講東平。六丁何自將書去，二酉難爲肱篋行。賦海遺鹽終缺略，采珊沉網失晶瑩。瑶編竟付烟雲化，誰謂前賢賴後生。余輯《武川備考》，而二鞏遺集、徐文藁《周禮解》終不獲。

迂疏敢與搢紳群，種秫栽花意轉欣。山水有情迷謝客，版碑何故重韓文。窮搜金石真成癖，慣作鈔胥不算勤。兩腕風生頗自適，却慚健筆未淩雲。

老來漸覺作詩難，撚斷須莖放字安。且向他山攻玉石，江都方君爾咸，爲余點定詩集。還叫空谷采芝蘭。陸殿撰采《吟花館詩》、潘學使采《武川詩鈔》入《輶軒續集》。興高不爲催租敗，愁破頻教飲酒寬。却喜品題聲價重，徐陵一序冠篇端。安徽李提學序余詩集。

厭聽風聲且學聾，休誇耳順是明聰。濤興滄海謙天窄，客泛枯楂欲斗通。吾輩安閑真燕雀，世間得失付鷄蟲。祇堪十畝勤耕稼，轉抱殷憂願歲豐。

那堪身事向誰論，慣被春風總不温。蓮子携來心苦楚，梅妻老去月黄昏。一枝彩筆花無偶，百畝良田稻有孫。聊與家人謀斗酒，未須眉介始開樽。

兩丸日月去如梭，贏得頭顱白髮皤。生事大都愁裏計，光陰强半异鄉過。老猶作客緣身健，福不如人或壽多。此後倘能年歲假，好將晚節補蹉跎。

——《石城何氏宗譜》卷之庚《閒書録·詩》

附：祝何芰亭六十弧慶即次自述元韵

徐家驥

吉人福壽本天然，能得其真自永年。酒友吟朋遲頌禱，文魔字債總遷延。

空山尚有無窮業，斯世還多未了緣。花甲一周方履始，殘篇斷簡正須編。

門外向多載酒蹄，高人茅屋未妨低。木鷄自得真詮妙，凡鳥一憑過客題。權要當頭常退避，藝林把臂喜提携。詩壇文社，凡後來之秀多有因翁附人者。得天厚與物無忤，皮裹春秋總不迷。

樂此忘疲不厭忙，忙中頗有好時光。搜書手輯散亡句，翁輯《武川叢書》及志乘，閱數暑不倦。對客毫揮急就章。於應酬之作，詩筆最速。躁釋矜平情自適，品高累少壽彌昌。詩文來歷追韓杜，古調談餘孰與詳。

窮年兀兀課三餘，貌似勤勞意自如。博學不求延壽術，翁嘗自言不解醫理。長吟勝讀養生書。應酬事每甘從衆，鄉邑慶吊事，人多借重於翁，翁俱不辭。擡舉人多幸及予。翁於交游必高人位置者，冀其自勉也，故人皆以翁爲長者云。對宇瞻衡何處所，南湖水繞浣花居。

好愚真是大聰明，翁有時似無所知者。學養功深意氣平。只爲憐才多折節，翁於晉接有文墨者，輒自忘其尊。何曾學我誤同行。時人有謂後輩無翁之學與品，效翁之和而寬者，皆誤也，云云。言無老態花飛屑，面有童顔玉比瑩。和樂天懷人必壽，奚須世外覓長生。

喜歡緣結恰同群，農賈者流皆以翁爲可近。爲士爲農盡可忻。稼穡有謨承世業，翁率子姪讀書，不遺耕稼。詩書發迹重斯文。神完食息都從簡，一切饗飧、床榻、盥櫛概從方便，雖壯年不及，人皆以爲壽徵。身健起居好自勤。早把功名推後輩，悠悠任意作閑雲。

知己逢難報亦難，當年曾一到長安。翁爲瞿學憲所强，丙戌北上。違時既似冰投炭，溷迹何妨草伍蘭。遇不再求無伯樂，廉堪自將有倪寬。達觀歲月何曾限，德業文章正始端。

人生有味是癡聾，借用翁舊作成語。世事無端故掩聰。簡默時皆經閱歷，詼諧處却盡融通。固窮非效守株兔，執業真如食字蟲。未識膏粱與文繡，粹然道貌老逾豐。

稱觴無物不須論，客到偏多笑語溫。市遠幸饒蔬食美，談深每失漏更昏。執經問字來猶子，辟咡含飴調外孫。爲佐清高消磊塊，追歡尚有酒盈罇。

心夷不解用機梭，鬢髮而今未盡皤。真率曾英均可紹，良辰美景莫輕過。籌添宮綫陽初轉，十一月十二日。詩咏官梅興愈多。平素本無偏頗相，百年何至有蹉跎。

熙三百七十五芰亭公七十自述

纔過六旬旋七旬，匆匆倏度十年春。韶華已往隨風變，世事將來又日新。不廢江河經萬古，却留絲髮道千鈞。也思補救終無術，搔首空嗟鬢似銀。

守缺存殘不厭詳，硯田敢任久蕪荒。廿年嶽麓辭書院，壬午承乏壺山書院講席，至癸卯力辭。數卷圖經助職方。重訂《武川備考》。强半故交登鬼錄，吟花七友已亡其四。多資舊友饋貧糧。余輯《武川備考》，采鄧子珣《八婺拾遺》爲多。而"中星"則王芥舟，"地輿"則周磻溪、郭子琳、徐子良、李書圃、方謹齋，"職官"則湯斗齋互相參訂。空中歲月閑中度，只有搜羅鎮日忙。

治忽興衰歷史同，授書束髮啟童蒙。劉青田讀《史蒙》，求詳加注解。開天一畫原明道，輯《易學引悟》。淆亂群言示折衷。編《尊聖錄》。五百年來文士習，二三策取武成中。八股時文自前明至今取士，辛丑啟用經義策論，因輯《武川制藝叢話》。才思擲筆仍難了，垂老驚瞻劫火紅。革命黨擾邑，鈔錄文稿成《紅羊小劫》一卷。

栝蒼山水久句留，三度桃源紀勝游。第三次授徒俞川。人似陳蕃應下榻，客非王粲也登樓。丁酉至庚子均館俞家樓上。此邦佳士心頗許，沿路行窩足易投。西鄉一帶門生故舊款待殷勤。不使老夫閑老筆，文章詒作子孫謀。每有改作，家家珍藏。

杜母循良復見今，玉堂望重屈鳴琴。杜韋如大令以庶常來宰邑。下車便自邀青眼，一見如舊識。至室翻教愜素心。公以余褢足衙門，每折柬相招，且謂請托公事，固不可。若談道論文，何妨永朝永夕共相盤桓也。松棟梅梁工度木，公倡修學，大成殿棟撓，命余偕徐宏文物色大木，得之曲水故里，取用。賢關聖域字書金。配從栗主舊不合式，謹遵會典，易以新制，並各用金書。未成報最騎箕去，秩祀桐鄉遺愛深。公以憂旱禱雨疾，卒，邑人設位袝祀城隍。

勘破世情空萬緣，何妨遯迹静巖邊。辛丑至乙巳設館静巖寺。山
開顯德留周代，寺創後周顯德年。學講明招企宋賢。佞佛無心參妙
悟，爲儒自在不宗禪。漫勞冒雨臨車馬，半晌清談枉駕還。德麟閣
大令介葉朗甫貳尹至寺，延餘閱縣考卷，余以門生故舊多應試者，避嫌力辭，
貳尹茶話半日，往返皆在雨中。

有基勿壞傍城隈，卧榻奚容鼾睡來。前朝有祠堂，基在文興門外，
近有人謀占，余乃造屋。但願勤垣塗聖廡，休嗤無地起樓臺。余蓄材擬
作别墅，因祖屋事急，遂移以構。宅因近市先疇便，貨不居奇旅店開。
屋成，租與徽商作逆旅。術拙點金多酒債，許田何日贖將回。常帑不
敷，質田以應。

滿座春風講席温，衡文重與細評論。銅盤不負餐猶子，齏臼原
來是外孫。異地名成皆第一，俞生宣平縣考第一，姪爾熙府考第一，外孫
王葀門道考第一。同堂湊合小三元。秀才雖苦停科舉，轉幸龍門在
閉門。奉旨停考，而及門楊生、葉生、姪逢辰皆叨入泮，人謂封門秀才。

不知今日是何年，頭白偏逢離恨天。革命黨作亂。嚇殺巖前
開殺戒，嚇殺巖在西鄉。邑人謹願畏法，犯大辟者數年一見。本年五月革
命黨起，正法者二十四人。長安鄉裏少安眠。長安鄉，宋鄉名，今爲西南
三鄉界處。無端蠻觸睎朝露，賊黨五月十七起事，二十九日伏誅矣。到
處狼烽起夕烟。餘黨嘯聚鄰境。幸剩餘生塵劫後，敢希著作老
而傳。

錦屏珠字繡袍靴，無計能辭且受他。余本不作生日，而俞川門生
製錦，外孫王葀門自閩寄履，宗弟公蔭送綈袍。賤子原羞空外譽，誕辰況
是客中過。弧辰，余爲公蔭襄喪母葬事，在郡城。半生事恨從心少，五
福人言得壽多。《六十自述》有"福不如人或壽多"句，一友謂五福先壽，因
有此語。漫道古來希七十，渭濱釣叟自皤皤。

——《石城何氏宗譜》卷之庚《聞書録·詩》

熙二百零九恩貢雲軒公像贊　從弟何德潤謹題

　　制義金陳，端楷顏柳。冠軍入泮，多士稱首。貢樹分香，未縮墨綬。豈真數奇，才大不偶。迹其生平，課虛責有。涉世以和，居心以厚。時還讀書，興到飲酒。以茲碩望，譽滿人口。善可承先，穀能詒後。遺像宛然，展也不朽。

——《石城何氏宗譜》卷之庚《閭書録·贊》

熙三百九公贊

　　母存，子無死理。存母於不可存之日，毋寧子死而母存。趙苞殉名，徐庶承志，必有能辨之者矣。

——《石城何氏宗譜》卷之庚《閭書録·贊》

熙三百十八南屏公贊

　　學養有素，品行無瑕。處己以儉，克修於家。雁行穆穆，譜彼白華。賑饑禦寇，勞而勿誇。大府授職，榮寵屢加。子之無禄，能勿咨嗟。

——《石城何氏宗譜》卷之庚《閭書録·贊》

熙三百三十五明經約三公贊

　　天資明敏，筆力清剛。敦厥性情，蔚爲詞章。藻芹魯泮，米廩虞庠。棘闈躓步，貢樹分香。功餘黃卷，技擅青囊。一針腦後，三折肱良。守庚術妙，週甲齡長。名傳膠序，譽滿梓桑。箕裘業紹，

381

燕翼後昌。嗣人勖哉，手澤莫忘。

——《石城何氏宗譜》卷之庚《聞書録·贊》

熙三百四十日新像贊 族弟德潤謹題

翳維吾兄，成性存存。身游泮沼，志息田園。詒謀教誨，詩書討論。采芹有子，藝蘭生孫。眼見四代，慶萃一門。老當益壯，氣海常温。

——《石城何氏宗譜》卷之庚《聞書録·贊》

李處士錦峰良行百三十遺像七古
并潘孺人真像五古贊

家訓閣上空啼烏，西風無賴吹庭梧。久不見君見君圖，仿佛生前半白鬚。不愛倘來功名污，自甘終老布衣儒。不喜身向官府趨，縱招以旅足音無。世尚奔競嘲公迂，公非迂者乃丈夫，逸民獨行斯人徒。

婦人無外事，視其夫若子。良人古逸民，佳兒今秀士。不矜内助賢，其賢可知矣！夫人黄門後，來嬪青蓮李。李老能安貧，讀書不求仕。室無交謫聲，穆然居家理。送兒入膠庠，徐大宗師因子名蔚入泮，獎給其父匾曰“義方教子”。冠衣裳襪履。澣濯勤縫紉，慈柔垂令軌。身没十餘年，賢聲傳鄰里。展圖拜遺容，清芬誰舉似。雪巘六峰山，冰壺雙澗水。

時光緒二十六年歲在庚子嶺梅開月穀旦　武邑拔貢何德潤題

——《李氏宗譜》（民國乙丑年重修本）

書族兄樸齋請兵事（熙九十九）再從弟德潤撰

辛酉之難，惠邑令居南鄉民團中，率勇與賊攻，輒敗賊。自四月至六月，賊出死力相拒。惠令出文書一通，曰："誰為餘叩轅者？"樸齋慨然請行。時寇盜充斥，道途艱難，賊諜往來詗伺，機稍不密，輒為魚肉。而旁午軍書卒伍，遇居民，又恐為賊通消息，行輒不利。

樸齋既至省垣，巡撫王公方治軍書，覽狀，太息曰："蕞爾邑苦兵久矣！"問民勇與賊事。樸齋應對皆中機宜。王公喜曰："若何官？"曰："武義武生也。"問能籌餉否？曰："邑民男椎牛、婦執豆以俟官軍。願稍緩須臾，復見官威儀也。"王公大喜，自掀髯曰："何物秀才，得幹事如是！"出空名告身，曰："好為之，他日珊瑚冠行汝戴矣。"厥後，張道憲兵到古麗州，以浦江圍急，遂左旋，不果至。

嗚呼！秦庭慟哭，誰賦《無衣》？南人斷指，空嗟會食。王公之賢，足以秩前人矣。士不臨艱危，疇知其可用者？向令鞭長及腹，折箠笞賊，轉瞬間事耳！事與時違，每嘆扼腕。推其志，雖與解揚比烈可也！

——《石城何氏宗譜》卷之庚《閭書録·书事》

盛三十八淑川公序

性真渾厚，氣量寬宏。修躬以德，課子成名。緝譜牒以伸孝敬，樹綱常以為啟承。士夫敬仰，署縣事本府推官陳，聞其品行，敦請鄉飲。公力却弗就，曰：予何人，斯敢叨朝廷盛典哉！公誠一邑之首出者矣！

——《石城何氏宗譜》卷之庚《閭書録·序》

孝節張叔母傳（雍三百十三）〔一〕 侄德潤撰

家有婦而女者，姓張氏，小字斐。父監生景孝，授《女誡》，能上口。及笄，讀書識大誼。年十九，歸我叔父諱廷泮。僅匝月，叔卒，柩發引，叔母失聲長慟，頭觸舉血淋漓，執紼者皆大驚涕出。吾家姑姊妯娌及姻女送葬者競持之不得。姑童氏扶之曰：嗚呼！汝未嫁，吾兒病，姊妹皆汝憂。汝請父命來，死固汝志，如鬼餒而何？言已，大慟，旁勸者皆哭。叔母乃曰：死易耳！妾請任其難者。

居無何，伯姒生子尤，姑命叔母子之。尤長，工詩古文辭，補邑博士弟子員。每花朝月夕，妯娌譙歡，叔母向隅泣，見姑則言笑如平時。姑老且病，非叔母食不甘，寢不安，命叔母主內政者數年，姑卒。姑嘗爲叔母櫛縰，叔母晳，而文髮如雲，姑戲之曰：而猶女也。叔父故不良於行，又瘠弱多病，方合巹時，疾已亟，相者翼以行禮。禮成，僵臥別榻，初尚能絮語，旬日後，聲漸微，目瞪口哆。張匙藥輒嘔中衣，廁牏皆仗叔母，時昏時醒，迨易簀，猶未脫服。咸豐辛酉寇難，尤奉母居龍門山，中宵分，聞大吼聲，山谷若裂。遲明，視茅廬外虎迹大如鬥，尤有詩曰："三日纔成新婦禮，五旬不改女兒身。山君有意彰完節，也識平生齧藥人。"蓋紀實云。寇平之明年，尤又卒，薪米不自給，叔母安之。

同治癸酉年冬十一月十六日，叔母卒。先五年，知縣周貽綬、教諭朱鼎元、訓導盛贊堯申請知府徐寶治轉詳學使徐樹銘、巡撫李瀚章，疊加獎異。光緒丙戌秋七月，刑部郎中金華余烈上其事於禮部，奏閱請旌門，制曰：可。

——《石城何氏宗譜》卷之庚《聞書録·傳》

注〔一〕：此文《烟月山房文集》卷四收録，二者頗有出入，故録存之。

叔母董孺人節孝行狀_{（雍三百三十九）} 侄德潤撰

叔母董氏，廣川之後也。幼習姆訓，婉孌深閨。自納徵時，咸稱何氏得賢婦矣。年十七，歸我叔廷貴。

廷貴少讀書，咯血，日羸弱。叔母趨侍湯藥，眼脂糊兩眶不少倦。生一女二男，長即光漢兄，幼曰承林。而叔父卒，叔母一慟撲地，久之甦，水漿不入口，哀號僻踊，誓以身殉。娣姒數十輩競來勸慰，卒莫能解。姑王氏喻之曰：若即死，如呱呱者何？盍少寬待老嫗乎？叔母廼收泪強起，却簪珥，素衣疏食，迄今三十年。

姑性嚴，諸姒少不諧，即唾叱交集。叔母曲盡孝謹，甘食澣濯，嘗先得其歡心。後十年，姑卒，家亦析，二子出就外傅，叔母自是單持門户。光漢兄勤於學，晨自塾歸，揖起居畢，輒返學館，而家中米鹽凌雜，百須之具，叔母皆掌之，不以紛其志。兄嘗對潤言曰：某得阿妳健，亦是一分福氣。咸豐六年，兄入泮，今則以廩餼貢於廷。蓋自吾叔父始亡時，叔母茹荼嚙蘗，中更事寡姑，撫幼弱，卒使名成家立，而叔母之髮已種種矣。

同治庚午年十一月初四日，叔母卒。先數年，羅大令子森、周大令貽綬、知府事徐寶治、巡撫公李瀚章申請題旌冊。

——《石城何氏宗譜》卷之庚《聞書録·傳》

石城徐氏修譜序

石城徐氏，唐故倉部公後也。石城，文興門外地。縣故無城，熟溪齧其南，甃石爲防，命之曰“石城”。明崇禎十三年始築城，徐祠在城外。國朝嘉慶五年，以水患改建城南偏，其曰石城者，原始也。倉部政績，大略具黃文獻遺事。嘗濬清溪水，別爲洫；鑿石萬工山，分流灌田。人賴其利，謂其渠曰倉部堰，而廟祀於堰口。其後有諱嶠者，官司農卿，以善書見賞宋道君，高宗嘗題其卷，謂其有王逸少筆意。至勝朝有諱彥輝者，仕大理評事，以平反得宜稱，蘇學士伯衡表其墓。倉部以氣節、司農以文學、評事以政事，故至今言石城者，必曰三朝名宦云。

譜創自明萬曆，續修匪一，然不無殘缺失次。案黃文獻在元延祐時，已不能悉倉部之先世。譜昉自明中葉，何以倉部之祖若考，爵諱昭然也？康熙邑志云：倉部父慶，以子貴，贈官。譜則云趙璧生倉部，其別有軼說耶？抑一人而複名，而或前後改易耶？譜言倉部生起，起生公成，公成生進忠。進忠，唐元宗時刺史。按倉部與李茂貞同朝，乃唐昭宗時，上距元宗不啻百年，其誤可知。然則世系果可信歟？而仍之者何也！傳疑也，蓋言慎也。咸豐末年，祠爲粵寇燬。光緒乙酉，裔夢賢倡捐百金，子姓咸計口出率，乃建寢堂。光緒癸巳，族耄國銓、延榮、錫申、振翼、福申、國錩、贊虞者，重編華乘，丐潤弁其端。潤始祖宋末自栝蒼來遷，居石城頭，祠堂在城西偏，與徐祠間一文興門耳！今邑人尚呼石城何、石城徐也，地相比也，族相聚也。雖謭陋，不可以無言，乃書所見如此。徐氏諸公繁而昌，文而有禮，承累代簪笏之遺，必有光宗而華國者。若政事，若文學，若氣節，行將率乃祖考之彝訓，而爲我武之右族矣。

光緒十九年下四月吉旦，八旗官學教習癸酉拔貢邑人何德潤頓首拜撰。

——《武陽石城徐氏宗譜》（光緒戊申年重修本）

茂才徐思齋先生傳（悌三百三十五）

先生姓徐，諱國光，字上觀，思齋其號也，居邑西長壽鄉銅泉里。幼穎異，善記誦，既長，就試有司，屢占榜首。當時同業，時文有陳生國楨、王生國翰。科試案發，三生者必前列，人有三國之目。赴鄉闈，屢薦不售，竟以增廣生員老。徐故大族，鼻祖倉部郎中在晚唐時以氣節抗節度使，又誅吏之不法者，主威以立。在告後，嘗建崇元觀於邑之太平鄉。自宋至國朝，修葺匪一，因以祀倉部公。先生司觀事，錢穀出納惟謹，俎豆益豐潔。倉部孫行貴一者，有專祠在治西法雲寺巷。先生司祠事，數十年一如其崇元觀者。銅泉里之下楊汛有堤，諺曰三千六硬者，藉以禦劉巖下之水，蓄洩不時、田淤旱弗治。先生倡修築，堅且固，田無水患，畝收益倍。此其事之卓卓者。前邑令李檢齋、宋鷺洲皆以名進士來宰邑，器重先生。而先生非邑大夫召不往，凡邑中公事善舉可以興利者，先生與焉。歿之日，鄉人嗟惜之。子五，長次三皆太學生，孫數人業儒，有入庠者。

何子曰：余嘗過銅泉，聞父老言，談先生事，娓娓不休。步堤上，豐碑屹立，有先生名。余耳熟久矣，今年夏，徐族修譜，其宗人以狀丐作傳，知之益詳。嗟夫！先生獨不出所學，爲時用耳！鬱鬱窗下，爲其分所當爲，不可謂非能自樹立者也。古人有言：一命之士，存心利物，必有所濟信哉！

時同治庚午年夏月吉旦，烟月山人何德潤撰。

——《武陽石城徐氏宗譜》（光緒戊申年重修本）

徐節母丁孺人序

譜，家書也，而有史之義例。史有列女一門，所以表閨範。譜亦如之，其有青年矢志白首完貞者，例得特書大書，以篤內行焉。石城徐氏，自倉部公以忠直著於唐季，其流風餘韻，歷朝未艾，自科名氣節而外，婦之以節著者，不一而足焉。丁孺人者，邑西鄉山村人也。與巖下地相接，及笄，適生員徐翁諱卓貴。生子而翁即世，孺人是時年方三十歲。以其居之不善也，携孤兒入母家，以撫以育，頗得其母兄之助。子長，教之讀書，應試入邑庠，爲諸生，爲之娶婦。子又生子，孫又生孫，節母年八十餘，而徐家已四世矣。孫應童子試，會停科舉，乃援例入太學。而山村之居盛於巖下，宗族以其子善幹事，俾之經理祠事，錢穀出入、春秋享祀，咸有條理，嘖嘖稱其賢，且謂非母夫人之教不及此。僉議將以節母之行義請之學官，沐旌典，而先屬爲序。余族於石城，爲鄰地，相近也。節母之子振翼、孫希勉，嘗從余問字，故得悉其家世，可以無言乎？嗟夫，婦人之道，從一而終，窮簷苦節，朝廷所貴。內行之足維風化也久矣，況乎撫幼成家，弱而植之，微而著之。如丁孺人，使其生爲男子，爲王家幹濟艱難，則靡鬲之興夏，嬰、杵之存趙，何多讓焉！惜乎，其限於天也。雖然，支撐門户，石城氏重有賴矣，是宜大書特書，以爲其宗勸。

　　時光緒戊申秋七月　　立秋前五日　　何德潤撰

——《武陽石城徐氏宗譜》（光緒戊申年重修本）

鍾烈婦傳（孝八十五）

　　鍾烈婦，武生永槐之女。年十八，適徐卓典。徐居下楊汛，鍾居宏閣嶺下。由宏閣嶺至下楊汛，必渡梁溪。梁溪迤歷山下，下有梁宅，宋故吏部梁公居也，因曰梁溪。想烈婦于歸時，褵馬香車，從梁溪來也。卓典，儒家子。祖諱國光，邑增生。父曰兆泰。卓典讀書能文，未及試，得疾，日咯血，三年卒。烈婦屏鉛華，操井臼，勵箴管，以事舅姑。舅姑甚憐其志。

　　咸豐十有一年，粵賊陷邑，烈婦懼辱，縫衣及裳，上下甚密。下楊汛既留孔道，絡繹搜括，宵晝不安。而近梁溪里許，多小山谷，箐莽可匿。其年秋八月二十日，賊踪迹及之，烈婦呼諸女伴曰：若等有夫，可少延，儂去矣，從亡人于地下矣。投歷山橋下，死時年三十

388

有六歲,距夫亡一十有六年。賊少休,家人獲其屍,漂流數里,縫紉如故。同治七年申詳,題旌册。烈婦無子女。

贊曰:余嘗過梁溪,居人嘖嘖談烈婦事,與清波相映,爲之溯洄不能去。會同年友楊君善法,持行狀,命作傳。楊君與烈婦同里,且有中表親,宜其詳也。梁溪一綫流,晴涸雨漲。方烈婦投橋時,大雨連旬,山水暴發云。嗚呼!梁吏部不可作矣,今以烈婦之死,溪亦生色。水有知,當鼓洪濤高千百丈,爲幽人濯玉魄哉!

時大清同治上章敦牂之歲,孟夏下澣,烟月居士何德潤撰。

——《武陽石城徐氏宗譜》(光緒戊申年重修本)

徐貴一祠重建門廳重修寢室記

貴一公祠,肇自康熙間。咸豐末年,爲粤寇所燬。同治年間,成寢室。光緒己丑,成廳事。前記已詳矣。顧舊祠之制,有寢以妥靈,有廳事以行禮,有門以謹出入、司啟閉。寢成、堂備而門不具,非所以嚴祀事也。乃復積先疇之所入,不給於用,則又捐族之贏於財者,鳩工庀材,畚築塗茨,於己亥年成門廳三間。旁夾以房,房有樓以儲粟。門外有園門,前垣一堵,以爲屏障。園之西鑿垣、蓋宇爲便門。而同治壬申年所建置寢室,易其朽,華其樸,飾以塈,砌以石。蓋祖宗憑依之所,不得不兢兢致慎也。寢堂之西有隙地,則又添造厨房,而祠堂之規模於是乎大備矣!歲戊申,其族有重編譜牒之役,族之髦屬余記。竊謂祠堂所以教孝也,孝莫重於奉先。寢則先靈之所棲也,門則子姓之所出入也。入孝出弟,南洲之英,東海之支,其必有顧名思義,而孝弟之心油然生於不自已者。則是門之作、寢之修,固當大書特書,以詔後人也。出錢子孫,準古金石例,例諸并書。

光緒戊申夏五，邑人何德潤記。

雄二百六十四尚功　隽二本源

敦四百十一朝伯　敬百七十三有科、百七十五有匡

愷三百十樹紳　悌八百二十九志鐄

端五百七十五金賓　端六百四十六法岳

以上各出英洋壹拾員正，給胙一勉。

端七百八十四鐘慶，出英洋伍員正，給胙半勉。

端八百上全，出英洋壹拾員正，給胙一勉。

端八百二十四錫祥，出英洋壹拾貳元正，給胙一勉。

孝八十八長德，出英洋叁拾元正，給胙三勉。

孝三百七十一景發，出英洋壹拾元正，給胙一勉。

——《武陽石城徐氏宗譜》（光緒戊申年重修本）

重建徐貴一公祠堂記

徐貴一公，祠堂在治西法雲寺巷，唐故倉部公後也。自倉部等而下之十七世諱才者，居石城，故稱。石城徐氏有軍民二派，貴一公軍派也，諱彬，字守賢，等而上之，距居石城者七世矣，距倉部公則二十三世也。

國朝康熙間，始立專祠祀公，而仍奉倉部爲不祧之祖。貴一公行事不少概見，然傳寝遠而族寝大，其必有潛德以裕後者，抑亦倉部之遺澤未泯也。咸豐末，祠拆燬於寇。既昇平，積祭產之餘，猶不足，乃計口出率，經營鳩庀，以同治壬申成寝室五楹，神有憑依矣。升階俎豆，位未備也，則又釀金。如前光緒己丑成廳事，楹三，夾以房，翼以廂，庖湢門垣，大略具。春秋享祀，曠如也，蕭如也。徐氏子姓，可謂知本矣。倉部際唐之季，主屖臣悍，已駸駸乎有不可支之勢，獨能抑強藩，樹國威，使得竟其用，未始不可漸復貞觀開

元之盛，惜齟齬不合，引身而退。然出其緒餘，尚足爲鄉人興水利，即田功，賢豪之作用如此。貴一公復克承之以忠厚，守之以勤儉，綿延至今，椒衍祋茂，人文雀起，蔚爲詩禮之宗。所謂盛德必百世祀，豈虛語哉！而其賢裔於兵戈仳離之後，不忘敦宗睦族之心，俾新廟翼翼，以孝以享，尤可嘉也。今夏修華乘，丐潤記。潤不文，聊爲書其巔末，且道其本於祖功宗德者，用勖宗人云。

時光緒癸巳夏四月吉旦　邑人何德潤撰。

重建寢室總理思榮、顯揚，各給胙一觔。

副理夢賢、顯璋，各給胙一觔。

協理兆孫成棋、海壽、卓軍，各給胙半觔。

重建中廳總理國銓，給胙一觔。

——《武陽石城徐氏宗譜》（光緒戊申年重修本）

太學生徐大成先生傳（端三百六十八）

徐君諱顯揚，字振聲，號大成。初讀書，應童試不售，援例納粟入太學。爲人愿而敏，直而慎，鄉鄰有事必爲排解，無不得其意以去。蔭暍之亭，叢神之廟，崎嶇之途，浮屠老子之宮，凡有興作，或倡捐，或司事，無不與焉。鄉人倚之，爲其不乾没也。徐爲邑大族，石城徐祠在城南隅，先生之大宗也。貴一公祠在治西，其專祠也。經紀其事數十年。祠燬於寇，重爲興土木，勞獨任焉。其居在邑南鄙，又立祠堂於其村，以便歲時奉祀，其務本如此。生丈夫子三，長國銓，太學生。

何子曰：尊祖敬宗，人生之大事也。徐太學爲族之髦綽，有成效可觀，豈非務知大者、遠者乎？排難解紛，本孝愛之心以抒其餘，宜爲鄉評所推也。石城之族，大而繁，非如太學者支撐其間，烏足光大門閭哉！繼志述事，其嗣人庶幾勉之。

時光緒癸巳年夏月吉旦，八旗官學教習癸酉拔貢邑人何德潤撰。

——《武陽石城徐氏宗譜》（光緒戊申年重修本）

恭祝大京元何錢選先生大人七秩大慶

十月維良，早協應鍾之律；七旬曰老，還分杖國之榮。自古寶藏逢僧，官登三品；樂天吟句，俸獲五千。昭素講經，闡乾爻之九五；徐陵對使，大孔子之三年。固足勳勒汗青，身膺紆紫已。若夫詩歌難老，禮載有終。异渭水翼周，遜商山匡漢。田間日月，乃彌永於桑榆；世外丰姿，非先零於蒲柳。斯亦屈馮唐於郎署，良貴自尊；辱絳老於泥塗，疑年待問。如吾宗錢選翁者，氏則漢掾宋相，姓則韓冑姬宗。言乎里則山泉雙出，社遺趙下之枌；言乎居則野店一廛，名借沈樓之重。少承乾覆，長獲師嚴，口上中經，名升太學。循陔蘭之色養，歌棣萼之韓華。配鴻有妻，雛鳳生子，蘭蓀林立，芝茁砌芳。罜罜考祥，瀼瀼集祜。難僕更而數，可覼縷而陳。

一曰勤。大禹治邦，胼手胝足；敬姜訓子，勞善逸淫。非蛾術之必時，將燕安之爲壽。翁則夕猶運甓，起不量磚。望杏瞻蒲，無石田之豐草；采山釣水，乃茹美而食鮮。朝暋不遑，良有以也；夕惕若厲，亶其然乎。

一曰儉。御孫示德之共，晏子救奢以禮。是知燭奴燈婢，道失保家；象箸玉杯，事非守國。翁則飯齊卿至脫粟，寢漢相質布衾。倒鳳顛吳，無衣裘之童子；蓬頭椎髻，有曳柴之夫人。此又牆屋不修，作蕭條之寒士。軒車難入，來折節之貴游者矣。

一曰守分。感分遺身，相矜雄俊。背公狥黨，不乏狹邪。失意而白刃相仇，然諾而黃金不易，斯皆三輔之惡少、六國之罪人。翁則言懍括囊，行廑攬轡，猶爲謹飭之士。鵠刻何傷，推厥惶恐之心；

馬書非誤，是又擁罏畫灰。無茲周密，繫舟脱帶，未謂過防者矣。

一曰急公。虜乃守錢，奴惟貪利。誰懷銀而授其子，或償金不語諸人。翁則施粟爲仁，撫銅非臭，效馮煖之焚券，仿劉翊之下車。米困應公瑾之求，麥舟濟曼卿之急。斯又解驂而贖石父，與共載歸；營緜以救仲翔，無妨居貨已。

綜資四善，遂表一鄉。莨親式厥芳型，枌社儀其雅範。遂肇懸弧之慶，用騰樽酒之歡。火棗交梨，共介眉於鮐耇；錦屏珠字，加額祝以龍雕。潤忝屬宗人，久懷長者，記昨日鍾離修學，曾謁高門；況今茲廷秀歌詩，敢忘叔父？鼇峰塔峻，早開嶺上梅花；馬巢山高，久茂冬時松柏。從此以年以德稱疊鑠，而列盛會於耆英；行看日耄曰期邀經綸，而作熙朝之人瑞。

時龍飛光緒歲次充光赤奮若律中應鍾中澣吉旦，八旗教習選拔貢生宗弟德潤頓首拜撰。宗人瑞芝沐手敬書。

——《雙泉何氏宗譜》（光緒甲辰年續修本）

蘭臺先生叔大人七秩鴻禧

四月夏之首，增春日之舒長；七十古來稀，錫今人之難老。飄飄乎有風塵外意，郎朗然如玉山上行。唯天趣之清超，允堪醫俗；斯性真之純固，足以延年。萬卷擁書，南面不移其樂；三清受籙，東公載錫之齡。懿哉，其惟我蘭臺先生乎！夫河流九曲，源自崑墟；雨澤崇朝，雲興岱頂。必其來之有自，廼以盛而斯傳。先生則丞相故家，宋丞相諱執中。御史遺笏。諱澹。遠祖爲長沙太守，諱貴。林下掛冠；近祖乃牖承先生，床前留硯。牖承先生諱元啟，博學端品，學者推重。艸堂標東山之號，東山草堂，徐相國潮書。著作睠北游之踪。師呂公，有《北游草》。碧筠山深，廣儲文史；雲舉公建碧筠山房。碧天庵古，並溯風徽。碧天庵在寶泉巖。其承先有如此者。

幼承乾蔭，長得師資。文舉在成童，早推佳器；賈生雖季少，已著英聲。縱步未躡乎青雲，頭渾搔夫白髮，而觀光上國，聽樂辟雍。貧不鬻書，留一經以教子；藏書極富。力倡修譜，率合族以亢宗。譜有亢宗録。其裕後有如此者。

自古大年必推詩老，高達夫學吟四十，韋應物邁壽百齡。豈嘔心肝，嘆錦囊之空貯；乃攄性情，得氣海之常温。先生則捷並八叉，才驚七步。翔鴛鴦於崔氏，飛胡蝶於謝家。白傅之吟，索解人於老嫗；荀鶴之什，稱家教於太公。其詩才有如此者。

百壺千鍾，聖賢不廢；七賢六逸，君子攸行。與其問舍求田，下元龍之百尺；何若左螯右酒，了畢卓之一生？先生則邱本築糟，田皆種秫。松窗讀書，時舉一觴；苔榻留賓，不辭百斗。座呼紅友，那知世上黄金；杖掛青銅，時買村中緑蟻。劉伯倫醒時無幾，范文正醉後彌恭。其酒真有如此者。

若夫發思古之幽情，攄懷舊之蓄念。鳳池院圮，幾如炬乎祖龍；寶泉水香，不再游乎驄馬。先生則會成九日，屋茸數椽。帽落龍山，乃宏開乎詩社；人資蛾術，遂復嘵乎書聲。寶泉巖庵，舊祀太守公，幾廢，先生捐田，以每年九日登高賦詩，侑公邑之能吟者，咸許與宴。又倡修鳳池書院。此可謂振拔流俗者矣。

至如白馬馹濤，紅羊入劫。衝錢江之浪，羽亦沉舟；攖粵寇至鋒，人驚蹈刃。先生則半生忠信，一致險夷。心有靈犀，自得分流而出；身多仙骨，偏無兵解之奇。先生嘗觀濤錢江，為潮頭捲入，旋浮出。又陷粵賊，賊欲殺而刀折，遂無恙，尋脱出。此又可謂吉人天相者矣。

今茲朱櫻登盤，黄梅佐酒。節逾浴佛，歡喜佛米汁自甘；人羨詩仙，地行僊童真不老。鹿車携手，鴻案齊眉。膝繞萊衣，砌盈蘭玉。錦屏燦列，珠屢紛來。莫不獻奚斯之一篇，進麥邱之三祝。而潤也才羞樗散，根附瓜綿。名士筵開，他時再續耆英之會；老人星照，此夕已輝榮壽之堂。

先生鬚羨如仙，量洪善飲，其亦恕鰍生之狂妄，爐燕喜之清歡也乎！

時龍飛光緒閼逢涒灘之歲律中仲呂中澣吉旦，族侄德潤頓首拜撰。

——《雙泉何氏宗譜》（光緒甲辰年續修本）

恭祝大京元何賞春先生大人六秩大慶

錢選翁則席憲言，懸車息駕，固已年登祖壽、人慶古稀矣。乃其介弟賞春翁者，少孟氏之十年，年方周甲；後乃兄之三月，月屆降庚。登梅閣而吟香，問竹橋以通訊，其門第同也。聽辟雍之鐘鼓，講圜橋之經書，其功名同也。菜寒一畦，麥收十斛。臨風而竹葉萬个，入山而木奴千頭，其恒產同也。案舉鴻妻，庭游麟子。青衿白裕，蜚鬯舍之英聲；紫芋紅薑，譜田家之況味。其厚福同也。是則擬子由之品，即在大蘇；論景文之儀，可概小宋，又何煩詞惟毛舉，頌贄手仇哉！而僕獨有感於懷來，為客且敷陳夫覼縷。

夫撫韡韡之鄂，應念孔懷；嗰駪駪之弓，豈任翩反？自枕邊巧以鶯語，致天際孤其雁群。或召而散金，或縱而尋斧，或攻以火，或閱于牆。曠林干戈，每多相尋之日；淮南布粟，竟致不容之謠。此雖煮豆燃萁，忍于太急；抑或瓜綿瓞茂，不克庇根。翁則樹戒分荊，塘堪夢草；射牛不問，擁馬無聞。相聚廳堂，元慶未常先食；不私錢帛，孝暐奉以終身。構宅舍以連雲，樓高花蕚；脫簑衣而臥月，被暖姜床。雖兩鳳十龍，未遑比烈；而雙珠連璧，實乃合稱。況夫志各勵夫清高，名同歸于廉讓。時還拊背，若涑水之于伯康；盡與為傭，如仲虞之感縣吏。則宜乎勝非斷手，同凝錫嘏之符；友自同心，共握養生之印也。今日者，粥餘臘八，酒熟冬三，沐養國之崇優，邀杖鄉之盛典。曰耆曰老，無彼竭而我盈；以德以年，乃兄先而弟後。所謂一門志盛，二難並稱。德厚而信矼，仁至而壽酬者矣。潤也式此怡怡，撫兹冉冉，屬乞言于長老，乃致語于大齊。登黃嶺之山，仰瞻椿崴；酌寶泉之水，用列桃罇。所願絹夢粒吞，現綵鬖青瞳之相；庶幾綍宣綸錫，博金章紫綬之榮。

時龍飛光緒重光赤奮若律中大呂全浣吉旦，八旗教習選拔貢生何德潤撰。

——《雙泉何氏宗譜》（民國庚申年續修本）

恭祝大明經童蓮塘童先生大人七秩榮慶

古之蓄道德、能文章者必壽，微獨香山洛社，非七十不與也。漢伏生、轅固，年皆八九十崴。唐宋間，劉夢得七十二崴，白樂天七十五崴，羅昭諫七十七崴，蘇子由、陸務觀、洪景盧或七十有餘崴，或八十有餘崴。文寬夫年九十餘，韋蘇州年且百有餘崴。天於是人，非有偏厚，道氣之彌綸，足以承天而永精神於不敝也。然世之老壽常有，而道德文章之士不常有，則又未嘗不嘆天以庸福縶庸人，聽其罔生于天地間，而因以知天之珍惜富貴壽考，必不如其珍惜道德文章。誠蓄道德而能文章，而又加以壽耉，縱不必顯榮安富，而天爵自高，天休滋至，爲可貴也。蓮塘先生其庶幾乎！事親順，待人誠，立身行己，矚然不污。於書無所不讀，由諸生貢於廷，未赴，視一切世情泊如也。足迹不入公門，雖尊官大吏，莫得見其面，其志操如此。家故饒，經寇中落，無端搆難。邑令稔知其賢，得無事而居間者，費已不下千金，此固於盛德無加損，而當時之爲之謀者可知矣。吾邑自朱菊山、鍾蓭泉、王荔村、何雪耘後，古文詩辭不作者且百年，先生爲古文詩于舉世不爲之日，其聲大而遠，其言醇而肆，格老而氣蒼，句奇而語重。披挾兔册，瞠目而視，不能句讀，或轉嗤其無用；而延武川文學一綫之傳者，決非先生莫屬。先生氣度沖夷，不校人世得失是非，日飲醇酒而已。間以其餘作山水，意思蕭散，解衣盤礴，興到則不規規於形似，而米顛、倪迂遇諸目前，殆所謂無聲之詩邪！又以其餘爲醫，立方妙參活法，時見效，然則良相之才乃寓良醫也！

今年七十矣，環其居者將以詞頌祝，而屬僕代言。僕嘗謂士人束髮受書，費心力於時文，即能獵巍科、躋膴仕，而道未明於當，躬學不紹夫古人，清夜捫心，未免虛生一世。誠有旁搜遠紹，浸淫乎兩漢，胎孕乎三唐，明仁義道德之説，發議論而著聲歌，縱未致之於聖王，達之於賢相，和聲以鳴國家之盛，而大義微言，賴以闡發。後生小子考德而問業，信於今必傳於後，無疑也。此其人之有係于世也如此，天之厚以高年，俾老其才以成之也，固宜。僕晤先生始於龍門山，與山樓者累月。當是時，鄉勇築土堡抗賊，而吾二人評論今古，高談雄辨，聲與礮烽相徹。間或拈韵唱和，如《武城敗仗》《郭洞勝仗》等什，《龍門草》可復按也。已而先生入栝蒼山，猶時以詩見貽。迄今二三十年，每一憶之，歷歷在目，重復自恨頻年傭書，不獲常侍几杖，得以教所不逮。今以諸君子之請，不敢以固陋辭，又不敢爲張冠李戴之語誣我先生，唯道其命於天者，諸君子爲先生侑一觴而倒金叵羅也！先生倘不以僕言爲鄙，當浮一大白。

時光緒御極之十有八年，歲在元黓執徐律中夷則壁卦行否全澥之吉旦，邑拔貢姻晚生何德潤頓首拜撰。

——《武康童氏宗譜》民國丁亥年重修

恭祝大明經甘美鞏先生大人六帙大慶

時維九月，斗指戌以呈祥；年屆六旬，星降庚而葉瑞。古沐杖郷之典，今邀養國之榮。修德延年，敦仁致壽。況輝科名於累葉，南渡家移；而傳理學於一門，東平派衍。有如甘美先生者，山堂是其鼻祖，栗齋厥有耳孫。得姓周朝，著名宋代。臺標巴婦，陸放翁之志綦詳；居傍曲湖，宋學士之文可證。詩書門第，簪笏家聲。承爾清風，養隆愛日。昆季合壎篪之奏，子孫騰蘭桂之芳。溯厥幼齡，夙違乾蔭；逮乎就傅，長得師資。孔融少有异才，黄琬早而聰慧。既游心於竹素，旋篤志於鉛丹。方期雲路即登，擢奇才於八斗；争奈風檐屢蹶，慳論秀之三升。遂乃習禮園橋，以貲郎而入選；分香貢樹，占上國之觀光。文史鑽研，存螢窗之目笑；米鹽凌雜，致兔册之躬親。操作勤勞，惜分陰於陶侃；居平謹慎，效擊轂之袁生。裴垣之撤匾資，自昭儉樸；陳平之分社肉，允著大功。譽滿枌鄉，頌盈梓里。是則然矣，尤有進焉。且夫世胄簪纓，家乘之纂修非易；宗祊磐石，影堂之締造更難。重以自宋而元，經兵及燹。付阿房宮於一炬，誰爲魯殿之僅存；藏壁簡以幾編，或恐秦書之俱燼。

先生則敦宗有志，收族爲心。爰肯構而肯堂，寢庭翼翼；俾曰嘗而曰礿，俎豆莘莘。昭穆一龕，儼若山陽祖澤；孫曾卅代，依然真定本支。猶復廑念遺書，慨懷先德，搜零章於敝篋，獲斷簡於殘書。羌徵獻以訪文，聊拾遺而補缺。廿七卷之詩集，一十帙之家書，類皆取碎玉於鄧林，撈遺珠於滄海。僅存十一，想夫家學淵源；不朽在三，足式後賢模範。遂使水簾亭之唱和，四賢堪溯芳踪；明招山之生徒，千載如聞謦欬。他如購膏腴以養士，是曰儒田；造舟楫以濟人，亦名野渡。育嬰堂之贈匾，尚義見褒；熟溪橋之勒碑，樂施共許。則豈徒一身自保，求田問舍之卑；三黨共霑，推食解衣之惠云爾哉！今者菊香老圃，萸采秋山。搓手綠橙，不啻交梨火棗；盈眸紅樹，相輝珠字錦屏。凡契蘭言，若聯荇戚。羨齊眉於鴻桉，慶繞膝於麟庭。謂耳順韶華，咸推長者。矧口碑傳頌，益表伊人。綿祺祉於林壬，輝兹錦製；祝迴環之花甲，丐我蕪詞。潤未炙牛心，徒增馬齒。相知誼忝，非致餼乎虛車；徵信辭陳，願彌堅夫晚節。自握養生之印，護國寺前；誰爲種壽之泉，鞏家井畔。庶幾哉里稱昭化，式燕而娛逸老於耄期；鄉號太平，扶鳩而觀熙朝之人瑞矣。

時宣統紀年，歲次屠維作噩律中無射全浣吉旦，八旗官學教習癸酉拔貢眷弟何德潤頓首拜撰。

絹夢延齡，粒吞益算。邑庠生姻晚生李載春頓首拜撰。

——《武川曲湖鞏氏》（民國戊辰年重修本）

河澗俞氏重修宗譜序

有明二百七十餘年，婦女之以節聞者何限！而我邑王孝子室俞，獨以烈大書於國史，一門綱常，炳彪千古。邑城書之，宣志書之，俞譜亦書之。婦人内夫家，而推其自出，醴原芝本，烏能自已？然則俞爲宣平右族也審矣！

宣舊隸麗水，明景泰中始分治。俞鼻祖廿二府君在南宋已宦松陽，卒任所，櫬過俞川，卜窆歾。今之華表巍峨矗於祠前者，府君壟也。俞川介我邑西，宋季朱考亭、吕東萊講學於邑，流風餘韵，旁溢鄰壤。而洪武初，宋學士景濂、蘇學士伯衡來游來歌，遺墨猶存。自是以來，沐浴於中原文獻之澤，有觀政禮部者，有尹宜黄者，鄉貢且綿綿不絶，學使按臨，鶯嘲茆蕽，踵相接。宣人有"無俞不開榜"之諺。烏乎！亢宗之故，豈不以聲名文物哉！俞族既甲於宣，生齒又繁衍，分房列居，曰進士門，曰上宅，曰下宅，曰六峰館，曰下市街，曰下明堂，曰大屋裏，播遷他鄉不在此數，而皆係廿二府君之苗裔。譜之修也，匪自今昉，然自同治乙丑重葺後，迄今已二十許稔，乃開局珥筆而丏余序。余客俞川久，熟悉風尚，無告訐之習，無驕亢刻驚之俗。厥長老畏官府，重犯法、樂施予，恂恂謹愿，厥子弟彬彬然、斷斷然，以進身膠序爲榮。鵲起鵬搏，拭目可俟。蓋其祖宗功德之留貽，發爲孝慈廉節，今不殊於昔。矧又聚族以居，雖緦麻祖免，皆可朝夕會晤。歲時綴饗，無同祖而不相謀面之譏，則所以抒敦睦而行任恤者，良爲易易，而其登於圖書，蔚爲華國者，又何如輝煌也。余不文，憶前歲栝蒼修志，曾爲采俞之義烈達之上官。今以族髦之請也，輒據臆見書之，以諗河潤諸君子。

時皇清光緒十有一年，歲次旃蒙作噩律中中呂中澣吉旦，武義何德潤撰。

——《俞源俞氏宗譜》（光緒乙酉年續修本）

明經俞君傳

君姓俞，諱思襄，字贊廷，宣平之附貢士也。祖林檀，父大鴻，皆以善聞。君承其緒而光大之，隣里賴以舉火者若而人，婣黨賴以婚嫁者若而人，戚友賴以喪葬者若而人。君既許諾，雖囊無餘財，必竭蹶將之，無吝色也。咸豐辛酉，粵賊陷宣平，君偕里人、團鄉勇禦賊。勇敗，賊踞其村，揚言焚宗祠，爲索略計。時君已退保山中，諜者以告，君曰："略賊不可，焚祠亦不可。事有權詭，吾計決矣。"乃乞貸於人，得金納略，而陰集丁壯，嚴部署，乘賊不備，逐出村。會林軍門以臺灣勇克復，宣平賊退，祠得無恙。君元配楊氏，生丈夫子二：長廷鑾，庠生；幼廷選，監生。女子一，適贈雲騎尉、武義庠生徐寶光。繼娶王，無出。孫三：長士心，次士奇，三潤福，皆監生。君春秋高，子先亡，長幼孫亦亡，惟仲孫侍。元孫三：金美、金鏐、金綏。人或爲君悲其遇，而君之敦氣誼、尚然諾，雖老不衰也。君性氣和平，吶吶如勿能言，與之談古書，則傾筐倒篋，娓娓不倦。晚年益以觀書自娛。光緒己卯春，觀優於宗祠，既歸，體不適，曰："大化既乘，吾其行乎！"翼日卒，年八十有一。

何子曰：力行善而不獲福，或疑天之報施未必不爽，而不知天固有以成之也。士君子修身立命，自有足以千古者，區區境遇，奚論焉！造化顛倒斯人，或扼其遇而進之，或厚其毒而抑之，未可以臆測，惟不因境而易其所守，則始終爲完人也。若君者，固天之獨厚也已！

時光緒十一年歲次乙酉端月，武義選拔貢生何德潤君慎撰。

——《俞源俞氏宗譜》（光緒乙酉年續修本）

俞 左 三 傳

君姓俞，諱文瑛，字修五，又字左三，處州之宣平人也。父廪貢芳亭府君，擁巨貲，好施濟。比君生，而芳亭已耄矣。君幼慧，就塾學舉業，而承先人股盈之業，遠近叩捐，户外屨滿，君一一應之。其最者，處郡試院前有長廊以待多士，君獨建之。武義西鄙萬名橋，君既輸五百金，又爲石闌於上。是時金陵久陷，賊氛擾浙東，兵餉旁午。君捐粟千石，以功授議叙。而君耻爲貲郎，復就試府縣，旋以疾卒，年僅十有九。君卒，賊入宣武，石闌功纔半，克復後，子作豐成之。君丈夫子一，即作豐。女子子一。娶徐，繼室鄭。光緒乙酉，俞族修譜，作豐以狀丐傳，乃爲書其略云。

何子曰：疏廣有言，賢而多財，則損其貲，余謂此特一偏之説耳！使損於已而益於人，則多財乃正所以善用財也。貧士雖有濟人之志，苦於無所藉，故知用財者每無財之可用，而不能用者，又積於無用而或且妄用。然則如君者，豈非善用財哉！悲夫，不永年也！君死後，浙東大亂，宣平陷賊者年餘，死亡疾疫，流離滿目。使君而在，其用財而濟人，當如何也？又重可悲矣！

時光緒十一年歲次乙酉孟夏月吉旦，明招外史何德潤撰。

——《俞源俞氏宗譜》（光緒乙酉年續修本）

諸生俞君昭德小傳

君諱象晋，姓俞，望出河間，字昭德，宣平之諸生也。祖諱大賓，歲貢士；父諱思韶，武學生。君幼失怙恃，撫育於大父。大父春秋高，得疾長卧，飲啜便溺皆需人扶。君以嫡長孫，隨諸父思濬、思聖及其弟良起輩，更番入侍，晝夜不懈，中衣廁牏皆躬自洗滌，如萬名君故事。大父性卞急，少不愜，擊床呼叱，君家人先意承志，退無後言，凡三年卒，喪葬如禮。君性樸直，屏紛華，視功名澹如也，惟善飲。君家素以酒德聞，歲時伏臘，聚少長以次坐，席有醉客而無譁言，比宴賓，拇戰觴籌，交錯杯盤，賓不勝酒，必扃門而留之，盡醉乃已，有投轄風。君恂恂不勝衣，寡言笑，然至意有所不可，必明目張膽言之，顏發赤，勿顧人訕也。無事則飲醇而已。宣平令以事至其村，君方醉，謁者強見之。君扶醉行，長揖時，不知剌之落於地。令哂曰：生亦愛杯中物耶？君對曰：生員無日不在醉鄉中，樂此不疲也。令大笑曰：不圖劉伯倫復見於今。

君媲氏王。丈夫子三：長錦浪，增生；次迪，早卒；季錦江，廩生。女四，皆適名族。君與弟良起最友愛，酒量亦相埒。厥後君微不勝，弟竊歡曰：嘻，吾兄憊矣！逾年遂卒，年六十有六。季子錦江以狀丐余傳，余不文，然素知君之酒德，又辱與其子游，誼不敢辭，乃述之。錦江性不飲酒，以魯男子之不可學柳下惠之可可也。

何子曰：客有言："修飾邊幅，士之所尚。乘醉見縣令，毋乃放於禮法外耶！"余謂不然。昔元宗召李白於沉香亭，白已醉，沃水潁面，乃進《清平調》三章，世未嘗以白失德。然則酒仙可見天子，豈酒人不可見縣官耶！余每怪世之修飾邊幅者，低首下心，自矢醇謹，考其内行，殊不滿人意。君能孝於親，睦於家，足式薄俗矣，糟丘終老，又悉傷云？

時光緒十一年歲次旃蒙作噩孟夏月中澣吉旦,武川水簾樵子何德潤撰。

——《俞源俞氏宗譜》(光緒乙酉年續修本)

賀慶臣家傳

君諱長建,字景福,邑小南鄉溪市人。讀書能文,赴試未售,改名金門,字慶臣,援例貢入太學。元配王,繼室陳。大夫子四:曰萬榮、曰有文,俱諸生;曰瑞、曰錫,庚爲兄長清後,皆業儒。君爲人和平樂易而智略沉深,善操縱。然其見義勇爲,不夷險易也。咸豐辛酉四月二十三日,粤寇陷邑,君聚里人而告之曰:"賊屢窺蘭溪,蘭勇堅守,賊計阻。湯溪灰徑可至郡城,賊由此竄。郡守王同棄城走,總戎張玉梁揚言援救,亦遁去,郡中紳士平昔張喙論事,事至則銷聲,且自謂明哲,良可浩嘆。今賊已陷邑,我與若去則室燬,留則戮及,奈何?"衆曰:"然則長者奈何?"君曰:"防守。"便衆聲鼎沸曰:"不如戰!賊狡而凶,株守非計也。"時爲首者胥吏管君金有、太學吳君加强、職員包君恒足乃發粟備餉,馳檄四鄉,不期而會者數千人。翼日,小南鄉勇徐樹堅等斬賊一人,摛賊一人,梟於溪市。又翼日,大會於南湖畈,殺賊二人於路,鼓而進,至誥山下。賊伏發,我勇後隊斷,前隊不耐戰。管金有死於陣,君與衆言曰:"賊多譎,今且無與賊戰,當推一善謀者畫策破之。"而衆憤莫解,急欲殺賊爲快。是時,西鄉勇已破西門,大南鄉勇攻南門垂下,小南鄉勇包恒足復鏖戰於誥山背。天暝如晦,風雨交下,勇火器數百,濕不發,遂皆敗。包恒足殺賊最多,死亦最慘。君退保山砦,賊招安,拒之。五月十一日,賊破溪里砦,進攻雙溪外砦於黃金塔,又破之。君逸自後山,聞追呼聲甚逼,股栗不能行。視山下黑如深淵,急墜下潛,匿於山半莽箐中。聞山上呼曰:"脫去一酋矣。"蓋賊偵知四月二十

403

五日城下之戰，君倡之也。八月，武庠生何君丙榮赴省請兵，巡撫王壯愍公以張觀察軍自括入援，君偕何君聚粟籌餉，以待師至。會省垣告警，張軍未入境而返。明年壬戌爲同治元年，秋，聞提督林公文察以臺灣兵克處州，君偕諸生吳君賓笙、拔貢千君爲傑、職員何君起鳳赴營請兵。林軍駐龍門山之李村，糧餉之需，君與諸君盡力焉。冬，林軍大捷，殺賊千余級，賊勢阻，閉城不敢出。而蔣果敏公連克龍游、湯溪，進克婺城。林軍遂於同治二年癸亥正月十三日收復邑城。邑令欲叙請兵功，會同事有攘善者，不果。寇平後，君出貲埋骼掩骳，葺家廟，修譜牒，重建仙景橋，費不支，鬻田濟之。君年五十有八卒。卒後十餘年，賀祠修譜，嗣人以狀丐傳，乃書其大者，且徵之於童明經紹彬《武城寇難記》云。

何子曰：攻城不克，守鄉不支，功雖無成，志亦可哀焉。粵寇之難，以諸生從戎立大功者比比，惜君不隨元老後耳。使得攀附，未必不有可觀。顧以蕞爾彈丸，民疲力弱，猶能保守山砦，俾西南數千灾黎稍延喘息，卒藉饋餉得資收復，其捍衛鄉里之勞，亦不可没也。

時光緒十八年歲次壬辰春三月吉旦，同里人何德潤君慎甫撰。

——《武陽賀氏宗譜》（民國己卯年重修本）

懋百八十八太學家傳

君諱超然，字聲揚，邑長壽鄉孝里人也。父諱之綱，邑諸生。君承其家學，奮志於舉子業。試不利，援例入太學，教子振圻入邑庠。君在鄉間，以謹愿聞，群稱爲長者。

值嘉慶道光時，國家昇平，兵革不試，優游化日，以壽終牖下。後五十餘年，嗣孫修家乘，屬僕立傳。僕十許年前授徒宣慈，往來必經孝里，數聞其里人道君生平甚悉，遂摭其大略而書之。

贊曰：孝里之有王氏，自宋僉憲公珪始。其見於著録，自明孝子時望先生始。聲揚太學，其從孫也，讀書教子，安享太平之福，俾鄉黨稱善人。其褆躬處世，翳豈無術以致此乎？《易》言：積善餘慶。《詩》曰：自求多福。諒哉！

時光緒丁未年春三月，邑人何德潤撰。

——《馬昂王氏宗譜》（光緒丁未年續修本）

懋二百五十九飲賓傳

翁姓王氏，系出太原，諱應賓，字懋昭，世居長壽鄉孝里，勤儉成家，謹厚處世，以齒德預薦賓筵。季子鵬以材技入武庠，修家乘，丐僕言。僕維鄉飲酒之禮，有大賓，有介賓，有衆賓。衆賓，所謂飲賓也。預斯選者，文不必雕龍繡虎，學不必茹古涵今，品不必精金碎玉，但使年臻耆艾，望孚閭里，生平無大過，舉遂足以陪列祝哽、祝噎之筵，榮之以衣頂，子弟由是而式敬焉。蓋國家養老乞言之典，其化民善俗也如是。懋昭翁歿久矣，而里中父老尚有長者之稱，其無忝賓筵也，非其修身勵行之所致歟？令嗣身列射圃，際朝廷停武科，遂息志田圃，以教其孫，以承其先，尚其勉紹庭訓也哉！

時光緒丁未三月既望，邑人何德潤撰。

——《馬昂王氏宗譜》（光緒丁未年續修本）

宏百七十三孺人趙氏傳

節母太學生趙昌謨之女，生有至性。及笄，適孝里諸生諱芳，生三子而寡，守志三十餘年。里鄰戚族以節行請於知縣鍾光燿，教諭朱寶珍、訓導朱名玉，彙詳報可，奉題旌表，入孝節祠。

論曰：妻道與臣道一也。妻之與夫，終身不改；臣之事君，常變如一。臣非忠無以事君，婦非貞無以事夫，節行之重如此。孝里以孝子得名，孝子之殉父，其不壞法，移孝所以作忠。刑于寡妻、烈婦之殉夫，烈以著其節，故其餘澤所及，閱十餘世而猶存。是以太原家乘，節行爲多，趙孺人之得以孝節著，固至性使然，而其所由來者遠矣。於乎！非忠無君，非孝無親，三綱不淪，於兹攸係，其可忽哉！

時光緒丁未暮春，邑人芰亭何德潤撰。

——《馬昂王氏宗譜》（光緒丁未年續修本）

孝里王祠重修譜牒序

孝里王氏，望出太原。始祖栝蒼主簿諱姬之子僉憲公珪，自栝遷邑西之長壽鄉，在炎宋季。至前明萬曆時，時望先生以復讎聞於天下，孝里之稱由兹昉，譜亦嚆矢於此。入國朝，續脩者屢矣。自光緒戊子迄今，又將二十載，生齒既繁，婚嫁亦衆，尤不可以無紀，遂即祠開局，而艱於經費，祇增厥新，而一仍其故。問序於僕，以三十年前僕曾四刻《孝烈編》，且有姻連也。僕編孝烈，傅氏之《明書》《堯山堂外紀》及張楊園先生文，當時皆未采入，不慊於衷者數十年。今以其祠之重輯家乘，又無從加增其舊，抱愧益深。顧孝子烈婦，名垂宇宙，其維係綱常、矯世勵俗者，可以窮無窮而極無極，彪炳青史，散見諸家著録，亦不惟一人一家之私言。矧其流風餘澤，裕後光前，男則孝弟力田，女亦謹守姆教，瓜綿蕑茂，宜乎其未有艾也。遂攄臆見，忘其謭陋，而弁諸首。

時光緒丁未季春上浣吉旦，邑後學何德潤頓首拜撰。

——《馬昂王氏宗譜》（光緒丁未年續修本）

郡庠徐漢章家傳（昌四十四）

君姓徐氏，望出東海，居邑南大樹下。諱倬雲，字漢章。束髮受書，從名師游。應童子試，光緒丙子胡學憲科試取入郡庠。

大樹下多山少水，民風樸厚。徐氏自前朝聚族於其地，至國初客亭先生始游庠序，厥後列名黌舍者接踵而起，然入郡學自君始。君性綜核，善治生，經理宗祠事者數年，錢穀之出入，銖兩不爽。族有紛囂，出片言折之，莫不帖然，由是譽滿鄉里。君媲湯氏，有內助德，生五女，無子。女皆適名族，具如宗譜。

何子曰：余與大樹下故有連君之祖父皆相識，又與君之從弟子良爲文字交，以故得諗知君生平也。君行修於家，竟有伯道之嘆，豈非命耶？歲戊申，徐族有修譜之舉，君歿已數年，長老念君不置，屬爲家傳以綴於牒，乃書其厓略如此。

時光緒三十四年歲次戊申秋七月上澣之吉旦，何德潤撰。

——《雙溪大樹下徐氏宗譜》（光緒戊申年重修本）

品花閑人小傳（昌五十六）

品花閑人姓徐，諱家驥，字子良，號馴範，居邑南鄙山谷間。俗樸僿，思有以變之，游庠後，即肆力於詩古文辭。是時，金華江君芳開吟花館於城東，每花朝月夕，必集同人唱和，擊鉢刻燭，爭出所長，以鳴於時，君詩名遂傳於遠近。然不諧俗，謗亦益起，遂以咯血疾卒。吟花館有詩鈔，曲園俞太史、鳳石陸尚書皆爲序，邑大夫湯慎臺、羅稷臣亦題其簡首，詞繁不備錄。君所著有《古藤山房詩文集》《柯亭雜錄》，皆藏薨於家未梓。

光緒三十四年夏六月，南湖浣花子何德潤芰亭。

——《雙溪大樹下徐氏宗譜》（光緒戊申年重修本）

竹軒翁贊（祈九十）

幼習詩書，長勤稼穡。既儉且勤，亦愿而直。有子承家，有孫

繞膝。主祀祭者數年，嫻禮儀以不忒。豈但族黨之交推，抑且鄉閭
之矜式。

——《雙溪大樹下徐氏宗譜》（光緒戊申年重修本）

履坦徐祠修譜

　　婺州之屬，壺巘之陰，有著姓焉，曰維徐氏。系從五帝軒皇，列
顓頊之名；碑刻百蟲元愷，參大臨之胄。國稱嬴而術殊仁暴，王號
偃而瑞錫矢弓。洎播南邦，遂標東海。會稽新豐之族，姓纂元和；
小青雙錦之支，祖推長史。金章紫綬，來自尚書；玉葉蘭芽，發於博
士。緬遙遙於華胄，叶坦坦之幽人。溯炎宋以迄今，咸作忠而移
孝。文章華國，迪功之遺迹猶存；武寧封侯，協鎮之餘威斯在。或
鱣堂講席，教論名官；或鶴氅辭榮，匡居有士。記歡迎於竹馬，彭澤
令賢；敷雅化於桑鶪，潯州判美。矧復庭闈愛日，循彼采蘭；綽褉連
雲，表渠斷髮。以之繩祖武，詒孫謀，穆穆乎！煌煌乎！洵章禹之
史書，而駒王之紀載矣！夫螽斯繁羽，緝聚爲難；鶯谷遷林，綴連匪
易。縱有惇宗之念，旋來忘祖之譏。將每吞炔各居，莫識漢橫之
嗣；郴成同系，已忘叔武之孫。范或冒朱，誰傳謝啟；曹堪承夏，竟
昧興王。非由本以沿源，疇聯疏而爲戚。重以紅羊白馬，浩劫屢
臨；花鳳野鷄，死生煩諱。李密三而張載兩，時代須分；石林一而昌
宗雙，後先當辨。完者拔本，無分身之術；脫不花幾，有合體之疑。
鴻印留訛，豕河徵誤，乃校書於甲姓，似循例於卯年。凡十有二載
而續修，光三十六邦之前例。長幼有序，昭穆以詳。較厥西街，盛
科名而生齒倍；比諸東井，傳詩禮而富庶繁。殆所謂崔李鄭盧，推
爲右姓；姚媯姞姒，著以盛門者歟！德潤學愧北山，家承東閣。元
明在坐，敢云未人之才；韓愈作銘，彌仰遜綿之德。志未通乎肉譜，
譁旋笑夫皮棚。荃照謬垂，蕪詞用竭。題門璨杏花之苑，是所望於

大宗；披牒充柏翳之間，爰自疏其小序。

時光緒五年歲在屠維單閼月，癸酉拔貢世再姪何德潤拜撰。

——《武義履坦徐氏宗譜》（民國丁卯年續修本）

官舍徐美亭翁贊 有序

翁諱俊澤，字國光，號美亭。幼讀書，兄弟皆生員，翁援例入太學，晉銜布政司理問。生平排難解紛，療疾施藥，待親舊有加惠，鄉鄰稱爲長者。光緒己卯春，孫炳星將修家乘，介竹咸顧君丐贊於潤，俾述先德。其贊曰：

履道坦坦，長者恂恂。不以其富，祇以其仁。痼癃殘疾，關切己身。解囊製餌，妙手生春。彼觸者蠻，轇轕紛綸，釋之片語，不怒而囅。商書求舊，周道展親。風遺忠厚，行準古人。修於暗室，譽滿鄉鄰。子孫詒穀，祖澤猶新。

時人慶光緒五年歲次己卯仲冬月上澣之吉，癸酉拔貢晚何德潤頓首拜題。

——《武義履坦徐氏宗譜》（民國丁卯年續修本）

武川鞏氏宗譜序

武川鞏氏，肇自山堂，有似續之傳，有道學之傳，傳道學者由程朱上溯乎孔孟，等而下之，凡得與於中原文獻者，皆苗裔也。此則公諸天下，父不得傳之子，故孔子傳之曾，朱子傳之黃，而山堂獨傳其孫栗齋，且有師成公、文公，擴其緒而光大之，因以俟來哲，綿無窮，較似續之傳，迴不相侔。似續之傳，傳之一家，非其族者，別而去之，譬談道學者，以朱子爲宗，以何王金許爲世嫡，而守良知、矜主靜者不與焉，所以重本支也。山堂先生講學東平，而東平則之播遷於邑，而邑人化之，嘉言懿行，彪炳史册，不惟家乘也。而家乘之留貽，自鎮定至武，皆先生手編，惜前明正德庚午、萬曆壬辰，兩遭回禄，書缺有間矣！入國朝康熙庚戌，孫諱光明者，始爲補葺。自是乾隆道光之癸卯，嘉慶之庚午，同治之辛未，續修匪一；然中經兵燹，又未免有亡逸。虞去冬裔孫相議，開局重修，屬德潤序，且校勘焉。德潤嘗游明招，眺水簾，沿曲湖瞻仰，徘徊不勝高山景行之思，而井里猶存鳩宗如故，則又未嘗不嘆先賢之流澤孔長，其遺風餘韵足以使人感奮於不自已也。惟是二先生遺集，力訪未獲，私心不無微憾，而諦觀華表，則亥豕魯魚，不可卒讀。又自慚謏陋，未能旁搜遠紹，定於一是。第補其可徵，校其所知，餘澤蓋闕，以俟博雅之君子。

夫鞏氏之所以關係乎武川者，不在乎七世相傳之科目，而在乎三世相傳之理學。理學，義理之學也。義理之心，人皆有之，而見之於事，則惇宗收族内省爲尤要，古未有空談性命而父子兄弟間多慚德，可以與於談經制席者也。故譜之書生族，明婚嫁，分行第，别親疏，人倫之本，道義由之。鞏氏而克紹其家聲，鄉里咸奉以爲則將似續之傳。道學之傳，勇勇無極，豈惟東平一門之光榮也哉！

時光緒九年歲在昭陽，協洽閼逢，困敦下澣之吉，癸酉拔貢何德潤撰。

——《武川曲湖鞏氏》（民國戊辰年重修本）

鞏氏祠堂記

鞏祠在邑南湖濱，山堂先生故居也。建置巓末略具邑乘，而舊譜殘缺，無可詳。繇宋迄今，歷朝四，年八百餘，世三十，綿綿延延，享嘗勿替。咸同間燬於寇，賢裔慭焉傷之，乃斂祭田之所入，復計丁釀蚨，猶未足，孫善棠、孫春喜輩，或捐金或捐磚，凡經始光緒辛巳冬十月，訖癸未嘉平落成。寢之以楹計者三，序之以間計者八，廳事及門尚未遑也。明年春，屬德潤記。謹按鞏氏系晋卿，或居元氏，或居山陽，漢唐代有顯人。宋南渡，諱庭芝者始遷邑南，以學化導，人則傚之，世所謂山堂先生也。考諱燾，奉議郎，新差充河北東路提舉保甲，勾當公事；妣梁氏太夫人。祖諱彥固，承議郎，賜緋魚袋；妣南華縣君宋氏，慶國夫人。高祖諱繼明，大理評事；妣蘇氏，福昌縣君。大理之父圭、圭之父守一，際五代，皆不仕。世居元氏，是曰真定之鞏。奉議公依外家於須城，是曰東平之鞏。山堂先生繇此出也。山堂先生生湘、法、沆。湘，中奉大夫直龍圖閣提舉亳州明道宮須城縣開國男，食邑三百户，賜紫金魚袋。沆，承議郎。法，鄉貢進士。妣楊氏，以節著，生仲至、仲同。仲至諱豐，所謂栗齋先生也。今之子姓環曲湖而居，有斌二、斌四之派，實皆仲至、仲同之苗裔。當亂離之後，獨能知所本，以建祠爲亟，可謂無忝祖考矣。夫盛德必百世祀，如山堂、栗齋二先生，祀於鄉，祀於明招講院，祀於武城書院，尸而祝之，正未有艾。而宗祠則木本水源，上追祖宗，卜逮孫子，昭穆升祔，尤爲一氣之所貫注。雖經兵燹風霜，不斷如綫。而新廟巍巍，鳩宗合族，用展孝慈，則洵乎道氣之彌綸，有永無極也。德潤不文，爲記其日月，以副賢裔之望，并繫以詩。其辭曰：

真定三鞏，武川則二。叢桂蔭深，篤生喆嗣。東平闡道，邑人化之。孫繩厥武，文成是師。講堂書聲，明招南麓。紫陽來游，水簾寓目。淵源師友，涵泳聖涯。雲礽繼起，敦葦綿瓜。有堂巍然，交階交户。簪笏冠纓，詩書樽俎。祖以及祖，孫以及孫。春秋霜露，苤藻薦蘩。楚炬秦灰，鞠爲茂草。基仍舊貫，寢則新造。孝孫來思，是蒸是嘗。匪但祖德，允紹書香。書香之久，祖德之厚。是曰儒宗，克昌於後。高坂砥平，曲湖鏡清。於萬斯年，視此嚴祊。

時光緒九年歲次癸未冬月吉旦，南湖浣花子何德潤撰。

——《武川曲湖鞏氏》（民國戊辰年重修本）

鞏氏祠堂落成記

　　祠堂之制，寢堂門厢，一不具則不備，不備則祀事勿嚴，必爲識者所嘆息，而矧在一本之親。惟備物當需財，而鞏氏自山堂先生剏歷仕途，不名一錢，後裔世守清操，蔑以貲甲一鄉者，祭田所入，差足供烝嘗而已。故其祠堂之落成也，昉於光緒癸未，越二十年壬寅而作廳事，又一年癸卯而作門。門三楹，廳事如之，東西厢房各十有一。夫土木之功，非可叱嗟立辦，猶之爲學，文章德業，日進無疆，而後施於用，否則躓焉。堂構具矣，猶需垣墉；墍茨塗矣，更加丹艧，翳豈朝夕之故歟！鞏祠自重建迄今閱二十餘年，計費一千數百緡有奇。由是而上治祖禰，則升祔有位；由是而下治子孫，則綴食有所。尊尊親親之道得，而孝友任睦之俗成，是固祖宗之道氣磅礴於無間，而亦其賢裔之所先務孝思不匱也。浸假而以作室之勤勞奮之於學，日積月累，進修不已，則夫中原之文獻、道學之淵源，安在其祖武之繩不重有賴夫孫文哉！董其事者：東海、天保、德榮、善棠、喜林、青錢，例得並書。

　　附本祠對聯：

　　師成公，友文公，吾家著作萬言，願期子肖孫賢，荒僻人才蔚鄒魯。

　　祀書院，祔講院，此處宗支一本，尤重秋嘗春礿（礿），彌綸道氣振東南。

　　四先生道著金華，若比東平祖孫，崛起英賢猶後輩。

　　三大擔力承麗澤，緬懷南渡人物，開端理學重前型。

　　官迹著千秋，溯諸暨辨冤，廣東剿寇。

　　名山留一席，在明招講道，金柱賦詩。

鳳臺坊未沫音徽，想見故家遺笏。
龍門峽猶存磬欸，請觀山曙雲峰。

嚴祠占曲湖，自有蘋香連藻潔。
故牒承真定，儘教北學被南方。

右穆左昭派分元氏。
孫文祖武鄉號太平。

啟武川以先覺。
綿麗澤之儒宗。

衣冠南渡臨三鞏。
文獻中原萃一門。
光緒乙巳暮春中浣吉旦，南湖浣花子何德潤撰。

——《武川曲湖鞏氏》（民國戊辰年重修本）

武川曲湖鞏氏修譜序

歲癸未，余得閱曲湖鞏氏譜，袛有庚辛壬癸四卷，其前不載，固嘗疑之。而豕亥魯魚，不可卒讀，因屬其賢裔搜尋故牒。越七年己丑，始得讀真定舊譜，乃山堂先生所纂，有甲至癸十卷，方知曲湖譜之庚辛壬癸四卷不知誰何秉筆而刪去也！顧真定譜爲前明弘治間鈔本，當時校勘未精，兼之年久楮爛，頗多殘缺，爲重録全帙，郵寄蘭溪鄧子珣孝廉是正。鄧君博雅，校補斯編援據甚確。其明年，賢裔甘美以聚珍版印成，然猶未盡善也。又十五年，歲在乙巳，鞏族之耄復有事於譜，屬余校訂。余思采撝從新，部分由舊，庶不失率祖之意。爲卷十，仍真定之所分，自甲至癸者。又《東平集》之詩散見於諸書，及二翚軼事時見它説者，昔曾編入《武川備考》，今取而編入曲湖之譜"名賢事迹"，道學家風或存什一於千百，足爲後人景企感奮焉。至於環曲湖之居，螽斯麟振，其生卒婚嫁，族之髦自能綴輯，余不過使之按部就班而已矣！

時光緒三十一年季春中澣吉旦，邑後學何德潤君慎拜撰。

——《武川曲湖鞏氏》（民國戊辰年重修本）

徐丹山府君家傳

府君姓徐，諱鳳翔，字鳴岡，丹山其號也，居邑南大樹下。生平忼爽有大志，而弗獲見於用。讀書習舉子業，每一藝成，塾師輒許可。年逾冠，將赴試，父嬰疾，侍湯藥，不忍一日左右離。比病瘳，遂付以家事。身又喪偶，乃援例入太學。家故饒，承以節儉，飲饌勿侈，衣服勿華，歲時享祀宗祖必誠必愨，凡可以力致者靡佛給。好接賓客，門外多長者車轍。於儕輩中見有文章學問已不如者，傾心折服，雖爲之賤役，不辭。學日益進，操持益嚴，爲鄉里所推重。

粤寇陷邑，提督林公文察由栝入援，次龍門山。府君圖山川險隘，畫策以進，疾作，勿果。寇退數年卒，年五十有三。

當入太學時，年已三十餘，猶欲執贄從名師游，爲應鄉闈計。爲厥考春秋高，輒中止。每與人言，以未赴試爲憾。初娶何氏，再吳氏。子五：星乙，何出；星煜、星曛、星昂、星點，吳出。星昂改名家驤，補邑博士弟子員。女二，皆適名族。

何子曰：余家故與徐有連，先君子又與府君幼同塾故，得聞其詳。先君子躬耕養親，絕口不談時事，人或與語，輒飲以酒，俾醉。而府君懷抱利器，鬱鬱不得伸，然其敦篤內行則一也。府君不遂其願，悲憤佗傺，賚志以殁。於虖！士苦不立志，有志矣，又若有物尼之，天之於人果何如耶？於虖！

時光緒十有五年歲次己丑九月，世侄何德潤撰。

——《武南雙溪徐氏宗譜》（光緒己丑年重修本）

贈徐鳴遠先生序

道者，日用事物之間所當行者是也。自後之人各以意求道而師其心以爲學，於是高者淪於虛而苦於無用，卑者又以記誦詞章爲富貴利達弋譽沽名之券，至於日用行習之中恒藚焉而不知檢，漠焉而不知務，則其於學也愈歧，而其於道也愈遠。

若雙溪大樹下鳴遠老先生者，言顧行，行顧言，固慥慥至君子人也。先生者，故生員揚言公之幼子也。生有异姿，幼而讀書，既長，從故明經揚樂山先生於黌閣，切磋琢磨，文日益佳。又從其同里吴鹿吹先生於黄金礶。鹿吹先生者，故生員，厥考，揚言先生所視爲畏友也。先生既得名帥以爲之帥，又承其家學，人咸以大器期之，然而應試勿售也。咸豐末年，寇氛逼浙東，山鄉多劫客，而先生家故饒於財，先生又有膂力，習武事，賴以捍衛，獲無患焉。同治癸酉，援例入太學。是時厥考已即世，母夫人係繼室，先生之事之也，不啻己所生之母，族人稱其孝。先時，令祖母湯氏卒，攢瓦窑山，先生年二十五歲，盧墓者五十餘日。殆令先妣卒，攢門口山，時當六月，先生盧墓月餘，其間烈風雷雨，猿嘯狐鳴，不避不怯，宗人籍籍稱道勿衰。先生之淑配氏吴，有内行，既卒，先生遂不更娶，所云"義夫"，先生有之。丈夫子一。女子子一，適余宗清源望下趙古里某。孫一，孫女三。先生年且望八，而自奉節儉，足不出門，惟以教孫讀書爲事。人有强者，先生善待之，以故鄉人稱其盛德云。生平所致力者，循循於倫物之中，而致其親愛敬讓之情，達於時務幹濟之用，初何有立异以鳴高、忘身以徇物，致與背道而馳者等誚歟！晚與先生同鄉，心佩者久之，又幸叨聯姻末，乃不辭固陋而爲之序。

時光緒屠維赤奮若律中南呂下浣吉旦，癸酉拔貢考取八旗官學教習姻晚生何德潤頓首拜序。

——《武南雙溪徐氏宗譜》（光緒已丑年重修本）

續修童氏宗譜序

顓頊生老童，其後以王父字爲氏，童之得姓縣茲肇。吹律定之，是爲宮音。雁門，其舊望也。東莞亦雁門之支，宋有諱居易者，以功封東莞郡伯，故稱焉。孫枝繁衍，由石渠而遷蘭溪，由蘭溪而來遷，則前明景泰間，魁一府君偕其妃徐氏胥宇於白陽山麓。白陽，邑東奧區，與明招、小姬相屬，晋時阮公之游屐、劉女之好佳山水、張令之高隱、金談之故宅，皆萃焉。炎宋南渡，東萊講席，卓爲千秋壇坫，鑠乎盛哉！其地舊名下金，自魁一府君于時盧旅，遂以姓冠其盧，而下金之名晦矣。國朝初年，大啟祠宇，譜亦從茲噷矣。自光緒丙戌續修後，迄今又十餘年，族大而人繁，閭書之録、賢能之獻、孝友任恤之行，書不勝書，非獨生卒婚嫁、世次友系，分房之當詳以晰也。秋，仲宗長老重編舊帙，屬潤弁其端。潤於東莞爲母家，雖不交誼，不敢辭。竊維黄炎之胄，所以至今綿綿延延者，其祖功宗德，皆大有裨於天下。而得姓受氏以保宗祊者，在世德，不在世祿。東莞之族秀而文，富而好禮，人才蔚起爲吾邑右，睦族敦宗固優爲之，於以瓜綿椒衍於無窮。則此一修也，光前烈而啟後嗣，猶非其已事也。潤未讀華乘，故不能揚搉其先世之顯者，故以所聞於先慈及目睹者著於篇。

光緒庚子閏月吉旦，外孫何德潤頓首拜撰。

——《武康童氏宗譜》（民國丁亥年重修本）

月鋤師兄大衍初度壽序

爲學是第一事，治生亦是第二事，先正言之詳矣！夫爲學非尋章摘句之謂也，必使文與行兼，而後期進於古而無難。治生非錙銖權算之謂也，但使所入符乎所出，而自足以養吾之氣節焉！是則爲學即所以治生也。

余硯友月鋤兄，蓋知爲學治生之道者矣！余總角時，從其尊人仁山師游，與同硯席者七八年。師嚴友親，獲益良多。已而哲人興嘆，余別就塾，兄亦滯於窮途，然所以修身勵行者，未之少懈。咸同之際，兵戈倥傯，一晤與白陽山畔。兄謂余曰：人生不幸亂世而富，吾與若家無長物，幸不受挫辱也。旋別去。既昇平，兄以高等受虞粟，余亦香分貢樹，武林旅次，聯床論詩者逾月。各詢家計，則余逋負山積，漸次就理；而兄擬築室爲藏修所。祖生之鞭，其先着矣。兄之築室也，在曲湖濱，山堂先生之故里也，流風餘韵，猶有存者。兄性和，與鄉里無少忤，學與年進，前途正未可量。今秋爲五十初度，令媚王遇基等以余相知有素，屬一言爲稱觥。余何以祝兄哉！遽子知非，請爲兄之爲學壽；翁之富貴，請爲兄之治生壽。若進修不倦，年彌高而德彌劭，相期於無盡者，余尤願兄之勉之，抑亦余所當共勉之也。

時大清光緒六年歲次上章執徐律中無射中浣之吉，硯弟芰亭何德潤。

——《武義縣前倪氏宗譜》（光緒戊子年重修本）

孫邦選公家傳

翁姓孫氏，諱李貢，字邦選。生時父年五十六矣。八歲而孤，讀且牧，天資穎，日可誦四五百言。十一歲，騎牛讀書，蹶而跛，不良於行。十三歲，搆屋九楹，乃務農，然已成誦者至老不忘。習青烏子書及岐黄，善操作，置膏腴五百餘畝，廣舍五十余間。道光末，以白金三百助賑飢，縣給額曰"樂善可風"，府給額曰"仁渥榆社"。請於朝，得九品服。又佽建五里亭、萬名橋，人稱長者。事母氏揚以順，待弟以友，撫猶子如己出。同爨，無私財。無何，粵寇陷邑，兵戈倥傯，人不聊生，遂卒於杏渠。媲氏，德潤之再從姊也。丈夫子四，三游太學。女子子二，皆適名族。

何子曰：鑽核障籠，史譏鄙吝。好行其德，三代而下尚已。翁之就賑，公叔爲粥、黔敖待餓，其庶幾焉。爲善固不望報，然大耄考終，亦何所靳。遭時乖異，賷憾九原，可慨也夫！

烟月山人戚末何德潤撰。

——《武義蓀蘿孫氏宗譜》（民國辛酉年重修本）

蓀蘿塢孫氏修譜序

孫氏有出衛武公子惠孫者，有出楚令尹孫叔敖者，而富春之望則由吳大帝。初，齊陳無宇子孫書顯於齊，其後孫武子顯於吳，大帝其裔也。吳太平中封孫綝爲永康侯，故永康有孫氏。而蓀蘿塢始祖棣生公，宋時實遷自永康。明宣德中，始創譜牒，距始遷祖九世矣。中更兵燹，不無缺陷，而摭采勿當，輒復蕪碎。國朝咸豐六年，始一釐定之。然傳疑襲舊，不盡從芟，何也？過而去，毋寧過而存，昭其謹也。光緒丙子續纂，一仍其故。至今春，則歲星再終矣。生卒婚嫁，亢宗之賢，承家之範，爲於前者既足徵，而起於後者不可使無足繼。族耄燕貽明經奉父命，合宗人重加賡輯，丐余序。余維譜所以抒孝弟之心，油然生於不自知，必有審慎謹嚴之意，而後可闡先德以型後賢。今之修也，續所應續，不敢妄有所竄掇，非慎之至乎！慎以立身而品節堅，慎以修史而公道著已。然則孝悌之心，不可觀斯譜而油然生哉！蓀蘿，香草也。僻處萬山，似無有過而問者；一旦捈藻摛華，蔚爲國瑞，若孫諫議之正色立朝，若孫侍講之因事納忠，薇省蘭臺，揚芬詎有艾焉？安在遠志不由於小草哉！余愧不文，然於孫氏有連，且伊人室邇，不啻望衡，故推其謹慎之由，而因以之勗。

時光緒二十六年歲在庚子律中姑洗全瀚吉旦，癸酉選拔戚末何德潤撰。

——《武義蓀蘿孫氏宗譜》（民國辛酉年重修本）

尊　聖　録

〔清〕何德潤　輯

崔小敬　校點

校點説明

崔小敬

　　《尊聖録》是何德潤編輯的一部輯録孔聖遞傳及孔廟歷史沿革的書。原稿爲二十卷,卷一至卷十二皆闕,現僅存卷十三至卷二十,共八卷。據卷十三"述紀年第八"、卷十四"述紀年第九"、卷十五"述弟子第十"、卷十六"述配從第十一"、卷十九"述文贊第十二"逆推,前十二卷應爲原書第一至七之條目,惜乎具體内容無從得知。

　　自卷十三始,卷十四、十五、十六、十九前均有四言贊語,簡略叙述本卷條目。卷十三前曰:"有德無位,是謂素王。轍環列國,煖席未遑。晚而删訂,六經以定。《家語》《史記》,繫年可證。述紀年第八。"雖每段文字後或注出《史記》《家語》《年譜》《闕里志》等,然均輯自龐鍾璐《文廟祀典考》。卷十四前曰:"達人之生,是惟明德。六藝折中,百王程式。聖師之家,帝王之國。國有替興,家無終極。述世系第九。"共列世系表四,表一自周微子啓至孔子二十代孫東漢完,表二自二十一代孫三國羨至四十二代孫唐光嗣,表三自四十三代孫五代仁玉至五十二代孫明之全,表四爲清允植、興燮、毓圻三人。以上世系均輯自《闕里志》。卷十五前曰:"聖人設教,傳道得徒。洙泗斷斷,皆君子儒。受業三千,七十達者。六藝身通,此其選也。述弟子第十。"其中,《弟子姓名異同表》及所附《七十子弟子》均輯自龐鍾璐《文廟祀典考》,《弟子補遺》輯自浦江費崇朱《孔

423

子門人考》。卷十六前曰："宮墙俎豆，典祀千秋。曰聖曰賢，視德之優。自漢迄明，儒先代作。吾道攸存，請陳大略。述配從第十一。"《配從》分三卷，卷十六爲《配從一》，自顔回始，至北宋邵雍止；卷十七爲《配從二》，自公羊高始，至清湯斌止，然游酢、呂大臨、輔廣、陸世儀、張伯行五人僅存姓名，其下空白處多行，似作者擬以後增補；卷十八《配從三》爲崇聖祠配享，自孔孟皮始，至南宋蔡元定止。卷十六、十七主要輯自龐鍾璐《文廟祀典考》及林慶堤《文廟思源録》，卷十八雜采費崇朱《孔子門人考》、龐鍾璐《文廟祀典考》。卷十九前曰："聖人垂憲，爲列辟師。祭則稱名，贊則摘詞。用信景仰，用照平治。彙而集之，斯文在兹。述文贊第十二。"《文贊》分二卷，卷十九爲《文贊一》，輯歷代祭文詔敕等。首皇帝祭文，自唐乾封至清順治年間；次後人祭文，自唐李觀至明王永吉；次詔敕，輯録自唐至元對孔子及家人之累次加封。卷二十爲《文贊二》，首輯清代詔敕，自順治至咸豐年間；次輯乾隆御製文廟碑文；次輯各類贊文，含弟子贊、聖像贊、手植檜贊、禮器贊等。以上大部分輯自《闕里志》，小部分輯自《文廟祀典考》，間録自乾隆《御製文初集》。卷二十後半輯録歷代與孔聖事迹相關者，編爲《雜鈔》，總計二十六條，并均注明出處。

雖闕其大半，然就現存部分看，《尊聖録》于搜集彙總孔子相關資料以及孔廟歷史、沿革甚力，所輯相當完備，對前人研究著述均有參考。本書原爲稿本，現藏于浙江省金華市圖書館，《重修金華叢書》曾影印出版。本次整理即以《重修金華叢書》版本爲底本，并參考金華市圖書館藏本。本次整理以斷句標點爲主，不作注釋，原書避諱回改原字。原書中個別人物下有大段空白，今注明"下闕"而不留空白。

因筆者水平所限，疏謬之處尚祈讀者指正。

尊聖録目録

尊聖録卷十三

紀　年

有德無位，是曰素王。轍環列國，煖席未遑。晚而刪訂，《六經》以定。《家語》《史記》，系年可證。述紀年第八。

庚戌周靈王二十一年、魯襄公二十二年，孔子生於魯昌平鄉陬邑。初，顏氏既廟見，以夫之年大，懼不時有男，而私禱尼邱山以祈焉。生孔子。生而首上圩頂，故因名曰丘，字仲尼。爲兒嬉戲，常陳俎豆，設禮容。及長，長九尺有六寸，人皆謂之長人而异之。《史記》《家語》

《公羊傳》：襄公二十一年十有一月庚子，孔子生。《穀梁傳》：襄公二十一年十月庚子，孔子生。羅泌推以元曆，引《孔氏家譜》、《祖庭廣記》，定爲二十二年十月二十七日，即夏之八月二十七日。今功令以八月二十七日爲聖誕。《文廟祀典考》

壬子周靈王二十三年、魯襄公二十四年，三歲。父叔梁紇卒。《家語》

丁巳周景王元年、魯襄公二十九年，八歲。

己未周景王三年、魯襄公三十一年，十歲。是年襄公薨，昭公禍立。

庚申周景王四年、魯昭公元年，十一歲。

甲子周景王八年、魯昭公五年，志學。《年譜》

426

戊辰周景王十二年、魯昭公九年，十九歲。娶於宋之幵官氏。
《家語》

　　　　鄭氏環曰：幵官，複姓。幵音菅，《說文》：兩干並舉也。
闕里本作亓，一作丌，古其字。漢碑及《廣韵》作羿。或曰古并
字。《曲阜志》：安樂里，聖配幵官氏之所生也。　　龐氏鍾璐
曰：《通志‧氏族略》孔子娶宋之并官氏。宋鄧名世《古今姓
氏書辨正》十四《清韵》有：并官，複姓。何氏焯謂：王伯厚《急
就篇注》及宋本《東家雜記》皆作并。張煦曰：宋大中祥符二
年，《鄆國夫人勅》亦曰并官氏。《左傳正義》作幵，宋本作并。
段氏玉裁曰：作并與漢《禮器碑》合，惟《家語》及聖門諸書皆
作幵官，今仍之。

己巳周景王十三年、魯昭公十年，二十歲。爲委吏，料量平。生
伯魚。伯魚之生也，昭公以鯉魚賜孔子。榮君之賜，故因名鯉而字
伯魚。《史記》《家語》

庚午周景王十四年、魯昭公十一年，二十一歲。爲司職史，畜蕃
息。《史記》

辛未周景王十五年、魯昭公十二年，二十二歲。始設教於闕里。
《年譜》

癸酉周景王十七年、魯昭公十四年，二十四［歲］。母顏氏卒。
○合葬於防。《歷聘紀年》《檀弓》

　　　　孔氏繼汾曰：聖人，人倫之至也。豈有既長不求父墓，母
沒復殯於衢，致等於野死者？史遷以母諱傅會《檀弓》，《索隱》
又以顏氏不及送葬，遂失墳處之說傅會《史記》，展轉牽合，其
謬益深。江氏永曰：此章爲後世大疑，本非記者之失，由讀者
不得其句讀文法而誤也。近世高郵孫遝人濩孫著《檀弓論
文》，謂“不知其墓殯於五父之衢”十字當連讀爲句，“蓋殯也”、
“問於耶曼父之母”兩句爲倒句，甚有理。蓋古人埋棺於坎爲

殯，殯淺而葬深。孔子父墓實淺葬於五父之衢，因少孤，不得其詳，不惟孔子之家以爲已葬，即道旁見之者亦皆以爲已葬。至是母卒，欲從周人合葬之禮，卜兆於防。惟以父墓淺深爲疑，如其殯而淺也，則可啓而遷之；若其葬而深也，則疑體魄已安，不可輕動。"其慎也"，蓋謂夫子再三審慎，不敢輕啓父墓也。鄭氏破慎爲引，無義理。後乃知其果爲殯而非葬，由"問於耶曼父之母"而知之。蓋惟耶曼父之母能道其殯之詳，是以信其言，啓殯而合葬於防。殯耶大夫，而耶人親其役，是以曼父之母得其詳。"蓋殯也"當在"問於耶曼父之母"句下，因屬文欲作倒句，取曲折，故置在上。《檀弓》固有此文法。如此讀之，可爲聖人釋疑，有禆《禮經》不淺。

江氏永曰：孔子一生從周、從殷，皆斟酌古今而爲之。殷人於墓不墳，則無崩壞之虞，無修墓之事。夫子非不欲從古者墓而不墳之制，自度他日不免從事四方，宜墳之，易於識別，是以從今日邱封之制。當封時，亦既見其崇四尺矣。先反而修虞事，以餘功委之門人，不料雨甚而崩也。墓之崩，非先時築土之不堅，亦非門人董事之不謹。新土方成，驟雨淹漬，門人即時修之而後反，度其崩亦未甚也。夫子聞言驚悒，泫然流涕，而曰：古不修墓。蓋古所以不修墓者，以其不墳也。夫子自悼其不能從殷，致有違禮之事。因以是知古者墓而不墳，古人自有深意存其間也。此章記者之意在殷周從違之間，後人不能紬繹經文，乃謂孔子自傷其不能謹之於封築之時，以致崩圮，且言古人所以不修墓者，敬謹之至，無事於修。如此則聖人真爲不能謹於送終大事，非尋常之過矣。先儒疑少孤章并疑及此章，皆不可不詳論。

丙子周景王二十年、魯昭公十七年，二十七歲。秋，郯子來朝，問官。之郯，遭程子於塗，傾蓋而語，終日甚相親。《左傳》、《家語》。

○龐鍾璐曰：程子名本，見《韓詩外傳》，著書名《子華子》。

丁丑周景王二十一年、魯昭公十八年，二十八歲。學鼓琴於師襄子。《史記》

己卯周景王二十三年、魯昭公二十年，三十歲。鄭子產卒，孔子聞之，出涕曰："古之遺愛也。"《左傳》

壬午周敬王元年、魯昭公二十三年，三十三歲。

癸未周敬王二年、魯昭公二十四年，三十四歲。孟僖子卒，命孟懿子與南宮敬叔師事孔子。南宮敬叔言於魯君，與孔子車一乘、馬二匹，豎子侍御。敬叔與俱，至周問禮於老子，訪樂於萇宏。觀乎明堂，睹四門墉有堯舜之容、桀紂之象，而各有善惡之狀、興廢之誡焉。又有周公相成王，抱之負斧扆，南面以朝諸侯之圖焉。入太祖后稷之廟，廟堂右階之前有金人焉，三緘其口，而銘其背云云。歷郊社之所，考明堂之則，察廟朝①之度。自周反魯，弟子稍益進焉。《左傳》《家語》《史記》

　　江氏永曰：《曾子問》篇言"吾聞諸老耼者"四章是其遺言，若《史記·老子傳》所謂"君子盛德，容貌若愚，去子之驕氣、多慾、態色、淫志"，《世家》、《家語》所謂"好議人，發人之惡"，此豈所以告夫子哉？即老子猶龍之譽，疑亦爲老氏者飾辭。

甲申周敬王三年、魯昭公二十五，年三十五。歲秋，季子與郈昭伯以鬬鷄故得罪昭公，昭公率師擊平子。平子與孟氏、叔孫氏三家共攻昭公。昭公師敗，奔齊。齊處昭公於鄆，魯亂。孔子適齊，聞《韶》。《史記》、《説苑》。論釐王廟灾。《家語》。景公問政，孔子曰："君君、臣臣、父父、子子。"《史記》。以季孟之間待孔子，景公曰："吾老，不能用。"孔子遂行，反魯。《史記》。○龐鍾璐按：此非一年事，因無

①　"朝"字原缺，據《孔子家語》補。

歲月可證，故於此年終言之。

丙戌周敬王五年、魯昭公二十七年，三十七歲。吳延陵季子適齊反，長子死，葬於嬴博之間，孔子往而觀其葬。《檀弓》

辛卯周敬王十年、魯昭公三十二年，四十二歲。是年公薨於乾侯，定公宋立。

壬辰周敬王十一年、魯定公元年，四十三歲。

甲午周敬王十三年、魯定公三年，四十五歲。邾莊公卒。《左傳》。隱公即位，將冠，使大夫因孟懿子問禮於孔子，孔子告之。《家語》

乙未周敬王十四年、魯定公四年，四十六歲。觀魯桓公廟攲器。《家語》。〇龐鍾璐按：觀攲器，《韓詩外傳》作周廟，今從《家語》。

丙申周敬王十五年、魯定公五年，四十七歲。季氏僭公室，陪臣執國政。孔子不仕，退而修詩書禮樂。弟子彌衆，至自遠方，莫不受業。《史記》。辨羵羊。《國語》

己亥周敬王十八年、魯定公八年，五十歲。公山不狃以費畔季氏，使人召孔子。孔子欲往，子路不悅，然亦卒不行。《史記》

庚子周敬王十九年、魯定公九年，五十一歲。定公以孔子爲中都宰，《史記》。制爲養生送死之節。長幼異食，强弱異任，男女別塗，路無拾遺，器不雕偽，爲四寸之棺，五寸之椁，因邱陵爲墳，不封不樹。行之一年而西方諸侯則焉。定公謂孔子曰：“學子此法，以治魯國，何如？”孔子對曰：“雖天下可也，何但魯國而已哉？”《家語》。〇龐鍾璐按：中都，今汶上縣。

辛丑周敬王二十年、魯定公十年，五十二歲。由中都宰爲司空，《史記》。乃別五土之性，而物各得其所生之宜。《家語》。由司空爲司寇，《史記》《家語》。設法而不用，無奸民。斷訟獄皆進衆議者而問之，曰：“子以爲奚若？某以爲何若？”皆曰云云如是。然後夫子曰：“當從某子，幾是。”《家語》。有父子訟者，夫子同狴執之，三月不別，其父請止，夫子赦之焉。季孫聞之，不悅，曰：“司寇欺余，曩告余曰‘國家必先以孝’，余今戮一不孝以教民孝，不亦可乎？而又赦，何哉？”冉有以告孔子，孔子喟然嘆曰：“嗚呼！上失其道，而殺其下，非理也。不教以孝，而聽其獄，是殺不辜也。三軍大敗，不可斬也；獄犴不治，不可刑也。何者？上教之不行，罪不在民故也。夫慢令謹誅，賊也；徵斂無時，暴也；不試責成，虐也。政無此三者，然後刑可即也。《書》云：‘義刑義殺，勿庸以即汝心，惟曰未有慎事。’言必教而後刑也。既陳道德以先服之，而猶不可，尚賢以勸之；又不可，即廢之；又不可，而後以威憚之。若是三年，而百姓正矣。其有邪民不從化者，然後待之以刑，則民咸知罪矣。《詩》云：‘天子是毗，俾民不迷。’是以威厲而不試，刑錯而不用。今世則不然，亂其教，繁其刑，使民迷惑而陷焉。又從而制之，故刑彌繁而盜不勝也。夫三尺之限，空車不能登者，何哉？峻故也。百仞之山，重載陟焉者，何哉？陵遲故也。今世俗之陵遲久矣。雖有刑法，民能勿踰乎？”《家語》。先時季氏葬昭公於墓道之南，孔子溝而合諸墓焉。謂季桓子曰：“貶君以彰己罪，非禮也。今合之，所以掩夫子之不臣。”《家語》。是年春，及齊平夏，齊大夫犁彌言於景公曰：“魯用孔某，其勢危齊。”乃使使告魯為好會，會於夾谷。魯定公且以乘車好往。孔子攝相事，曰：“臣聞有文事者必有武備，有武事者必有文備。古者諸侯出疆，必具官以從。請具左右司馬。”定公曰：“諾。”《史記》。○犁彌，《史記》作犁鉏。今從《左傳》。犁彌言於齊侯曰：“孔某知禮而無勇，若使萊人以兵劫魯侯，必得志焉。”齊侯從之。《左傳》。至會所，為壇位，土階三等，以遇禮，相見揖讓而登。獻酬既畢，齊人使萊兵鼓譟劫定公，孔子歷階而進，以公退曰：“士兵之！兩君合好，而裔夷之俘以兵亂之，非齊君所以命諸侯也。裔不謀夏，夷不亂華，俘不干盟，兵不偪好，於神為不祥，於德為愆義，於人為失禮。君必不然。”左右視晏子與景公。景公心怍，麾而去之。有頃，齊奏宮中之樂，俳優侏儒戲於前。孔子趨進，歷階而上，不盡一等，曰：
“匹夫熒侮諸侯者，罪應誅。請右司馬速加刑焉。”於是斬侏儒，手
足异處。齊侯懼，有慚色。將盟，齊人加載書曰：“齊師出境，而不
以甲車三百乘從我者，有如此盟。”孔子使玆無還，揖對曰：“而不返
我汶陽之田，吾以供命者，亦如之。”齊侯將享公，孔子謂梁邱據曰：
“齊魯之故，吾子何不聞焉？事既成矣，而又享之，是勤執事也。且
犠象不出門，嘉樂不野合，享，而既具，是棄禮也；若其不具，用秕稗
也。用秕稗，君辱；棄禮，名惡。子盍圖之？夫享，所以昭德也。不
昭，不如其已也。”乃不果享。《史記》《家語》。○有與《左傳》同者從《左
傳》。齊侯歸，責其群臣曰：“魯以君子之道輔其君，而子獨以夷狄
之道教寡人。使得罪於魯君，爲之奈何？”有司進，對曰：“君子有過
則謝以質，小人有過則謝以文。君若悼之，則謝以質。”《家語》、《史
記》。齊人來歸鄆、讙、龜陰之田。《左傳》。○龐鍾璐按：《史記》、《家語》
皆云由司空爲大司寇。閻氏若璩謂：司寇，魯官名，在司徒、司馬、司空三桓
世爲之三卿之下，侯國本無大稱。《韓詩外傳》載孔子爲魯司寇，命辭云“宋公
之子弗父有孫，魯孔某命爾爲司寇”，無“大”字。又按：夾谷，《左傳》作“祝
其”，《公》、《穀》並作“頰谷”。司馬彪云：在今祝其縣。《廣輿記》：山東濟南
府淄川縣有夾谷山，舊名祝其山，即齊魯會盟之處。《春秋彙纂》引《地理志》：
濟南葘川縣西南三十里有甲山，亦名夾山，一名祝山，上有夾谷臺，爲定公會
齊侯處。吳氏昌宗謂齊魯兩君相會不應去齊若此之近，去魯若此之遠。今萊
蕪縣有夾谷峪，《名勝志》以爲萊兵劫魯侯處，庶幾近之。

　　壬寅周敬王二十一年、魯定公十一年，五十三歲。由司寇行攝
相事。《史記》。朝政七日，而誅亂政大夫少正卯，戮之於兩觀之下，
尸於朝三日。《家語》。初，魯之販羊者沈猶氏，常朝飲其羊，以詐市
人。有公慎氏者，妻淫不制。有慎潰氏者，奢侈踰法。魯之鬻六畜
者，飾之以儲價。及孔子爲政，沈猶氏不敢朝飲其羊，公慎氏出其
妻，慎潰氏越境而徙。三月鬻牛馬者不儲價，賣羔豚者不加飾，男

女行者別塗，道不拾遺。男尚忠信，女尚貞順，四方客至於邑者，不求有司，皆如歸焉。《家語》

江氏永曰：《家語》、《史記》皆云爲司寇攝行相事，其實攝相乃是相禮，如夾谷相會，《論語》"趨進翼如，賓退復命"，是其職也。若魯相自是三卿，執政自是季氏，夫子是時但言之而從，《公羊》所謂"行乎季孫三月不違者"耳，未嘗攝魯相也。

癸卯周敬王二十二年、魯定公十二年，五十四歲。墮三都。《左傳》《家語》

甲辰周敬王二十三年、魯定公十三年，五十歲。去魯適衛。《孔氏世系》。孔子始用於魯，魯人謗誦曰："麛裘而韠，投之無戾。韠之麛裘，投之無郵。"及三年政成，化既行，民又作誦曰："袞衣章甫，實獲我所。章甫袞衣，惠我無私。"《孔叢子》、《呂氏春秋》。齊人聞而懼曰："孔子爲政，必霸，吾地近焉，我之爲先并矣。盍致地焉？"犁彌曰："請先嘗沮之。沮之而不可，則致地庸遲乎？"於是選齊國中女子好者八十人，皆衣文衣而舞康樂，文馬三十駟，遺魯君。陳女樂、文馬於魯城南高門外，季桓子微服往觀再三，將受，乃語魯君爲周道游，往觀終日，怠於政事。子路曰："夫子可以行矣。"孔子曰："魯今且郊，如致膰乎大夫，則吾猶可以止。"桓子卒受齊女樂，三日不聽政。郊，又不致膰俎於大夫。孔子遂行，宿乎屯。而師己送，曰："夫子則非罪。"孔子曰："吾歌可乎？"歌曰："彼婦之口，可以出走；彼婦之謁，可以死敗。蓋優哉游哉，維以卒歲。"師己反，桓子曰："孔子亦何言？"師己以實告桓子。喟然嘆曰："夫子罪我，以群婢故也。"《史記》。○《集解》云：屯在魯之南。又作歌曰："予欲望魯兮，龜山蔽之。手無斧柯，奈龜山何？"《琴操》。遂適衛，主於子路妻兄顏濁鄒家。衛靈公問孔子居魯得祿幾何，對曰："奉粟六萬。"衛人亦致粟六萬。《史記》。○龐鍾璐曰：此第一次適衛。

閻氏若璩曰：孔子時衛都濮陽，生平凡五至衛。第一次，去魯司寇適衛;第二,將適陳,過匡過蒲,皆不出衛境内而反衛;第三,過曹而宋而鄭而陳,仍適衛;第四,將西見趙簡子,未渡河反衛;第五,如陳而蔡而葉,復如蔡而楚,仍反衛,儀邑城在衛西南境,距其國五百餘里,不知孔子先至國而後儀邑,或由儀邑而國都,皆不可知,要爲第一次適衛時事則無疑。鄭氏環謂"庶哉嘆"亦當在此時。○龐氏鍾璐曰:顏濁鄒,《孟子》作顏讐由。

乙巳周敬王二十四年、魯定公十四年,五十六歲。去衛,將適陳,過匡,顏刻爲僕。以其策指之曰:"昔吾入此,由彼缺也。"匡人聞之,以爲魯之陽虎。陽虎嘗暴匡人,匡人於是遂止孔子。孔子狀類陽虎,拘焉。《史記》。○《家語》:匡簡子以甲士圍之。○《序説》注云有"顏淵後""文王没"語。子路怒,奮戟將與戰,孔子止之曰:"惡有修仁義而不免世俗之惡者乎? 夫詩書之不講,禮樂之不習,是某之過也。若以述先王,好古法而爲咎者,則非某之罪也。命也夫! 歌,予和汝。"子路彈琴而歌,孔子和之,曲三終,匡人解甲而罷。《家語》。去。過蒲,月餘,反乎衛,主蘧伯玉家。《史記》。○龐鍾璐曰:此第二次適衛。靈公夫人南子使人謂孔子曰:"四方之君子不辱,欲與寡君爲兄弟者,必見寡小君。寡小君願見孔子。"辭謝,不得已,而見之。夫人在絺帷中,孔子入門,北面稽首,夫人自帷中再拜,環佩玉聲璆然。孔子曰:"吾鄉爲弗見,見之禮答焉。"子路不悦。孔子矢之曰:"予所不者,天厭之! 天厭之!"居衛月餘,靈公與夫人同車,宦者雍渠參乘,出,使孔子爲次乘,招搖市過之。孔子曰:"吾未見好德如好色者也。"於是醜之,去衛適曹。去曹適宋,與弟子習禮大樹下。宋司馬桓魋欲殺孔子,拔其樹,孔子去。弟子曰:"可以速矣。"孔子曰:"天生德於予,桓魋其如予何?"《史記》。○《孟子》:微服過宋。孔子適鄭,與弟子相失。孔子獨立郭東門。鄭人或謂子貢曰:"東門有人,其顙似堯,其項類皋陶,其肩類子産。然自要以下不及禹三寸，纍纍若喪家之狗。”子貢以實告孔子。孔子欣然笑曰：“形狀，末也。而似喪家之狗，然哉！然哉！”孔子遂至陳，主於司城貞子家。《史記》

丙午周敬王二十五年、魯定公十五年，五十七歲。是年定公薨，哀公蔣立。

丁未周敬王二十六年、魯哀公元年，五十八歲。有隼集於陳廷而死，楛矢貫之，石砮矢長尺有咫。陳湣公使使問孔子。孔子曰：“隼來遠矣，此肅慎之矢也。昔武王克商，通道九夷，百蠻使各以其方賄來貢，使無忘職業。於是肅慎貢楛矢石砮，長尺有咫。先王欲昭其令德，以肅慎矢分太姬，配虞胡公而封諸陳。分同姓以珍玉，展親；分異姓以遠方職，使無忘服。故分陳以肅慎矢。”試求之故府，果得之。《史記》。孔子居陳三歲，會晉楚爭疆，更伐陳。及吳侵陳，陳常被寇。於是孔子去陳。過蒲，會公叔氏以蒲畔，蒲人止孔子。弟子有公良孺者，以私車五乘從孔子。其爲人長賢，有勇力，謂曰：“吾昔從夫子遇難於匡，今又遇難於此。命也已！吾與夫子再罹難，寧鬬而死！”鬬甚疾。蒲人懼，謂孔子曰：“苟毋適衛，吾出子。”與之盟。出孔子東門。孔子遂適衛。子貢曰：“盟可負邪？”孔子曰：“要盟也，神不聽。”衛靈公聞孔子來，喜，郊迎。問曰：“蒲可伐乎？”對曰：“可。”靈公曰：“吾大夫以爲不可。今蒲，衛之所以待晉楚也，以衛伐之，無乃不可乎？”孔子曰：“其男子有死之志，婦人有保西河之志，吾所伐者不過四五人。”靈公曰：“善。”然不伐蒲。《史記》。〇龐鍾璐曰：此第三次適衛。

戊申周敬王二十七年、魯哀公二年，五十九歲。靈公老，怠於政，不用孔子。《序説》注有“三年有成”之語。孔子行。佛肸爲中牟宰。趙簡子攻范、中行，伐中牟。佛肸使人召孔子。孔子欲往，亦不果。《史記》。〇有答子路堅白語及荷蕢過門事。孔子既不得用於衛，將西見趙簡子。至河，聞竇鳴犢、舜華死，嘆曰：“美哉水，洋洋乎！

某之不濟此,命也夫!"子貢趨而進曰:"敢問何謂也?"孔子曰:"竇
鳴犢、舜華,晋之賢大夫也。趙簡子未得志,須此兩人而後從政;得
志殺之乃從政。某聞之,刳胎殺夭,麒麟不至郊;竭澤涸漁,蛟龍不
合陰陽;覆巢毁卵,鳳皇不翔。何則? 君子諱傷其類也。夫鳥獸之
於不義,尚知辟之,況乎某哉?"乃還息乎陬鄉,作陬操。《史記》。
○《索隱》:此陬鄉非魯之陬邑。張氏澐曰:陬,河之東北隅也。曰:"周道
衰微,禮樂陵遲。文武既墜,吾將焉歸? 周游天下,靡邦可依? 鳳
鳥不識,珍寶梟鴟。眷然顧之,慘然心悲。巾車命駕,將適唐都。
黃河洋洋,攸攸之魚。臨津不濟,還轅息陬。傷予道窮,哀彼無辜。
翱翔於衛,復我舊廬。從我所好,其樂只且。"《孔叢子》。反乎衛,人
主蘧伯玉家。龐鍾璐曰:此第四次適衛。他日,靈公問兵陳。孔子曰:
"俎豆之事嘗聞之,軍旅之事未學也。"明日,與孔子語,見飛雁,仰
視之,色不在孔子。孔子遂行,復如陳。《史記》。在陳絶糧七日,孔
子愈慷慨,講誦絃歌不輟。明日,免於厄。《家語》。是年夏,衛靈公
卒,立孫輒,是爲衛出公。六月,趙鞅納太子蒯聵於戚。《史記》。
冬,蔡遷於州來。《史記》

　　己酉周敬王二十八年、魯哀公三年,六十歲。在陳。陳侯就之
燕游焉。行路之人云:"魯司鐸災,及宗廟。"以告孔子。孔子曰:
"其桓僖之廟乎?"陳侯曰:"何以知之?"子曰:"《禮》:祖有功而宗
有德,故不毁其廟。今桓僖之親盡矣,又功德不足以存其廟,而魯
不毁,是以天災加之。"三日,魯使至。問焉,則桓僖也。陳侯謂子
貢曰:"吾乃今知聖人之可貴。"對曰:"君今知之矣。未若專其道而
行其化之善也。"《家語》。秋,季桓子病,輦而見魯城,喟然嘆曰:"昔
此國幾興矣。以吾獲罪於孔子,故不興也。"顧謂康子曰:"我即死,
若必相魯;相魯,必召孔子。"桓子卒,康子立。欲召孔子。公之魚
曰:"昔吾先君用之不終,爲諸侯笑。今又用之,不能終,是再爲諸侯
笑。"康子曰:"則誰召而可?"曰:"必召冉求。"於是使使召冉求。冉求

將行，孔子曰："魯人召求，非小用之，將大用之也。"子貢知孔子思歸，送冉求，因誡曰"即用，以孔子爲招"云。《史記》。○有歸與之嘆。

庚戌周敬王二十九年、魯哀公四年，六十一歲。自陳遷於蔡。《史記》

辛亥周敬王三十年、魯哀公五年，六十二歲。秋，齊景公卒。《史記》

壬子周敬王三十一年、魯哀公六年，六十三歲。自蔡如葉。《史記》。○有"葉公問政，子路不對"語。去葉，反乎蔡。《史記》。○有沮溺丈人事。孔子遷於蔡。三歲，吳伐陳，楚救陳軍於城父。《史記》。楚王使使奉金幣聘夫子。宰予、冉有曰："夫子之道至是行矣。"遂請見。問夫子曰："太公勤身苦志，八十而遇文王。孰與許由之賢？"夫子曰："許由獨善其身者也，太公兼利天下者也。然今世無文王之君也，雖有太公，孰能識之？"乃歌曰："大道隱兮禮爲基，賢人竄兮將待時，天下如一欲何之？"《孔叢子》。楚昭王迎孔子，將以書社地七百里封孔子。令尹子西曰："王之使使諸侯有如子貢者乎？"曰："無有。""王之輔相有如顏回者乎？"曰："無有。""王之將率有如子路者乎？"曰："無有。""王之官尹有如宰予者乎？"曰："無有。""且楚之祖封於周，號爲子男，五十里。今孔某述三王之法，明周召之業，王若用之，則楚安得世世堂堂方數千里乎？夫文王在豐，武王在鎬，百里之君，卒王天下。今孔某得據土壤，賢弟子爲佐，非楚之福也。"昭王乃止。《史記》。○有問萍實事。秋，昭王卒。有接輿之歌。孔子自楚反乎衛。《史記》。○此五次適衛。

癸丑周敬王三十二年、魯哀公七年，六十四歲。吳與魯會繒，徵百牢。太宰嚭召季康子。康子使子貢往，然後得已。《史記》。是時，衛君輒父不得立，在外，諸侯數以爲讓。而孔子弟子多仕於衛，衛君欲得孔子爲政。《史記》。○有魯衛兄弟及答子貢、夷齊、子路正名之語。

丙辰周敬王三十五年、魯哀公十年,六十七歲。夫人开官氏卒。
《年譜》

　　江氏永曰:昔人因《檀弓》記伯魚之母死,期而猶哭,夫子
謂其已甚。因謂孔子出妻。近世豐城甘馭麟綖著《四書類典
賦》辨其無此事,云《檀弓》載門人問子思曰:"子之先君子喪出
母乎?"此殆指夫子之於施氏而言,非謂伯魚之於开官也。初,
叔梁公娶施氏,生九女而無子,此正所謂無子當出者。《家
語·後序》所謂叔梁公始出妻,是也。此說甚有理。施氏無子
而出,乃求婚於顏氏,事當有之。其後施氏卒,夫子爲之服期,
蓋少時事。門人之問,明云"子之先君子喪出母",非謂令伯魚
爲出母服也。子思云:"昔者吾先君子無所失道,道隆則從而
隆。"此語尤可見孔子雖有兄孟皮,妾母所生,則孔子實爲父後
之子,在禮爲父後者爲出母無服。聖人以義處禮,父既不在,
施氏非有他故,不幸無子而出,實爲可傷,故寧從其隆而爲之
服。設有他故被出,則當從其污而不爲之服矣,所謂無所失道
者。若伯魚之母,當守父在爲母期之禮,過則當除,故抑其過
而止之,何得誣爲喪出母也?

丁巳周敬王三十六年、魯哀公十一年,六十八歲。冉有爲季氏,
將師與齊戰於郎,克之。季康子曰:"子之於軍旅,學之乎? 性之
乎?"冉有曰:"學之於孔子。"康子曰:"孔子何如人哉?"對曰:"用之
有名,播之百姓,質諸鬼神而無憾。求之至於此道,雖累千社,夫子
不利也。"康子曰:"吾欲召之,可乎?"對曰:"欲召之,則毋以小人固
之,則可矣。"而衛孔文子將攻太叔,問策於孔子。孔子辭不知,退
而命載而行,曰:"鳥能擇木,木豈能擇鳥乎?"文子固止。會季康子
使公華、公賓、公林以幣迎孔子,孔子歸魯。《史記》。隱谷之中,見
香蘭獨秀,喟然嘆曰:"夫蘭,當爲王者香,今乃獨茂,爲伍衆草。"乃
止車,援琴鼓之,自傷不逢時,托辭於香蘭,云:"習習谷風,以陰以

雨。之子于歸，遠送于野。何彼蒼天，不得其所。逍遥九州，無有定處。世人蔽闇，不知賢者。年紀逝邁，一身將老。”《琴操》。孔子去魯凡十四歲，而反乎魯。《史記》。○有對哀公及康子語。季孫欲以田賦，使冉有訪於孔子，孔子曰：“某不識也。”《左傳》。魯終不能用孔子，孔子亦不求仕。《史記》。作邱陵之歌曰：“登彼邱陵，峛崺其阪。仁道在邇，求之若遠。遂迷不復，自嬰屯蹇。喟然回慮，題彼泰山。鬱確其高，梁甫回連。枳棘充路，陟之無緣。將伐無柯，患茲蔓延。惟以永嘆，涕霣潺湲。”《孔叢子》。孔子之時，周室微而禮樂廢，《詩》《書》缺，追迹三代之禮，序《書傳》，上紀唐虞之際，下至秦繆，編次其事，故《書傳》《禮記》自孔氏。有杞宋損益從周等語。語魯太師樂。有樂正之語。古者《詩》三千餘篇，及至孔子，去其重，取可施於禮義，上采契后稷，中述殷周之盛，至幽厲之缺。三百五篇，皆絃歌之，以求合《韶》《武》《雅》《頌》之音，禮樂自此可得而述。孔子晚而喜《易》，序《彖》、《繫》、《象》、《説卦》、《文言》。讀《易》，韋編三絶。曰：“假我數年，若是，我於《易》則彬彬矣。”孔子以詩書禮樂教弟子，蓋三千焉。身通六藝者，七十有二人。如顔濁鄒之徒，頗受業者甚衆。《史記》

戊午周敬王三十七年、魯哀公十二年，六十九歲。子鯉卒。

庚申周敬王三十九年、魯哀公十四年，七十一歲。春，西狩獲麟。《左傳》。乃歌曰：“唐虞世兮麟鳳游，今非其時來何求，麟兮麟兮我心憂！”《孔叢子》。乃因史記作《春秋》，筆則筆，削則削，子夏之徒不能贊一辭。《史記》。夏，齊陳恒弑其君壬於舒州。孔子三日齋，而請伐齊。三公曰：“魯爲齊弱久矣，子之伐之，將若之何？”對曰：“陳恒弑其君，民之不與者半。以魯之衆，加齊之半，可克也。”公曰：“子告季孫。”孔子辭退，而告人曰：“吾以從大夫之後也，故不敢不言。”《左傳》

辛酉周敬王四十年、魯哀公十五年，七十二歲。子路死於衛。

《史記》

壬戌周敬王四十一年、魯哀公十六年，七十三歲。夏四月己丑，孔子卒。《續經》。公西赤掌殯葬焉。含以疏米三貝，襲衣十有一稱，加朝服一，冠章甫之冠，佩象環，徑五寸而綦組綬，桐棺四寸，柏槨五寸，飾棺牆，置翣，設披，周也；設崇，殷也；綢練設旐，夏也。兼用三王禮，所以尊師，且備古也。《家語》。於是弟子皆吊服而加麻，出有所之，則由絰。《家語》。孔子葬魯城北泗上。《史記》。藏入地不及泉，而封爲偃斧之形，高四尺，樹松柏爲志焉。《家語》。弟子皆服三年。三年心喪畢，相訣而去，則哭，各復盡哀；或復留。惟子貢廬於冢上凡六年，然後去。弟子及魯人往從冢而家者，百有餘室，因命曰孔里。《史記》。孔子生鯉，字伯魚。《史記》。哀公嘗以幣召，稱疾不行。《闕里志》。年五十，先孔子卒。《史記》。冢在孔子冢東。《皇覽》。○以上《文廟祀典考》。

尊聖録卷十四

世　系

　　達人之生，是惟明德。六藝折中，百王程式。聖師之家，帝王之國。國有替興，家無終極。述世系第九。

　　孔子之先，宋之後也。微子啟，帝乙之元子，紂之庶兄，以圻內諸侯，入爲王卿士。武王克殷，封紂之子武庚於朝歌，使奉湯祀。武王崩，而與管、蔡、霍三叔作亂。周公相成王東征之二年，罪人斯得。乃命微子代殷後，作《微子之命》申之。與國於宋，微子卒，其弟曰仲思，名衍。或名泄。嗣微子後，故號微仲。生宋公稽，胄子雖遷爵易位，而班級不及其故者，得以故官爲稱。故二微雖爲宋公而猶以微之號自終。至於稽乃稱公焉。《家語》。○龐鍾璐曰：不及其故，當作"不沒其故"。稽生丁公申，申生湣公共及煬公熙，《家語》。○龐鍾璐曰：本作緡公、襄公，從《史記》改。湣與愍通。湣公生弗父何《世本》。及厲公鮒祀。《家語》。○龐鍾璐曰：本作方祀，從《史記》改。鮒祀弒煬公而自立。《史記》。弗父何以下，世爲宋卿。弗父何生宋父周，周生世父勝，勝生正考父。《家語》。○弗父何以下，原作方祀以下，誤。世父原作世子。校商之名《頌》十二篇於周太師，以《那》爲首。《國語》、《詩序》。考父生孔父嘉。五世親盡，別爲公族，故後以孔爲氏焉。一曰孔父者，生時所賜號也，是以子孫遂以氏族。《家語》。孔父嘉爲宋司馬華督殺之而絕其世，其子木金父降爲士。木金父生祁父，祁

441

父生防叔，爲華氏所逼，而奔魯爲防大夫，故曰防叔。防叔生伯夏，伯夏生叔梁紇。《世本》。○祁父，《家語》作睪夷。叔梁紇仕魯爲陬大夫。《孔氏世系》。魯襄公十年，諸侯伐偪陽。偪陽人啓門，諸侯之士門焉。縣門發，叔梁抉之，以出門者。孟獻子曰："《詩》所謂'有力如虎'者也。"十七年，齊侯伐我北鄙，圍桃。高厚圍臧紇于防。師自陽關逆臧孫，至于旅松。叔梁與臧疇、臧賈率甲三百，宵犯齊師，送之而復。《左傳》。叔梁取魯之施氏，雖有九女而無子。其妾生孟皮。孟皮一字伯尼，有足病。於是乃求婚於顏氏。顏氏有三女，其小曰微在。顏父問三女曰："陬大夫雖祖父爲士，然其先聖王之裔。今其人身長十尺，一作九尺。武力絶倫，吾甚貪之。雖年長性嚴，不足爲疑。三子孰能爲之妻？"二女莫對。微在進曰："從父所制，將何問焉？"父曰："即爾能矣。"遂以妻之。《家語》。既廟見，禱尼邱山，生孔子。《家語》。○龐鍾璐曰：孔子先世，《家語》、《史記》、《世本》互有不同，後人考訂亦異，此從孔繼汾《世系考》，信家乘也。《祖庭廣記》：春秋時有三孔：鄭孔張、衛孔達，蓋姓同而族異也。獨子姓孔氏始於宋，遷於魯，世爲魯人。按：孔張，姬姓。孔達，姞姓。孔子，子姓。皆以孔爲氏，而姓各不同也。漢《禮器碑》：顏氏，聖舅家，居魯親里。江氏永曰：孔子父居尼邱山麓，與顏氏同里。二族相距二三里。鄭氏環云：曲阜縣孔子之後，號内孔，孟皮之後號外孔，各有萬餘丁。

世 系 表 一

周	秦	西 漢	東 漢
起成王丙戌至赧王丁丑。○成王二年丁亥，始封殷後於宋，以奉湯祀。 微子啓帝乙長子。 微仲衍啓弟。 宋公稽衍子。	起始皇庚辰至二世壬辰。 鮒始皇初召爲文通君，拜少傅。 三十四年，秦焚書，遂藏書於屋壁，隱於嵩山。	起高帝乙未至平帝辛酉。 高帝元年，過魯，以太牢祀孔子，封騰爲奉祀君。 惠帝拜博士，遷長沙①太守。子一。	起光武乙酉至獻帝庚午。 志光武帝拜大司馬。建武十四年，襲封褒成侯，卒諡元成。子一。 損明帝永平十五年

----

① "長沙"二字原缺，據《闕里志》補。

續 表

周	秦	西 漢	東 漢
丁公申稽子。 潛公共或作"閔公恭"。申子,有弟曰煬公熙。 弗父何共子。 宋父周何子。 世子勝周子。 正考父勝子。 孔父嘉正考父子。 木金父孔父嘉子。奔魯,因家焉。 祈父木金父子。或曰"睪夷",以孔爲氏。 防叔祈父子。 伯夏叔子。 叔梁紇伯夏子。自徼于至叔梁,計十四代。 孔子父叔梁紇,母顏氏。靈王二十一年庚戌生,敬王四十一年壬戌卒,哀公誄曰尼父。子一。 鯉景王十二年戊辰生,敬王二十八年己未卒。子一。 伋安王二十三年乙亥居衛。子一。 白子一。 求子一。 箕相魏。子一。 穿子一。 謙一作慎。子三。 自孔子至謙,計八代。	子隨。四傳至吉。吉生何、齊,皆承殷後,爲宋公。嗣絕。 弟二:騰、樹。 自孔子至鮒,計九代。	忠文帝徵爲博士。子二。 武文帝博士,臨淮太守。子一。 延年武帝博士,轉少傅。遷大將軍。子一。 霸昭帝博士。宣帝太中大夫,遷詹事,爲高密相。元帝拜太師,賜爵關内侯,號褒成君。卒諡烈。子四。 福襲封關内侯。子一。 房襲封關内侯。子一。 均襲封關内侯。徵拜尚書郎。平帝元始元年,封褒成侯。子一。 追諡孔子爲褒成宣尼公。 自孔子至均,計十六代。	封褒成侯。章帝元和二年,東巡助祭。 和帝永元四年,襲封褒亭侯。子一。 追諡孔子爲褒尊侯。 曜襲封褒亭侯。子一。 完襲封褒亭侯。早卒,無子。母弟羨子羨襲封。 自孔子至完,計二十代。

世 系 表 二

三國	晉	南北朝	隋	唐
漢、魏、吳，起辛未至甲申。 羨魏文帝黃初元年，拜議郎，封宗聖侯。子一。 自孔子至羨，計二十一代。	起武帝乙酉至愍帝癸酉。 震武帝太始三年，改封奉聖亭侯，拜太常卿、黃門侍郎。子一。 嶷襲封奉聖亭侯。子一。 撫舉孝廉，辟太尉掾，襲封奉聖亭侯，爲豫章太守。子一。 自孔子至撫，計二十四代。	晉、宋、齊、梁、陳、魏、東魏、北齊、西魏、後周，起甲戌至庚子。 懿東晉襲封奉聖亭侯，從事中郎。子一。 鮮宋文帝元嘉十九年襲封奉聖亭侯，改封崇聖侯。子一。 乘後魏孝文帝延興三年封崇聖大夫。子一。太和十六年改諡孔子爲文聖尼父。 靈珍授秘書郎。孝文帝太和十九年，仍封崇聖侯。子一。 文泰襲封崇聖侯。子一。 渠襲封崇聖侯。北齊天保九年，改封恭聖侯。後周靜帝大象二年，改封鄒國公。子一。是年，封孔子爲鄒國公。 長孫襲封鄒國公。子二。 英悊封奉聖侯。無子。 自孔子至英悊，計三十二代。	起高祖辛丑至恭帝丁丑。 嗣悊英悊弟。 文帝時應制登科，授涇州司兵參軍，遷太子通事舍人，襲封鄒國公。贈孔子爲先師尼父。煬帝時大業四年，改封紹聖侯。子一。	起高祖戊寅至哀帝甲子。 德倫高祖武德九年，改封褒聖侯。太宗貞觀二年，升孔子爲先聖。十一年，尊孔子爲宣父。是年，詔朝會，位同三品。子二。高宗乾封元年，追贈孔子爲太師。天授元年，封孔子爲隆道公。 崇基中宗嗣聖十二年，襲封褒聖侯。神龍元年，授朝散大夫。子一。 璲之玄宗開元五年，襲封褒聖侯，特授四門博士、郡王府文學、蔡州長史。二十七年，改封文宣公，兼除兗州長史。子一。是年，追諡孔子爲文宣王。 萱襲封文宣公，兼兗州泗水令。子一。 齊卿德宗建中三年，襲封文宣公，兼除兗州功曹參軍，轉青州司兵參軍。子三。 惟晊憲宗元和十三年，授兗州參軍，襲封文宣公。子一。 策明經及第，歷少府監主簿、國子監丞，襲封文宣公，遷國子尚書博士。子三。 振懿宗咸通四年，狀元及第，歷運判左補闕、水部員外郎，襲封文宣公。子一。 昭儉任南陵郡，授廣文館博士、兗州司馬，除秘書郎，襲封文宣公，累宰曲阜。子一。 光嗣哀帝天祐二年，授泗水令、陵廟主。子一。 自孔子至光嗣，計四十二代。

世 系 表 三

五季	宋遼金附	元	明
梁、唐、晋、漢、周，起乙丑至己未。 仁玉後唐時任曲阜主簿，陞縣令，襲封文宣公。後周太祖廣順二年，授曲阜縣令，兼監察御史。卒贈兵部尚書，號中興祖。子四。 自孔子至仁玉，計四十三代。	起太祖庚申至幼主乙亥。 宜太祖乾德四年，詣闕上書，詔爲曲阜主簿，調黃州軍事推官。太宗召見，遷司農丞。太平興國三年，遷太子右贊善大夫，襲封文宣公。八年，還朝，遷殿中丞。子三。 延世太宗時，授曲阜主簿。秩滿，授福州閩縣令、許州長葛令。真宗召見，授曲阜令。襲封文宣公。子一。弟延澤。 聖佑大中祥符元年，授太常寺奉禮郎。是年加謚孔子爲玄聖文宣王。四年，以聖佑爲大理評事。五年，改封孔子爲至聖文宣王。天禧五年，襲封文宣公。知仙源縣事，遷贊善大夫。卒，無嗣，以親堂弟宗愿承襲。 宗愿延澤子。仁宗天聖中，補太廟齋郎。寶元二年，授國子監主簿。襲封文宣公。知仙源縣事。至和二年，改封衍聖公。累遷尚書比部員外郎。子三。 若蒙神宗熙寧元年，襲封衍聖公。哲宗元祐元年，改封奉聖公。坐事廢，以弟若虛承襲。 若虛哲宗元符元年，襲封奉聖公。卒，朝廷以若蒙子端友承襲。 若愚字三今，襲封始祖。 端友徽宗崇寧三年，封衍	起太祖丙寅至順帝乙亥。 洙萬春子。襲封衍聖公於衢。世祖至元十九年，辭爵，授國子祭酒，提舉浙東道學校事。卒，無子。自端友至洙，凡六世，因正嗣絶，南始罷封。 浣之厚子。贈中議大夫，太常禮儀院同僉、上騎都尉，追封東平伯。再贈通議大夫、禮部尚書、上輕車都尉，追封魯郡侯。子一。 治之全子。成宗元貞初，特授襲封。子思誠罷封。大德十年，加封孔子爲大成至聖文宣王。 思晦浣長子。武宗至大中授范陽、寧陽兩縣教諭。仁宗延祐三年，授中議大夫，襲封衍聖公。泰定四年，改嘉議大夫。卒，贈通奉大夫、河南江北等處行中書省參知政事護軍，追封魯郡公，謚文肅。子一。 克堅順帝至元元年，授嘉議大夫，襲封衍聖公。至正八年，授中奉大夫。	希學洪武元年，授資善大夫，襲封衍聖公。子一。四年，詔封孔子爵位仍舊。 訥洪武十七年，拜襲封之命，受誥大廷。子一。 公鑑襲封衍聖公。子一。 彦縉永樂八年，襲封衍聖公。子一。 承慶未襲公爵，卒。景泰六年，贈襲封衍聖公。子二。 宏緒景泰六年，襲封衍聖公。子二。 宏泰成化六年，襲封衍聖公。子一。 聞韶宏緒長子。弘治十六年，襲封衍聖公。子二。 嘉靖九年，改稱孔子爲至聖先師。 貞幹嘉靖二十五年，襲封衍聖公。子一。 尚賢嘉靖二十五年，襲封衍聖公。子一。未襲，卒，以嫡堂姪允植嗣爵。 允植天啓元年，襲封衍聖公。崇禎元年，加太子太保。二年，加太子太傅。

五季	宋遼金附	元	明
	聖公。建炎南渡，扈從，寓三衢，終知郴州。嗣絶，以姪玠嗣爵。 端操權襲封衍聖公於魯。子四。 端立若愚子。 玠端友姪，端操第四子。高宗紹興二年，襲封衍聖公於衢。子一。 璠端操第二子。襲封衍聖公於魯。金熙宗天眷三年，贈榮禄大夫。子二。 琥端立子。 搢玠子。高宗紹興二十四年，襲封衍聖公於衢。子一。 拯璠長子。金熙宗皇統二年，襲封衍聖公，管勾祀事。卒，無嗣，以弟摠承襲。 摠金世宗大定三年，襲封衍聖公，管勾祀事。卒，贈光禄大夫。子二。 拂琥子。 文遠搢子。襲封衍聖公於衢。子一。 元措摠長子。金章宗明昌二年，襲封衍聖公，管勾祀事。哀帝正大二年，授知集賢院兼太常丞。天興元年，改除遥授泰定軍節度使。二年，遷光禄大夫，尋改授太常卿。無子，以姪之固子滇繼。禠爵，無子。自端操至滇六世，嗣絶。 元孝拂長子。 元用元孝弟，權襲封衍聖公。 萬春文遠子。襲封衍聖公於衢。子一。	十五年，徵爲同知太常禮儀院事，攝太常卿，累官國子祭酒。子九。 自孔子至克堅，計五十五代。	

續　表

五季	宋遼金附	元	明
	之厚元孝子。贈亞中大夫、濟寧路總管、輕車都尉、魯郡侯。 之全元用子。嘗攝祀事。 自孔子至之厚,計五十二代。		

世　系　表　四

國朝

允植順治元年十月初二日,奉旨封太子太傅,襲封衍聖公。子一。

興燮順治五年三月十一日,襲封衍聖公。順治七年三月二十六日,封太子少保。順治八年,加少保兼太子太保。子二。

毓圻康熙七年正月十九日,奉旨襲封衍聖公。

以上均見《闕里志》。

尊聖録卷十五

弟　子

聖人設教，傳道得徒。洙泗斷斷，皆君子儒。受業三千，七十達者。六藝身通，此其選也。述弟子第十。

弟子姓名异同表 見龐氏鍾璐《文廟祀典考》

《史　記》	《家　語》	《文翁圖》	《古　史》
顔回	同	同	同
閔損	同	同	同
冉耕	同	同	同
冉雍	同	同	同
冉求	同	同	同
仲由	同	同	同
宰予	同	同	同
端木賜	同《索隱》引作"端沐"。	同	同
言偃	同	同	同

《史　記》	《家　語》	《文翁圖》	《古　史》
卜商	同	同	同
顓孫師	同	同	同
曾參	同	同	同
澹臺滅明	同	同	同
宓不齊	同	同	同
原憲	同	同	同
公冶長	同《索隱》引作"萇"。	同	同
南宮适《論語》作"适"，《史記》作"括"。	南宮韜《索隱》引作"縚"。	南宮縚	南宮括
公晳哀	同《索隱》引作"剋"。	同	同
曾蒧《論語》作"點"。	曾點	曾點	曾點
顏無繇	顏繇《索隱》引作"由"。	顏由	顏無繇
商瞿	同	同	同
高柴	同	同	同
漆雕開《索隱》作"漆彫"。	同	同	同
公伯僚《論語》作"寮"，《索隱》作"繚"，亦作"遼"。			
司馬耕	司馬犂耕	司馬耕	司馬耕
樊須	同	同	同

《史　記》	《家　語》	《文翁圖》	《古　史》
有若	同	同	同
公西赤	同	同	同
巫馬施	巫馬期	巫馬期	巫馬施
梁鱣	同	同	同
顏幸	顏辛《索隱》引作"幸"。	顏辛	顏幸
冉孺	冉孺	冉孺	冉孺
曹邺	同	同	同
伯虔	同《索隱》引作"處"。	同	同
公孫龍	公孫寵《索隱》引同，又云"礱"。	公孫龍	公孫龍
冉季	同	同	同
公祖句兹	公祖兹	公祖兹	公祖句兹
秦祖	同	同	同
漆雕哆	漆雕侈	漆雕多	漆雕哆
顏高	顏刻《索隱》引名"產"。	顏刻	顏刻
漆雕徒父	漆雕從	漆雕從	漆雕徒父
壤駟赤	穰四赤	襄駟赤	壤駟赤
商澤《索隱》作"石高澤"。	同	同	同
石作蜀	石子蜀古本作"之蜀"。	石子蜀	石作蜀
任不齊	同	同	同

《史　記》	《家　語》	《文翁圖》	《古　史》
公良孺	公良儒	公良儒	公良孺
后處	石處	石處	后處
秦冉	同	同	同
公夏首	公夏守		公夏首
奚容蒧	奚蒧	奚蒧、容蒧	奚容蒧
公堅定	公肩		公肩定
顏祖	顏相	顏相	顏祖
鄡單			
句井疆	同		同
罕父黑	宰父黑	宰父黑	罕父黑
秦商	同	同	同
申黨《釋文》引作"棠"。	申續孔本作"續"。	申根《索隱》云有申根、申堂。	申黨
顏之僕	同	同	同
榮旂	榮祈	榮旂	榮祈
縣成	懸成		縣成
左人郢	左郢	左郢	左人郢
燕伋	燕級	燕伋	燕伋
鄭國	薛邦	鄭國	鄭邦
秦非	同	同	同
施之常	同	同	同
顏噲	同	同	同
步叔乘	步叔桊	步叔桊	步叔乘

《史　記》	《家　語》	《文翁圖》	《古　史》
原亢	原抗或作"桃"。		原亢
樂欬	樂欣	樂欣	樂欬
廉絜	廉潔	廉潔	廉潔
叔仲會	同	同	同
顔何			同
狄黑	同	同	同
邦巽	邦選		邦巽
孔忠	孔弗	孔忠	孔弗
公西輿如	公西輿		公西輿
公西葴	公西葴	公西葴	公西葴
	琴牢	琴牢	琴牢
	陳亢	陳亢	陳亢
	縣亶《索隱》引作"豐"。		
		蘧瑗	
		林放	

弟子補遺 見浦江費崇朱《孔子門人考》

　　子服何即景伯，其高祖孟獻子生孝伯它，它生惠伯椒，椒生昭伯回，回生景伯，爲魯大夫。朱竹垞作《孔子弟子考》引唐劉懷玉《孔聖真宗録》謂景伯在七十子之間。考漢魯峻石壁畫像亦有之，而《史記·弟子傳》、《家語·弟子解》並不載，豈以景伯爲魯名大夫，不當在弟子之列，故略之歟？

仲孫何忌，字子嗣。魯公子慶父之後，即孟懿子，與敬叔同學，禮於孔子，爲魯大夫。《左傳》：懿子與南宮敬叔師事仲尼。則懿子固弟子之一人，而《史記》、《家語》不收，蓋以其在大夫之列，不當以弟子論耳。

牧皮，牧子，字皮，其名不可考。力牧之後，與牧仲同宗。《史記》、《家語》俱不載，《孟子》以牧皮與琴張、曾皙並稱，琴張、曾皙皆孔子弟子，則牧皮非弟子而何？

孺悲，魯人。嘗從孔子學士喪禮。《禮·雜記》：魯哀公使孺悲之孔子學士喪禮，士喪禮於是乎書。則孺悲固弟子之一人也。後人但見“欲見孔子，孔子以疾辭”，遂擯之不在弟子之列。不知歌瑟使聞，所以警而教之，非終棄絶也。況宰我短喪，冉有聚斂，夫子以爲“不仁”，以爲“非吾徒”，而終不失其爲高弟。孺悲雖嘗得罪，安可以一眚掩其生平哉？

惠叔蘭，衛靈公之孫，公子郢之子，將軍文子彌牟之弟也。子游與之善，使受學於夫子。及没，子游爲之服，又臨其喪云。朱竹垞《弟子考》謂即南郭惠子，非也。《墨子》言子貢之南，因南郭惠子以見田常，則惠子固齊大夫也，豈得指爲惠叔蘭哉？

孔璇，一作“埏”，字同。一作“族”，字譌。與叔仲、子期俱以孺子從夫子。夫子使之侍側，同執筆記事云。

公父歜，“父”與“甫”通。即文伯季悼子紇之孫，公父穆伯靖之子也。母敬姜使事孔子。《韓詩外傳》：公甫文伯死，其母敬姜不哭，季孫使人問焉。對曰：“昔是子吾使之事仲尼”云云。觀此，則文伯實聖門中之一人。朱竹垞《孔子弟子考》博採群書以補《史記》、《家語》之缺而竟不及文伯，豈竹垞猶未見《韓詩》耶？○亦見《戰國策》。

公罔之裘，公罔子名裘，“之”是語助詞。《禮·射義疏》云：公罔，氏。裘，名。孔子弟子。見《廣韻·注》。○《人表》有公房皮，梁諫庵疑即公罔之裘。謂古“罔”與“方”通，“方”與“房”通，而裘者，皮衣也。裘、皮一耳。表中異文甚多，如“嬀”作“幠”，“顧”作“鼓”，“虎”作“龍”，“欣”作“剚”之類，並所傳殊別，今存其説，以廣異聞。

序點，見《禮·射義》。公罔之裘、序點不見《史記》、《家語》，或疑其非孔子弟子。今觀《射義》云：孔子射於矍相之圃，使子路執弓矢，出延射。又使公罔之裘、序點揚觶而語。裘、點與子路並爲孔子所使，則裘、點似亦弟子也。朱竹垞《孔子弟子考》並收裘、點，良非無所見而云然。

賓牟賈，賓牟，姓。賈，名。魯人。嘗侍坐於孔子，孔子與之言樂，詳見《樂記》。

顏濁鄒，《晏子春秋·外篇》作"顏燭鄒"，"燭"字疑譌。子路妻兄，衛之賢大夫也。孔子適衛，嘗主於其家。《史記·弟子列傳》不載顏濁鄒，而《孔子世家》則云顏濁鄒之徒受業者甚衆，意濁鄒不在七十七人之中，而在三千人之列耳。孔子適衛，主於濁鄒，或濁鄒先受業而後孔子主其家，或孔子先主其家而後濁鄒受業，皆未可知。○濁鄒即讐由，朱子輯《論語序說》謂：顏濁鄒，《孟子》作顏讐由。其注《孟子》云：顏讐由，《史記》作顏濁鄒。分明以濁鄒、讐由爲一人，《人表》分載讐由、濁鄒，而以濁鄒爲顏涿聚，謬甚。

顏涿聚，《韓詩外傳》有顏鄧聚事齊景公，與晏子同時。《淮南·氾論》又有顏喙聚，梁諫庵疑即顏涿聚，謂《韓》譌"涿"爲"鄧"，《淮南》譌"涿"爲"喙"。魯人。少爲梁父大盜，學於孔子，爲齊名臣。晋伐齊，齊師敗，涿聚被擒，遂死。《左傳》哀二十三年：晋荀瑤伐齊，戰於犁邱。齊師敗績，知伯親禽顏庚。杜注云：顏庚，齊大夫顏涿聚。二十七年，荀瑤伐鄭，鄭請救於齊。陳成子召顏涿聚之子晋曰："隰之役，而父死焉"，隰即犁邱。以是觀之，則顏庚之即涿聚，明矣。

季襄，魯人。立節抗行，不入洿君之朝，不食亂世之禄，遂餓而死。季襄，見《淮南·氾論訓》，高誘注云："魯人，孔子弟子。"依此，則襄固嘗從學聖門者。朱竹垞《孔子弟子考》共得九十餘人，如《論語》之林放，《禮記》之公罔之裘、序點，《晏子春秋》之鞠語，《莊子》之常季，《吕覽》之顏涿聚，石壁畫像之子服景伯，《禮殿圖》之廉瑀，皆收在弟子，采摭已備，而猶遺季襄。甚矣，考古之難也。

廉瑀，見《禮殿圖》。

鞠語，見《晏子春秋》。《晏子外篇》稱：魯孔某之徒鞠語明於禮樂，審於服喪。其母死，葬埋甚厚，服喪三年。據此，則鞠語亦聖門中之士歟？孫星衍疑即皐魚,姑存其説。

庄慮襄,見魯峻石壁畫七十二子像。《弟子傳考》:庄,疑作"左"。

孺襄,見石壁畫像。

魯公府,見石壁畫像。《弟子傳考》:府,疑作"庶"。

顔思,見石壁畫像。

夫高,見石壁畫像。《弟子傳考》:夫,疑作"夾"。崇朱按:《春秋》有《夾氏傳》十一卷,則古有夾姓可知。

東郭亥,見《孔叢子》。或曰即東郭子惠,見《説苑・雜言》。《荀子》作南郭惠子。《孔叢子・嘉言篇》言"齊東郭亥欲攻田氏,執贄見夫子。"夫曰"執贄",則亥嘗爲孔子門人,可知矣。

盈成尚,盈,一作"盆"。見《孔叢子》。《孔叢子・詰墨篇》云:盈成匡,父之孝子,兄之弟弟也。其父尚爲孔子門人。觀此,則尚明是盈成氏。但考《晏子春秋》言:盆成适,父之孝子,兄之順弟。似與匡只是一人。盆與盈,蓋因形似而亂,盈,當作"盆",爲是。《弟子傳考》亦作"盆成尚"。

盆成适,見《晏子春秋》。《晏子春秋》言:西郭徒居,布衣之士。盆成适,父之孝子,兄之順弟,又嘗爲孔子門人。詳見《外篇》。

弟子存疑 見浦江費崇朱《孔子門人考》

公伯寮,字子周,魯人。唐開元二十七年贈任伯,宋大中祥符二年封壽張侯,明嘉靖九年始罷祀。《史記》收公伯寮,《家語・弟子解》不載。朱子注《論語》,但以爲魯人。《困學紀聞》依致堂胡氏謂公伯寮非孔子弟子,乃季氏之黨。《正義》引《古史考》云疑公伯寮是讒愬之人,孔子不責而云命,非弟子之流。獨朱竹垞主《史記》,謂未可以一眚掩生平,恐非通論。

常季,見《莊子》。常季爲孔子弟子,惟朱竹垞之説則然,其信否則不可知。

弟子正誤 見浦江費崇朱《孔子門人考》

孟武伯武伯爲孔子弟子，古無其説。《論語》雖兩記武伯之問，只是偶然請教，如定公之問君臣、哀公康子之問政，未必其受業也。《泮宮禮樂考》以武伯爲及門之士，恐不可執以爲據。

陽虎《墨子》妄以陽貨爲孔子弟子，《孔叢子》詰之，曰：陽貨欲見孔子，孔子不見，何弟子之有？可謂一言以蔽之矣。

佛肸《墨子》曰：孔子諸弟子，子貢、季路輔孔悝以亂衛，陽貨亂魯，佛肸以中牟叛，漆雕開形殘。其以陽貨、佛肸與子貢、季路、漆雕開並言，則陽貨、佛肸亦弟子之流矣。竊以《論》《孟》觀之，虎饋孔子以豚，孔子往拜，以其非弟子也。及遇諸塗，虎謂孔子曰：“來，予與爾言。”夫“予”與“爾”，豈弟子對其師之稱乎？且宰我短喪，[1]夫子深惡其不仁；冉求之聚斂，夫子以爲非吾徒，況陽貨之亂、佛肸之叛，聖人安肯坐視而無一言以責之耶？佛肸之召，孔子欲往而卒不往見，則佛肸之非弟子，亦有甚易辨者。《墨子》之言，其將誰欺？

附曾子弟子

樂正子春《檀弓》鄭注：曾子弟子。

檀弓胡寅曰：檀弓，曾子門人，纂修《論語》。

沈猶行趙岐曰：曾子弟子。

陽膚包咸曰：曾子弟子。

公明高趙岐曰：曾子弟子。

公明宣《説苑》：公明宣學於曾子。

單居離《大戴禮》注：曾子弟子。

子襄趙岐注：曾子弟子。

附子路弟子

成回《説苑》：成回學於子路。三年回，恭敬不已。子路問其故何也，回

---

① 此處原衍“夫子欲短喪”五字，據文意删。

對曰:"臣聞之:行者比於鳥,上畏鷹鸇,下畏網羅。夫人爲善者少,爲讒者多,若身不死,安知禍罪不施? 行年七十,常恐行節之虧,是以恭敬待大命。"子路稽首曰:"君子哉!"

附子夏弟子

魏文侯《史記》:魏文侯受子夏經藝。

田無擇《莊子·田子方》釋文引李頤曰:魏文侯師也,名無擇。《史記·儒林傳》:田子方、段干木、吳起、禽滑釐之屬,皆受業於子夏之倫,爲王者師。《韓子》曰:子夏之學,其後有田子方。

段干木《呂氏春秋》:學於子夏。

李克《漢·藝文志》注云:子夏弟子。

高行子《釋文》引徐整云:子夏授詩於高行子。

附子賤弟子

景子《漢·藝文志》:《景子》三篇,注云:説宓子語,似其弟子。

附商瞿弟子

馯臂、橋庇《史記》:孔子傳《易》於商瞿,瞿傳楚人馯臂子弘,弘傳江東人矯子庸疵。《索隱》云:馯,徐廣音韓,鄒誕生音汗。按:《儒林傳》、《荀卿子》及《漢書》皆云馯臂字子弓,今此獨作"弘",蓋誤耳。應劭云:子弓是子夏門人。矯疵,《儒林傳》及《系本》皆作"蟜"。疵,音自移反。疵字或作"疪"。蟜是姓,疵,名也。字子肩。然蟜姓,魯莊公族也。《禮記》:蟜固見季武子。蓋魯人。《史·儒林傳》云魯人,獨此云江東人,蓋亦誤耳。《儒林傳》云:馯臂,江東人;橋疵,楚人也。○《漢書》:自魯商瞿子木受《易》於孔子,以授魯橋庇子庸,子庸授江東馯臂子弓。

附七十子弟子

公孫尼子《漢·藝文志》:儒家,《公孫尼子》二十八篇。注云:七十子之弟子。

世碩《漢·藝文志》:《世子》二十一篇。注云:名碩,陳人也。七十子之弟子。

芉嬰《漢·藝文志》:《芉子》十八篇。注云:名嬰,齊人。七十子之後。

王史氏《漢·藝文志》：禮，《王史氏》二十一篇。注云：七十子後學者。

公孫段《韓非子》：孔子之後，儒分爲八。有子張、子思、顏氏、孟氏、漆雕氏、仲良氏、公孫氏、樂正氏之儒。陶潛《聖賢群輔録》：顏氏傳《詩》爲道，爲諷諫之儒；孟氏傳《書》爲道，爲疏通致遠之儒；漆雕氏傳《禮》爲道，爲恭儉莊敬之儒；仲梁氏傳《樂》爲道，爲移風易俗之儒；樂正氏傳《春秋》爲道，爲屬事比辭之儒；公孫氏傳《易》爲道，爲潔静精微之儒。

附孟子弟子 已從祀文廟者見前

浩生不害趙岐曰：浩生，姓。不害，名。嘗學於孟子。○宋贈東阿伯。

孟仲子趙岐曰：孟子之從昆弟，學於孟子。○宋贈新泰伯。

陳臻趙岐曰：孟子弟子。○宋贈蓬萊伯。

充虞趙岐曰：孟子弟子。○宋贈昌樂伯。

屋廬連趙岐曰：孟子弟子。○宋贈奉符伯。

徐辟趙岐曰：孟子弟子。○宋贈仙源伯。

陳代趙岐曰：孟子弟子。○宋贈沂水伯。

彭更趙岐曰：孟子弟子。○宋贈雷澤伯。

咸邱蒙趙岐曰：孟子弟子。○宋贈須城伯。

高子趙岐曰：齊人，孟子弟子。○宋贈泗水伯。

桃應趙岐曰：孟子弟子。○宋贈膠水伯。

盆成括趙岐曰：嘗欲學於孟子，問道未達而仕於齊。○宋贈萊陽伯。

滕更趙岐曰：滕君之弟，來學於孟子。

周霄趙岐曰：魏人。

以上均見龐氏鍾璐《文廟祀典考》。

尊聖録卷十六

配　從—

宮牆俎豆，典祀千秋。曰聖曰賢，視德之優。自漢迄明，
儒先代作。吾道攸存，請陳大略。述配從第十一。

配　饗

東配— 顏回字子淵，魯人。先出魯伯禽後，有食采顏邑者，因
以顏爲氏。費崇朱《孔子門人考》。○崇朱按：《顏氏姓源譜》謂其先本曹
姓，後封於邾。有邾武公字伯顏，生子友，別封郳爲小邾子，因以父字爲氏。
《通志略》《路史後紀》《曲阜志》亦言顏氏出邾。而《廣韵注》則云：顏姓出琅
邪，本自魯伯禽支庶，食采顏邑，因而著族。《人表考》從《廣韵注》。予觀《左
氏》襄十九年，齊侯娶於魯，曰顏懿姬。然則魯之顏氏，其爲姬姓可知。彼出
於邾伯顏者，乃別是一派耳。世仕魯爲卿大夫，傳至無繇，娶齊姜氏，
生顏子，少孔子四十歲。崇朱按：《史記》《家語》皆言顏子少孔子三十歲。
今考孔子年二十生伯魚，伯魚年五十卒，時顏子猶在也。觀《魯論》"顏淵死，
顏路請車爲椁。子曰'鯉也死'"云云，顏子之卒分明在伯魚之後。若以少孔
子三十歲計之，顏子年三十二而卒，其時伯魚未死，不應有"鯉也死"之喻。朱
嘗謂三十當是四十之訛，蓋古四字寫作"三"，與"三"字易混，轉寫致訛耳。毛
西河、曹寅谷、全謝山並如此説。年二十九，髮白齒落，三十二而卒。魯

哀公往吊焉。葬曲阜縣東二十里防山之南。妻戴氏，生子歆。《孔子門人考》。廟在孔廟東北六百步，即陋巷故宅。《文廟祀典考》引《山東通志》。魏正始七年配。葉慶禔《文廟思源録》。唐總章元年，贈太子少師。太極元年，加太子太師。開元八年，稱亞聖。二十七年，贈兗公。宋大中祥符二年，封兗國公。元至順元年，加封兗國復聖公。明景泰三年，封顏子後裔爲翰林院五經博士，世襲奉祀。嘉靖九年，去封爵，稱復聖顏子。《孔子門人考》

　　[西配一] 曾參字子輿，一字敬伯，魯南武城人。出自大禹之元孫，少康封其子曲烈於鄫，至魯襄公六年，莒滅鄫。鄫太子出奔，仕魯，去其鄫之旁爲曾氏。巫生夭，爲季氏家臣。夭生阜，爲叔孫家臣。阜生點，點生曾子，少孔子四十六歲。年十六從孔子學，没，葬沂州費縣。《孔子門人考》。○《潛夫論》：南城之冡。唐章懷太子注：南城，曾子父所葬，在今沂州費縣。知曾晳墓在費地，今《一統志》謂曾子亦葬於費，蓋曾氏父子皆費人，故其墓俱在是。今嘉祥縣南武山之陽亦有曾子墓。子三：曰元，曰申，曰華。孫一：曰西唐。總章元年，贈太子少保，從祀。太極元年，加太子太保。開元八年，進位十哲之次。二十七年，追封郕伯。宋大中祥符二年，封瑕邱侯。政和元年，以犯孔子諱，改武城侯。咸淳三年，進郕國公，升配享。元至順元年，封郕國宗聖公。明嘉靖九年，改稱宗聖曾子。十二年，詔求曾氏嫡派，得質粹於永豐縣，遷居嘉祥。十八年，授以翰林院五經博士，世襲奉祀。《孔子門人考》

　　[東配二] 子思名伋，字子思，孔子孫，伯魚子。《文廟思源録》。年八十二。冡在孔子冡南，大小相望。《文廟祀典考》。宋大觀二年，從祀。端平二年，升十哲。咸淳三年，配封沂國公，元稱沂國述聖公。明嘉靖九年，改稱述聖子思子。弘治十八年，置博士。《文廟思源録》

　　[西配二] 孟軻字子輿，鄒人。《文廟思源録》。魯公族孟孫之後。

父激,字公宜。母仉氏。年八十四,墓在四基山之陽。《文廟祀典考》。宋元豐七年,配贈鄒國公,元贈鄒國亞聖公。明景泰三年,置博士。嘉靖九年,改稱亞聖孟子。《文廟祀典考》《思源錄》

十 二 哲

東哲一 閔損字子騫,魯人。少孔子十五歲。卒葬歷城縣東五里。唐開元八年,從祀。二十七年,贈費侯。宋大中祥符二年,加琅邪公。咸淳三年,改封費公。明嘉靖九年,稱先賢閔子。國朝康熙三十九年,以六十五世孫衍籀爲翰林院世襲五經博士。《孔子門人考》

西哲一 冉耕字伯牛,魯人。少孔子七歲。孔子爲魯司寇,以伯牛爲中都宰。卒,墓在廣平永年縣西五十里,一在滕縣南三里伯冢社;一在東平州北十五里,自汶上縣西門外感化橋側遷於此;一在河南孟津縣西。崇朱按:伯牛,郾人。墓俱不在郾而在他邑疊出,豈伯牛嘗授學他方,門弟子各以衣冠葬之,如古聖人之崩,絕域殊俗各自祭哭,起土爲冢也歟? 唐開元八年,從祀。二十七年,封郾侯。宋大中祥符二年,加東平公。咸淳時改郾公。明嘉靖九年,稱先賢冉子。國朝雍正四年,置博士。《孔子門人考》

東哲二 冉雍字仲弓,魯人,或曰曹人。伯牛之宗族。少孔子二十九歲。哀公十五年卒。墓在今東昌府冠縣北二十五里,一在曹州府曹縣東北五十里冉堌村。唐開元八年,從祀。二十七年,封薛侯。宋大中祥符二年,加下邳侯。咸淳,改封薛公。明嘉靖,稱先賢冉子。國朝雍正四年,置博士。《孔子門人考》

西哲二 宰予字子我,魯人。少孔子二十九歲。龐鍾璐按:《史記》、《家語》不紀其年。《坊西志》謂少孔子二十九歲。墓在今曲阜西南三里。唐開元八年,從祀。二十七年,贈齊侯。宋大中祥符二年,加

臨淄公。咸淳，封齊公。明嘉靖，稱先賢宰子。《孔子門人考》

　東哲三　端木賜字子貢，衛人。少孔子三十一歲。墓在濬城縣東南二里大伾山東南。唐開元八年，從祀。二十七年，贈黎侯。宋大中祥符，封黎陽公。咸淳，改黎公。明嘉靖，稱先賢端木子。國朝康熙三十九年，以裔孫謙爲博士。《文廟祀典考》、《孔子門人考》

　西哲三　冉求字子有，魯人。仲弓之族。少孔子二十九歲。卒葬兗州滕縣東南六十里奚仲墓旁。唐開元八年，從祀。二十七年，贈徐侯。宋大中祥符，封彭城公。咸淳，封徐公。明嘉靖，稱先賢冉子。《孔子門人考》

　東哲四　仲由字子路，一字季路，商仲虺之後。中葉有名咨者爲魯卞邑大夫，遂居卞城鄉。咨元孫肇生拱北，拱北生虎，娶宋氏，生子路。少孔子九歲。年六十三。葬澶淵。子二：長子崔，幼子啓。子崔因父遇衛難，報讐，與狐黶戰，黶死。唐開元八年，從祀。二十七年，贈衛侯。宋大中祥符，封河內公。咸淳，封衛公。明嘉靖，稱先賢仲子。崇禎十六年，以裔孫于陛爲博士。《孔子門人考》

　西哲四　言偃字子游，吳人。少孔子三十五歲。卒葬常熟縣西海虞山上。唐開元八年，從祀。二十七年，贈吳侯。宋大中祥符，進丹陽公。咸淳，改吳公。明嘉靖，稱先賢言子。《孔子門人考》。子名思。《檀弓》：子思之哭嫂也爲位，婦人倡踊。申詳之哭言思也亦然。鄭氏注：說者云：言思，子游之子，申詳妻之昆弟。○龐鍾璐《文廟祀典考》。國朝康熙五十一年，以裔孫德堅爲博士。《孔子門人考》

　東哲五　卜商字子夏，衛人。少孔子四十四歲。孔子歿，教於西河之上，魏文侯師事之。年百二十歲而卒，葬曹州西三十里卜堌都。唐太宗貞觀二十一年，從祀。開元八年，升十哲末。二十七年，贈魏侯。宋大中祥符，進河東公。咸淳，改魏公。明嘉靖，稱先賢卜子。國朝康熙五十九年，以裔孫尊賢爲博士。《孔子門人考》

　西哲五　顓孫師字子張，魯人。少孔子四十八歲。葬徐州蕭縣南三十五里掘坊村西。子申詳祔。唐開元二十七年，贈陳伯。宋大中祥符，進宛邱侯。政和元年，改潁川侯。咸淳，加陳公，升十哲。明嘉靖，稱先賢顓孫子。國朝雍正四年，增置博士。《孔子門人考》

東哲六　有若字子有，一字子若。有巢氏之後，魯人。少孔子三十三歲。崇朱按：《史記》、孔本《家語》以爲少孔子十三歲。《正義》引《家語》"少孔子三十三歲"。竊嘗讀《孟子》：孔子没，門人治任，入揖於子貢。蓋以子貢年長，主喪故也。若有子只少孔子十三歲，則其年長於子貢十八歲，以明禮之有子而爲群弟子之長，則主孔子喪者當不出有子外矣，而竟不然，則有子之年必少於子貢，因退居其後耳。全謝山《經史問答》云：孔子之卒，高弟蓋多不在，而三年治任，入揖子貢。是子貢之年最長。其長於子貢而尚在者，惟高柴，哀十七年尚見於蒙之會；又冉有，尚仕季氏。蓋皆以其居官不在廬墓之列耳。愚説正與之合，故疑《正義》所引《家語》近是，《史記》與孔本《家語》作十三歲，疑脱一"三"字。至今本《家語》言少孔子三十六歲，想又傳寫致譌耳。《檀弓正義》又言少孔子四十三歲，亦誤。葬曲阜縣沂河之南。唐開元，贈卞伯，從祀。宋大中祥符，進平陰侯。咸淳三年，欲升十哲，祭酒爲書，詆不當升，因止。明嘉靖，稱先賢有子。國朝乾隆元年，進十哲。五十三年，以肥城七十二代孫守業襲博士。《孔子門人考》

西哲六　朱熹字元晦，宋徽州婺源人。徙居建陽之考亭，聞延平李侗得伊洛之正，往從之。爲學大要窮理致知，反躬實踐，主於居敬。集諸儒之大成，發先聖之秘藴。《文廟思源録》。年十八，貢於鄉。中紹興十八年進士第。《文廟祀典考》。仕歷部郎、提刑、修撰、待制、漳州府、江東轉運、廣南經略、荆湖安撫等官。《文廟思源録》。年七十一。嘉泰中，謚文，贈中大夫、寶謨閣直學士。寶慶三年，贈太師，封信國公，尋改徽國。著有《易本義》、《啓蒙》、《蓍卦考誤》、《詩集傳》、《大學中庸章句或問》、《論語孟子集注》、《太極圖説》、《通書西銘解》、《楚辭集注辨證》、《韓文考异》，所編次有《論孟集議》、《孟子指要》、《中庸輯略》、《孝經刊誤》、《小學書》、《通鑑綱目》、《宋名臣言行錄》、《家禮》、《近思錄》、《河南程氏遺書外書》、《伊洛淵源錄》、《謝上蔡語錄》。既歿，朝廷以其《大學》《中庸》《語》《孟》訓說立於學官。又有《儀禮經傳通解》未脫稿，亦在學官。平生爲文凡百卷，生徒問答凡八十卷，別錄十卷。淳祐元年，從祀。元改齊國公。明初，詔書立於學官，命學者宗之。景泰六年，置建陽博士。嘉靖二年，置婺源博士。九年，稱先儒。崇禎十五年，稱先賢，列漢唐諸儒上。國朝康熙五十一年，升列哲位。《文廟祀典考》、《文廟思源錄》

從　祀一

東廡一　公孫僑字子產，事具《左傳》。孔子嘗過鄭，與子產如兄弟，兄事子產。卒，聞之出涕，曰："古之遺愛也。"冢在河南新鄭城外。《皇覽》。謚成。《國語》。國朝咸豐七年，從祀，稱先賢。《文廟祀典考》

西廡一　蘧瑗字伯玉，事具《左傳》。孔子至衛，主其家，嘗稱之曰："外寬而内正，自極於隱栝之中；直己而不直人，汲汲於仁，以善自終。此蓋蘧伯玉之行也。"《文廟祀典考》。葬濮陽，謚成。唐開元二十七年，贈衛伯。宋大中祥符二年，封内黄侯。明嘉靖九年，以伯玉夫子所嚴事，不當在弟子列，改祀於鄉。國朝雍正二年，復祀，稱先賢。《孔子門人考·存疑》

東廡二　林放字子邱，魯人。《石室圖》列入弟子内。唐開元二十七年，贈清河伯。宋大中祥符二年，封常山侯。明嘉靖九年①，以《史記》、《家語》不載，罷祀。國朝雍正二年，復祀，稱先賢。《孔子

---

①　此處天頭批注：以下凡單言唐、宋、明者，唐皆開元二十七年，宋皆大中祥符二年，明皆嘉靖九年。

門人考·補遺》

西廡二　澹臺滅明字子羽，魯武城人。《廣輿記》：子羽，費人。《聖門志》：山東兗州府費縣人。今考嘉祥有澹臺山，相傳子羽家於此。又北直河間府故城縣西南四十里澹村爲滅明之故居。此等處，或是子羽流寓，或其子孫所居，皆未可知。少孔子三十九歲，或曰少孔子四十九歲。唐贈江伯，宋封金鄉侯，明稱先賢。子羽家，《水經注》引京相璠之説，在太山南武城縣，又在陳留裘氏鄉。《廣輿記》以爲在陳留，又以爲在鄒縣。《孔庭録》云：在鄒縣西北三十里，又云在曹縣東北三十里。《寰宇記》云在吳縣南十八里平城。諸説未知孰是。○《孔子門人考》

東廡三　原憲《檀弓》：仲憲即原憲，稱仲者，行二，如仲突忽。字子思，魯人，一曰宋人。少孔子三十六歲。今山東沂州府費縣西北百二十五里有原憲墓。唐贈原伯，宋封任城侯，明稱先賢。《孔子門人考》

西廡三　宓不齊宓，一作虙，一作密。《顏氏家語》：伏、虙古通，俗誤以虙爲宓，或復加山。愚考《韓非子·難言篇》、《呂氏春秋》、《史記·弟子傳》、《漢·藝文志》、劉向《説苑》、《論語》朱注以及《册府元龜》、《闕里志》、《聖門志》、《曲阜志》等書，其寫子賤之姓俱作宓，俗本《家語》亦有作宓者。宓即虙之省文，猶伏犧之省作羲，不定是誤也。或者於宓下加山作密，則誤矣。蓋因宓本音密，遂訛爲密耳。然觀顏師古注《漢書》宓音伏，則音宓爲密者，亦非也。字子賤，伏羲之後，魯人。少孔子四十九歲。爲魯使吳，卒於道。葬鳳陽府壽州東南六十里鐵佛岡。唐贈單父伯，宋封單父侯，明稱先賢。《孔子門人考》

東廡四　南宮适一名縚，又名説，又名閲，字子容，謚敬叔。魯孟僖子之子，懿子之弟。少孔子二十歲。葬鄒縣西之南宮村。唐贈郯伯，宋大中祥符贈龔邱侯。政和元年，改汝陽侯。明稱先賢。《孔子門人考》

西廡四　公冶長亦名萇，又名芝，字子長，一云字子芝。魯人，或曰齊人。葬琅邪姑幕城東南五里，墓極高。唐贈莒伯，宋封高密侯，明稱先賢。《孔子門人考》

東廡五　商瞿字子木，魯人。少孔子二十九歲。好治《易》，傳其

學者至漢始絕。唐贈蒙伯，宋封須昌侯，明稱先賢。《孔子門人考》

西廡五　公皙哀《世紀》作公皙。《潛夫論》作公析，一作公皙，蓋析即皙之省文，而皙與哲古並通借也。《索隱》引《家語》作公皙克，與孔本同。一作剋。今本《家語》作公皙哀，疑是傳寫之譌。《列傳考》云：哀當從《索隱》作克，次當從王本作沈，取“沈潛剛克”之義。《廣韻》注：公休哀、公祈哀，《四書考》哀作衷，皆誤。字季次，一作季沈，齊人。《孔子門人考》。孔子曰：“天下無行，多爲家臣仕於都，惟季次未嘗仕。”《文廟祀典考》引《史記》。唐贈郰伯，宋封北海侯，明稱先賢。《孔子門人考》

東廡六　漆雕開雕，《人表》作彫。又名憑，楊慈湖《先聖大訓》。字子開，漆雕開名啓，見《漢書·人表》《藝文志》。開，則其字也。《史記》：漆雕開，字子開。上開字本作啓，避漢景帝諱，因改之。觀微子名啓，《宋世家》作微子開，魯閔公名啓方，《周公世家》作開方，《詩》“東有啓明”，《大戴禮·四代篇》引作“開明”，此皆漢人避諱改啓爲開之明證也。自孔安國注《論語》有云開，名。王肅《家語》遂仍其誤，幸《漢書》尚存其舊。一字子若，《白水碑》又作子修。蔡人，或曰魯人。少孔子十一歲。葬河南汝寧府上蔡縣坡北華坡鎮。唐贈滕伯，宋封平輿侯，明稱先賢。《孔子門人考》

西廡六　高柴字子羔，一字季羔，齊人。敬叔高傒十代孫也。少孔子三十歲，一云少孔子四十歲。卒諡恭仲。墓一在兗州府陽穀縣，一在開封府太康縣西北四十里，一在兗州府東阿縣清水河寺西，一在沂州西南百三十里。唐贈共城伯，宋封共城侯，明稱先賢。《孔子門人考》

東廡七　司馬耕《史記》：司馬耕。《論語》孔注：司馬犂。《家語》：司馬犂耕，合二爲一。明張孟兼作《聖門弟子章句》沿《家語》之訛。○犂，孔本作黎。觀《漢書》烏黎，《史記》作犂，疑犂與黎古通。字子牛，出自宋桓公，故稱桓氏，別稱向氏。世爲宋司馬，故又以司馬爲氏。葬邱輿。唐贈向伯，宋大中祥符封楚邱侯，政和元年避聖諱，改睢陽侯。明稱先賢。《孔子門人考》

西廡七　樊須字子遲，《白水碑》：字子達。遲字子緩。一人分爲二，《關中金石記》曾斥其非。魯人。商人七族樊氏之後。少孔子四十六歲。《家語》：少孔子四十六歲。《史記》：少孔子三十六歲。《左傳》哀十一年：齊伐魯，冉求帥左師樊遲爲右。季孫曰：“須也弱。”弱，謂年少。遲少孔子四十六歲，當哀十一年時，遲方二十二歲，故曰“弱”。若少孔子三十六歲，遲已三十二歲，不得云“弱”矣。或疑“弱”是無勇力，不知左氏謂弱，非無勇也。觀文十二年《傳》云：有寵而弱，好勇而狂。十四年《傳》云：轂之子弱。成二年《傳》云：二君弱，皆强冠之。諸如此類，俱謂年少，何獨於“須也弱”而疑之哉？唐贈樊伯，宋封益都侯，明稱先賢。《孔子門人考》

東廡八　梁鱣一作鯉。字叔魚，齊人。少孔子三十九歲。《史記》、孔本《家語》謂叔魚少孔子二十九歲，則叔魚正與子木同庚。叔魚年三十時，子木不應自稱“昔吾年三十八”云云，竊意二十是三十之譌，今依《家語》正之。年三十未有子，欲出妻，商瞿曰：“子未也。昔吾年三十八無子，吾母爲吾更取室。夫子使吾之齊，母欲請留，吾夫子曰：‘無憂也，瞿過四十，當有五丈夫子。’今果然。吾恐子自晚生耳，未必妻之過。”從之。二年而有子。唐贈梁伯，《弟子考》、《世紀》作趙伯。宋封千乘侯，明稱先賢。《孔子門人考》。○《文廟祀典考》

西廡八　商澤字子秀，裴駰《集解》引《家語》作子季。今本《家語》作子秀。按：光武名秀，漢世避諱，其書秀蓋缺一筆，作乔，或者不達，因誤認作季字耳。魯人。唐贈睢陽伯，宋封鄒平侯，明稱先賢。

東廡九　冉孺一作儒。字子魯，《家語》作子魚，或又作曾。按：古人名字多相叶，當從《史記》作魯。顧述曰：方言儒輸，愚也。故儒有“魯”義。魯人。少孔子五十歲。唐贈紀伯，《禮志》作鄆伯。宋封臨沂侯，明稱先賢。《孔子門人考》

西廡九　巫馬施《家語》、《文翁圖》皆稱巫馬期。《論語集注》：巫馬，姓。期，字。名施。字子期，《史記》作子旗。梁諫庵曰：《說文》：施，旗也。故齊樂施字子旗，而期與旗古通。《左傳》昭十三年令尹子旗，《楚語》下作子期；定四年子期，《吕覽》高誘《注》作子旗；《戰國策》中期推琴，《史·魏世家》作中

旗;皆其證也。陳人。少孔子三十歲。唐贈鄆伯,宋封東阿侯,明稱
先賢。《孔子門人考》

　東廡十　伯虔一作處。字子析,《家語》:字楷,與《史記》異。《正義》引
《家語》作子晳,又與今《家語》異。《列傳考》云:《詩》"方斲是虔",虔有析義,
當從《史記》。竊謂《正義》所據是《家語》古本皆省作析,《史》所謂子析者與古
本《家語》自相通也。魯人。伯禽之後,少孔子五十歲。唐贈聊伯,宋
封沐陽侯,明稱先賢。《孔子門人考》

　西廡十　顏辛《史記》作幸。《咸淳臨安志》作韋,疑因形似而譌。《人
表》、《通典》作"柳",似另是一名也。字子柳,魯人。少孔子四十六歲。
唐贈蕭伯,宋封陽穀侯,明稱先賢。《孔子門人考》

　東廡十一　冉季字子産,一作子達。魯人。唐贈東平伯,宋封諸城
侯,明稱先賢。《孔子門人考》

　西廡十一　曹郇字子循,蔡人。少孔子五十歲。唐贈曹伯,宋封
上蔡侯,明稱先賢。《孔子門人考》

　東廡十二　漆雕徒父《文翁石室圖》、《家語》作從父,《史記》作徒父。疑
徒與從相似而譌。父者,男子之美稱。《弟子傳考》云:古人多以父爲字,非
所以爲名。父字當衍。竊以父字蓋後人所加也。字子有,一字子文,《曲
阜志》作子友。又字子期,蔡人,或曰魯人。漆雕開之宗族。唐贈須
句伯,宋封高苑侯,明稱先賢。《孔子門人考》

　西廡十二　公孫龍,一作寵,《詩·小雅》"爲龍爲光",《商頌》"何天之
龍",朱傳並云:龍,寵也。則龍寵之相通可知。又作礱,公孫子字子石,其
名似當作礱,然觀《史記》、《家語》並不作礱。字子石,楚人,一曰衛人。
少孔子五十三歲。唐贈黃伯,宋封枝江侯,明稱先賢。《史記正義》以
龍爲趙人談堅白異同者,非也。春秋時未有趙國。○《孔子門人考》

　東廡十三　漆雕哆《家語》作侈。字子斂,魯人。唐贈武城伯,宋封
濮陽侯,明稱先賢。《孔子門人考》

　西廡十三　秦商字子丕,一字丕兹,《左傳》:秦堇父生丕兹。丕兹是

其字。林注以爲名，非是。《史〔記〕正義》引《家語》云：字丕茲足正林説之失。今本《家語》作不慈，蓋後人轉寫脱丕下一畫，誤增心於茲下耳。或古不與丕通，茲與慈通。魯人，或曰楚人。《史〔記〕集解》引鄭康成云：楚人。少孔子四十歲《家語·舊聞》、《史記索隱》、蘇氏《古史》、《曲阜志》俱作四十歲，或作十四歲。今本《家語》作四十。其父菫父與孔子父叔梁俱以力聞。唐贈上洛伯，宋封馮翊侯，大觀四年補。明稱先賢。《孔子門人考》

東廡十四　公西赤字子華，魯人。少孔子四十二歲。葬大名府東明縣。唐贈郜伯，《唐志》、《曲阜志》作邵伯，今依《通典》、《通考》、《宋禮志》、《闕里志》、《聖門志》等書作郜伯。宋封鉅野侯，明稱先賢。崇朱按：金仁山謂公西赤之才勝於宰我。愚觀《論語》問仁、侍坐二章，俱以赤與由、求並稱，則知子華亦子路、冉有之匹也。子路、冉有既升十哲，子華似不宜在廡，當升祀於大成殿内，次十哲之位，庶幾允當。因檢《鄭端簡古言》云：公西赤志於禮樂，有爲邦之才。其言語政事優於宰我、冉求，宜進祀子華於殿上。古人已先我言之矣。○《孔子門人考》

西廡十四　顏高字子驕，剋，《史記》作高，顧述曰：高爲亳之譌。亳、剋同。《説文》：亳，象屋下刻木之形。故《家語》作剋。按：《史記索隱》引《家語》云：名産。今《家語》作顏剋，無名産之説。《文翁圖》亦作剋。○一作剋。《論語》包《注》剋作剋。又《釋文》云：或作亥。梁諫庵曰：剋剋古通。亥乃剋字，脱其半耳。剋又作克，或作歀。《金禮志》作歆，俱誤。一字子精，魯人。唐贈琅邪伯，宋封雷澤侯，明稱先賢。顏剋即顏高。《家語》謂少孔子五十歲。是生於定九年。孔子過匡在定十三年，子驕方五歲，未能爲孔子御車也。又王伯庠疑陽州奪弓之顏高即聖門之顏高，以《左傳》觀之，爲定之八年，八年既斃於陽州，何以十三年猶御孔子過匡乎？然則陽州之顏高，蓋別是一人也。○《孔子門人考》

東廡十五　任不齊字子選，楚人。少孔子六歲。楚以上卿禮聘，不就。其弟子有東門子高、劃伯儀。本《任氏譜》。唐贈任城伯，宋封當陽侯，明稱先賢。按：黃帝十二子，各以德爲姓，第一子任，爲任子。

文王母太任。《正義》云謝、章、薛、舒、吕、祝、終、泉、畢、過皆任姓十國。子選爲楚人，當是舒國一派。○《孔子門人考》

西廡十五　壤駟赤《禮樂考》以壤駟爲複姓。以《氏族略》證之，甚是。或稱壤子，非也。壤，《文翁圖》及《家語》並作穰。蓋穰與壤通。張孟兼《弟子章句》作驤，疑因形似而譌。駟，《家語》一作四，似當加“馬”。字子徒，《家語》作子從。秦人。唐贈北徵伯，宋封上邽侯，明稱先賢。姚姬傳謂壤駟赤即《左傳》定十年之郈工駟赤。愚觀《左氏》稱駟赤，則駟赤爲其名，若聖門弟子，則壤駟是姓，赤是名。恐難牽合爲一人也。○《孔子門人考》

東廡十六　公良孺公良，齊鄒誕生本作公襄，似誤。公良，複姓，如公冶、公羊之類。《人表》但稱公良，似以良爲名，恐誤，脱一孺字。又作儒，《家語》作儒，與《史記》异。竊謂古人名、字多相應，若名孺，字當爲子幼。若名儒，字當爲子正。字子幼，一字子正，陳人。長賢，有勇力，嘗以私車五乘從孔子。周游過蒲，蒲止之，乃合衆與戰。蒲人懼，出孔子。唐贈東牟伯，宋封牟平侯，明稱先賢。《孔子門人考》

西廡十六　石作蜀今本《家語》作石子蜀，古本《家語》作之子蜀，《世紀》作右作蜀，或又作石蜀。《册府元龜·蜀作觸》列傳又疑蜀當作燭，諸說紛紛，姑從《史記》。字子明，秦之成紀人。唐贈郈邑伯，宋封成紀侯，明稱先賢。《孔子門人考》

東廡十七　公肩定《古史》、《唐禮志》、古本《史記》、《家語》並作公肩定。今《史記》訛肩爲堅，今《家語》訛肩爲賓，又或作公有，皆失其舊。字子中，《家語》作子仲。中、仲，古字通。仲容，《路史後紀》作中容；仲虺，《荀子·堯問》、《史·殷紀》作中虺；仲壬、仲丁、仲雍、南仲、仲山、甫張仲、仲衍牧、仲臧、文仲、仲叔圉等，《人表》俱作中；漢王子仲，《史記》作王子中；均可證。今《家語》訛子仲爲子生，宋高宗贊作子忠，一作子申，皆誤。魯人。或曰晋人，或曰衛人。唐贈新田伯，宋大觀四年補贈梁父伯，明稱先賢。公肩，複姓。觀《漢書·人表》及《春秋繁露》稱公肩子可見。《禮樂考》亦作複姓。○《孔子門人考》

西廡十七　公夏首《家語》作守。字子乘，《家語》作子椉。椉，即乘也。

一作子傑,傑蓋爽之誤。魯人。唐贈元父伯,《曲阜志》:亢。宋大觀補贈鉅平侯,明稱先賢。《孔子門人考》

東廡十八 鄡單鄡,一作鄥。字子家,魯人。唐贈銅鞮伯,宋大觀補贈聊城侯,明稱先賢。按:鄡單與縣亶,《闕里志》疑是一人,《群經補義》亦云縣亶字子家,見《家語》,而《史記》無縣亶,有鄡單字子家,可見是一人。愚謂鄡與縣,其姓异;單與亶,其名异;子象、子家,其字亦异;何必强合爲一人?今文廟以鄡單、縣亶並祀,自不可易。○《列傳考》謂家、象形類而音不同,單、亶音類而形不同,鄡、縣音與形絶不相類。○《孔子門人考》

西廡十八 后處《家語》、《文翁圖》作石處,《世紀》作石虔。按:孔本《家語》亦作后處,與《史記》合。字子里,孔本《家語》作里之,或作堅之。齊人。唐贈營邱伯,宋大觀四年補贈膠東侯,《聖門志》:弁平侯。《四書考》:鉅平侯。明稱先賢。《孔子門人考》

東廡十九 罕父黑《家語》、《文翁圖》作宰父黑,《史記》作罕父黑,杜氏謂:罕,疑作宰。今考《通志》、《氏族略》,無罕父氏,有宰父氏,注云孔子弟子有宰父黑。金仁山《考證》亦稱宰父黑,不取罕父黑之説,但《史記集解》引《家語》作罕父黑,則駰時《家語》尚作罕,不知何時始易罕爲宰也。字子索,一作子素,《弟子解》作素。孔本及《氏族略》作子黑,似非。魯人。唐贈乘邱伯,宋大觀四年補贈祁鄉侯,明稱先賢。《孔子門人考》

西廡十九 奚容蒧《闕里志》云:《氏族大全》:奚,奚仲之後,以名爲氏。奚容蒧當稱奚子容蒧,稱奚容複姓者誤。愚按《家語》作奚蒧,《文翁圖》作容蒧,金仁山《考證》、《叙七十二弟子》並作奚蒧、容蒧,皆謬。蒧、點同。字子哲,又字子偕,魯人。唐贈下邳伯,宋封濟陽侯,明稱先賢。《孔子門人考》

東廡二十 榮旂《家語》作祈,宋高宗贊作期。字子祺,祺,一作祈,一作旂,一作旗,一作祁。一字子顔,古《家語》。魯人。唐贈雩婁伯,宋封厭次侯,明稱先賢。《孔子門人考》

西廡二十 顔祖一作相。字子襄,一作字襄。《列傳考》云襄有輔相之

義，名與字皆當從《家語》。魯人。唐贈臨沂伯，宋大觀補封富陽侯，《世紀》作當陽侯。明稱先賢。《孔子門人考》

東廡二十一　左人郢左人，複姓。《通志·氏族略》云左人，以官爲姓，如封人、雍人之類。《家語》、《文翁圖》作左郢，疑脫人字。字子行，魯人。唐贈臨淄伯，宋封南華侯，明稱先賢。《孔子門人考》

西廡二十一　句井疆字子疆，一字子界，《世紀》：子野。《山東志》：子孟。衛人。唐贈淇陽伯，宋封滏陽侯，明稱先賢。《孔子門人考》

東廡二十二　鄭國《古史》作鄭封。字子徒，魯人。唐贈滎陽伯，宋封朐山侯，明稱先賢。《孔子門人考》：薛邦字子從，不見《史記》，惟《家語》有之。張守節疑即鄭國，其作《正義》有曰：《家語》云薛邦字子徒，《史記》作國者，避高祖諱，薛字與鄭字誤耳。愚謂避諱改名，古固有之。然薛、鄭二字迥異，何致相混？守節蓋緣薛邦、鄭國俱字徒，故疑其非二人耳。今考《史索隱》引《家語》云字從，今本《家語》作字子從，並與《正義》所引不同，安知非守節失檢而誤書耶？即令守節所引不誤，亦難因其字之偶同而遽斷爲一人也。聖門顓孫師、琴牢並字子張，巫馬施、叔仲會並字子施，曾蒧、奚容蒧並字晳，公西蒧、公西輿如並字子上，豈得謂之一人哉？故朱竹垞《弟子考》謂薛邦、鄭國實二人也。

西廡二十二　秦祖字子南，秦人。一作楚人。唐贈少梁伯，宋封鄄城侯，明稱先賢。《孔子門人考》

東廡二十三　原亢亢，古《家語》作伉，蓋忼是亢本字，省作亢耳。今《家語》一作桃，一作抗，良以古字忼與抗通，故借作抗，而忼與桃又因形似而訛。字籍，《史記》：原亢籍，原，姓。亢，名。籍，字也。亢之下，籍之上疑本有一“字”字，後來脫去此“字”，其名與字遂混合不明。張孟兼作《聖門弟子章句》仍稱原亢籍，蓋不察也。魯人。唐贈萊蕪伯，宋大觀補贈樂平侯，明稱先賢。《孔子門人考》

西廡二十三　縣成縣與懸同。《風俗通》作縣成父。父字疑後人所加，猶縣亶之加稱縣亶父也。字子祺，又字子橫，魯人。唐贈鉅野伯，宋封武城侯，明稱先賢。《孔子門人考》

東廡二十四　廉潔潔，一作絜。字庸，王本《家語》字子庸，孔本字子曹。又字子操，衛人。《古史》作齊人。唐贈莒父伯，宋大觀補贈胙城侯，明稱先賢。《孔子門人考》

西廡二十四　公祖句茲字子之，魯人。唐贈期思伯，宋封即墨侯，明稱先賢。《孔子門人考》

東廡二十五　叔仲會魯有叔仲帶、叔仲小、叔仲志，可見叔仲是複姓[1]，但以叔爲姓，恐非。會，《闕里志》作噲。字子期，魯人，或曰晋人。少孔子五十四歲，一作五十歲。與孔璇年相比。二孺子執筆記事，迭侍夫子之左右。唐贈瑕邱伯，宋封博平侯，明稱先賢。《孔子門人考》

西廡二十五　燕伋《文翁圖》作級。向疑伋、級相似譌舛。今考《書·顧命》稱齊侯呂伋，《左》昭十二年《傳》作級，似伋與級古字通。字思，《家語》作子思。魯人。《石室圖》作秦人，或作燕人。唐贈漁陽伯，宋封汧源侯，明稱先賢。《孔子門人考》

東廡二十六　公西輿如今《家語》作公西輿，《唐禮志》作輿如，《宋禮志》舉如。字子上，一作子之。魯人。唐贈重邱伯，宋封臨朐侯，明稱先賢。《孔子門人考》

西廡二十六　樂欬《家語》一作欣。《文翁圖》。字子聲，魯人。唐贈昌平伯，宋大觀四年封建成侯，明稱先賢。《孔子門人考》

東廡二十七　邦巽《世紀》引《文廟祀典》：巽，原姓邦，故改爲國，後人誤作邦。此說非也。邦巽見《史記》，《家語》則作邦選，選與巽通，巽亦選之省文。兩書所載雖不無小異，要不害其爲同。漢人譌邦爲邦，書姓已失舊，文翁不察邦字之譌，改邦爲國以避高祖之諱，又是誤中之誤。幸《史記》、《家語》尚存邦姓之真，後人執此爲據，猶可以訂他說之謬。若非此二書，則天下萬世將不知聖門有邦氏矣。字子斂，魯人。唐贈平陸伯，宋封高唐侯，明稱先賢。《孔子門人考》

---

① "複姓"原作"姓複"，乙。

西廡二十七　**狄黑字子晳**，今本《家語》作字子之。衛人。唐贈臨濟伯，宋封林慮侯，明稱先賢。《孔子門人考》

東廡二十八　**陳亢**《說文》作伉。字子亢，孔本《家語》云字子亢。觀有若字子若、公冶長字子長，古人似有此例。又字子禽，陳人。少孔子四十歲。孔子弟子，或曰子貢弟子。今河南開封府太康縣北二十里有子禽墓。唐贈潁伯，宋封南頓侯，明稱先賢。上論有子禽，下論有陳亢，《檀弓》有陳子亢，只是一人。班氏《人表》並列陳亢、子禽、子亢，可謂失考。○《孔子門人考》

西廡二十八　**孔忠一名弗，字子蔑**。孟皮之子，嘗與子賤偕仕。唐贈汶陽伯，宋封鄆城侯，明稱先賢。崇朱按：文廟爲重道之地，道不外乎人倫，昔顏、曾、思、孟升侑，熊勿軒、金仁山、宋潛溪皆言顏路、曾皙、伯魚、孟孫氏爲四子父，不宜屈居子下，宜別設一室以祀之。明正統三年，裴侃之請行於闕里。嘉靖九年，輔臣張孚敬又請於朝，遂詔兩京國子監并天下學校各建啓聖祠，祀叔梁公，以顏路、曾皙、伯魚、孟孫氏配，於禮允協矣。而湯潛庵猶以孔忠在下，子思在上爲未安，蓋長幼有序，五倫之一也。孔忠爲孔子兄孟皮之子，於子思爲從伯叔行，子思升居正殿，孔忠自不宜下處廡內，今當遷祀崇聖祠中，位次曾皙之後，與伯魚對，則庶乎得之。○《孔子門人考》

東廡二十九　**琴張一作琴牢**。字子開，一字子張，衛人。唐贈南陵伯，宋封頓邱侯，政和元年，以犯聖諱，改陽平侯。明稱先賢。趙邠卿謂：子張善鼓琴，號曰琴張。賈景伯、鄭仲師亦以琴張爲顓孫子張。愚觀《左氏》昭二十年《傳》言：琴張聞宗魯死，將往弔之。是時，孔子只三十歲，子張少孔子四十八歲，宗魯死時子張尚未生，安有欲弔事？班氏《人表》分載子張、琴牢，極爲明確。賈、鄭、趙認作一人，未之考耳。又《通典》、《蒼頡碑》並列琴牢、琴張，唐開元贈伯爵亦琴牢、琴張並列，是誤分一人爲二。朱子注《論語》云：牢，孔子弟子，姓琴，字子開，一字子張。注《孟子》云：琴張，名牢，字子張。足訂前說之謬矣。○《孔子門人考》

西廡二十九　**公西蒧**《家語》一作減，《世紀》同，《文翁》作蒇，皆誤。字子上，魯人。唐贈祝阿侯，宋封徐城侯，明稱先賢。《孔子門人考》

東廡三十　步叔乘步，《廣韻注》作少，恐非。乘，《家語》一作椉，古通。按：步叔乘，步叔是姓，乘是名。或曰步姓，叔乘名。字子車，齊人。唐贈淳于伯，宋封博昌侯，明稱先賢。《孔子門人考》

西廡三十　顏之僕按：顏之僕，蓋姓顏名僕，之是語助詞，如介之推、燭之武、佚之狐、公罔之裘之類。字子叔，魯人。唐開元贈東武伯，宋封宛句侯，明稱先賢。《孔子門人考》

東廡三十一　秦非一名旭，字子之。《四書考》作子立。魯人。唐贈汧陽伯，宋封華亭侯，明稱先賢。《孔子門人考》

西廡三十一　施之常施，姓。常，名。之，語助詞，與顏之僕一例，故《唐禮志》作施常。字子恒，《家語》作子常。《列傳考》謂本作恒，避漢文帝諱作常，說似有理。魯人。唐贈乘氏伯，宋封臨濮侯，明稱先賢。《孔子門人考》

東廡三十二　顏噲《會典》作澮，蓋傳寫譌。字子聲，魯人。唐贈朱虛伯，宋封濟陰侯，明稱先賢。《孔子門人考》

西廡三十二　申根一名棖，又作堂，又名續。《史記》作申棠，《家語》作申續，名雖殊，人則一也。今《史記》棠轉爲黨，《家語》續轉爲績，或轉爲繢，或轉爲繚，皆傳寫之譌。唐宋分封棖、黨、非。《弟子傳考》分根、續爲二人，亦非。字周，《史記》、今本《家語》作子周。魯人。唐贈魯伯，宋封文登侯，明稱先賢。《孔子門人考》

東廡三十三　顏何字冉，晉人，或曰魯人。唐開元，贈開陽伯。宋大中祥符二年，贈堂邑侯。明嘉靖九年，以《家語》不載，疑《史記》誤書，罷祀。國朝雍正二年，復祀，稱先賢。崇朱按：孔子弟子。小司馬謂《家語》有七十七人，又於《史記》"顏何字冉"下注云：《家語》字稱。今檢《家語》，不載顏何，總計弟子只七十有六人。蓋小司馬所見之《家語》本有顏何，後來轉刻者遺之耳。然宋馬貴與已云魏王肅本止列弟子七十六人，則《家語》之脫顏何，其來久矣。○《孔子門人考》

西廡三十三　左丘明即傳《春秋》者。與《論語》之左丘明不同。《論語》

居於左丘，左丘爲其姓。此左丘明單姓左，丘明其名也。鄭漁仲、朱子言之明矣。楚左史倚相之後，以官爲氏。《漢·藝文志》稱魯太史左丘明，太史公亦稱魯君子，而鄭漁仲則云左氏世爲楚史，朱子亦謂左氏，楚左史倚相之後；黄楚望辨左氏非楚人，所見不同，今從鄭、朱。孔子作《春秋》，丘明依經作《傳》，又纂異聞爲《國語》。葉夢得謂《國語》非左氏作。墓在泰安府肥城縣西南五十里肥河鄉都君莊。一在平陰縣東南五十里，一在兖州嶧縣東北七十里。唐貞觀二十一年，從祀。宋大中祥符二年，封瑕丘伯。政和元年，避聖諱，封中都伯。明嘉靖九年，稱先儒。崇禎十年，改稱先賢。崇朱按：先儒論左丘明者不一，謂孔子將修《春秋》，與左丘明乘如周，觀書於周史，歸而修《春秋》之經，丘明爲傳者，嚴彭祖也；謂左丘明親見夫子，好惡與聖人同者，劉歆也；謂仲尼與左丘明觀魯史記，有所褒貶，口授弟子，弟子退而异言，丘明恐失其真，故論本事而作傳者，班固也；謂丘明受經於仲尼，是謂素臣者，杜預也；謂孔子作《春秋》，丘明、子夏造膝親受者，荀崧也；謂左氏受經於仲尼，博采諸家，叙事尤備者，啖助也。凡此，皆以左丘明受經孔門，則左氏固弟子之流也。然王安石疑左氏爲六國時人，朱子謂《春秋》三家皆非親見孔子，又謂《左傳》是後來人做，則丘明又在孔子之後矣。○《孔子門人考》

　　東廡三十四　縣亶縣即懸字，不更加心，今本作懸，失其舊矣。縣亶，《唐韵》《廣韵》注及《字典》並作縣亶父。父、甫同音，男子之美稱，此字疑後人所加。一作豐，字子象，《弟子解考》云：亶，《索隱》作豐。豐本射而載觶之器，昔豐侯以酒亡國，象豐侯以爲戒，故名豐，字子象。按：象，一作家，誤。魯人。唐宋元明俱不錫封從祀，至國朝雍正二年，始增入，與鄡單並祀，稱先賢。按：亶見《家語》。《困學紀聞》云《史記索隱》以爲縣豐，唐宋封爵皆不及。《禮記·檀弓》有縣子，豈其人歟？《餘冬序録》亦疑《檀弓》縣子即其人。今觀《檀弓》稱縣子瑣，則瑣是其名。《家語》以爲亶，似不同。及檢《弟子傳考》云《檀弓》縣子，魯繆公時人，然則亶與縣子蓋未必是一人矣。○《孔子門人考》

　　西廡三十四　秦冉《闕里考》作秦寧。字開，《曲阜志》、《聖門弟子章句》

476

並云字子開。蔡人。《壇廟字典》。唐贈彭衙伯，宋封新息侯，明嘉靖九年，以《家語》不載，疑《史記》誤書，罷祀。國朝雍正二年，復祀，稱先賢。《孔子門人考》

東廡三十五 以上孔子弟子。牧皮，事孔子學者。趙岐《孟子注》。國朝雍正二年從祀，《文廟祀典考》。稱先賢。

西廡三十五 子張、曾子弟子。公明儀，魯南武城人。學於孔子而識殷禮，《檀弓》鄭康成注。子張弟子，又爲曾子弟子。孔穎達疏。國朝咸豐三年從祀，稱先賢。《文廟祀典考》

東廡三十六 以下孟子弟子。樂正克，齊人。孟子弟子。宋贈利國侯。國朝雍正二年，從祀，稱先賢。《文廟祀典考》

西廡三十六 公都子，孟子弟子。宋贈平陰伯。國朝雍正二年，從祀，稱先賢。《文廟祀典考》

東廡三十七 萬章，孟子弟子。墓在鄒縣西南，或云濟南新城縣南。宋贈博興伯。國朝雍正二年，從祀，稱先賢。《文廟祀典考》

西廡三十七 公孫丑，齊人。孟子弟子。墓在濟南淄川縣東南十五里，或云鄒縣城西北十里。宋贈壽光伯。國朝雍正二年，從祀，稱先賢。《文廟祀典考》

東廡三十八 以下宋賢。周敦頤字茂叔，道州營道人。博學力行，聞道甚早。遇事剛果，有古人風。官至知南康軍，爲政精密嚴恕，務盡道理。年五十七卒。嘉定十三年，賜謚元。淳祐元年，封汝南伯，從祀。元加道國公，明嘉靖稱先儒，崇禎十五年稱先賢，景泰六年置博士。著有《太極圖》、《通書》。《文廟祀典考》、《思源録》

西廡三十八 張載字子厚，大梁人。嘉祐二年進士，官至崇文院檢書，知太常禮院。其學以《易》爲宗，以《中庸》爲體，以孔孟爲法，卒年五十八。著有《正蒙》、《東西銘》。嘉定間賜謚明，淳祐封郿伯，從祀。明稱先賢，天啓二年置博士。《文廟祀典考》、《思源録》

東廡三十九 程顥字伯淳，河南人。嘉祐二年進士，官至太子中允,權監察御史。自十五六歲時慨然有求道之志,泛濫諸家,出入釋老,返求諸六經,而後得之。教人自致知至於知止,誠意至於平天下,洒掃應對至於窮理盡性,循循有序。著《定性書》。年五十四卒。嘉定賜謐純。淳祐封河南伯,從祀。元加豫國公,明改稱先賢,崇禎三年置博士。《文廟祀典考》

　　西廡三十九　顥弟頤,字正叔。嘉祐四年進士,官崇政殿説書。其學本於誠,以《語》《孟》《中庸》爲標旨,而達於六經。語默作止,以聖人爲師。著《易傳》、《春秋傳》。生平誨人不倦,卒年七十五。嘉定賜謐正。淳祐封伊陽伯,從祀。元加洛國公,明稱先賢,景泰六年置博士。《文廟祀典考》、《思源録》

　　東廡四十　邵雍字堯夫,河南人。受《易》於李之才,探賾索隱,妙悟神契,洞徹蘊奧,汪洋浩博,多所自得。著《皇極經世》、《觀物内外篇》、《漁樵問對》、《伊川擊壤集》。卒年六十七,贈秘書省校書郎。元祐賜謐康節。咸淳封新安伯,從祀。明稱先賢,崇禎三年置博士。《文廟祀典考》

尊聖録卷十七

配　　從二

從　　祀二

　　東廡一　以下先儒。子夏門人。周儒。公羊高，齊人。受經於子夏，高傳其子平，平傳其子地，地傳其子敢，敢傳其子壽。至漢景帝時，壽乃共弟子齊人胡毋子都著於竹帛。唐貞觀二十一年，從祀。宋贈臨淄伯，明稱先儒。《文廟思源録》《祀典考》

　　西廡一①　子夏門人。周儒。穀梁赤，魯人。與秦孝公同時，子夏門人。受經於子夏，爲經作傳，傳孫卿，孫卿傳申公，申公傳瑕邱江公。唐貞觀二十一年從祀，宋贈龔邱伯，改睢陵伯，明稱先儒。《文廟祀典考》

　　東廡二　漢儒。伏勝，濟南人。秦焚書時，勝爲博士，獨壁藏之。漢定天下，勝求《尚書》，得二十九篇，以教於齊魯之間。文帝聞而召之，年老不能行，使晁錯往受之。口授，令幼女傳言，即今《古文尚書》，置鄒平博士。唐貞觀時從祀。《文廟思源録》

　　西廡二　漢儒。高堂生，秦末漢初人，官博士。《禮》經自秦焚書後散亡，獨有傳《禮》十七篇，即《儀禮》，高堂生能言之，傳授至戴

---

　　①　西廡一，原作“東廡二”，誤。

479

德、戴聖，言禮者皆宗之。唐貞觀時從祀。仝上。○以下漢、唐、宋、元、儒，皆明改稱先儒。

東廡三　漢儒。毛亨，魯人。作《詩訓詁》以授趙人毛萇，作小序，故曰《毛詩》。亨爲大毛公，萇爲小毛公。國朝同治二年從祀。《文廟思源録》

西廡三　漢儒。董仲舒字寬夫，廣川人。少治《春秋》，爲博士。漢武帝舉賢良，對《天人三策》，有儒者氣象。上疏條教凡百二十三篇，而説《春秋》事得失，《聞舉》、《玉杯》、《蕃露》、《清明》、《竹林》之屬復數十篇，皆明經術之意。元至順元年從祀。《文廟祀典考》

東廡四　漢儒。孔安國字子國，孔子十一世孫，漢諫議大夫，博覽經術。魯恭王得孔壁所藏《古文尚書》及《禮記》、《論語》、《孝經》凡數十篇，皆古字也。安國悉以所聞伏生之書考論文義，定其可知者，爲隸古定，更以竹簡寫之，增多伏生二十五篇，凡五十九篇。承詔作傳，至東晋梅賾始奏上，齊建武中乃立學宮。唐貞觀中從祀。《文廟祀典考》、《思源録》

西廡四　漢儒。劉德，漢孝景帝子，立河間王。脩學好古，實事求是，從民得善書，必爲好寫與之，留其眞，加金帛賜以招之，繇是四方道術之人不遠千里，或有先祖舊書，多奉以奏，故得書多，與漢朝等。皆古文先秦舊書，《周官》、《尚書》、《禮記》、《孟子》，皆經傳説記、七十子之徒所論。其學舉六藝，立《毛氏詩》、《左氏春秋》博士。被服儒術，造次必於儒者。謚曰獻。《漢書》。國朝同治間從祀。

東廡五　漢儒。后蒼字近君，漢山東兗州人。爲博士，受禮於高堂生，後在曲臺校書。説《禮》數萬言，授梁人戴德及戴聖，西漢時，后與二戴《禮》並立學宮。明嘉靖九年從祀。《文廟思源録》

西廡五　漢儒。毛萇字長公，漢趙人，爲河間獻王博士。每説《詩》，獻王悦之，因取詩傳加毛字，以別齊、魯、韓三家之詩傳。後

《毛詩》獨立學宮。唐貞觀時從祀。《文廟思源録》

東廡六　漢儒。許慎字叔重，汝南召陵人。性淳篤，少博學經籍。馬融常推敬之，時人爲之語曰"五經無雙許叔重"。慎以五經傳說臧否不同，於是撰爲《五經异義》，又作《説文解字》十四篇，皆傳於世。《後漢書》。國朝□□□年從祀。

西廡六　漢儒。杜子春字時元，漢河南緱氏人。通《周官》。秦始皇時《周禮》禁絶不傳，至漢劉歆表而出之，《周禮》始著。子春受業於歆，能通其義，因以教授鄉里。唐貞觀時從祀。《文廟思源録》

東廡七　漢儒。鄭康成字元，東漢北海高密人。始通《京氏易》、《公羊春秋》，又從張恭祖受《周書》、《禮記》、《左傳》、《春秋》等書，從事馬融，日質疑義。所著《詩》、《禮》、《論語》、《孝經》等論凡百餘萬言，稱爲純儒。以侍中中郎將大司農徵，俱不就。唐貞觀時從祀。明嘉靖九年，改祀於鄉。國朝雍正二年復祀。《文廟思源録》

西廡七　漢儒。諸葛亮字孔明，琅邪陽都人。漢末擾亂，居襄陽隆中，躬耕隴畝，个求聞達。昭烈詣之，凡三往乃見。昭烈即帝位，以亮爲丞相，録尚書事，受遺詔，輔後主。封武鄉侯，北伐曹魏，前後上《出師表》二，卒於軍。年五十四，世稱三代以下一人。謚忠武。國朝雍正二年從祀。《文廟祀典考》、《思源録》

東廡八　晋儒。范寧字武子，晋南陽順陽人。少篤學，多所通覽。爲餘杭令，興學校，潔己修禮，期年風化大行。徵拜中書侍郎，多所獻替。補豫章太守，大設庠序。免官猶勤經學，以《春秋穀梁氏》未有善釋，沉思積年，爲《集解》。唐貞觀時從祀，明嘉靖改祀於鄉，國朝雍正二年復祀。《文廟祀典考》

西廡八　隨儒。王通字仲淹，隋河東龍門人。上文帝《太平十二策》，不見用，專以教授爲事。續《詩》三百六十篇、《書》一百五十篇，著《禮論》二十五篇、《樂論》二十篇，修《元經》五十篇，贊《易》七十篇。門人千餘，河汾之教號爲極盛，私謚曰文中子。明嘉靖九年

從祀。《文廟祀典考》

東廡九　唐儒。陸贄字敬輿，唐嘉興人。少孤，特立不群，勵志勤學。第進士，中博學宏辭，官至中書侍郎。論諫甚切，一本於仁義。嘗曰：“吾上不負天子，下不負所學。”諡宣。有《奏議》、《翰苑文集》行世。國朝道光六年從祀。《文廟思源録》

西廡九　唐儒。韓愈字退之，唐鄧州南陽人。性明鋭，不詭隨。爲文起八代之衰，所著《原道》、《原性》等篇，體備六經，與《孟子》相表裏。自晉訖隋，老佛顯行，聖道不斷如帶，諸儒倚天下正議，助爲神怪。愈獨喟然，引聖爭四海之惑没，其言大行，學者仰之如泰山北斗。擢進士第，官至吏部侍郎。卒年五十七，諡文，封昌黎伯。宋元豐七年，從祀。國朝乾隆二年，置博士。《文廟祀典考》、《思源録》

東廡十　宋儒。范仲淹字希文，宋蘇州吳縣人。學主忠信，志以天下爲己任，立朝皆聖賢事業，多社稷功，世稱宋代第一人物。由進士官至參政、宣撫使，諡文正。國朝康熙五十四年從祀。《文廟思源録》

西廡十　宋儒。胡瑗字翼之，宋泰州海陵人。教授蘇湖二州，訓人率以身先。時尚詞賦，獨立經義、治事兩齋，以敦實學。著有《易傳》、《洪範解》、《春秋口義》，門人述其言行，録爲二卷。官遷天章閣侍講，諡文昭。明嘉靖九年從祀。仝上

東廡十一　宋儒。歐陽脩字永叔，宋廬陵人。文章德業，海内宗師。官參政，諡文忠。著有《易童子問》三卷、《詩本義》十四卷、《居士集》五十卷、《歸榮集》一卷、《外制集》三卷、《内制集》八卷、《奏議集》十八卷、《四六集》七卷、《集古録跋尾》十卷、《雜著述》十九卷。奉詔修《唐書》，又自撰《五代史》七十四卷。明嘉靖九年從祀。《文廟祀典考》、《思源録》

西廡十一　宋儒。韓琦字稚圭，宋相州安陽人。登進士，爲定州安撫使。學校久廢，葺舍課儒，弦誦比鄒魯。官至丞相，識量英偉，

重厚比周勃，政事比姚崇。再決大策，以安社稷，處危疑之際，知無不爲。諡忠獻，贈魏郡王。國朝咸豐二年從祀。《文廟祀典考》《思源録》

東廡十二　宋儒。司馬光字君實，宋陝州夏縣涑水鄉人。孝友忠信，恭儉正直，生平所爲，無不可對人言，人化其德。不喜佛老。安石行新法，光歸洛，作《資治通鑑》。天下以爲真宰相，田夫野老皆號爲司馬相公。及入相，悉罷新法。遼夏敕其邊吏曰：“中國相司馬矣，毋輕生事。”卒贈太師、温國公，諡文正。著《文集》八卷、《歷年圖》七卷、《通歷》八十卷、《資治通鑑》三百二十四卷、《考异》三十卷、《稽古録》二十卷、《宋百官公卿表》六卷、《翰林詞草》三卷、《注古文孝經》一卷、《易説》三卷、《注繫辭》二卷、《注老子道德論》二卷、《集注太元經》八卷、《大學中庸義》各一卷、《集注揚子》十三卷、《文中子傳》一卷、《河外諮目》三卷、《書儀》八卷、《家範》十卷、《續詩話》一卷、《游山行記》十二卷、《醫問》七篇。咸淳三年從祀。《文廟祀典考》

西廡十二　宋儒。楊時字中立，宋南劍將樂人。從二程得河洛之傳，東南學者推爲程氏正宗。著有《三經義辨》。由進士官至龍圖閣直學士，諡文靖。南閩理學，時爲之倡。其大者闢王氏經學，排靖康和議，使邪説不作。朱熹、張栻之學，其原出於時。明弘治八年從祀。《文廟祀典考》

東廡十三　宋儒。謝良佐字顯道，宋上蔡人。高邁卓絶，言論宏肆，善開發人。著有《論語説》及門人所記《語録》。以生意論仁，以實理論誠，以常惺惺論敬，以求是論窮理，皆極精當。直指窮理居敬，爲入德之門，尤得程顥要領。朱熹爲學，賴其語録以發其趣。國朝道光二十九年從祀。仝上

西廡十三　宋儒。游酢字定夫，宋（下闕）

東廡十四　宋儒。吕大臨字（下闕）

西廡十四　宋儒。尹焞字彦明，一字德充，宋洛人。莊敬篤實，不欺暗室。受學於伊川，質直宏毅，實體力行。爲學之要有三：曰玩味，曰涵養，曰踐履。著《論語解》及《問答録》。賜號和靖處士。國朝雍正二年從祀。《文廟祀典考》

東廡十五　宋儒。羅從彦字仲素，宋沙縣人。篤志求道，聞龜山得程氏學，往從之。絕意進取。朱子謂：龜山倡道東南，從游甚衆，然潛心力行任重詣遠者，仲素一人而已。謚文質。著有《尊堯録》。李侗、朱松執弟子之禮。明隆慶六年從祀。《文廟祀典考》、《思源録》

西廡十五　宋儒。胡安國字康侯，宋建寧崇安人。強學力行，以聖賢爲標準，致知爲始，窮理爲要。王安石廢《春秋》，安國曰："此書出先聖之手，乃使人主不聞講説，學士不傳習。亂倫滅理，用夷變夏，殆由此乎?"乃潛心刻意，窮研玩味，游泳沉酣者三十年，著《春秋傳》。由進士官至寶文閣直學士，謚文定，封建寧伯。明正統二年從祀。仝上

東廡十六　宋儒。李綱字伯紀，宋邵武人。由進士官至知潭州、荆湖南路安撫大使，贈少師，謚忠定。綱負天下之望，以一身用舍爲社稷生民安危，雖身或不用，用又不久，而其忠誠義氣懍然動乎遠邇。所著有《易傳内篇》十卷、《外篇》十二卷，《論語詳説》十卷，文章歌詩奏議百餘卷，《靖康傳信録》、《奉迎録》、《建炎時政記》、《建炎進退志》、《建炎制詔表劄集》、《宣撫荆廣記》、《制置江右録》。國朝咸豐元年從祀。《文廟祀典考》

西廡十六　宋儒。李侗字愿中，宋南劍人。從郡人羅從彦學，受《中庸》《語》《孟》《春秋》之説。從彦好静坐，侗亦静坐。朱松與爲友，遣子熹從學，卒得其傳。其語治道，必以明天理、正人心、崇節義、厲廉恥爲本，异端之學無所入於其心。有朱子所記《延平問答》行於世，追謚文靖。明萬曆四十二年從祀。仝上

東廡十七　宋儒。張栻字敬夫,宋漢州緜竹人。穎悟夙成,以聖賢自期。以蔭補官,進秩直寶文閣,除祕閣修撰,改知江陵府,安撫本路。居官正禮俗,明倫教。爲人表裏洞然,勇於徙義。嘗言學莫先於義利之辨,當以立志爲先,持敬爲本。著有《論語、孟子、詩、書、太極圖說》《經世編年》等書。嘉泰中賜諡宣。景定二年封華陽伯,從祀。《文廟祀典考》、《思源錄》

西廡十七　宋儒。呂祖謙字伯恭,宋婺州金華人。由進士官至國史院編修官。學本家庭,有中原文獻之傳。宗關洛,心平氣和,不立崖異,英偉卓犖之心,皆歸心焉。朱子言“學如伯恭,方是能變化氣質”。居家之政,皆可爲後世法。編《皇朝文鑑》百五十卷,編《近思錄》,修《讀詩記》、《大事記》未成,考定《古周易》、《書說》、《閫範》、《官箴》、《辨志錄》、《歐陽公本末》,皆行世。諡成,封開封伯。景定二年從祀。仝上

東廡十八　宋儒。陸九淵字子靜,宋撫州金溪人。由進士歷官將作監丞、知荊門軍。諡文安。九淵與兄九齡學務窮本,原不爲章句訓詁,惟孔孟書是崇是信。謂“此心之良,天所與我。信能及此,宇宙無非至理,聖賢與我同類”。嘗與朱子會鵝湖,論辨多不合。無極太極之辨,貽書往來,論難不置。朱守南康,九淵訪之,與至白鹿洞講君子小人喻義利,朱子以爲切中學者隱微深痼之病。明嘉靖九年從祀。仝上

西廡十八　宋儒。袁燮字和叔,宋慶元鄞縣人。登進士,官至禮部侍郎兼侍讀。燮見九淵發明本心之指,乃師事焉。每言人心與天地一本,精思以得之,兢業以守之,則與天地相似。遷國子司業,進祭酒。延見諸生,迪以反躬切己、忠信篤實,是爲道本,聞者悚然有得。以寶文閣待制提舉鴻慶宮,起知溫州,進直學士。諡正獻。國朝同治七年從祀。《文廟祀典考》

東廡十九　宋儒。陳淳字安卿,宋漳州龍溪人。朱子守漳時,淳

游門下。朱子語人曰"南來吾道得一安卿"。淳讀書格物，日積月累，義理貫通，洞見端緒。以特奏恩授迪功郎、泉州安溪主簿。著有《語、孟、學、庸口義》、《字義詳講》、《禮詩》、《女學》等書。國朝雍正二年從祀。仝上

西廡十九　宋儒。黃幹字直卿，宋福州閩縣人。受業朱子，朱子以其子妻幹。編禮書，以喪祭二禮屬幹。稿成，朱子喜曰："所立規模次第縝密有條理，他日當取所編家鄉邦國王朝禮悉倣此更定之。"幹涵養既久，自得益深。朱門高弟甚衆，獨幹强毅有立，足任負荷。卒贈朝奉郎，謚文肅。著有《書説》、《論語通釋》、《論語意原》及《文集》。國朝雍正二年從祀。仝上

東廡二十　宋儒。真德秀字景元，宋建州浦城人。四歲受書，過目成誦。立朝著直聲。時禁大儒書，德秀獨以斯文自任；講習服行，正學復明。著《大學衍義》。官知制誥，拜參政，謚文忠。明正統二年封浦城伯，從祀。《文廟思源録》

西廡二十　宋儒。輔廣字（下闕）

東廡二十一　宋儒。何基字子恭，宋婺州金華人。少從黃幹學，得盡聞淵源之懿，微辭奧義，必研精覃思，醇固篤實，絕類漢儒，雖本於朱子，然就其言而發明新意，愈出不窮。著有《大學》《中庸》《大傳》《易啓蒙》《通書》《近思録》《語類》諸《發揮》，又有《文集》三十卷、《與王柏問辨》者十八卷。詔舉賢，特薦添差婺州學教授兼麗澤書院山長，力辭。又授史館校勘兼崇政殿説書，屢辭。改承務郎，主管西嶽廟，終不受。卒年八十一，國子祭酒楊文仲請於朝，謚文定。國朝雍正二年從祀。《文廟祀典考》

西廡二十一　宋儒。蔡沈字仲默，元定季子。少從朱子游，朱子晚欲著《書傳》，未及爲，以屬沈。《洪範》之數，久失其傳，元定獨心得之，未及論著，曰："成吾書者，沈也。"沈受父師命，沈潛反覆數十年，著《書傳》與《洪範皇極內篇》，頒行學宮。謚文正。明正統二年

封崇安伯，從祀。仝上

東廡二十二　宋儒。文天祥字宋瑞，又字履善，宋廬陵人。舉進士第一，官至右丞相。宋亡不仕元，從容就義，衣帶中有贊曰：“孔曰成仁，孟曰取義。惟其義盡，是以仁至。讀聖賢書，所學何事。而今而後，庶幾無愧。”天祥博學善談論，飲酒多而不亂。平生作文未嘗屬草，下筆滔滔不竭，有《指南集》、《集杜詩百首》，又有《吟嘯集》。國朝道光二十三年從祀。仝上

西廡二十二　宋儒。魏了翁字華父，宋邛州蒲江人。築室白鶴山下，以所聞於輔廣、李燔者開門授徒，士爭負笈從之。著有《鶴山集》、《九經要義》、《周易集義》、《易舉隅》、《周禮井田圖説》、《古今考》、《經史雜抄》、《師友雅言》。由進士官至資政殿大學士，諡文靖，贈秦國公。國朝雍正二年從祀。仝上

東廡二十三　宋儒。趙復字仁甫，宋德安人，不仕元。時姚樞建太極書院於燕京，延復爲師。程朱之學未至北方，自是得名士多人，乃收集河洛諸書，河朔始知道學。國朝雍正二年從祀。《又廟思源録》

西廡二十三　宋儒。王柏字會之，宋婺州金華人。以何基嘗從黃幹得朱子之傳，即往從之，得聞居敬窮理之旨。質實堅苦，治家嚴飭。其教必先之以《大學》，聘爲麗澤、上蔡兩書院師，鄉之耆德皆執弟子禮。卒年七十八，國子祭酒楊文仲請於朝，諡文憲。著有《讀易記》、《涵古易説》、《大象衍義》、《涵古圖書》、《讀書記》、《書疑》、《詩辨説》、《讀春秋記》、《論語衍義》、《太極衍義》、《研幾圖》、《魯經章句》、《論語通旨》、《孟子通旨》、《書附傳》、《左氏正傳》、《續國語》、《闡學之書》、《文章復古》、《文章續古》、《濂洛文統》、《擬道志》、《朱子指要》、《詩可言》、《天文考》、《地理考》、《墨林考》、《大爾雅》、《六義字原》、《正始之音》、《帝王曆數》、《江右淵源》、《伊洛精義雜志》、《周子發遣三昧》、《文章指南》、《朝華集》、《紫陽詩類》、

《家乘》、《文集》等書。國朝雍正二年從祀。《文廟祀典考》

東廡二十四　宋儒。金履祥字吉甫,宋婺之蘭溪人。凡天文、地形、禮樂、田乘、兵謀、律曆、陰陽之書,靡不畢究。事同郡王柏,從登何基之門,講貫益密,造詣益邃。宋亡,屏居山中,作《通鑑前編》、《大學章句疏義》、《論語孟子集注考證》。議者以爲基之清介純實似尹和靖,柏之高明剛正似謝上蔡,履祥則親得之二氏,而並充於己。卒年七十二。元至正中諡文安。國朝雍正二年從祀。仝上

西廡二十四　宋儒。陸秀夫字君實,宋楚州鹽城人。景定元年進士,李庭芝鎮淮南,辟置幕中。咸淳十年,庭芝制置淮南,擢參議官。德祐中,立益王於福州,進端明殿學士、簽書樞密院事。君臣播越海濱,時節朝會,秀夫儼然正笏,立如治朝。端宗殂,共立衛王,外籌軍旅,內調工役,有所述作,盡出其中。恩邅流離中,日書《大學章句》以勸講。祥興二年二月,厓山破,秀夫仗劍驅妻子入海,即負少帝赴海死,年四十四。諸臣從死甚衆。國朝咸豐九年從祀。仝上

東廡二十五　宋儒。陳澔字可大,宋都昌人。潛心經學,尤精於《戴記》。宋亡,隱居教授,著《禮記集説》。明洪武時列於學官,正統中以其説取士。國朝雍正二年從祀。仝上

西廡二十五　元儒。許衡字仲平,懷之河內人。遭亂且貧,從日者見《尚書疏義》,手鈔以歸。逃難徂徠山,得王輔嗣《易注》。往來河洛間,從姚樞得伊洛程氏、新安朱氏書,始聞進學之序。元世祖召爲京兆提學,民大化之。官至集賢學士、國子祭酒,諡文正,封魏國公。皇慶二年從祀。仝上

東廡二十六　明儒。方孝孺字希直,明寧海人。從宋濂學,以明王道致太平爲己任。太祖除漢中教授,惠帝遷侍講學士,國家大政事輒咨之。燕兵入,帝自焚,成祖召使草詔,孝孺大書"燕賊篡位",

磔諸市。著有《侯城集》、《幼儀》、《宗儀》。國朝同治二年從祀。全上

西廡二十六　元儒。吳澄字幼清，撫州崇仁人。於經傳皆通習之，知用力聖賢之學。宋亡，入元，官國子祭酒，贈江西行省左丞上護軍，追封臨川郡公，諡文正。著有《孝經定本》、《學基》、《學統》、《校定皇極經世書》。明正統八年從祀，嘉靖九年罷。國朝乾隆二年復祀。全上

東廡二十七　明儒。薛瑄字德温，明山西河津人。究心洛閩淵源，至忘寢食。由進士官山東提學僉事，揭白鹿洞學規開示學者，先致知，後力行，居敬以窮理，由經以求道。召爲大理左少卿，王振誣下獄，放爲民。景帝起大理寺丞，乜先入犯，守北門有功。英宗復辟，拜禮部右侍郎兼翰林院學士，入閣，掌機務，乞歸。學本程朱，修己教人，以復性爲主。充養邃密，言行咸可法。有《讀書録》二十卷，平易簡切，皆自言其所得。諡文清。隆慶五年從祀。全上

西廡二十七　宋儒。許謙字益之，宋婺之金華人。受業金履祥之門，金履祥殁，朱子之學猶未大顯，至謙而道乃益著，故學者推原統緒，以爲朱子之世嫡。著有《四書叢説》二十卷、《詩名物鈔》八卷、《書叢説》六卷；又有《治忽幾微》，起太皥，訖宋元祐元年秋九月尚書左僕射司馬光卒，以爲光卒，中國之治不可復興，誠理亂之幾也；又有《自省編》，晝之所爲，夜必書之，其不可書者，則不爲也；又句讀《九經》、《儀禮》、《春秋三傳》。年六十八卒，至元賜諡文懿。國朝雍正二年從祀。全上

東廡二十八　明儒。胡居仁字叔心，明江西餘干人。以主忠信爲先，以求放心爲要。性行純篤，父病劇，嘗糞以驗甘苦。居喪骨立，非杖不能起，三年不入寢。著有《居業録》。布衣終身，年五十一卒。萬曆十三年追諡文敬，從祀。全上

西廡二十八　明儒。曹端字正夫，明河南澠池人。永樂六年舉

人，專心性理，躬行實踐，以静存爲主。爲霍州學正，郡人化之。改蒲州學正，霍蒲兩邑上章争之，霍奏先得請。在霍十六載，年五十九卒於官，諸生心喪三年，霍人罷市巷哭。著有《孝經述解》、《四書詳説》、《周易乾坤二卦解義》、《太極圖説、通書、西銘釋文》、《性理文集》、《儒學宗統譜》、《存疑録》。私謐静修。國朝咸豐十年從祀。全上

東廡二十九　明儒。羅欽順字允升，明江西泰和人。弘治六年進士，授編脩。遷南京國子監司業，與祭酒章懋以實行教士，歷官吏部左侍郎。世宗命攝尚書事，遷南京吏部尚書。省親乞歸，里居二十餘年，潜心格物致知之學，專用力於窮理存心知性。著《困知記》。卒年八十三，贈太子太保，謐文莊。國朝雍正二年從祀。全上

西廡二十九　明儒。陳獻章字公甫，明廣東新會人。舉正統十二年鄉試，從吳與弼講學讀書，窮日夜不輟，屢薦不起。其學以静爲主，教學者令端坐澄心，於静中養出端倪。年七十三卒，萬曆追謐文恭，十二年從祀。全上

東廡三十　明儒。吕柟字仲木，明陝西高陵人。正德三年進士第一，授修撰。世宗嗣位，大禮議忤，下詔獄，謫解州判官。攝州事，恤煢獨，減丁徭，勸農桑，興水利，築堤護鹽池，行吕氏鄉約、文公家禮，求子夏後，建司馬温公祠。四方學者日至。御史爲闢解梁書院以居之，官至南京禮部右侍御致仕。年六十四卒，賜祭葬，謐文簡。柟受業渭南薛敬之，接河東薛瑄之傳，以窮理實踐爲主，守程朱不變。著有《四書因問》、《易説翼》、《書説要》、《詩説序》、《春秋説志》、《禮問内外篇》、《史約》、《小學釋》、《寒暑經圖解》、《史館獻納》、《宋四子鈔釋》、《南省奏稿》、《涇野詩文集》。國朝同治二年從祀。全上

西廡三十　明儒。蔡清字介夫，明福建晋江人。成化十三年鄉試第一，二十年進士，官至江西提學副使。清之學，初主静，後主虚。

飭躬砥行，貧而樂施，爲族黨依賴。從林玭學《易》，得其肯綮，以善《易》名。年五十六卒。嘉靖八年詔刊布所著《易經四書蒙引》，萬曆中追謚文莊，贈禮部右侍郎。國朝雍正二年從祀。全上

東廡三十一　明儒。劉宗周字起東，明浙江山陰人。萬曆二十九年進士，官至吏部左侍郎。京師陷，南都亡，入水不死，絕食二十三日，卒，年六十八。宗周之學，以姚江爲源本而不取其猖狂，以東林爲氣類而不涉其朋黨，語門人曰：“學之要，誠而已。主敬其功也。”所著有《聖學宗要》、《學言》、《人譜》、《人譜類記》、《蕺山集》，謚忠介。國朝道光二年從祀。全上

西廡三十一　明儒。王守仁字伯安，明浙江餘姚人。弘治十二年進士，正德中巡撫南贛，平橫水、左溪、桶岡、浰頭、大帽山諸賊，擒宸濠。論功封特進光祿大夫、柱國、新建伯。嘉靖中思恩田州土酋反，招撫平之，又斬破斷藤峽賊。卒年五十七。其爲教，專以良知爲主，雖旦夕軍旅，與儒生講學不廢。著述甚多，如《傳習錄》及《文集》皆行於世。隆慶初贈新建侯，謚文成。萬曆十二年從祀。全上

東廡三十二　明儒。孫奇逢字啓泰，一字鍾元，明直隸容城人。舉萬曆二十八年順天鄉試，天啓時臺垣巡撫交章論薦，不起。其後尚書范景文聘爲贊畫，辭不就。畿内盜賊數驁，容城危困，奇逢携家入易州五峰山，門生親故從百餘家。奇逢爲條教部署守禦，而絃歌不輟。國朝順治二年，祭酒薛所蘊以學行薦長成均，奇逢以病辭。九年，工部郎馬光裕授以夏峰田廬，遂率子弟躬耕，四方來學者亦授田使耕，所居遂成聚。康熙十四年卒，年九十二。其學原本象山、陽明，以慎獨爲宗，以體認天理爲要，以日用倫常爲實際。著《理學傳心纂要》八卷，又著《讀易大旨》、《尚書近指》、《四書近指》、《聖學錄》、《兩大案錄》、《乙丙紀事》、《孫文正年譜》、《歲寒居文集》、《答問》、《日譜》、《畿輔人物考》、《中州人物考》、《孝友堂家規》、《四禮酌》，弟子甚衆。睢州湯斌仕至臬司，歸里後往受業。

國朝道光八年從祀。仝上

　　西廡三十二　明儒。吕坤字叔簡，一字新吾，明河南寧陵人。萬
曆二年進士，官至刑部侍郎。坤剛介峭直，留意正學，歷遇憂患，故
事事檢點，不敢任情。居家之日，與後進講習。所著述多出新意，
有《呻吟語》、《家禮翼》、《家禮疑》、《去偽齋集》、《閨範》、《實政録》、
《交泰韵》等書。卒年八十三，天啓初贈刑部尚書。國朝道光六年
從祀。仝上

　　東廡三十三　明儒。張履祥字考夫，明浙江桐鄉人。幼孤貧，受
《論》、《孟》於母。母詔之曰："孔孟衹兩家無父兒也。"長從劉宗周
聞慎獨之學，晚乃專意程朱。立身端直，一以躬行爲務。棄諸生。
隱居楊園村，著有《經正録》。躬習農事，著《補農書》，以爲學者能
稼穡，則無求於人而廉恥立；知稼穡之艱難，則不妄取於人而禮讓
興。康熙十三年卒，年六十四，門人彙其書爲《楊園全書》三十四
卷。國朝同治十年從祀。

　　西廡三十三　明儒。黄道周字幼平，明福建漳浦人。天啓二年進
士，官至少詹事，忤旨，戍廣西。崇禎十五年，復故官。福王拜禮部
尚書，南都亡，勸進唐王，爲武英殿大學士，往江西圖恢復，至婺源
遇大清兵，戰敗死。道周學貫古今，所至學者雲集。蓋宗周之學以
誠意爲主，而歸功於慎獨，能闡餘姚之緒言而救其流弊。道周之學
以致知爲宗，而止宿於至善，確守新安之道脉而獨溯宗傳。所著
《易象正》、《三易洞璣》及《太函經》，用以推驗治亂。歿後家人得其
小册，自謂終於丙戌，年六十二，始信其能知來也。國朝道光五年
從祀。仝上

　　東廡三十四　本朝儒。陸隴其初名龍其，後改今名。字稼書，浙
江平湖人。康熙九年進士，官至四川道監察御史。德器粹然，文必
載道。著有《文集》十二卷、《外集》六卷、《四書大全》、《四書困勉
録》、《四書講義續編》、《松陽四書講義》、《禮經會元》、《讀禮隨筆》、

《讀朱隨筆》、《戰國策去毒》、《呻吟語質疑》、《衞濱日鈔》、《靈壽縣志》等書，皆發明經學，講求治理。其教人以居敬窮理爲主，謂窮理而不居敬，則玩物喪志而失於支離；居敬而不窮理，則將掃見聞空善惡，其不墮於佛老以至於師心自用者鮮矣。乾隆元年賜謚清獻，贈内閣學士、禮部侍郎，雍正二年從祀。仝上

西廡三十四　本朝儒。陸世儀（下闕）

東廡三十五　本朝儒。張伯行（下闕）

西廡三十五　本朝儒。湯斌字孔伯，一字潛庵，河南睢州人。順治九年進士，官至禮部尚書，管詹事府事。年六十一卒。賜奠郬，乾隆元年賜謚文正。國初，斌與陸隴其俱號純儒，隴其篤守程朱，攻擊陸王不留餘力。斌之學源出孫奇逢，其根柢在姚江，而能持新安、金溪之平，大抵主於刻厲實行，以講求實用爲主，無王學杳冥放蕩之弊。故二人异趣而同歸。至其奏議規畫周密，條晰詳明，尤昭人耳目。其著述之富，雖不及隴其，而有體有用，則斌尤通達治體云。道光三年從祀。《文廟祀典考》

尊聖録卷十八

配　　從 三

崇聖祠配享

東一　□龕。孔孟皮字伯尼，孔子兄。國朝咸豐七年配享。

東一　顏無繇字路，其祖求以上四世皆爲魯司寇。父友爲魯邑宰，生路，少孔子六歲。年十六，孔子始教，即往受學，後爲魯卿士。墓在曲阜縣城東二十里防山之陽顏林復聖墓西北。唐開元二十七年，贈杞伯，從祀孔子廟庭。宋大中祥符二年，進封曲阜侯。元至順三年，加封杞國公，諡文裕，妻齊姜氏封杞國夫人，諡端獻。明嘉靖九年，稱先賢顏氏，遷祀於啓聖祠。國朝曰崇聖祠。國朝因之。費崇朱《孔子門人考》

西一　曾點字晳，一作皙。一字子皙，《白水碑》作子晢。參之父。葬沂州費縣西南八十里南成山下。唐開元二十七年，贈宿伯，從祀孔子廟庭。宋大中祥符二年，進贈萊蕪侯。明正統三年，加封公爵。嘉靖九年，稱先賢，遷祀啓聖祠。國朝因之。仝上

東二　孔鯉字伯魚，孔子子。哀公以幣召，稱疾不行。《闕里志》。年五十，先孔子卒，冢在孔子冢東。宋崇寧元年，贈泗水侯。咸淳三年，從祀孔子廟庭。明嘉靖九年，稱先賢，遷祠啓聖祠。國朝因之。龐鍾璐《文廟祀典考》

西二　孟孫激字公宜，魯公族孟孫之後，妻仉氏，孟母墓在馬鞍山之陽。生孟子。元贈邾國公，贈仉氏邾國宣獻夫人。明嘉靖九年，配饗啓聖祠，稱先賢孟孫氏。國朝因之。仝上

崇　聖　祠　從　祀

東一　周輔成，宋真宗大中祥符八年進士，所歷多善政，終賀州桂嶺令，累贈諫議大夫。生敦頤。明萬曆二十三年從祀。《文廟祀典考》。國朝因之。

西一　張迪，仕宋仁宗朝，知涪州事，卒於官。生載。國朝雍正二年從祀。仝上

東二　程珦字伯溫，世居中山。曾祖羽，宋太宗朝官三司使。父遹，贈開府儀同三司、吏部尚書，葬河南，遂爲河南人。仁宗録舊臣，後以珦爲黃陂尉，官至大中大夫，累封永年伯。所至以德化民，居官不以私事笞扑人。善知人，識濂溪於屬掾之中，薦以自代，命二子顥、頤師事之。卒年八十五。明嘉靖九年從祀。仝上。國朝因之。

西二　朱松字喬年，讀書求天下國家興亡理亂之變，與夫一時所以應時合變先後本末之序，期有以措之事業。取古人佩韋之義，以名其齋。政和八年進士，官至史館校勘、司勳、吏部郎。秦檜決策議和，松極言不可，力疏求去，主管台州崇道觀。卒年四十七，贈通議大夫。元至正二十二年追封粵國公，謚獻靖。松疾亟，屬其子熹事胡原仲、劉致中、劉彥冲。明嘉靖九年從祀。仝上。國朝因之。

東三　蔡元定字季通，建州建陽人。聞朱熹名，往事之。熹叩其學，大驚曰："吾老友也，不當在弟子列。"元定所著有《大衍詳説》、《律呂新書》、《燕樂原辯》、《皇極經世、太元、潛虛指要》、《洪範解》、《八陣圖説》。年六十四卒。嘉定三年贈迪功郎，謚文節。子沈著書傳元定。以明嘉靖九年從祀。仝上。國朝因之。崇聖祠從祀俱稱先儒某氏。

尊聖録卷十九

文　贊一

聖人垂憲，爲列辟師。祭則稱名，贊則摛詞。用信景仰，用昭平治。彙而集之，斯文在茲。述文贊第十二。

祭　文

唐乾封元年，皇帝遣司稼正卿秩餘隆以少牢致祭於先聖孔宣父之靈：維神玉鈎陳昵，靈開四肘之源；金鼎流禎，慶傳三命之範。神資越誕，授山嶽以騰英；天縱攸高，蘊河海而標狀。折衷六藝，宣創九流。睿乃生知，靈非外獎。於是考三古，裒一言，刊典謨，定風什。莊敬之容畢備，鐘鼓之音載和。父子爰親，君臣以敬。穆穆乎煥乎，樂正雅頌各得其所，可不謂至聖矣乎？朕以涼德，嗣膺神器，式崇祗配，展義云亭。感周禮之尚存，悲素王之獨往。杼軸洙泗，如挹清瀾；留連舞雩，似聞金奏。昌門曳練，徒有生芻之疑；漢曲移舟，非復祥萍之實。慨然不已，爰贈太師；堂宇卑陋，仍命修造。襃聖子孫，合門勿事。庶能不遺百代，助損益之可知；永鑑千年，同比肩而爲友。聿陳菲奠，用旌無朽。梅曙華梁，松春月牖。德音暢而無斁，形神忽其將久。倘弗殊於生前，亦知榮於身後。尚饗！

宋大中祥符元年，皇帝遣推誠保德功臣光禄大夫行禮部尚書上柱國清河郡開國公張齊賢致祭於元聖文宣王：朕以育事岱宗，畢告成之盛禮；緬懷闕里，欽設教之素風。躬謁尊於嚴祠，特褒崇於懿號。仍令舊相，載達精誠。昭薦吉蠲，用遵典禮。以兗國公顏子等配，尚饗！

宋嘉祐六年，皇帝遣兗州通判田洵敢昭告於至聖文宣王：維王淵聖難名，誠明易稟。敷厥雅道，大闡斯文。生民以來，至德莫二。教行萬世，儀比三王。闕里之居，祠宇維煥。遐瞻宮牆，逖迎門扉。奮於飛梁之踪，新茲標榜之制。命工庀事，推策涓辰。敢議形容，盍申崇奉。仰維降格，遙冀鑒觀。

宋崇寧年月日，皇帝某謹遣某官敢昭告於至聖文宣王：維王固天攸縱，誕降生知。經緯禮樂，闡揚文教。餘烈遺風，千載是仰。俾茲末學，依仁游藝。謹以制帛牲齊粢盛庶品，式陳明薦，祇奉舊章。以兗國公、鄒國公配。

宋崇寧五年，皇帝御名某謹遣某官敢昭告先師至聖文宣王：維王金聲玉振，集厥大成。有道立教，垂憲萬世。茲率舊章，式陳明薦。以兗國公、郕國公、沂國公、鄒國公配。

金泰定二十二年，皇帝某謹遣兗州節度使孫康敢昭告於至聖文宣王：國家禮崇儒術，道尊聖師。闕里廟貌，于以新之。雅樂具舉，法服彰之。庶幾降格，永集繁禧。

元至大元年，皇帝某謹遣集賢學士嘉議大夫王德淵謹以銀幣牲牢庶羞之奠，敢昭告於大成至聖文宣王：惟王秉德生知，垂教不朽。天何言哉，聖之時者。緜百世之後莫能違，自生民以來未之有。特加封號，大展祭儀。仍命臣僚，往祀林廟。

元至大四年，皇帝某謹遣資政殿大夫國子監祭酒劉賡敢昭告於大成至聖文宣王：天以神器，畀付朕躬。受命維新，若稽舊典。肇修禋類，遍於群神。仰維聖人，模範百世。功隆德盛，宜極尊崇。爰命儒臣，恭詣闕里。侑茲儀物，牲用太牢。昭薦厥誠，尚冀鑒格。

元延祐七年，皇帝某謹遣説書王存義詣魯，以太牢祀大成至聖文宣王：維王天縱至聖，集厥大成。儀範百王，賢於堯舜。嗣服伊始，愍祀告虔。尚冀格思，永昌文治。

元至元五年，歲次己卯，八月丁亥朔，越二十三日，皇帝某遣奉順大夫鑒察御史孔思立致祭於大成至聖文宣王：伏以列聖右文，宮廟既葺。立言成績，貞石著辭。裔孫承休，作我司憲。俾致嘉告，以祚無疆。

明洪武元年皇帝某致祭於大成至聖文宣王：維王德配天地，道貫古今。删述六經，師表萬世。維兹春秋，謹以牲帛醴齊粢盛庶品，式陳明薦，以復聖、宗聖、述聖、亞聖配。

明宣德元年，皇帝遣太常寺丞孔克準致祭於大成至聖文宣王：仰維先師丕隆道德，表正綱常。集群聖之大成，爲百王之儀範。兹予嗣位之初，謹用祭告，永資聖化，翼我治平。

明景泰元年，皇帝遣翰林院侍講吳節致祭於大成至聖文宣王：仰維先師丕明古昔帝王之道，以正綱常。垂憲萬世，功德高厚，與天地同。予承大統，祗嚴祀事，用祈神化，佑我治平。

明成化元年，皇帝遣吏部右侍郎尹旻致祭於大成至聖文宣王：仰維先師以天縱之聖，爲文教之宗。萬世而下，綱常正而世道隆，有嘉賴焉。兹予嗣位之初，景仰維深，特申祭告，永資聖化，翊我皇猷。

明成化十三年，歲次丁酉，閏二月己亥朔，越十九日丁巳，皇帝謹遣翰林學士王獻敬昭告於大成至聖文宣王：維王生知之姿，天縱之聖。道德配於二儀，教法昭於萬世。緬述功烈，宜極褒揚。顧冕服之章數雖隆，而祀享之儀物弗稱。爰考彝章，參合輿論。增樂舞爲八佾，加籩豆爲十二。蓋用祭天享地之禮樂，庶副尊師重道之本意也。特遣儒臣遠詣闕里，用伸祭告。

王其鑒知！

明弘治十二年，歲次己未，九月戊午朔，越十三日庚午，皇帝謹遣太常少卿兼翰林侍讀學士李傑敢昭告於大成至聖文宣王：維王道德高厚，教化無窮。廟貌尊崇，古今崇奉。比遭回禄，煨燼靡遺。斯文在兹，胡天弗吊。肆維統緒，傳次在予。修復舊規，所不敢後。特申祭告，奉慰聖靈。洋洋在天，尚其歆鑒！

明弘治十七年，歲次甲子，閏四月辛酉朔，越二十七日丁亥，皇帝謹遣太子太保户部尚書兼謹身殿大學士李東陽致祭於先師大成至聖文宣王：惟我先師，代天立教。禮嚴報祀，四海攸同。嶽降在兹，廟貌自古。頃罹灾變，實警予衷。爰勅有司，命工重建。越既五載，厥功告成。棟宇畢新，器物咸備。光昭儒道，用妥聖靈。特遣輔臣，遠將祭告。尚冀歆鑒，用享明禋。

明正德八年，歲次癸酉，正月辛未朔，越十二日壬午，皇帝謹遣巡撫山東都察院右僉都御史趙璜敢昭告於先師孔子大成至聖文宣王：比歲盜起北方，肆行東郡，屢經闕里，侵犯廟庭。蓋嘗申命將官，分兵守護。聖靈昭布，竟保安全。逆亂既平，儀文斯舉。聿嚴祀事，兼飭有司。洒掃汙萊，修葺損壞。式還舊觀，仰慰明神。尚祈鑒歆，永祐邦國。

明嘉靖九年十二月二十九日，皇帝某敢昭告於至聖先師孔子：自昔混沌之初，天命羲農軒聖，創世開物，以至堯舜禹湯文武周公，以及先師。列聖相承，奉天行道，立教誨人。肆我聖祖崇禮於先師者，御製有文，典册俱在。予惟寡昧之人，仰遵祖製，去胡元褻慢之偶像。如祖憲崇禮之聖謨，稱號核實，俎豆究本，以遵禮典，兼體先師至意。予實不聰，賴先師默鑒，及良輔洪儒所贊之也。爰擇令辰，特命大臣奉妥先師神位以及配從之位於此，惟先師鑒知。永依陟降，大運神化，教我君民，俾予性理早聞而無負皇天付托之眷命，暨士庶學業咸正而無違先師傳道之至情，予實有賴焉。惟先師覺之。

　　明隆慶元年，歲次丁卯，九月壬子朔，越二十八日己卯，皇帝遣尚寶司卿劉奮庸致祭於至聖先師孔子：追維先師，道兼群聖，教備六經。歷代帝王，是宗是式。茲予踐祚之始，良深景慕之懷。特遣廷臣，用申祭告。伏冀昭垂訓迪，永祚皇猷。

　　國朝維皇清順治八年，歲次辛卯，四月丁未朔，越七日癸丑，皇帝謹遣都察院右都御史仍管工部左侍郎劉昌致祭於至聖先師孔子曰：朕維治統緣道統而益彰，作君與作師而並重。先師孔子，無其位而有其德，開來繼往，歷代帝王未有不率由之而能治安天下者也。朕奉天明命，紹纘丕基，高山景行，每思彰明師道，以光敷至教。而祀典未修，曷以表敬事之誠，登嘉平之理？茲遣專官，虔祀闕里，儀惟備物，誠乃居歆。伏惟格思，尚冀鑒饗！以上均見《闕里志》。

附後人祭文

唐天寶十年李觀

　　於皇夫子之道之德，與天地周旋，與日月合明。乃聖乃神，炳乎典謨。惟王者得之，以事神治民；庶人得之，以不失其死生；諸侯得之，以事天子；卿大夫得之，以保祿位，怨災不及其身。四時得之而序行，天下得之而大同。然則，天地神人之事昭乎夫子之道之德也至矣。何小子之所竊嘆焉？斯嘆也，其惟來學乎？其惟乞靈乎？曰：某不敢然也。且夫禮樂浹於明，夫子之善道也，斯可謂以學矣；鬼神畎於幽，夫子之明靈也，斯可謂以敬矣。孰敢捨道而來學，黷敬而乞靈者乎？於是再拜而起，徘徊而觀。章施足徵，像設無喧。我廟俎豆，我王衣冠。夫子得之，亦無愧言。七子之徒，亦公亦侯。外如君臣，內實討論。怱怱小子，思得其門。夫子聖人，天

錫元精。其未生也，若超然神游，與兩氣俱存。其既生也，遇三
季之會，飄羅湮淪，絃歌拊而不和，仁義卷而靡陳，聖人之窮有如
是耶。噫！俾夫子生於堯之代，堯必後舜而先夫子，聖人得化時
可知也。如舜生於夫子之年，則不過守於田畝，安有夫子之教垂
於無窮若今日之澶漫者乎？惟夫子生實陪臣，没乃王爵，惟有聖
德也。惟紂生實殷辟，死曰獨夫，惟有逆德也。惟爵謚在德，有
聖有逆，惟聖逆在人不在於尊。嗚呼！夫子聖人之極與！鳳鳥
不至，無其時也。秦人焚書，文之衰也。帝唐爵王，德之興也。
惟夫子之德，泊唐之德，永永無極。小子忡忡栗栗，拜奠而出，匪
作匪述。

宋天聖八年四十八代孫勗率次代孫道輔

維聖王德體上聖，道尊太古。歷帝師資，群倫宗主。兩曜麗
天，四瀆橫宇。爰念晜緄，叨承世譜。刻意弱齡，服膺遺矩。筮仕
聖朝，策名藝囿。無德以居，惟聖是怙。昔莅縣封，躬持脩脯。自
解銅章，建麾金紐。涉歲滋深，之官旁午。雖有子孫，嗣守邦土。
恨遠袞華，徒瞻首顡。既涉郎台，更直帝寓。覬荷隆搆，少安丹府。
紹慶門閎，授之道輔。主上續臨，官崇遺補。言路是開，德音斯著。
召備諫垣，日親殿廡。操履且嚴，發揮有睹。上贊皇猷，下幹父蠱。
忠孝克孚[1]，鄉校不侮。內閣進班，端闈步武。得請天宸，試才汶
滸。惟勗抗章，再臨單父。同列髣埤，俱分銅虎。輝耀鴻都，還歸
故魯。林近五衢，春融九囂。景物熙熙，原田膴膴。式仰威靈，奚
當鼓舞。集是慶榮，蓋承訓詁。乃竭精誠，用潔罍瓹。虔祭吉辰，
丕昭多祜。愓之中心，弗窮覼縷。尚饗！

---

① "孚"字原缺，據《闕里文獻考》補。

宋翰林學士蘇軾

嗟嗟元王，三代之英。言不鉤用於一時，而爲無窮之遺教；身不寵利於當世，而有不朽之餘榮。嗟嗟元王，以道而鳴。肆筆成書，吐辭爲經。炳然不渝，言若丹青。久而愈盈，聲非雷霆。瞽者可以使惕然以駭視，聵者可以使抉耳以犇驚。奈何轍環天下，卒老於行。載空言於典籍，示後世之儀刑。回狂瀾於既倒，支大廈於將傾。揭日月之昭昭，破陰氛之冥冥。嗟乎一氣之委和，與萬物之至精。或爲淮夷之蠙珠，或爲雲漢之華星。雖光輝以成彩，未離乎散聚以成形，豈若王之道德，愈久而彌明，曄曄而華，涵涵而渟。融而在天者，爲雲漢之文章；結而在地者，爲山岳之元靈。詭然而龍翔鳳躍，純乎玉振而金聲。嗟嗟元王，德博難名。轍奉王命，來守邊城。畝有滯穗，境無交兵。鳴玉載道，紛袍在庭。有踐俎豆，有豐粢盛。敢用昭薦，享於克誠。

明成化十四年工部主事徐源

維王至德，不可以名贊。大道無待乎揄揚，而獨千載之上不幸不得游吾聖人之門，千載之下何幸而得游聖人之鄉。雖曰熟視乎學宮之廟貌，曷若躬睹乎闕里之門牆。矚爐固不足以窺望日月之明，而實慶幸學者之輝光。尚饗！

明成化十四年河南按察使陳鳳梧

文武之道，傳之周公。封于魯邦，禮樂昭融。奕奕尼山，源源洙泗。靈秀所鍾，貞元間氣。五百昌期，生吾夫子。繼天立極，上承姚姒。道高德厚，教化無窮。六經炳耀，如日方中。睠茲闕里，宮殿有翼。百王所尊，與天無極。譬則泰嶽，萬山攸宗。譬則東海，萬水攸同。藐惟小子，質愚而鈍。方其髫齡，已知敬信。朝夕在齋，百拜稽顙。如見聖容，洋洋在上。迺設繪像，配以四賢。春秋釋菜，必恭必虔。講習之餘，瞻容慕德。夢寐或見，恍然侍側。及叨一第，歷官中外。奉像以隨，致嚴無怠。幸典文教，晉楚兩邦。推明正學，登崇俊良。家有精舍，極其崇祀。朝夕展肅，傳之世世。顧惟聖鄉，未遂瞻拜。積此愚忱，二十餘載。敬趨杏壇，沐浴齋莊。陟降左右，道德之光。如泰山登，天下小矣。如觀於海，難乎爲水。觀於聖門，實難爲言。仰鑽瞻忽，若後若前。四時行焉，百物生焉。天何言哉，聖道則然。尚冀聖靈，佑啓小子。不墜其傳，深探本始。祇謁之初，薦此蘋蘩。斯文萬古，天壤俱存。

明嘉靖三十五年巡按山東監察御史毛鵬

仰維慕先聖之道，如見羹牆；謁先師之居，眷言此邦。茲其托洙泗而結壇者，舊轍環而棲止；連闕里而聚處者，曾恂恂而頡頏。夫子之道，無處不有，無時不然。於鄉黨而挹其謙光，簪纓奕葉，黌校傳芳。所謂賢於堯舜者，中固不可名而迄今愈顯揚。鵬也問俗山東，造里升堂。儀刑雖切，瞻溯茫茫。舉酒釋奠，神其來嘗。

明嘉靖三十八年提學副使吳惟嶽

師道天然，莫知所擬。得門而入，美富在是。幼讀師書，夢寐闕里。迺獲來瞻，云胡不喜。六經四書，師訓炳倬。約而言之，不越政學。四教無隱，冀後有覺。滔滔皆是，今更淖涿。學罔爲己，忠信弗率。志殻恥緼，始務佔嗶。聞見未多，疑殆自必。勇或亂義，文皆勝質。徒事攻人，私是用慝。有號識者，日繁討論。索隱何述，口給非仁。庸德庸言，師嘗誨人。所求乎子，所求乎臣。五者達道，曾不出家。未踐其實，顧摭其華。疏食飲水，樂豈在遐。遑遑聲利，曰思無邪。何如從政，在帥以正。兵食可足，無信爲病。學道愛人，禮樂斯競。百姓不安，何以修敬。弗均迺貧，有欲迺竊。

四惡五美，倒行決裂。使不以時，用其云節。苛猛于虎，衆且結舌。
君維使臣，民欲令聚。兇出玉毀，伊誰之故。枉直攸分，在慎舉錯。
不果不達，胡容尸素。以今政學，回視春秋。末流愈下，大道是仇。
維師振鐸，爲絶學謀。惟師泣麟，爲窮民憂。俾見今日，殆有甚者。
席不暇暖，每在中夏。師靈在天，鑒觀于下。何時易之，還諸大雅。
小子踽涼，攝教東方。志欲起衰，愧不成章。古有問天，亦有望洋。
小子似兹，誠在潤芳。

明萬曆五年巡按山東監察御史王藻

於維先師，萬古是瞻。道集大成，德配昊天。六經貽訓，堯舜
是賢。一哉心法，啓示真傳。天憫群蒙，長夜緜延。俾扶周統，二
百餘年。一字予奪，華衮龍泉。乘桴擊磬，歷聘周旋。乃思吾黨，
成章斐然。時行物生，至教昭焉。千載道脉，歷世敷宣。麗天日
月，在地山川。迄我昭代，精一是式。惟金惟玉，條理昭晰。微言
奧義，垂訓作則。啓佑斯文，遠追古昔。以植天常，以立人極。剖
迪性真，民用無斁。直道大行，無反無側。咸惟聖訓，啓我懿德。
忝予不敏，簡書是將。肅寮貞度，赫奕彝章。聆教趨庭，佩服周行。
岱嶽巖巖，泗源湯湯。杏林闕里，垂世衣裳。絃誦盈耳，禮樂彬鏘。
仰瞻在上，神爽洋洋。一匕之俎，一豆一觴。對越孔嚴，瘞幣獻璋。
願言淑艾，千古門牆。以上均見《闕里志》。

明萬曆四十年提學副使馮烶各州府縣儒學
以二月十八日先師忌辰八月二十一日
誕辰行釋菜禮學官主祭

忌辰祝文云：追維聖師，諱以是日。天未喪文，地未墜道。儀
刑惜逝，淒愴曷勝。謹用釋菜，寄懷哲萎。

誕辰祝文云：追維聖師，生以是日。天香呈象，地寶成形。德

厚功崇，莫知爲禮。祇薦釋菜，竊比陶匏。李世熊《寧化縣志》

明萬曆四十八年山東巡撫王在晋

生民以來，未有夫子。删述六經，統宗百氏。玉振金聲，始終條理。道大莫容，迴環轍軌。衰周素王，世不吾以。子曰歸與，斯文在此。日月中天，揭明宗旨。清任惠和，孰相媲美。江漢秋陽，不可尚已。惟兹齊魯，聖人之里。代匱封疆，宮牆如毀。泰山在兹，梁木未圮。癙瘝羹牆，千古仰止。詎曰凡民，待文興起。聞而知之，亦有乎爾。《闕里志》

明崇禎十五年山東巡撫王永吉

維吾夫子，道高德盛。貫古鑠今，開天一聖。垂教萬世，性命各正。堯舜以來，罕睹其峻。維兹齊魯，夫子之鄉。漸摩仁義，俗美而良。昊天不吊，魯徒兵荒。死徙凋喪，散之四方。雖曰天時，上失其道。狐鼠縱橫，民無所告。大纛高牙，以暴禦暴。執念民艱，撫綏慰勞。急賦繁刑，驅之爲盜。瞻彼殘黎，能不惻然。生者死者，慘痛堪憐。市無完壁，野斷炊烟。救民水火，惟賴群賢。望吾夫子，訴之上帝。净掃乖沴，導迎和氣。華夷晏然，櫜楗息彗。雨暘若時，民無夭厲。望吾夫子，啓佑宮牆。有官君子，視民如傷。忠信廉潔，寬裕齋莊。若保赤子，毋（縶）[豢]虎狼。吉生也魯，賦性頗僻。寡過未能，愆尤日積。誓兹血誠，共極蒼赤。如負此心，幽有鬼責。内省自訟，知非已遲。正心誠意，篤志近思。治平天下，道在於斯。小子不敏，敢不勉之。仝上

詔 敕 一

唐玄宗追諡孔子爲文宣王，詔曰：弘我王化，在乎儒術。發揮

此道，啓迪含靈。自生民以來未有如孔子者也。所謂自天攸縱，將聖多能。德配乾坤，身揭日月。故能立天下之大本，成天下之大經。美政教，移風俗。君君臣臣，父父子子。民到於今受其賜，不其偉與！於戲，楚王莫封，魯公不用。俾夫大聖，才列陪臣。栖遲旅人，固可知已。年祀寖遠，光靈益彰。雖代有褒稱，未爲崇峻。不副於實，人其謂何。

夫子既稱至聖，可追謚爲文宣王，令三公持節册其後嗣爲文宣公。開元二十八年八月日下。

宋真宗加謚孔子爲玄聖文宣王，詔曰：王者順考古道，懋建大猷。崇四術以化民，昭宣教本；總百王而致治，丕煥人文。方啓迪於素風，思丕揚於洪烈。先聖文宣王，道膺上聖，體自生知。以天縱之多能，實人倫之先覺。元功侔乎易簡，景鑠配乎貞明。惟列辟以尊崇，爲億代之師表。朕以寡昧，欽承天命，曷嘗不遵守彝訓，保乂中區。屬以祗若元符，告成喬嶽。觀風廣魯之地，飭駕數仞之牆。躬謁遠祠，緬懷逡躚。仰明靈之如在，肅奠獻以惟寅。是用稽簡册之文，昭聰睿之德。聿舉追崇之禮，庶申嚴奉之心。備物典章，垂之不朽。誕告多士，昭示朕意。宜追謚曰玄聖文宣王。大中祥符元年十一月日下。

又加封聖父，詔曰：朕以祗陟岱宗，親巡魯甸。永懷宣聖之德，躬造闕里之廷。奠獻周旋，欽崇備至。惟降靈之所自，亦錫羨之有初。像設具存，名稱斯闕。宜加追命，以煥典章。叔梁大夫宜追封齊國公，顏氏宜追封魯國太夫人。大中祥符元年十一月日下。

又加封聖配詔曰：朕時巡魯郡，躬詣孔堂。顧風教之所尊，舉典章而既渥。眷惟令淑，作合聖靈。載稽簡册之文，尚闕封崇之典。屬茲咸秩，特示追崇。垂厥方來，式昭遺範。亓官氏宜追封郵國夫人。大中祥符元年十一月日下。

元武宗加封大成至聖文宣王詔曰：先孔子而聖者非孔子無以明，後孔子而聖者非孔子無以法。所以祖述堯舜、憲章文武、儀範百王、師表萬世者也。朕纂承統緒，敬仰休風，循治古之良規，舉追封之盛典。加號大成至聖文宣王，遣使闕里，祀以太牢。於戲！父子之親、君臣之義，永惟聖教之尊；天地之大、日月之明，奚罄名言之妙。尚資神化，祚我皇元。大德十一年十二月日下。

元文宗加封啓聖王詔曰：闕里有家，系出神明之胄；尼山請禱，天啓聖人之生。聿觀人文，敷求往哲。維孔氏之有作，集群聖之大成。原道統則堯授舜，傳至周文王；論世家則契至湯，下逮正考父。其明德也遠矣。有生知者出焉，有開必先，克昌厥後，如太極之生天地，如鉅海之有本原。雲礽既襲於上公之封，考妣宜視夫素王之號。於戲！君子之道，考而不謬，建而不悖，於以敦典而叙倫。宗廟之禮，敬其所尊，愛其所親，於以報功而崇德。尚篤其慶，以相斯文。齊國公叔梁大夫加封啓聖王。魯國太夫人顏氏加封啓聖王太夫人，至順二年九月日勅，又加封大成至聖文宣王夫人。詔曰：我國家惇典禮以彌文，本閨門而成教。乃睠素王之廟，尚虛元妃之封，有其舉之斯爲盛矣。大成至聖文宣王妻亓官氏，來嬪聖室，垂裕世家。籩豆出房，自流風於殷禮；瑟琴在御，存燕樂於魯堂。功言邈若於遺聞，儀範儼乎其作合。表爾褘衣之像，稱其命鼎之名。噫！秩秩彝倫，吾欲廣《關雎》《鵲巢》之化；皇皇文治，天其興河圖鳳鳥之祥。可特封大成至聖文宣王夫人。至順二年九月日勅。以上均見《闕里志》。

尊聖録卷二十

文　贊 二

詔　敕 二

國朝

順治元年山東巡撫方大猷言，先師孔子爲萬世道德之宗，本朝開國之初，一代綱常培植於此。古來啓運之主盡有崇祀之文，天下所仰，以爲盛典。後世傳之，以爲美談。應敕官崇祀，復衍聖公并四氏學博之封。上諭禮部曰：先師爲萬世道統之宗，禮當崇祀，昭朝廷尊師重道至意。本内所開各款俱應相沿，期於優渥，以成盛典。著該部查照，一體飭行。

順治二年，上諭禮部曰：孔廟謚號加稱大成至聖文宣先師孔子。既監、科考訂僉同，准如議行。

順治八年，上諭禮部曰：釋奠大典，允宜舉行。其擇吉具儀以聞，聖廟作速修理。

順治十四年，給事中張文光言：聖至孔子，贊美難以形容。曰至聖，則無所不該；曰先師，則名正而實稱。順治初年，仍元舊謚，而不稱王爵。追王固屬誣聖，即加"大成文宣"四字，亦不足以盡孔子。宜改主爲"至聖先師孔子"。詔從之，並以文廟西廡稍圮，上諭工部曰：文廟崇祀先師孔子，所關典禮甚重。今已年久傾圮，若不

508

速爲整理，後漸頹壞，葺治愈難。爾部錢糧匱乏，所需工料未能措辦。朕發内帑銀三萬兩，特加修葺，爾部即傳諭行。

康熙六年，上諭禮部曰：臨雍釋奠大典禮儀，理宜舉行，已有旨修理聖廟，俟完時該部擇吉具奏。

康熙二十三年，上諭内閣曰：至聖之德，與天地日月同其高明廣大，無可指稱。朕向來研求經義，體思至道，欲加贊頌，莫能名言。特書"萬世師表"四字懸額殿中，非云闡揚聖教，亦以垂示將來。歷代帝王致祭闕里，或留金銀器皿，朕今親詣行禮，務極尊崇，異於前代，所有曲柄黄蓋留供廟庭四時饗祀陳之，以示朕尊聖之意。

雍正元年三月，上諭内閣禮部曰：至聖先師孔子道冠古今，德參天地，樹百王之模範，立萬世之宗師，其爲功於天下者至矣。而水源木本，積厚流光，有開必先，克昌厥後，則聖人之祖考宜膺崇厚之襃封，所以追溯前徽，不忘所自也。粤稽舊制，孔子之父叔梁公宋真宗時追封啓聖公，自宋以後歷代遵循，而叔梁公以上則向來未加封號，亦未奉祀祠庭，朕仰體皇考崇儒重道之盛心，敬修崇德報功之典禮，意欲追封五代，並享烝嘗，用申景仰之誠，庶慰羹牆之慕。又上諭禮部曰：五倫爲百行之本，天地君親師人所宜重，而天地君親之義又賴師教以明。自古師道無過孔子，誠首出之聖也。我皇考崇儒重道，超軼千古，凡尊崇孔子典禮無不備。至朕蒙皇考教育，自幼讀書，心切景仰，欲再加尊崇，更無可增之處。故勅部追封孔子先世五代，今部議封公。上考歷代帝王，皆有尊崇之典：唐明皇封孔子爲文宣王；宋真宗加封至聖文宣王，封孔子父叔梁紇爲齊國公；元加封孔子爲大成至聖文宣王，加封齊國公爲啓聖王；至明嘉靖時猶以王係臣爵，改稱爲至聖先師孔子，改啓聖王爲啓聖公。王、公雖同屬尊稱，朕意以爲王爵較尊。孔子先世應否封王之處，著詢問大臣具奏。廷議孔子五世俱封王爵，有旨封木金父公爲肇聖王，祈父公爲裕聖王，防叔公爲詒聖王，伯夏公爲昌聖王，叔梁公爲啓聖王，更名啓聖祠爲崇聖祠。冬十一月，上諭禮部曰：孔子道冠古今，爲萬世師表，薄海內外無不俎豆尊崇。國學乃四方表率，其制尤重。聖祖仁皇帝臨雍釋奠，典禮優渥，朕纘承大統，景仰先型，羹牆如見。念國學爲造士之地，聖教所被莫先於此，恐歷歲既久，有應加修茸之處。爾部會同工部詳加閱視，凡文廟殿宇廊廡及講堂學舍，務須整理周備，俾廟貌聿新，以申景慕。朕將親詣焉。二年春二月上諭禮部曰：帝王臨雍大典，所以尊師重道，爲教化之本。朕覽史册所載，多稱幸學，近日奏章儀注相沿未改，此臣下尊君之詞，朕心有所未安。今釋奠伊邇，朕將親詣行禮，嗣後一應奏章儀注稱“幸”非宜，應改爲“詣”字，以申崇敬。是年夏六月，曲阜孔廟災。上諭內閣曰：朕惟孔子道高德厚，爲萬世師表，所以維世教立人極者，與天地同其悠久。朕臨御以來，思極尊崇之典，用伸仰止之忱。今闕里聖廟被災，豈朕尊師重道之誠有未至與？朕在諒陰之中，素服齋居，無庸更事減膳徹樂，惟謹擬親詣國學文廟，虔申祭奠，宣讀告文，以展踢踏不安之誠。先期齋戒二日，於二十七日，不設鹵簿，朕隨身素服前往，諸王大臣官員陪祀者，亦皆常服從事。仍遣官馳赴闕里祭告，以慰神靈。幸新建崇聖祠無恙，聖像神牌不至露處，朕心稍寧。遣工部堂官一員，會同該撫，作速計材料工，擇日興修，務期規制復舊，廟貌重新。告成之日，朕將親詣行禮，該部遵旨速行。三年，上諭內閣九卿曰：古有諱名之禮，所以昭誠敬致尊崇也。孔子德高千古，道冠百王，正彝倫，端風化，爲往聖繼絶學，爲萬世開太平，自天子以至於庶人，皆受師資之益。而直省郡邑之名有聖諱字在內者，古今相沿未改，朕心深爲不安。爾等會議，凡直省地名有同聖諱者，或改讀某音，或另易他字。至於常用之際，於此字作何迴避，一併詳議具奏。廷臣議。○圜丘字應如故，府州縣名、山川鎮市應更易。按《通考》，太公之後以食采謝邱得姓，凡遇姓氏，今擬作邱，常用宜從古體作丘，又奉上諭禮部等曰：朕細思今文出於古文，若改用丘字，是仍未嘗迴避也。此字本有期音，查《毛詩》及古文作期音者甚多，嗣後除四書五經外，凡遇此字，並加阝爲邱。地名亦不必改易，但加阝旁，讀作期音，庶乎允協，足副朕尊崇先師至聖之意。是年命州縣丁祭用太牢。四月秋八月丁亥，上釋奠於先師，跪獻禮畢，上諭禮部太常寺曰：儀注内開獻帛進酒皆不跪，朕今跪獻，非誤也。若立獻於先師之前，朕心實有不安。爾衙門可記檔案，以後照此遵行。

雍正五年春二月，上諭内閣曰：三月十八日，爲皇考聖祖仁皇帝萬壽聖節，舊例於是日虔誠齋肅，禁止屠宰，今應永遠遵行。至聖先師孔子師表萬世，八月二十七日爲聖誕之期，亦應虔肅致敬。朕惟君師功德，恩被億載，普天率土，尊親之戴，永永不忘。而於誕日尤當加謹，以展恪恭思慕之忱，非以佛誕爲比擬也。著内閣九卿會同確議具奏。僉曰應遵聖諭。恭值至聖誕辰，内外文武各官及軍民人等，致齋一日，不理刑名，禁止屠宰，永著爲令。又上諭禮部曰：朕惟孔子以天縱之至德，集群聖之大成。堯舜禹湯文武相傳之道具於經籍者，賴孔子纂述脩明之，而魯論一書尤切於人生日用之實，使萬世之倫紀以明，萬世之名分以辨，萬世之人心以正、風俗以端。若無孔子之教，則人將忽於天秩天叙之經，昧於民彝物則之理，勢必以小加大，以少陵長，以賤妨貴，尊卑倒置，上下無等，干名犯分，越禮悖義，所謂"君不君臣不臣父不父子不子，雖有粟，吾得而食諸"，其爲世道人心之害尚可勝言哉？惟有孔子之教，歷世愈久，其道彌彰。統智愚賢不肖之儔，無有能越其範圍者。綱維既立，而人無踰閑蕩檢之事。在君上尤受其益。《易》曰：君子以辨上下，定民志。《禮運》曰：禮達而分定。使非孔子立教垂訓，則上下何以辨，禮制何以達？此孔子所以治萬世之天下而爲生民以來所未有也。使爲君者不知尊崇孔子，亦何以建極於上而表正萬邦乎？人第知孔子之教在明倫紀、辨名分、正人心、端風俗，亦知倫紀既明，名分既辨，人心既正，風俗既端，而受其益者之尤在君上也哉？朕故表而出之，以見孔子之道之大，而孔子之功之隆也。

雍正七年春二月，重修闕里文廟成，新塑聖像冕十二旒、服十二章，啓聖及先賢冕九旒、服九章。頒發鎮圭。上諭內閣曰：朕平素尊崇先師，至誠至敬。雍正二年，闕里文廟不戒於火，比時廷臣援明代弘治前事爲言，而朕心悚懼不寧，引過自責，親詣太學文廟，虔誠告祭。特發帑金，命大臣等督工修建。凡殿廡制度規模以至祭器儀物，皆令繪圖呈覽，朕親爲指授。遴選良工，庀材興造，虔恪之心，數年以來無時稍閒。今大成殿上梁前二日，慶雲見於曲阜，卿等歸美朕躬之詞，朕不克當。或者上帝先師鑒朕悚惕誠敬之心，見茲雲物，昭示瑞應，朕不敢矜言祥瑞，但能功過相抵，朕之幸也。應擇日躬詣太學文廟告祭，以申感慶之衷。一切禮儀著該部速議具奏。朕躬被先師之福佑，普天士子誦法服膺，同受聖人之澤，著將明年會試取中額數廣至四百名，壬子科各省鄉試每正額十名加中一名，其十名之外有零數者亦加中一名。此朕體奉先師樂育之盛心，特行造就人才之曠典，諸士子其各興文敦行，益加勉勖！所請宣付史館之處知道了。十一年，上諭內閣曰：國家祀典最宜慎重，至於文廟，春秋祭儀尤宜備物盡誠，以申敬禮。聞外省州縣中有因荒除而裁減祭祀公費者，朕思銀數若少，難於措辦，或致祭品簡略，或恐派累民間，二者均未可定。著各省督撫查明所屬，若有除荒減費之州縣，即於存公銀內撥補，以足原額，務令粢盛豐潔，以展朕肅將禋祀之誠。

乾隆二年，上諭禮部曰：至聖先師孔子天縱神聖，師表萬世，尊崇之典至我朝而極盛。皇考世宗憲皇帝尊師重道，禮敬尤隆。闕里文廟特命易蓋黃瓦，鴻儀炳煥，超越前模。朕祇紹先猷，羹牆念切，思國子監爲首善觀瞻之地，辟雍規制宜加崇飾。大成門、大成殿著用黃瓦，崇聖祠著用綠瓦，以昭展敬至意。三年，上諭禮部曰：先師孔子聖集大成，教垂萬世。我皇祖聖祖仁皇帝、皇考世宗憲皇帝親詣辟雍，登堂釋奠，儒臣進講經書，諸生圜橋觀聽，雍雍濟濟，典至盛也。朕纘承丕緒，嚮慕心殷，國學文廟特命易蓋黃瓦，以展崇敬。俟工程告竣之日，朕恭詣釋奠，用昭重道隆師作人造士至意。應行典禮，爾部詳議具奏。又上諭內閣曰：本年春祭文廟，朕降旨親詣行禮。查文廟春秋二祭舊例，俱是遣官。我皇考尊師重道，始定親祭之禮，間年舉行，乃從前所未有者。今覽太常寺奏進儀注，朕躬獻爵一次，其亞獻、三獻之爵預先陳設香案上。朕思既行親祭，仍當從三獻之儀，著太常寺另繕儀注進呈。三十二年，上諭內閣曰：太學文廟前經改用黃瓦，楹桷鼎新。迄今閱年已久，宜重加丹艧，式煥宮牆，著交現在派修宮殿工程處諏日鳩工，敬謹繕葺，副朕重道右文至意。三十三年，上諭內閣曰：修葺文廟現屆落成，太學規模式昭輪奐，惟門題殿榜尚應詳考彝章，用肅景仰。向來稱先師廟二門曰廟門，而大門未有書額，蓋沿明代舊文未加釐正。夫廟門之號，於《禮經》所稱祖廟既涉嫌疑，而先師廟額揭諸殿楹，名實尤多未稱。應於大門增先師廟額，其正殿改爲大成殿，二門改爲大成門，庶符會典定制。朕親書榜字，涓吉恭懸，以彰崇道尊師之至意。又諭曰：國學崇祀先師，規制法程，美備是飭。我列聖右文重道，尊禮有加。朕臨御之初，即詔易黃瓦，儀惟其隆。邇以殿廡歲久弗葺，特發帑金二十餘萬，鳩庀鼎新，敕大臣董厥成，輪奐視舊增益。工既告藏，而門殿諸額向沿明張璁陋議，非所以肅觀瞻明折中也。既依《會典》定名，躬爲榜書，並宣示釐正大指。茲復親製碑記，具修建原委且於幾暇手書付鋟，表示鄭重。將以明年仲春詣學釋奠落成之，彰盛典焉。邇稽闕里廟堂，有後漢時犧象諸尊，以爲觀美。爰擇內府所藏周范銅鼎、尊、卣、罍、壺、簠、簋、觚、爵各一，頒置太學，陳之大成殿中，用備禮器。夫孔子志在從周，楹間列姬朝法物,於義惟允。所司其敬懔將事,典守勿替,以克副朕意。五十六年,上諭內閣曰:自漢唐宋以來,皆有石經之刻,所以考定聖賢經傳,使文字異同歸於一是,嘉惠藝林,昭垂奕禩,甚盛典也。但歷年久遠,率多殘缺,即間有片石流傳,如開成、紹興年間所刊,今尚存貯西安、杭州等府學,亦均非全經完本。我朝文治光昌,崇儒重道,朕臨御五十餘年,稽古表章,孜孜不倦。前曾命所司創建辟雍,以光文教,並重排石鼓文,壽諸貞珉。而十三經雖有武英殿刊本,未經勒石,因思從前蔣衡所進手書十三經,曾命內廷翰林詳覈舛譌,藏弆懋勤殿有年,允宜刊之石版,列於太學,用垂永久。著派和珅、王杰總裁,董誥、劉墉、金簡、彭元瑞爲副總裁,並派金士松、沈初、阮元、瑚圖禮、那彥成隨同校勘。但卷帙繁多,恐尚不敷辦理,著總裁等再行遴派三人,以足八員之數爲校勘。諸臣其悉心研辦,務臻完善,以副朕尊經右文之至意。

嘉慶二十五年,上諭內閣曰:朕自嘉慶三年奉皇考高宗純皇帝敕旨,臨雍講學,一時圜橋觀聽,稱盛典焉。迄今已閱二十餘年未經舉行,明年仲春上丁,朕親祭先師,再舉臨雍講學之禮。一應儀節悉照嘉慶三年之例,所有應行預備事宜,著各該衙門先期敬謹辦理。

道光二年,上諭內閣曰:先師孔子,德配天地,道冠古今。我朝列祖列宗暨我皇考仁宗睿皇帝親詣釋奠,臨雍講學,多士圜橋觀聽,洵盛典也。朕寅紹丕基,心誠嚮慕,謹於明年仲春上丁親詣辟雍,登堂釋奠,用昭崇師重道稽古右文之意。其應行典禮事宜,著各該衙門先期敬謹預備。

咸豐二年,上諭禮部曰:先師孔子德配天地,道冠古今。我朝列祖列宗暨我皇考宣宗成皇帝親詣釋奠,並臨雍講學,多士圜橋觀聽,洵盛典也。朕寅承丕緒,志切景行,謹於明年仲春上丁親詣文廟,行釋奠禮,並臨雍講學,用昭重道尊師稽古右文至意。

其應行典禮事宜，著各該衙門先期敬謹預備。以上均見《文廟祀典考》。

碑　　文

國朝

高宗純皇帝《御製文廟碑文》　天生烝民，若有恒性，人道立焉。亶生聰明神聖，作之君，作之師，以厚其生，以正其德。綱常之所以不墜，倫類之所以相維相保於天地間者，斯焉是賴。古聖皇繼天立極，君師之道兼隆，夐乎尚矣。繼是以來，雖代有君，而克盡其爲君之道者蓋寡。若夫同天地，亘古今，繼往聖，開來世，特立爲師之道於宇宙間者，則惟我先師孔子一人。敬維孔子集群聖之大成，祖述憲章，垂教萬世，使後之帝王建極綏猷，得有所遵循，以求治法道法之大全，由之則治，悖之則亂，大哉孔子！功參乎覆載，明並乎日月，生民以來未有盛焉者也。我列祖撫御寰區，叙彝倫，明禮樂，誠民阜俗，一惟孔子所傳之大經大法，是矩是式，微言奧義，悉推闡而表章之，統緒相承，心源符契，欽敬追崇之典超越往代，具在彝章。予小子戀學書闈，景行志切。逮寅承丕緒，祇奉先猷，夙夜兢兢，繹思聖道，越乾隆三年季春上日，躬釋奠於先師。前期飭官庀材，崇飾廟貌，特命大成殿、大成門覆以黃瓦，崇聖祠覆以綠瓦，稱朕慕道崇師至意。《記》曰：禮，時爲大，宜次之，稱次之。先王之制，禮也。順於鬼神，合於人心，惟其稱而已。太學者，帝王尊師之地，盡禮備物以明尊也，稱其德而不爲過，宜莫大焉。抑非以炫耳目之觀也。欽崇至道，敷政教以淑群黎，法祖隆師，罔敢或斁，俾薄海內外無一夫不與被聖人之澤，斯朕志也。夫乾隆四年己未，用允廷臣之請，勒文紀事，以垂示於奕世，係以詩曰：

於昭道統，淵源三五。至聖挺生，立極萬古。贊修删定，爲帝王師。天地悠久，斯文在兹。惟我祖宗，惇崇典禮。爰謁林廟，爰封祖禰。予膺鴻緒，彝章是承。釋奠視學，大昕鼓徵。萬仞宫牆，圜橋首善。笙鏞斯陳，俎豆斯薦。肰肰翼翼，鳥革翬飛。制符宸居，金碧流輝。丕焕宏模，神明所宅。玉振金聲，永揚教澤。式际兆庶，式育才賢。文宣文治，億萬斯年。《初集》，下放此。

高宗純皇帝《御製闕里孔廟碑文》　朕惟至聖先師孔子天縱聖仁，躬備至德。脩明六籍，垂訓萬世。自古聖帝明王，繼天立極，覺世牖民。道法之精，蘊至孔子而集其大成，後之爲治者有以知三綱之所由以立，五典之所由以叙，八政之所由以措，九經之所由以舉，五禮六樂之所由以昭。宣布列於天地之間，遵而循之，以仰溯乎古昔。雖堯舜禹湯文武之盛弗可及已。而治法賴以常存，人道賴以不泯，詎不由聖人之教哉！往代表章，尊禮隆重，亦越我朝，備極其盛。當皇祖聖祖仁皇帝甲子之歲東巡闕里，躬謁殿廷，盛典喬皇，垂於册府。皇考世宗憲皇帝追晉王爵，鼎新廟貌。崇敬誠切，瑞應章顯。實由心源孚契，先後同揆。惟聖人能知聖人所由，躋海宇於蕩平仁壽之域也。朕自養德書齋，服膺聖教，高山景行之慕，寤寐弗釋於懷。嗣位以來，仰荷天貺，海宇乂安。用舉時巡之盛典，道畿甸，歷齊魯，登夫子廟堂，躬親盥獻，瞻仰睟儀，展敬林墓，徘徊杏壇，循撫古檜，穆然想見盛德之形容，愾乎若接。夫聞聖人之風，誦其詩，讀其書，皆足以觀感興起。況親陟降其庭，觀車服禮器，得見宗廟百官之美富，有不益增其嚮慕，俯焉而弗能自已者與？朕撫臨方夏，惟日兢兢，期與斯世臣民率由至道，敷教澤於無疆，顧德弗類，於衷歉焉。恭繹兩朝碑刻之文，益以知道德政治體用一源，顯微無間。慕聖人之德而不克見之躬行者，非切慕也；習聖人之教而不克施之實政者，非善學也。法祖尊師，固無二道。用勒石中庭[1]，志鑽仰服習之有素。思以繼述前徽，酬願學之初志云。敬系以辭曰：

皇矣至聖，代天覺民。天何言哉，聖人是申。立人之極，曰義與仁。建治之統，曰明與新。聖謨洋洋，祖述憲章。配天廣運，應地無疆。四時遞嬗，日月貞明。濯以江漢，暴以秋陽。泱泱東海，巖巖岱宗。於穆聖德，疇與絜崇。巍乎聖功，疇與比隆。循之則治，彌暢皇風。仰稽令辟，展敬尊師。過魯祠牢，炎祚開基。宮牆翼翼，魯壁金絲。蒼檜鬱鬱，殷楹鼎彝。皇祖皇考，聖智達天。探脉道要，孚契心源。豐碑虬護，巨榜鸞騫。上繼三五，一中允傳。顧惟寡昧，仰紹先型。時邁自東，祇謁廟廷。洋洋盈耳，玉振金聲。若弗克見，時殫予誠。見聖非艱，由聖則難。弗克由聖，孰圖治安。亦既茬止，觀止是嘆，摛辭表志。乾隆戊辰。

贊

唐睿宗《御製孔子贊》　猗歟夫子，實有聖德。其道可遵，其儀不忒。刪詩定禮，百王取則。吾豈匏瓜，東西南北。

宋太祖《御製孔子贊》　王澤下衰，文武將墜。尼父挺生，河海標異。祖述堯舜，有德無位。哲人其萎，鳳鳥不至。

宋真宗《御製宣聖贊》　立言不朽，垂教無疆。昭然令德，偉哉素王。人倫之表，帝道之綱。厥功茂實，其用允臧。升中既表，盛典載揚。洪名有赫，懿範彌彰。

宋徽宗《御製宣聖贊》　厥初生民，自天有造。百世之師，立人之道。有彝有倫，垂世立教。爰集大成，千古允蹈。乃嚴斯所，乃瞻斯宮。瞻彼德容，云孰不崇。

_____

① "庭"原作"唐"，據《清文獻通考》改。

宋高宗《御製宣聖贊》　大哉宣王，斯文在茲。帝王之式，古今之師。志則春秋，道由忠恕。賢於堯舜，日月共喻。惟時載雍，戢此武功。肅昭盛儀，海寓聿崇。

宋理宗《御製宣聖贊》　聖哉尼父，秉德在躬。歷聘列國，道大莫容。六藝既作，文教聿崇。古今日月，萬代所宗。以上均見《闕里志》。

附後人贊

漢司馬遷《孔子世家贊》　《詩》有之：高山仰止，景行行止。雖不能至，然心鄉往之。余讀孔氏書，想見其爲人。適魯，觀仲尼廟堂車服禮器，諸生以時習禮其家，余低回留之，不能去云。天下君王至於賢人衆矣，當時則榮，没則已焉。孔子布衣，傳十餘世，學者宗之。自天子侯王，中國言六藝者，折中於夫子，可謂至聖矣。

漢《索隱述贊》　孔子之先，肇於商國。弗父能讓，正父銘勒。防叔來奔，陬人倚立。尼邱誕聖，闕里生德。七十升堂，四方取則。行誅兩觀，攝相夾谷。嘆鳳遽衰，泣麟何促。九流仰鏡，萬古欽躅。

魏王粲《正考父贊》　恂恂正父，應德孔盛。身爲國卿，族則公姓。年在耆耋，三葉聞政。誰能不怠，申茲約敬。饘粥予口，傴僂受命。名書金鼎，祚及後聖。

晋陸機《孔子贊》　孔子睿聖，配天宏道。風扇元流，思探神寶。明發懷周，興言謨老[1]。靈魄有行，言觀蒼昊。清歌先誠，丹書有造。

晋湛方生《孔子贊》　文王既没，微言將墜。邈哉孔公，龍見九二。闡化繫象，素王洙泗。發揮中葉，道映周季。

---

[1]　"謨老"二字原缺，據《陸士衡文集》補。

宋真宗命廷臣分撰《弟子贊》

顏回賢哉子淵，惟仁是好。如愚屢空，鄰幾睹奧。用行舍藏，與聖同道。封岱丁辰，益茲榮號。

閔損子騫達者，閭閻成性。德冠四科，孝先百行。人無間言，道亦希聖。公袞增封，均乃天慶。

以上集賢殿大學士王旦。

冉耕聖門達者，德行爲先。洙泗來學，顏閔差肩。天封展禮，公袞褒賢。生則命寡，没而道宣。

冉雍不佞之仁，具體之賢。登彼高奧，用之山川。代逢偃革，禮畢升禋。錫以三壤，賁茲九泉。

以上禮部尚書王欽若。

宰予倬彼宰予，服膺宣父。學洞堂奧，名揚鄒魯。再期設問，五常垂矩。遇我慶成，增封茅土。

端木賜賜之望回，獨云知二。器稱瑚璉，在禮斯貴。服道稱師，名垂萬世。公爵追崇，時維肆類。

以上尚書左丞馮拯。

冉求謙謙令德，少著嘉聞。敏於從政，洽以斯文。垂鴻報本，道遇明君。永錫徽稱，載揚清芬。

仲由猗歟魯哲，義勇無儔。獨立不懼，從政惟優。欽屬仁聖，勒封介邱。褒賢進號，載顯英猷。

以上尚書左丞陳堯叟。

言偃魯堂登科，睹奧將聖。武城之小，可以觀政。澹臺之舉，行不由徑。追建上公，素風逾盛。

卜商詩動天地，起予者商。溫柔立教，文學升堂。雅頌得所，治亂攸彰。慶成嘉贈，其道彌芳。

以上工部侍郎趙安仁。

曾參孝乎惟孝，曾子稱焉。唐虞比德，洙泗推賢。服膺授旨，終身拳拳。

封巒錫贈，永耀青編。

顓孫師堂堂張也，商德與鄰。尊賢容衆，崇德依仁。入趨函丈，退而書紳。升中優贈，道與名新。

以上尚書左僕射張齊賢。

澹臺滅明不由徑行，其直可貴。不私見人，其公可畏。擊蛟既勇，毀璧且義。紀號益封，旌厥賢士。

宓不齊天生良材，爲魯君子。堂上琴作，邑中民治。五人致逸，受教成美。展禮崇號，疏封有煒。

以上户部尚書温仲舒。

原憲賢哉子思，介然清净。貧惟固學，道乃非病。衣冠忘敝，草澤遂性。升中進秩，垂芬尤盛。

公冶長德行貞純，公冶執倫。本非其罪，枉拘厥身。魯堂推善，孔門配姻。俾侯之貴，久而彌新。

以上行尚書右丞向敏中。

南宫縚南容君子，尚德聖門。有德不廢，危行孫言。白圭三復，執慎思存。慶成旌善，胙壤佳藩。

公晳哀賢哉季次，履潔居貞。卷懷不仕，家臣是輕。素王攸嘆，式昭令名。封巒均慶，侯社疏榮。

以上刑部尚書寇準。

曾點侍坐魯堂，各言其志。舍瑟而對，超乎冉季。浴沂舞雩，咏歌道義。遇我慶成，錫壤進位。

顏無繇素王將聖，實爲我師。顏子殆庭，趨庭學《詩》。請車無愧，陋巷安卑。追榮侯服，逢此上儀。

以上給事中丁謂。

商瞿易之爲書，窮理盡性。瞿也親受，抗心希聖。韋編靡釋，素風允競。展禮封侯，千載輝映。

高柴猗歟子羔，孝心篤矣。慎終銜恤，未嘗見齒。難能而能，君子知己。考古褒崇，於斯爲美。

以上翰林學士晁（迥）[迴]。

漆雕開闕里之堂，邈矣難造。猗歟子若，寔睹其奧。學優當仕，非乃攸好。明祀益封，式稽古道。

以上翰林學士李宗諤。

司馬耕仁遠乎哉，其言也訒。虛德實歸，耽思旁訊。違難迷邦，奚虞悔吝。疏爵丁辰，寵名以峻。

樊須學優乃仕，齒于家陪。戎車爲右，誓衆靡回。質疑辯問，仁智既該。建侯追榮，垂裕方來。

以上兵部員外郎楊億。

公西赤翊聖賢者，徂徠之英。謙言小相，終成大名。立朝儒雅，出使光榮。左右禮法，諸侯作程。

以上行御史中丞王嗣中。

巫馬施英英子施，受天和氣。名登魯堂，位沉周季。猶勤戴星，庇民爲治。讓德進封，垂芳永世。

陳亢於美子禽，服膺尼父。問一得三，垂訓千古。名由實賓，德以位序。運屬封巒，爵崇茅土。

以上吏部侍郎趙昌言。

梁鱣元聖舊邦，森然精爽。於惟子魚，式瞻遺像。紀號停鑾，侯封錫壤。儒道有光，百王所仰。

顏辛增封雲嶺，詔蹕魯堂。顯允君子，令儀有章。英槩如挹，德音不忘。橫亘千古，純風載揚。

以上戶部員外郎周起。

冉孺聖人之道，一以貫之。允矣子魯，堂奧斯窺。惟帝登岱，克陳上儀。追封侯社，沂水之湄。

冉季冉于挺生，鍾是純粹。游聖之門，切磨道義。時邁升中，禮成肆類。錫壤諸城，式昭遺懿。

以上戶部郎中李維。

伯虔肅肅魯堂，伉伉闕里。伯氏達者，克肖夫子。運偶慶成，禮崇追美。

後學式瞻,高山仰止。

公孫龍子石鉅賢,探微博古。稟粹荆衡,從師鄒魯。令聞不已,儀刑斯睹。展義疏封,遂荒故土。

以上比部員外郎王曾。

漆雕哆闕里稱賢,哆也其一。學以適道,名參入室。昔爲達者,今逢聖日。俾侯濮陽,膺茲寵秩。

顏高魯國諸生,顏氏爲盛。達者升堂,是以希聖。龍章載加,侯服輝映。名著遺編,人師往行。

以上户部郎中戚綸。

漆雕徒父受教聖人,服勤墳籍。如彼時術,故能日益。元封慶成,介圭追錫。圖形繪素,鏤美金石。

壤駟赤猗歟壤駟,信而好古。驅駕咸秦,摳衣鄒魯。言必成文,動不踰矩。成禮介邱,追榮社土。

以上工部郎中陳彭年。

商澤子季從師,服膺儒雅。闕里垂名,同於達者。昔寵睢陽,今旌鄒野。運偶登封,薦臻純嘏。

以上主客郎中刁衎。

石作蜀宣尼日月,無得而踰。粤有哲士,嘗爲學徒。登封偶聖,至德崇儒。以地進爵,斯文乃殊。

任不齊荆衡誕粹,賢生其中。服膺數仞,誠明感通。地邇長坂,爵嘉素風。虔遵祀典,列在儒宫。

以上陳充。

申棖洙泗之秀,橫經魯堂。名亞十哲,道尊五常。時巡駐蹕,闕里增光。封侯錫命,永代流芳。

公良孺子幼真賢,從師宣父。服膺大猷,配享終古。運屬聖神,時巡鄒魯。五等疏封,三綱式叙。

以上行右司諫張知白。

奚容蒧雍容子晳,服勤儒術。闕里橫經,魯堂師德。昔從聘游,今逢檢勒。皇錫信圭，洙泗改色。

以上兵部員外郎楊紳。

句井疆衛之君子，達者比肩。服勤鼓箧，學慕韋編。升中覃慶，儒術攸先。徹侯疏爵，闕里之賢。

申黨猗歟子周，龜蒙垂裕。昔參八九，今逢三暮。淄川錫壤，儒風載路。檢玉旌賢，昭我王度。

以上刑部員外郎查道。

公祖句兹子之生魯，從師尼父。恂恂闕里，峩峩章甫。非聖勿言，惟道是與。千古而下，俾侯齊土。

榮旂聖人之門，學者伭伭。彼美子祺，行修志純。异端滋害，微言服勤。格於伐宋，侯封是新。

以上祠部員外郎梅詢。

縣成异能之士，孔徒實繁。悦服至德，祖述微言。富稟天爵，游乎聖門。追崇之典，昨以侯藩。

以上祠部郎石中立。

燕伋八九之徒，俱傳大義。賢哉子思，道本無愧。鍾靈咸鎬，浴德洙泗。增封汧源，皇澤斯被。

鄭國懿彼子徒，挺生闕里。日游聖門，躬授微旨。德音孔昭，令聞不已。疏爵朐山，式旌遺美。

以上行太常博士陳知微。

秦非七十之徒，皆傳聖道。彼美子之，學臻堂奥。珍席圭璋，儒宫黼藻。列爵華亭，令名長保。

施之常懿彼施常，學深儒雅。魯國上賢，孔堂達者。迹晦名彰，德高言寡。侯封是邦，昭錫純嘏。

以上太常博士王隨。

顔噲回也庶幾，諸顔近之。洙泗受業，汶上從師。輔翼儒道，經營德基。俾侯於濟，君子攸宜。

步叔乘聖人之門，子車服勤。學以時習，道宜日新。數仞爰處，函丈是

523

親。追封遺烈,旌美儒臣。

以上太常博士張象中。

顏之僕洙水悠悠,子叔優優。及肩等賜,升堂並由。元后時邁,禮成介邱。旌此達者,爵爲列侯。

以上行太常博士崔遵度。

叔仲會斯文有宗,吾道不窮。執筆迭侍,惟賢比崇。少成習慣,函丈春風。東巡駐蹕,霈澤儒宮。

顏何木鐸興教,英賢輔翼。犄歟子冉,恢張文德。孝弟承風,詩禮是則。千載丁辰,始開侯國。

以上太常博士劉鍇。

狄黑矯矯子皙,來學有方。依仁游藝,攝齊升堂。羽儀先聖,物色上庠。林廬錫壤,百世之光。

邦巽展矣子斂,孔門高弟。模範將聖,博約六藝。斯謂達者,顯於當世。追封列侯,流芳永季。

以上行太常博士姜嶼。

孔忠賢哉先生,聖師夫子。道貫希聖,聞斯行已。闕里服膺,國庠從祀。載享侯封,式昭德美。

以上太常博士王隨。

有若人稟秀德,氣貌或同。而子儼然,溫溫其容。兩端發問,未啓機鋒。以禮節和,斯言可宗。

以上行御史中丞王嗣宗。

秦冉惟聖享天,陟於神房。惟帝遵道,升茲魯堂。允矣君子,宛兮清揚。式賁先烈,錫諸袞章。

以上行右諫議大夫錢惟演。

曹邺三千孔徒,七十賢者。子循服道,聖門之下。笙簧經籍,輔翊儒雅。爵爲蔡侯,名器匪假。

以上兵部員外郎楊紳。

秦祖秦有子南,贊贊述作。守道之淵,成德之博。範若鑄金,契猶發藥。

歷世明祀,少梁寵爵。

以上行右諫議大夫錢惟演。

左人郰伯彼臨淄,江漢稱賢。希踪十哲,秀穎三千。心悦誠服,家至户傳。樂只君子,文聲益宣。

以上祠部員外石中立。

公西輿如鍾美齊疆,從師魯國。展矣斯人,道臻聖域。禮重金繩,慶敷文德。薦享侯封,永光廟食。

以上集賢騎都尉范雎。

公西蔵魯多學者,服勤由聖。祝贏惟肖,蔵也成性。綽有餘裕,是亦爲政。追侯於徐,用均天慶。

以上太常寺丞劉筠。

琴牢反魯之始,從師去里。不試故藝,善言攸紀。非義罷弟,崇仁爲美。銘嶽益封,用旌君子。

以上太常寺丞宋綬。

宋真宗命廷臣分撰《先儒贊》

左丘明猗歟左氏,聞道素王。依經作傳,微旨用彰。詞有餘韵,人希末光。慶封錫壤,廣魯之疆。

以上給事中丁謂。

公羊高高也解經,辨惑咸服。學官所傳,齊名左穀。追獎肇封,宸心允屬。闕里彌縫,斯文載郁。

以上翰林學士晁(迴)[逈]。

穀梁赤仲尼修經,感麟絕筆。赤也發揮,奥義斯出。立學名家,道隆盛日。列爵疏封,式崇儒術。

以上翰林學士李宗諤。

伏勝伏生明經,爲秦博士。祖習微言,流離耄齒。壁藏其文,口授厥旨。建號旌儒,錫封仁里。

以上兵部員外郎楊億。

　　高堂生秦歷告窮，炎靈啓祚。篤生令人，允貞王度。名教斯宗，禮文有素。勒封告成，式昭餘裕。

　　以上户部員外郎周起。

　　毛萇孔徒受業，商也言詩。研精訓詁，誰其嗣之。毛公興學，永代師資。疏封錫命，禮治禎期。

　　以上比部員外郎王曾。

　　孔安國顯顯臨淮，聖人之系。訓傳遺文，克示永世。繪像廟庭，聿章善繼。東巡受封，是爲褒异。

　　以上行右諫議大夫錢惟演。

　　杜子春三川二室，英靈所鍾。學窮周制，譽藹儒宗。杏壇闕里，差有比踪。一命作伯，慶我天封。

　　以上刑部員外郎查道。

　　宋米芾《孔子贊》　孔子孔子，大哉孔子。孔子以前，既無孔子。孔子以後，更無孔子。孔子孔子，大哉孔子。　《聖檜贊》　煒東皇，養白日。御元氣，昭道一。動化機，此檜植。矯龍怪，挺雄質。二千年，敵金石。糺治亂，如一夕。百代下，蔭圭璧。

　　宋尹復秦《孔子小影贊》　夫子之像，其初孰傳？傳於其家，幾二千年。仰聖人之容色，瞻古人之衣冠，信所謂溫而厲，威而不猛，恭而安。若夫其道如神，其德如天，則自生民以來未有如夫子，無得而名言。

　　元元明善《手植檜聖像贊》有序　乙巳①冬十二月，拜林廟還，得手植檜，把握許。就刻之爲宣聖、顏、孟、十哲像，且以文楷爲龕。像出於手植檜爲難，其得於煨燼之餘又爲難，合是二難，宜爲儒家之世琭，乃百拜而爲贊云。一體則微，理則全。望之儼然，就之溫然。見其參於前，手所植焉，形所寓焉，斂之管窺，浩浩其天。是將②以爲甘棠之賢耶？抑與夏

　　① "巳"原作"丑"，據《遺山集》改。
　　② "將"原作"倚"，據《遺山集》改。

鼎商盤而傳也？

元甄曩佳台《謁廟贊》 於戲！天地吾知其至大也，料數莫逃乎管圭。江河吾知其至廣也，泳游莫過乎航葦。吾夫子之德出乎其類，拔乎其萃，自生民以來未之有也。不江不河，潤則有餘；非日非月，光無不及。微夫子則不知其所以始，微夫子則不知其所以終。儀範百王，憲垂後世。祀典常奉，歷代有之。孔木茂密，子孫保之。釋奠廟貌，神其歆之。

明湘王《尼山贊》 尼山嵒嵒，魯邦是瞻。降靈自母，孕聖歸男。既驗以形，遂徵以名。一誠感格，萬古文明。

明李夢陽《夫子贊》 鳳鳥不至，人莫之知。行廢知命，獲麟竟悲。已詘道伸，萬世攸師。願學謂何，小子敬思。

明胡纘宗《夫子贊》 一以貫之，金聲玉振。是謂大成，賢於堯舜。教在六經，道該群聖。生民以來，未有其盛。

明五十八代孫公璜《顏母山贊》 厥初生聖，飽天地春。毓鍾至德，卓冠群倫。有光前烈，垂裕後昆。惟木與水，探本尋源。井洌寒泉，廟閑白雲。千秋萬禩，永格明禋。

明陳鳳梧《孔子贊》 道冠古今，德配天地。刪述六經，垂憲萬世。統承羲皇，源啓洙泗。報功報德，百王崇祀。 《顏子贊》天稟純粹，一元之春。精金美玉，和風慶雲。博文約禮，超入聖門。百王治法，萬世歸仁。 《曾子贊》守約以博，學恕以忠。聖門之傳，獨得其宗。一貫之旨，三省之功。格誠致正，萬世攸崇。 《子思子贊》精一之傳，誠明之學。聖門嫡派，斯道有托。發育洋洋，鳶飛魚躍。慎獨之訓，示我先覺。 《孟子贊》哲人其萎，亞聖斯作。距詖闢邪，正論諤諤。堯舜之性，仁義之學。烈日秋霜，泰山喬嶽。

明曹于汴《夫子手書贊》 道洩先天，羲皇一畫。累牘連篇，靡軼於閾。尼山六籍，萬載章程。矧遺手筆，不寶如璜。士也操觚，欽其手法。士也希聖，遵其心法。伊何心法，罔越於正。昔賢有言，心正筆正。《手植檜贊》 尼聖植教，萬古常存。尼聖植檜，亦萬古常存。教之興替，世運攸繫。檜之榮枯，亦世運攸繫。教繫於世，是或可知也。檜繫於世，是不可知也。聖不可知之謂神，惟不可知斯爲聖神。

明李恪《宣聖小像贊》 於惟夫子，睿聖獨居。涵元繫表，赤緑衍符。龍見九二，世莫宗予。以素德王，乃授生徒。被化垓埏，闡靈今古。廟貌孔碩，萬世豆俎。以上均見《闕里志》。

國朝

康熙二十六年頒御書孔子贊及顏曾思孟四子贊於太學、闕里。御製《至聖先師孔子贊》，序曰：

蓋自三才建而天地不居其功，一中傳而聖人代宣其蘊。有行道之聖，得位以綏猷；有明道之聖，立言以垂憲。此正學所以常明，人心所以不泯也。粵稽往緒，仰溯前徽。堯舜禹湯文武，達而在上，兼君師之寄，行道之聖人也。孔子不得位，窮而在下，秉删述之權，明道之聖人也。行道者勳業炳於一朝，明道者教思周於百世。堯舜文武之後，不有孔子，則學術紛淆，仁義湮塞，斯道之失傳也久矣，後之人而欲探二帝三王之心法，以爲治國平天下之準，其奚所取衷焉？然則孔子之爲萬古一人也審矣。朕巡省東國，謁祀闕里，景企滋深，敬摘筆而爲之贊曰：

清濁有氣，剛柔有質。聖人參之，人極以立。行著習察，舍道莫由。維皇建極，惟后綏猷。作君作師，垂統萬古。曰惟堯舜，禹湯文武。五百餘歲，至聖挺生。聲金振玉，集厥大成。序書删詩，定禮正樂。既窮象繫，亦嚴筆削。上紹往緒，下示來型。道不終晦，秩然大經。百家紛紜，殊途异趣。日月無踰，羹牆可晤。孔子之道，惟中與庸。此心此理，千聖所同。孔子之德，仁義中正。秉彝之好，根本天性。庶幾夙夜，勗哉令圖。溯源洙泗，景躅唐虞。載歷庭除，式觀禮器。濡毫仰贊，心焉退企。百世而上，以聖爲歸。

百世而下,以聖爲師。非師夫子,惟師於道。統天御世,惟道爲寶。泰山巖巖,東海泱泱。牆高萬仞,夫子之堂。孰窺其藩,孰窺其徑。道不遠人,克念作聖。

《御製復聖顏子贊》 聖道早聞,天資獨粹。約禮博文,不遷不貳。一善服膺,萬德來萃。能化而齊,其樂一致。禮樂四代,治法兼備。用行舍藏,王佐之器。

《御製宗聖曾子贊》 洙泗之傳,魯以得之。一貫曰唯,聖學在茲。明德新民,止善爲期。格致誠正,均平以推。至德要道,百行所基。纂承統緒,脩明訓辭。

《御製述聖子思子贊》 於穆天命,道之大原。靜養動察,庸德庸言。以育萬物,以贊乾坤。九經三重,大法是存。篤恭慎獨,成德之門。卷之藏密,擴之無垠。

《御製亞聖孟子贊》 哲人既萎,楊墨昌熾。子興闢之,曰仁與義。性善獨闡,知言養氣。道稱堯舜,學屏功利。煌煌七篇,並垂六藝。孔學攸轉,禹功作配。

乾隆庚戌《御製四賢贊》序曰:聖門弟子三千,其賢者七十有二人。《史記》《家語》各爲紀其姓氏,考其事迹,以垂之後世。而能契夫子之心傳,得道統之正脉者,則惟顏、曾、思、孟四人。顏子得克己復禮之説,曾子與聞一貫之傳,親炙一堂,若堯舜禹之相授受,夐乎尚已!子思師事曾子,發明中庸之道,而歸其功於爲己謹獨。孟子當戰國橫流之時,私淑子思,距楊墨,閑聖道,而養氣之論,爲前聖所未發。昌黎韓子以爲其功不在禹下,有以也。庚戌秋,偶閲有宋諸儒傳,因思宋儒所宗者,孔子之道也。孔子之道賴顏曾思孟而傳,今聖廟祀典,四子升配堂上,爲百代之楷模,因各係以贊,用志景行之私云爾。

《復聖贊》 貧也者,吾不知其所惡。壽也者,吾不知其所慕。德以潤身,孰謂其貧?心以傳道,孰謂難老?簞瓢陋巷,至樂不移。

仰高鑽堅，三月不違。夫子有言，克己成性。用致其功，允成復聖。

《宗聖贊》　宣聖轍環，在陳興嘆。孰是中行，授兹一貫。曾子孜孜，惟聖依歸。唯而不疑，以魯得之。會友輔仁，任重道遠。十傳釋經，超商軼偃。念彼先子，沂水春風。淵源益粹，篤實春容。臨深履薄，得正以終。三千雖多，獨得其宗。

《述聖贊》　天地儲精，川嶽萃靈。是生仲尼，玉振金聲。世德作求，孝孫維則。師曾傳孟，誠身是力。眷兹後學，示我中庸。位天育物，致和致中。夫子道法，堯舜文武。紹乃家聲，述乃文祖。

《亞聖贊》　戰國春秋，又異其世。陷溺人心，豈惟功利。時君爭雄，處士橫議。爲我兼愛，簧鼓樹幟。魯連高風，陳仲廉士。所謂英賢，不過若是。於此有人，入孝出弟。一髮千鈞，道脈永繫。能不動心，知言養氣。治世之略，堯舜仁義。愛君澤民，惓惓餘意。欲入孔門，非孟何自。孟丁其難，顏丁其易。語默故殊，道無二致。卓哉亞聖，功在天地。以上均見《文廟祀典考》。

乾隆戊辰《御製闕里十贊》有序　戊辰春二月，東巡狩奠先師，法皇祖也。日戊寅至闕里，所司以詰朝舉祀禮，具儀聞。朕惟車駕既蒞，廟貌遥瞻，隔宿偃居，非所安也。爰以始至日瓣香瞻謁蕭拜以布誠，待質明而釋奠，斯於禮爲宜。乃易吉服，率近臣，入萬仞宮牆，歷奎文閣，撫遺檜，過杏壇，遂登大成之殿，以展謁焉。粹容如日月麗天，聖迹似江河行地。既而周循右序，更轉左廊，所云金絲詩禮故井故宅無不考其迹，而想見夫子之遺澤至今存也。爲之歆歟，爲之虔悚。夫孔子萬古一人也，誰能贊之？然天地不言其高厚，而生天地之間者無不知天地之高厚。是贊也，亦如是雲爾。

《萬仞宮牆》　芚予自幼，被服聖言。明德新民，知易行難。顧有素誠，瞻謁尼山。亦既蒞止，敢云得門。

《奎文閣》　奎婁垂象，爰在魯東。夫子之文，天地並隆。煌煌御書，充牣其中。先聖後聖，其揆則同。

《手植檜》 文欄肥壤，厥有檜株。先聖攸植，繄手澤餘。幾經枯榮，左紐右紆。造物憑護，孫枝扶疏。

《杏壇》 憶昔緇帷，《詩》《書》授受。與有榮焉，超桃轢柳。博厚高明，亦曰悠久。萬世受治，杏林何有。

《禮器》 祗謁先師，載睹禮器。犧尊象尊，伊古之制。有道存焉，儀型攸繫。申命太常，記予初祭。

《聖迹殿》 明王不興，夫孰能宗。豈無宗者，邈矣莫從。鐫勒苔華，景仰遺踪。七十三年，雲中見龍。

《金絲堂》 禮樂詩書，金絲萬古。豈繫魯恭？廣宅斯舉。在左移西，亦惟其所。懸甕乃神，夫子不語。

《詩禮堂》 昔者趨庭，詩禮垂訓。維言與立，伊誰不奮。九仞一簣，願勉乎進。御堂聽講，景仰聖舜。

《故井》 疏食飲水，曲肱樂之。既清且潔，汲繩到茲。我取一勺，以飲以思。嗚呼宣聖，實我之師。

《故宅門》 居廟之左，厥門斯故。藻繢不施，意存後素。徘徊仰瞻，心焉學步。告爾後人，由茲義路。以上敬錄《御製文初集》。○擡頭遵原本。

雜　鈔

孔子未生之先，有麟吐玉書於闕里，其文曰：水精之子，繼衰周而素王。顏氏異之，以繡紱繫麟角，信宿而去。《拾遺記》

先聖誕生之夕，有二龍繞室，五老降庭，顏氏之房聞鈞天之樂，空中有聲云：天感生聖子，故降以和樂之音。《祖庭廣記》

先聖生質異常，有四十九表：反首、洼面、月角、日準、河目、海口、龍顙、蚪唇、昌顏、均頤、輔喉、駢齒、龍形、龜脊、虎掌、駢脅、修肱、參膺、圩頂、山臍、林背、翼臂、注頭、阜頰、堤眉、地足、谷竅、雷聲、澤腹、修上、趨下、末僂、後耳、面如蒙供、手垂過膝、耳垂珠庭、眉有一十二彩、目有六十四理、立如鳳峙、坐如龍蹲、手握天文、足履度字、望之如仆、就之如升、視若營四海、躬履謙讓、胸有文曰制作定世符、身長九尺六寸、腰大十圍。仝上

顏氏夢二蒼龍自天而下，因生夫子。《夢珍集》

庚戌、襄二十二年，周靈王之二十一年，《長曆》其年二月二十三日庚子，《孔氏家譜》、《祖庭廣記》俱云二十二年十月庚子乃二十七日，今定八月二十七日爲先聖生日。《路史餘論》

五行書論孔子以庚戌年二月二十三日庚子申時生，吕元善《聖門志》又傅會爲庚戌年戊子月庚子日甲申時，均無足辨。《文廟祀典考》

《公羊傳》、《穀梁傳》、《史記》孔子生三家不同，朱子序《論語》采《孔子世家》，則以《史記》爲憑也。宋濂力主《公》、《穀》，謂《史記》紀載多失實。夏洪基曰：孔子生襄公二十二年，至哀十六年乃爲七十三歲，《史記》所紀正得其實。《公》、《穀》書月已誤，豈盡可據？宋濂從《公》、《穀》作七十四歲，似乎駭聞。夏氏之見卓矣。孔子生庚戌，卒壬戌，相傳已久。今折衷朱子，參以夏氏之説，則《史記》良不誣也。《欽命春秋傳説彙纂》

世傳孔子生於魯襄公二十二年十月庚子，爲今之八月二十七日。考杜氏《春秋長曆》，是年十月甲戌朔二十七日正得庚子八月二十七日，似可信已。然以古曆步之，實八月二十八日也。古六曆以周曆爲可信，兩漢以來演撰諸家以三統爲最古，而皆得二十八日庚子，後世二十七日之説，雖一日之差，然所係非輕，有志之士當亟正之。成蓉鏡《經義駢枝》

先聖之生，年從《史記》，月從《穀梁》，日從《公羊》、《穀梁》者。從《史記》者，《史記》全根《世本》，考《漢書·司馬遷傳贊》曰：孔子因《魯史記》而作《春秋》，而左丘明論輯其本事以爲之《傳》，又纂異

同爲《國語》，又有《世本》録黄帝以來至春秋時帝王公卿大夫祖世所出。然則考春秋之世，《世本》之功同於内外傳。先聖之卒，左氏書之，而生則無文，幸有《世本》可徵，惜《史記》略其月日也。《史記》於先聖生年根據《世本》爲説，誠以其可信也。月從《穀梁》者，以《穀梁》與《世本》同日。從《公羊》、《穀梁》者，《經義駢枝》據周曆、三統曆及古四分曆，推得十月庚子爲今之八月二十八日，牧以《黄帝》、《顓頊》二曆，推之並與周曆合。凡此古曆所推，不獨可正諸書之譌，即祖庭享祀之期，亦當據此爲定也。孔廣牧《先聖生卒年月日考》

　　案左氏續經、《孔叢子·詰墨》、《孔子家語》、太史公書皆以爲先聖卒於魯哀公十六年，由是歲上溯之襄公二十一年，實七十三算，故《左氏解詁》、《左氏音義》、《左傳注》、《新五代史》、《古史》、《東家雜記》、《通志》、《路論》、《論語序説》、《大事記·解題》、《十七史詳節》、《明一統志》、《性理大全》、《素王事記》、《孔顏孟三氏志》、《四書人物考》、《尊聖集》、陳氏《左傳解詁》、《山堂肆考》、《三才圖會》、《四書人物概》、《古今萬姓統譜》、《聖門志》、《談薈》、《聖迹圖》、《大清一統志》、《山東通志》、《南雷文約》、《繹史》、《左氏條貫》、《道統録》、《古今人表考》、鄭氏《孔子年譜》、《孔子世家考》、《孔子編年》並同斯説。杜征南《長曆》謂是年四月十八日有乙丑，無己丑，後儒頗用其説。自吳氏程以《大衍曆》推之，定爲十一日己丑，成先生復合《殷曆》、《景初曆》、《三紀甲子元曆》、《元嘉曆》、《大明曆》、《興和曆》、《皇極曆》、《欽天曆》、《授時曆》、《時憲曆》考之，皆得周正四月己卯朔十一日己丑爲今之二月十一日。演校積博，千古之疑煥然冰釋。廣牧更旁推《黄帝曆》、《顓頊曆》、《夏曆》、《周曆》、漢劉歆《三統曆》、後漢《四分曆》、後魏張龍祥《正光曆》、後漢劉洪乾《象曆》，魯曆四月有己丑無乙丑，諸曆所同，足正《長曆》之失。仝上

　　鍾離意修廟，命張伯。堂①下草中得玉璧七枚，伯懷其一，以
六枚白意。意於床首得一甕，孔訴曰：夫子甕也。發甕得素書，
曰：後世修吾書，董仲舒；護吾車，拭吾履，發吾笥，會稽鍾離意；璧
有七，張伯懷其一。意召伯問，伯果服焉。《漢書注》

　　魯人漂海至澶州，遇先聖、七十子游於海上，告以歸途，且告以
魯公築城備齊寇。魯人歸，以告魯侯。侯不信，俄有群鵲數萬銜土
培城，侯始信。乃城曲阜，而齊寇果至。《十六國春秋》

　　晉永嘉三年，手植檜枯死，隋義寧元年復生。唐乾封二年又枯
死，宋康定元年復生。金貞祐二年爲虜所焚，元至元甲午芽生，教
授張頵曰：此檜日茂，孔氏日興。明年春，翠色葱然。明弘治己未
廟灾被燬，直幹挺然如銅鐵，皮生苔蘚，生意隱隱，不見朽腐，他日
復榮，可必也。《闕里志》

　　金昌明元年，有異人履玄白鳥，拜先聖於廟門外。竚立石上，
迹猶存焉，曰仙人迹。仝上

　　金太和八年八月二十七日，以先聖誕辰，閤族詣尼山廟致祭。
日方午，聆殿上金石之音，一舍間皆聞之。仝上

　　金真祐二年正月，虜犯本廟，學正塘避其間。俄有五色雲覆其
上，雲中群鶴翔鳴良久，田夫野老無不見之。仝上

　　衍聖公，正一品嫡孫，世襲。欽賜二品衍聖公長子。五經博士衍
聖公次子，主子思祀。又顏曾仲孟諸賢嫡孫，世襲。太常博士衍聖公三子，
主汶上聖澤祀。曲阜知縣由衍聖公舉族中賢者。四氏學録由衍聖公舉族
中賢者。尼山書院學録由衍聖公舉弟姪行中賢者。洙泗書院學録由衍
聖公舉族中賢者。衍聖公府屬官管勾一員，司錢糧。○樂官一員，司樂。
○典籍一員，司禮。○掌書一名，司文移。○書寫一名，司繕寫。○知印一
名，司印。奏差一名，司差遣。屯田洪武二年撥二千大頃。佃戶撥民間俊

————————

　　①　"堂"字原無，據《孔子集語》補。

秀充之，生員一體。廟戶全上。以上均《闕里志》

蘇州府沙良著以歲貢候選都門，念得補官近魯地孔林，一謁先聖以慰仰止之懷。未幾，竟得授曲阜縣。初下車，齋三日而後行禮，方跪拜俯伏，忽聞金石之聲，意謂文廟所奏。拜畢登堂，闃無人焉，時人以爲致誠所格。御史某爲撰記於學亭。《彙書》

上海朱錦初投潘尚書爲家人，後其子游泮，入謝於公。潘曰："汝子已係朝廷士子，可以門生禮見，勿復作主僕觀也。"即撿其靠身文書還之。朱不勝感激，曰："荷思須當報効，庶愜微心耳。"潘曰："我富貴已足，何賴於汝？"朱懇請不已，潘沉吟再四，乃曰："見今文廟圮壞，汝能修葺，賢於報我遠矣。"朱即獨力經營，頗稱華煥。此事已過百餘年，人亦無有憶及之者。順治己亥科會元朱錦亦上海人，官翰苑。至康熙壬子歿，臨卒時文廟正梁年久朽壞，亦以是刻崩殞。視其建造之姓名，即朱錦也，始知會元乃其後身事，詳《上海志》。又緗雲鄭賡，唐天啟丁卯孝廉，亦以儒學爲兵火所燬，躬自督造，晨夕不輟，其子惟颺、載颺相繼登進士。今人惟知崇飾寺觀，以希冥福，而於幼所誦法之聖人反秦越視之，抑知東家氏之靈爽固若是其彰彰也乎？汪訒庵《偶筆》

天啟壬戌狀元文公震孟未及第時，以孝廉作教，事先聖備極誠敬，朔望瞻禮，儼然如在。春秋丁祭，則致齋禮祀，凡籩豆之類，無不先期躬親瀚潔，如是者三年。一日丁祭，見宣聖空中伸一巨手，取芹菜而起，見者咸驚神異。次年，公遂及第。《鋒書》

弘治己未六月十六日午夜，山東闕里被回祿，宣聖家廟以訖殿寢門廡與手植檜、歷代碑記皆爲煨燼。事聞，孝廟爲之惻然，遣學士海虞李傑馳文祭告，諭有司葺建。吳文定公賦灾字韵以餞其行，翰林皆有倡和。學士吳白樓一鵬詩云："魯東風土信佳哉，史筆先應爲紀灾。門地仍看千仞在，瓣香方自九重來。山頹當日歌聲歇，斗仰於今禮數該。秋晚玉堦歸奏事，龍顏知向笑中開。"爲文定所

最賞。《白醉璅言》

　　萬曆中吳門陸氏稱盛，有時遇者，兄弟間其名稍遜。歲考牌至日，謁拜郡廟，祈夢中預告試題。其兄時選、時賓竊笑之，於按臨前戲書"如有周公之才之美"一節題目，暗置郡廟爐下。時遇禱祝得之，喜不自勝。兩兄復叩之，曰："禱拜有靈否？"時遇秘而不洩，集名人社課，録其佳者熟讀之。迨入試，果出此題，遂冠一軍，食餼多年。○蘭溪童茂才平時不肯志學，衡文者將至，乃晨起於至聖前焚香虔禱，且取四書展開，憑手所指，得"臧武仲以防求爲後於魯"節。次早，復虔禱，又拈得前題，隨遍覓此題佳文熟讀，此外茫然一無所記也。試日，進號坐，不勝枵腹之懼，惟默念"臧武仲老大人保佑"，至再三。題出，果然，遂得高等。《堅瓠集》

　　夫子生於魯，其神靈尤顯於魯。如漢時修夫子宅鍾離意得璧之語，雖爲不經，然未必無其事。正德中劉六七攻山東，夫子像面汗出如雨，其孫衍聖公以布拭之，拭而復出。後賊至，擄盡每朝所賜。崇禎十四年，曲阜縣夫子廟中有見夫子下殿撫几而哭，淚下點點成血。未幾，國祚遂移。此亦泣麟之餘悲，反袂掩泪之至痛耶。仝上

　　明大内設内書堂，小内侍讀書處也。師用翰林五品爲之，教法科條一如鄉塾法。嘉靖間有學生晝睡，祭酒鎖之空室。夜半聞呼殿聲云聖人到，書生習見帝駕，亦不爲異。既到，非天子，乃宣聖也。書生跽曰："某以鈍頑，求聖人開示。"聖人曰："可有書？可取來，我親教之。"索案上，止存《大統曆日》，爲書生指誦一遍而去。天明，書生向同學言之，衆未信，試令背誦曆，終本不差，遂大聰明，過目成誦。仝上

　　《梁山志》：書院峽中有夫子崖、子貢壩，每當風雨，即聞讀書之聲。仝上

　　夫子之道中庸而已，未若釋老之生而多異也，而亦有异人之

處。如元仁宗命宦者李邦寧釋奠，風起燭滅，鐵爐陷入地中。明沙
良著致誠修謁，聞琴瑟絲竹之音自廟中出。此非示人以神，亦所以
教後世也。元歐陽器虛能結氣爲嬰兒，從頂上出。時方丁祭，弟子
馬月林請器虛出神觀之。凝神久之，爲馬言曰："余初至文廟，見梓
潼君來省祭物，省畢而去。既而主祭者獻爵讀祝時，止見一道太素
之氣自天而下，貫入殿廷，祭畢冉冉而上。此浩然之氣，至今存
也。"仝上